격절록 역주

선어록총서
6

격절록 역주

擊節錄 譯註

원오극근 저,
강승욱 역주

운주사

역자 서문

『격절록擊節錄』은 원오극근圜悟克勤 선사禪師가 설두중현雪竇重顯의 백칙百則 염고拈古를 보고 무릎을 치며 탄복하고 칭찬해서(擊節嘆賞) 법문한 책이다. 또한 제자들의 확철대오廓徹大悟를 위해 핵심을 찔러 (擊節) 준 언어도단言語道斷의 지침서이다.

공안公案이란 본래 공부안독公府案牘의 준말로, 백성이 따라야 할 국가의 공문서公文書라는 뜻이라고 한다. 또한 이 말은 깨달음을 구하는 참선 수행자에게 부처나 조사의 파격적인 문답 또는 언행을 제시함으로써 이를 통해 큰 의심을 일으키고 마침내 반야지혜를 이루도록 하는 일종의 수행자의 본보기라는 뜻으로 불가佛家에서 쓰인다.

쉽다·어렵다의 기준은 과연 무엇일까? 일반의 공부안독일 때는 분명 쉬워야 한다. 그래야 모두가 믿고 따를 수 있기 때문이다. 하지만 선가의 공안일 때는 쉬워야 하는 것인가, 어려워야 하는 것인가? 아마도 누구나 깨달을 수 있다는 것이 전제가 된다면 분명 쉬워야 하겠지만, 그렇다고 아무나 깨달을 수 있는 것이 아니라고 한다면 이 또한 너무 쉬워서도 안 될 것이다. 일체중생 실유불성一切衆生 悉有佛性이란 모두에게 깨달음의 세계가 열려 있음을 전제로 한 말이다. 그렇다면 좀 더 친절하고 좀 더 자세하게 설명해주면 되지 않을까? 어렵다는 한마디 말과 함께 대다수 중생들로 하여금 쉽게 포기하게 하는 것이야말로 불법문중에서 말하는 자비의 역행이 아닐까?

바로 눈앞에 맛있게 보이는 수박이 한 덩어리 있고, 지금 여러 사람들이 그 앞에 있다. 누구나 먹을 수가 있다. 누가 이 수박을 가장 맛있게 먹을 수 있을까? 모두가 다 맛있게 먹을 수 있다. 하지만 그렇지 못한 것이 다반사다. 왜냐하면 각기 서로의 형편이 다르기 때문이다. 목마른 이나 배고픈 자가 먹으면 순간 이보다 더한 꿀맛이 없는 것처럼 혹 쉽다·어렵다 하는 것 또한 이와 같은 것은 아닐까? 무릇 화두話頭를 타파함은 간절함이 우선이다. 모르면 죽을 것 같은 심정이, 먹지 않으면 쓰러질 것 같은 마음이 있어야 한다. 그러지 않으면 어렵다며 손을 놓기 십상十常이다. 또한 긴급함이 우선이다. 상대가 지금 눈앞에서 칼을 휘두르면 바로 막거나 피해야 한다. 그러지 못하고 머뭇거리면 죽기 때문이다. 나아가 진정 살고 싶은 마음이 있다면 그 어떠한 것으로부터 자유자재할 수 있어야 한다. 그러기 위해서 단련이 필요하다. 이것이 바로 공안을 공부하는 목적이다.

공안은 문답의 형식을 띠는 까닭에 선문답禪問答이라고도 하는데, 여기에는 '단박(頓)'이라는 절차 외에는 그 어떤 수단도 방법도 없다. 잠시잠깐의 머뭇거림이나 헤아림은 절대 인정되지 않는다. 그런 까닭에 선어록을 읽을 때에도 숨 쉴 틈도 없이 단번에 쭉 읽어 내려가야 한다. 그래서 만약 바로 그 자리에서 무릎을 칠 수 있으면 이는 분명 대선지식의 상근기이다. 만약 설사 그렇지 못하더라도 일단 단박에 쭉 읽어야 한다. 그런 뒤에 '왜?'라는 의문과 함께 몰라서 미쳐죽을 것 같은 심정으로 낮과 밤을 잊어야 한다. 그래야 이것이 진정한 화두 공부가 된다. 하지만 솔직히 말하면 역자는 바로 그 자리에서 무릎을 친 적이 없다. 다만 낮과 밤을 잊은 적이 많았을 뿐이다. 공안

자체가 어려운데 설두 선사는 한술 더 뜨고 원오 선사는 설상가상雪上加
霜으로 법문을 하였다. 하지만 아는 이는 이를 일러 '촌철살인寸鐵殺人'
이라고 한다. 이것이 바로 『격절록』이다.

5년 전 현대불교신문을 통해 1년간 연재를 했었는데, 지면 관계와
몇 가지 이유로 17칙에서 멈출 수밖에 없었다. 그래서 끝에 조만간
세상에 선보일 것을 약속했었다. 늦었지만 본서를 좀 더 바르게 전하고
픈 마음에 보고 또 보며 오역誤譯을 수정하고 주註를 보완해서 이제야
세상에 내놓는다.

"아무리 노호(老胡, 달마)라도 깨달아 안 것은 인정해주겠지만, 이치
로 따져 안 것은 인정해주지 않겠다(只許老胡知 不許老胡會, 설두)."

"비록 이와 같이 염하는 것은 허락해도, 이렇게 아는 것은 허락하지
않겠다(雖然恁麼拈 不許恁麼會, 원오)."

원오와 설두 두 선사의 말씀에 보다 더 겸손함과 한층 더 절실해야
함을 가슴에 새기며, 1,000년의 먼지를 털어내고 세상에 내보인다.
독자의 일침一針을 바라며, 졸역拙譯의 흠은 개정改訂을 약속한다.

불기2568(2024)년 5월
삼각산 아래에서 덕우 강승욱 씀

구성과 해제

본서는 원오극근圜悟克勤 선사의 『불과격절록佛果擊節錄』(이하 격절록, 중화전자불전협회中華電子佛典協會 전산본)을 저본底本으로 삼았다.[1]

『격절록』은 설두중현雪竇重顯 선사가 조사祖師의 100칙 공안公案을 가려 뽑아 염고拈古를 한 『설두염고雪竇拈古』에 원오 선사가 평창(評唱, 法門, 拈)을 한 것이다. 참고로 종문제일서宗門第一書로 알려진 『벽암록碧巖錄』은 『설두송고雪竇頌古』에 평창을 한 것이다. (격절록과 벽암록의 형식적인 차이는 수시垂示의 유무有無밖에는 없다.)

본서는 '古則과 着語'·'拈古와 着語'·'評唱'으로 나누어 구성하였다.

첫째 '고칙古則과 착어着語'[2]는 설두 선사가 가려 뽑은 공안을 전하면서 원오 선사가 공안의 한 구절, 또는 한 문장마다 간략하게 착어(着語, 촌평寸評)를 한 것이다.

둘째 '염고拈古와 착어着語'는 원오 선사가 설두 선사의 염拈을 전하면서 간략하게 착어를 한 것이다.

셋째 '평창評唱'은 고칙과 염고에 대해 원오 선사가 전반적으로 평評

---

1 『속장경續藏經』 제67책 N.1301을 전산화 한 것이다.

2 몇몇은 '古則과 拈古와 着語'로 구성하였다. 이는 고칙에 대한 설두의 염拈이 중간에 섞여 있기 때문이다.

을 한 것이다.

　본서는 각 칙則마다 먼저 원문原文을 수록하고, 그 아래 단어의 일반적인 뜻을 수록하였다. (다만 번역에서는 이를 참조하였을 뿐, 의역한 것도 있음을 밝혀둔다.) 또한 선가에서 사용하는 전문적인 용어는『불광대사전佛光大辭典』과『불학대사전佛學大辭典』을 토대로 번역하여 원문과 함께 각 주註에 수록하였다. (일반 단어와 불교 용어를 가능한 한 나누었다.)

　역자는 먼저『명각선사어록(明覺禪師語錄, 이하 설두록, 전6권)』가운데 실려 있는 설두염고雪竇拈古와 대조하였다. 왜냐하면 서지書誌적인 측면에서 볼 때 본서의 시작이 여기서 비롯되었기 때문이다.

　또한『선문염송집禪門拈頌集』에 실려 있는 100칙 공안과 설두의 염拈, 그리고 원오의 염(拈, 본서에서는 평창으로 구분)을 대조하였다. 왜냐하면 공안과 이에 대한 염拈과 송頌의 모음집으로 이 보다 뛰어난 것은 없기 때문이다. (참고로 여기서는 100칙 공안과 설두의 염을 거의 모두 전하고 있지만, 원오의 염은 부분적으로만 전한다.) 그리하여 그 출처와 함께 각각의 차이를 모두 주註로 수록하였다.

　특히 상기 서에서는 100칙에 대한 두 선사의 또 다른 염拈과 송頌을 전하는 것이 많은데, 역자는 이를 모두 번역해 원문原文과 함께 각 주註에 수록하여 화두 공부에 조금이나마 도움을 주고자 하였다.

　본서를 번역하면서 원문을 맨 앞에 소개한 것은 영인影印이나 전산화 과정상에서 있을 수 있는 도조노어刀刁魯魚를 점검해 보고자 하는 것이며, 또한 독자들 가운데 번역을 필요로 하지 않는 뛰어난 분들을 위함이다. 동시에 일단 원문을 먼저 읽어봄으로써 역자가 저지른

실수에 대한 눈 밝은 분들의 날카로운 지적을 위함이기도 하다. (원문의 인용부호, 방점 등은 역자가 한 것임을 밝혀둔다.)

본서는 여타의 선어록들과는 달리 상당히 많은 부분들을 운운云云이라는 말로 생략을 하고 있다. 그래서 이 또한 관련된 내용들을 모두 선문염송집이나 각각의 어록(예를 들면 조주록, 운문록 등)에서 발췌하여 번역하고, 원문과 함께 주註에 수록하였다. 다만 각각의 문맥에 따라 본문에 수록하기도 하고, 주註에 소개하기도 하였다.

격절록은 널리 알려진 벽암록에 비해 다소 생소하다. 그 이유는 여러 가지가 있을 수 있겠지만, 한마디로 말하면 선가의 비서秘書 중에 비서일 가능성이 높기 때문이라는 것이 역자의 추측이다.

벽암록은 여러 제자들의 요청에 의해 최소 세 차례에 이루어졌다고 한다. 반면에 격절록과 관련해서는 강의한 장소와 그 횟수 등이 알려진 바가 없다. 이는 딱 한 번, 한 철 안거 중에 제자들에게 작심하고 하루에 한 칙씩 석 달 열흘에 걸쳐 단도직입單刀直入한 것임을 방증하는 것이기도 하다. 그래서 오늘날까지도 그 알려짐이 희미할 수밖에 없었을 것이다.

벽암록은 이후 여러 선사들에게 어록의 표본이 되기도 하고 모방이 되기도 하였으며, 나아가 결국에는 제자인 대혜종고大慧宗杲로부터 불에 태워지는 상황이 연출되기 까지도 하였다. 하지만 격절록은 이후에 만송행수萬松行秀의 『종용록從容錄』에서나 그 이름을 접할 수 있을 정도였으니, 격절擊節과 단도직입單刀直入에 따른 일반의 접근이 어려웠음을 뜻하는 것이라고 할 수 있다.

본서는 임제종臨濟宗 전등傳燈의 중심축에 있던 원오 선사가 운문종雲門宗 법맥의 중심에 있던 설두 선사의 염고拈古를 보고, 찬탄해서 제자들에게 일러준 법문집이다. 여기서는 임제도 앞서지 않고 운문도 앞서지 않는다. 언어도단言語道斷에서는 임제의 할喝도 운문의 일자관一字關도 다만 하나일 뿐이다.

"만약 원오와 설두 두 선사가 잠깐이라도 시대를 함께했더라면 어떠했을까? 그래서 설두 선사가 이 격절록을 보았더라면 과연 또 어떻게 했을까?" 하는 상상을 해 본다.

분명 역사는 일방적이어서 당연히 그럴 일이 없지만, 읽고 또 읽다보면 아주 잠깐이나마 두 사람이 손잡고 춤을 추며 가가대소하지 않았겠나 하는 생각이 들기도 한다.

격절록은 한마디로 말하면 염고拈古의 격칙格則이다. 한 칙을 읽어 물 흐르듯 내려가 무릎을 치고 찬탄하며 붉게 노을 진 하늘을 홀로 걷는 눈 밝은 이를 바란다.

원오극근圜悟克勤의 생애[3]

원오극근(圜悟克勤, 圓悟克勤, 1063~1135)[4]은 송宋 인종仁宗 가우嘉祐 8년 지금의 사천성泗川省 성도부成都府에 속한 팽주彭州 숭녕崇寧의 대대로 유가儒家인 낙駱씨 집에서 태어났다. 자字는 무착無着이고, 법명(名)은 극근克勤이다. 남송南宋 고종高宗에게 받은 사호賜號는 원오圜悟이고, 북송北宋 휘종徽宗에게 받은 사호는 불과佛果이며, 입멸 후 받은 시호諡號는 진각眞覺이다.

스님은 유가 집안에서 태어나 사서오경을 읽고, 공맹의 가르침에 따라 세간의 학문을 깊이 연구했다. 어린 시절 하루에 천 마디 말을 기억할 정도로 기억력이 뛰어나고 총명했다. 어느 날 하루는 묘적사妙寂寺에 가서 불서佛書를 보았는데, 세 번 거듭 읽고 보니 내려놓기가 아쉬워졌고, 마치 잃어버렸던 옛 물건을 얻은 듯했다.

---

3 본 내용은 졸역,『원오심요 역주(圓悟心要譯註, 2018, 운주사)』에서 옮겨 실었다.
4 圜과 圓은 同字다.
  원오 스님에 관한 내용은『지월록(指月錄 29권)』의 성도부 소각사 극근불과 선사(成都府 昭覺寺克勤佛果禪師) 편,『선학사전』(불지사),『정복보 불학사전』, 장경각『원오심요』해제,『벽암록』(석지현 역, 민족사),『불교수행법』(남회근 저, 부키) 등을 참조하였다.

 그러다가 문득 자신이 전생에 승려였으리라는 생각이 들어 집안의 허락을 받고 묘적사 자성 화상自省和尙에게 출가해서, 문조 법사文照法師에게 삼장三藏을 배우고, 민행 법사敏行法師에게 『능엄경』을 전수받았다. 갑자기 병을 얻어 죽을 지경이 되었는데, "제불諸佛의 열반정로涅槃正路는 문자와 어구에 있는 것이 아닌데, 나는 색色과 성聲으로 보고자 했으니, 죽어도 보지 못함이 당연하구나!" 하며 탄식하고는 그간의 공부를 그만두었다.

 후에 진각 승승眞覺勝 선사를 찾아갔는데, 선사가 팔을 찔러 피를 내고는 말하기를 "이것이 조계의 한 방울 법유法乳다"고 했다. 스님이 놀라서 두리번거리고 양구良久하고는 말하기를 "도道라는 것이 정녕 이런 것입니까?" 하고는, 바로 선사가 있는 곳에서 나와버렸다.

 그리고는 행각을 하면서 처음에는 옥천승호玉泉承皓를 참례하고, 다음으로 금란신金鑾信, 대위모철大潙慕喆, 황룡조심黃龍祖心, 동림상총東林常總 등을 참례했는데, 모두들 스님을 법기法器로 여겼다. 특히 회당(晦堂, 황룡조심) 선사는 "훗날 임제臨濟 일파의 혈족이 될 것이다(他日一派屬子矣)"고 했다.

 이때 스님은 굉장히 오만해져서 거칠 것 없이 당당했는데, 경장주慶藏主의 권유로 오조법연五祖法演을 찾았다. 선사를 친견하며 그간의 모든 공부를 털어놓았는데, 선사는 모두 인정하지 않았다. 그러자 스님이 "선사가 억지로 사람을 바꾸려 한다"고 하면서 공손하지 않은 말로 화를 내면서 나가버렸다. 그러자 선사가 "그대가 한바탕 열병을 앓고 나서야 나를 생각하게 될 것이야!"라고 했다.

 스님이 금산(金山, 절강의 금산사)에 이르자, 열병을 얻고는 몹시

괴로움을 겪게 되었는데, 평소에 배운 것으로 병을 이기고자 시험해
보았지만 병이 호전되지 않았다. 오조 선사의 말을 기억하고는, 스스로
맹세하기를 '내 병이 좀 나아지면 바로 오조께 돌아가리라'고 하였고,
병이 나아지자 바로 선사에게 돌아갔다.

스님이 선사를 뵙고는 바로 승당에 들어가 참구하면서 시자侍者의
소임을 보았다. 보름이 지날 무렵 부府의 사자使者가 관직을 벗어버리
고 촉蜀으로 돌아가다가 오조 선사를 뵙고 도道에 대해 묻자, 선사가
"제형提刑은 어릴 때 소염시(小艶詩, 香艶詩)를 들어본 적이 있습니까?"
하면서 다음과 같은 구절을 말하는 것을 듣게 되었다.

頻呼小玉原無事 자주 소옥을 부르지만 소옥에겐 원래 일이 없네.
只要檀郞認得聲 단지 낭군에게 소리를 알리기 위해서라네.

제형이 "예, 예!" 하고 답을 하자, 선사가 "무엇보다 자세히 하십시오"
라고 했다. 스님이 따라 들어가 선 채로 묻기를 "화상께서 소염시를
말씀하시는 것을 들었는데, 제형이 알아들었습니까?"라고 하자, 선사
가 "그는 단지 소리를 알았을 뿐이다"고 했다.

그러자 스님이 "단지 낭군에게 소리를 알리기 위한 것이었기에
그가 소리를 안 것인데, 어째서 옳지 않은 것입니까?" 하였는데, 오조
스님이 "어떤 것이 조사가 서쪽에서 온 뜻인가? 뜰 앞의 잣나무니라.
적!(如何是祖師西來意 庭前柏樹子 聻)" 했다.

스님이 홀연히 깨침(省)이 있어 갑자기 밖으로 뛰쳐나갔는데, 닭이
(놀라) 난간 위로 올라 날개를 치며 우는 것을 보고, 다시 스스로

"이것이 어찌 소리가 아니겠는가!" 하고는, 향을 소매에 숨기고 입실해서 얻은 바를 다음과 같이 게송으로 선사에게 바쳤다.

金鴨香銷錦繡幃　　금압향 물씬한 비단 휘장 속에서
笙歌叢裏醉扶歸　　생황과 노랫가락에 젖어 비틀비틀 돌아가니,
少年一段風流事　　소년의 한 차례 풍류사는
祇許佳人獨自知　　다만 가인이 홀로 알 뿐이네.

오조 스님이 말하기를 "불조佛祖의 대사大事는 근기가 낮은 사람이 알 수 있는 것이 아니다. 내가 그대를 돕게 되어 기쁘구나!"라고 했다. 그리고는 산중에서 도반들을 만날 때마다 "내 시자가 이제야 선禪을 참구할 줄 안다"고 했는데, 이로 말미암아 세상에 알려지게 되었고, 상수上首제자가 되었다.

스님은 오조 문하의 불감혜근(佛鑑慧懃, 1059~1117), 불안청원(佛眼淸遠 1067~1120)과 더불어 '총림삼걸叢林三傑', '법연 문하의 2근1원(演門之二勤一遠)', '법연 문하의 삼불(演門三佛)' 등으로 세상에 칭하게 되었다.

오조 문하에서 도를 크게 얻은 스님은 고향에 계신 노모를 생각하고, 북송 휘종 정화政和 무렵(이때 나이 40~44세) 고향으로 돌아와, 성도의 장관인 곽지장郭知章의 예우를 받아 육조산 육조원(六祖山 六祖院, 昭覺寺)의 주지를 맡았고, 형남荊南에서 무진 거사 장상영(無盡居士 張商英)을 만나 담론하면서 아주 친해졌다.

스님은 성도(成都, 사천성)의 육조사(六祖寺, 후에 소각사로 바뀜)와

예주(禮州, 사천성)의 협산사夾山寺를 비롯해, 담주(潭州, 호남성) 도림
사道林寺, 금릉金陵 장산蔣山의 태평흥국사太平興國寺, 변경(汴京, 하남
성 개봉) 천녕天寧의 만수사萬壽寺, 윤주(潤州, 강소성) 금산金山의 용유
사龍游寺, 남강군(南康郡, 강소성) 운거산雲居山 진여선원眞如禪院 등
여러 사찰에서 주석하면서 법도法道를 떨쳤다. 특히 소각사, 협산사(영
천원), 도림사에서는 종문제일서宗門第一書로 알려진 벽암록碧巖錄의
강의가 세 차례 이루어졌다.

남송南宋 고종高宗 때 칙명으로 금산에 머물면서 고종의 자문이
되었다. 만년에 고종이 운거산에 머무르게 했으나, 얼마 안 있다가
고향에서 늙은 몸을 쉬고 싶다고 청해, 허락을 받아 사천성으로 내려가
다가 다시 간청에 못 이겨 성도의 소각사에 두 번째 머문 것이 그의
입적사入寂寺가 되었다.

소흥紹興 5년 8월, 세수 73세에 입적했는데, 고종은 다시 진각선사眞
覺禪師라는 시호를 내렸다. 문하에 호구소륭虎丘紹隆과 대혜종고大慧
宗杲를 비롯하여 100여 인이 있다.

문집으로는 호구소륭과 약평若平이 엮은 『어록語錄』 20권, 『심요心
要』 2권, 『벽암록碧巖錄』 10권, 『격절록擊節錄』 2권 등이 있다.

설두중현雪竇重顯의 생애[5]

설두중현(雪竇重顯, 980~1052) 선사는 사천성泗川省 수주遂州 출신으로 태평흥국 5년 4월 8일 이李 씨 집안에서 태어났다. 자는 은지隱之이고, 법명은 중현重顯이며, 시호諡號는 명각대사明覺大師이다.

선사의 집안은 그 지역에서 부유하고 권세가 있었다. 어려서 대대로 이어온 유학을 공부하면서 출가의 뜻을 품었는데, 부모의 만류에도 불구하고 꽃다운 나이에 사천성 익주益州 보안원普安院 인선仁詵 스님을 의지해 출가하여 경율經律을 익혔다. (부모를 여의고 출가하였다고도 한다.)

이후 구족계를 받고 촉(蜀, 사천)을 떠나 형저荊渚 땅을 돌아다니다가 대양경현大陽警玄[6] 선사의 회상에서 지객知客으로 있었다.[7]

이어서 오조사계(五祖師戒)[8]를 거쳐 호북성湖北省 복주復州[9]의 지문

---

5 본 내용은 각범혜홍覺範慧洪의 『선림승보전禪林僧寶傳』을 근간으로 했으며, 본서 제15칙 보수개당 편 평창에서 전하는 내용과는 다소 차이가 난다. 상기 서 외에 『인명규범검색人名規範檢索』, 『일행불학사전一行佛學辭典』, 『중국역대불교 인명사전』 등을 참조했다.

6 대양경현(大陽警玄, 943~1027). 조동종.

7 본서 제15칙 평창에서는 대홍大弘으로 전한다.

8 생몰연대 미상. 운문종의 승려.

광조智門光祚[10] 선사에게 5년을 머물면서 그의 법을 이었다.[11]

　이후에 절강성浙江省 전당錢塘 영은사靈隱寺에서 3년을 대중 속에서 살다가 마침내 소주蘇州 취봉사翠峰寺에서 개당을 하였다.

　이후 만년의 31년간은 명주明州 설두산 자성사資聖寺에서 종풍宗風을 선양, '운문종의 중흥조(雲門宗中興之祖)'로 불렸다.

　황우皇祐[12] 4년(1052) 6월 10일 목욕을 마치고 의복을 단정히 하고 비스듬히 누어 천화했는데, 그때 세수 73, 법랍 50년이었다. 상수제자로 천의의회(天衣義懷, 993~1064)가 있다.

　선사는 특히 시문詩文에 매우 뛰어났으며, 저술로는 『명각선사어록明覺禪師語錄』[13]과 『벽암집백칙송碧巖集百則頌』[14] 등이 있다.

---

9 수주隨州로 기록하는 것도 있다.

10 생몰연대 미상. 향림징원의 법사法嗣.
　참고로 운문종의 계보는 운문문언 - 향림징원 - 지문광조 - 설두중현으로 이어진다.

11 원오는 제15칙 평창에서 지문광조에게 법을 잇고, 이어서 대홍지홍, 남악아, 동산효총, 대우수지 등을 만난 것으로 전한다. 또한 대우수지 회하에 운봉문열과 교류하면서 임제종의 종지를 정확하게 안 것으로 전한다.

12 송 인종仁의 연호(1049~1054)

13 6권 속에 『폭천집瀑泉集』과 『조영집祖英集』, 그리고 본서의 모체가 되는 『설두염고雪竇拈古』가 수록되어 있다.

14 『설두송고雪竇頌古』, 『송고백칙頌古百則』 등으로도 불림. 『벽암록碧巖錄』의 모체.

일러두기

1. 본서는 중화전자불전협회(中華電子佛典協會, 이하 전자불전)에서 전산화한 『만신속장경(卍新續藏經, 제67책 N.1301)』의 『불과격절록佛果擊節錄』을 저본으로 하였다.

2. 『선문염송집禪門拈頌集』은 동국대학교 불교기록문화유산아카이브에서 제공한 것을 참고하였으며, 고칙 번호는 김월운의 『선문염송·염송설화』를 따랐다.

3. 주註에서 인용한 경전과 선어록은 모두 전자불전을 참고하였다.

4. 원문(註에서 인용한 원문 포함)의 단락과 방점, 인용부호는 역자가 편집하였다.

5. 원문의 한자(어) 설명은 네이버NAVER와 다음DAUM에서 제공하는 한자사전과 중국어사전, 포털 한전漢典 사용하였으며, 漢韓大字典(민중서림)을 참조하였다. (한자사전과 중국어사전의 뜻이 다를 경우, ' / '표기하여 분류하였다.)

6. 각주에 페이지 표기가 없이 인용도서명만 있는 것은 포털사이트 네이버와 다음에서 제공하는 '지식백과'의 각종 사전을 참조한 것이다.

7. 각주에서 도서명의 겹쇠(『 』)는 처음 나올 때만 표시하였다.

8. 각주에 출처를 표시하지 않은 것은 역자의 번역이다.

제1칙 덕산시중德山示衆[1]

【古則과 着語】

擧, 德山示衆云 "今夜不答 〔言猶在耳〕 問話者 三十棒"〔打云 "喫棒了
也"〕 時有僧出禮拜 山便打. 〔忘前失後漢〕 僧云 "某甲話也未問"〔却
較些子〕 山云 "你是甚處人"〔換却眼睛〕 僧云 "新羅人"〔却換德山眼
睛〕 山云 "未踏船舷 好打三十棒"〔大小德山 作這般去就〕 法眼拈云
"大小德山 話作兩橛"〔漆桶夜生光〕 圓明拈云 "大小德山 龍頭蛇尾"
〔烏龜鑽破壁〕

※船舷(선현): 뱃전. 배의 양쪽 가장자리 부분.
※烏龜(오구): 거북. 남생이. 유곽의 주인.

덕산德山[2]이 대중에게 말했다. "오늘 밤엔 답하지 않겠다.

---

1 『선문염송집(禪門拈頌集, 이하 SM)』 제17권(N.667)에서도 전한다.
2 덕산선감(德山宣鑑, 782~865): 금강반야경에 정통하여 주금강周金剛으로 불림.
  용담숭신龍潭崇信의 법사法嗣. 시호는 견성대사見性大師.

〔이 말이 아직까지 귀에 쟁쟁할 따름이다.〕

묻는 자는 삼십 방을 칠 것이다."

〔(선상을) 치고 말했다. "(이미 삼십) 방망이를 맞았다."〕

그때 어떤 스님이 나와 절을 하자, 덕산이 바로 쳤다.

〔앞도 잃고 뒤도 잃은(=이러지도 저러지도 못하게 된) 놈이로다.〕

스님이 말했다. "저는 아직 묻지도 않았습니다."

〔그런대로 조금은 봐줄 만하다.〕

덕산이 말했다. "그대는 어디 사람인가?"

〔눈동자를 바꿔버렸다.〕

스님이 말했다. "신라 사람입니다."

〔도리어 덕산의 눈동자를 바꿔버렸다.〕

덕산이 말했다. "뱃머리를 밟기도 전에 삼십 방을 쳐야 한다."

〔덕산 정도 되는 양반이 이런 식으로 하는군.〕

법안法眼[3]이 염拈했다. "덕산 정도 되는 양반의 말이 두 개의 말뚝이 되었다."

〔칠통 같은 밤에 빛이 난다.〕

원명圓明[4]이 염拈했다. "덕산 정도 되는 양반이 용두사미가 되었다."

〔거북이 벽을 뚫는다.〕

---

3 법안문익(法眼文益, 885~958): 나한계침의 법사法嗣. 법안종의 개조.

4 덕산연밀(德山緣密, 생몰연대 미상): 운문문언의 법사法嗣. 운문의 3구어에 송頌을 붙여 학인을 지도함. 시호諡號는 원명圓明.

【拈古와 着語】

雪竇拈云 "二老宿 雖善裁長補短 舍重從輕〔錯下名言〕要見德山亦未可.〔還曾夢見德山麼〕何故. 德山大似握閫外威權 有當斷不斷 不招其亂底劒.〔險〕諸人要識新羅僧麼.〔莫是闍黎〕只是撞著露柱的瞎漢"〔自領出去〕

※舍=捨(버릴 사): 아래 평창에서는 捨重從輕으로 전한다.
※閫外(곤외): 국외. 성 밖. 변방.

설두가 염拈했다. "두 노장(二老宿, 법안과 원명)이 비록 긴 것을 재단해서 짧은 것을 보완하고, 무거운 것을 버리고 가벼운 것을 따르는 것을 잘 해서

〔문채文彩가 나게 명언名言을 했다.〕[5]

덕산을 보려고 했지만, 역시 볼 수가 없었다.

〔(설두스님은) 꿈속에서라도 덕산을 본 적이 있소?〕

무슨 까닭인가? 덕산은 마치 변방의 장수가 위력과 권세를 장악하고 있는 것과 같아서 끊어야 할 때 끊지 않아도 혼란을 초래하지 않는[6]

---

5 錯(섞일 착, 둘 조) 자에는 (조각한 글자나 무늬에 금·은을) 박아 넣다·도금하다· 옥이나 돌을 갈고 닦다 등의 뜻이 있다. 그래서 문채(文彩=文采, 화려하고 아름답다)나게 명언을 했다고 번역했다. 錯는 措(둘 조) 자와 같은 뜻으로 혼용되기도 한다.

6 사마천의 『사기史記』「춘신군전春申君傳」에 다음과 같이 전한다.
當斷不斷 反受其亂(당단부단 반수기란): 결단내야 할 때 결단을 내리지 않으면

검劒을 가지고 있었기 때문이다.

〔험(險, 위험하다)!〕

대중은 신라 스님을 알고자 하는가?

〔혹시 (설두) 스님이 아니오?〕

단지 노주露柱[7]에 부딪친 눈 먼 놈일 뿐이다.”

〔스스로 죄를 인정하고 출두하라!〕[8]

〔評唱〕

師云.[9] 古人舉一機一境 皆明此事. 且世尊未舉花已前 是箇什麼道理. 後來所以 買帽相頭 相席打令 如今只管記憶千端萬端 打葛藤 有什麼 了期. 多知多解 轉生煩惱 古人或. 拈古頌古一則因緣 須是出得他古 人意 方可拈掇.

※只管(지관): 얼마든지. 마음대로 주저하지 않고. 오로지 ~만 돌보다.

_____

오히려 난을 당하게 된다.

7 노주露柱: 법당 또는 불전 밖의 둥근 기둥을 가리킨다. 기와조각(瓦礫)·담벼락(牆壁)·등롱燈籠 등과 함께 생명이 없는 것에 속한다. 선종에서는 무정·비정 등을 표시하는 것으로 사용된다. (指法堂或佛殿外正面之圓柱 與瓦礫 牆壁 燈籠等俱屬無生命之物 禪宗用以表示無情非情等意, 『불광대사전』)

8 자령출거自領出去=自領出頭: 중국의 법정에서 쓰던 말. 영장을 받으면 관리들을 괴롭히지 않고 자진하여 법정에 나아가서 죄를 말하는 것. 선서禪書에서는 자기의 일을 자백하는 뜻으로 쓰임.

9 師云은 번역에서 생략함을 밝혀둔다(이하 모두 공통).

고인古人이 일기일경一機一境[10]을 든 것은 모두 이 일(此事)[11]을 밝힌 것이다. (그렇다면) 세존이 아직 꽃을 들기 이전, 이것은 무슨 도리인가?

후생(後生, 後來, 後人)이라는 이유로 그저 모자를 먼저 사놓고 머리를 재거나(買帽相頭) 규칙이나 정해 놓고 맹목적으로 따르면서(相席打令)[12] 지금 제멋대로 천 가지 만 가지 일들을 기억해 언어문자(葛藤)나 늘어놓으려 한다면, 언제 끝마칠 날이 있겠는가! 많이 알고 많이 이해할수록 번뇌만 더하고, 고인을 미혹할 뿐이다.

일칙인연一則因緣에 대한 염고拈古[13]나 송고頌古[14]는 모름지기 저 고인의 뜻에서 나와야 염철拈掇[15]할 수 있는 것이다.

---

10 일기일경一機一境: 기機는 내재적인 것으로 마음의 작용이 되고, 경境은 외재적인 것으로 형상이 있는 물(物, 그 어떤 것)이 된다. 비유하면 석존이 꽃을 든 것을 경境이라고 하고, 가섭이 그 뜻을 깨닫고 파안미소한 것을 기機라고 한다. 또한 멀리 연기 나는 것을 보는 것을 경境이라 하고, 연기가 나는 것을 보고 불이 난 것을 아는 것을 기機라고 한다. (機是內在的 爲心之作用 境是外在的 爲具有 形象之物. 譬如釋尊拈花 是爲境 迦葉領會其意 而破顔微笑 是爲機 又如見遠方之煙 是爲境 見煙而知有火 是爲機. 불광대사전)

11 일대사인연一大事因緣을 뜻한다. 『묘법법화경』 제1권, 「방편품方便品」.

12 상석타령相席打令: 술좌석에서 규칙을 정해놓고 어기면 벌주를 내리는 것.

13 염고拈古: 고칙을 끄집어내서 해석하고 비평하는 것.

14 송고頌古: 고칙을 끄집어내서 게송으로 해석, 비평하는 것.

15 염철拈掇: 원래는 어떤 물건을 손바닥에 올려놓고 주무르는 것을 의미. 선어록에서는 문제로 제기하여 이야기한다는 뜻으로 쓰임.(『선학사전』 p.460)

只如 德山本是西蜀 講金剛經座主. 聞南方禪宗大興 他云"南方魔子
如此盛 遂罷講散徒 擎將疏鈔 欲破禪宗" 及至龍潭 言下大悟. 後住德
山 三日一回搜堂 凡見文字 卽時燒却 十二時中 打風打雨. 後來出巖頭
雪峰. 如龍似虎相似 到他打葛藤時 自有奇特處. 一日示衆道"汝但無
事於心 於心無事 則虛而靈 寂而妙"又道"捉空追響 勞汝心神 夢覺覺
非 覺亦非覺"一日巖頭來參 纔展坐具 德山以拄杖 挑向堦下. 巖頭下
堦收得 便去參堂. 來日却上問訊 侍立次 山云"你什麼處學得這箇虛
頭來"巖頭云"某甲不敢自謾"山云"你已後向老僧頭上屙去在"且道
他見箇什麼. 却不打他 豈不是有奇特處. 方可如此. 巖頭一日來參 脚
纔跨門 便問"是凡是聖"德山便喝 巖頭便禮拜. 且道他父子見箇什麼.
便如此奇特 五祖先師道"他旣是開箇鋪席"

※밑줄 친 부분은 아래 註20의 '無事於心 無心於事'를 따랐다.
※밑줄 친 부분의 挑는 '抛(던질 포)'의 誤字.
※屙(뒷간에 갈 아): 뒷간에 가다. 대소변을 보다.

그건 그렇고, 덕산은 본래 서촉(西蜀, 四川)사람으로『금강경金剛經』을
강의하던 좌주(座主, 講主)였다. 남방에 선종禪宗이 크게 흥하고 있다는
소문을 듣고, 말했다.
 "남방의 마구니들이 이와 같이 성행한다고 하니, 곧장 강의를 그만
두고 제자들을 흩어버리고 소초疏鈔를 들고 나아가서 선종을 부숴버리
고 말겠다."

(하지만) 용담龍潭[16]에 이르러서는 말 한마디에 크게 깨닫게 되었다.

그 뒤에 덕산에 머물며 3일에 한 번씩 승당을 뒤져서 문자(경전이나 어록)를 보기만 하면 바로 태워버렸고, (방망이로) 하루 내내 바람을 치고 비를 치듯 했다.

뒷날 암두巖頭[17]와 설봉雪峰[18]이 여기서 나왔다. (이들은) 마치 용과 같고 호랑이와 같아서 덕산에 이르러 문답(葛藤) 할 때부터 기특처奇特處[19]가 있었다.

(덕산이) 하루는 대중에게 법문을 했다(示衆).

"그대들이 다만 마음에 일이 없고 일에 마음이 없으면(無事於心無心於事) 텅 비어 신령스럽고 고요하면서도 오묘하게 된다(虛而靈寂而妙)."[20]

---

16 용담숭신(龍潭崇信, 782~865): 천황도오의 법사法嗣.

17 암두전활(巖頭全豁, 828~887): 설봉·흠산과 도반. 덕산선감의 법사法嗣. 시호는 청엄淸儼.

18 설봉의존(雪峰義存, 822~908): 덕산선감의 법사法嗣. 12세에 출가, 24세에 회창의 파불을 만나 속복을 입고 부용영훈芙蓉靈訓에게 참구, 이후 동산양개의 회하에서 반두의 일을 맡았는데, 특별한 계기를 마련하지 못함.

19 기특처奇特處와 관련해서 『백장어록』에 다음과 같이 전한다.

   問 "如何是奇特事" 師云 "獨坐大雄山" 僧禮拜 師便打.

   물었다. "어떤 것이 기특사奇特事입니까?"

   백장이 말했다. "대웅산에 홀로 앉는 것이다."

   그 스님이 절을 하자, 선사가 바로 쳤다.

20 『경덕전등록(景德傳燈錄, 이하 전등록)』 제15권에 다음과 같이 전한다.

   師上堂謂衆曰 "於己無事則勿妄求. 妄求而得亦非得也. 汝但無事於心無心於事

34

또 말했다.

"허공을 잡고 메아리를 좇으니 그대들의 심신心神만 수고롭게 하는 구나. 꿈에서 깨어나 아니라는 것을 깨달으면 깨달음 또한 깨달음이 아니다."[21]

則虛而靈空而妙. 若毛端許言之本 末者皆爲自欺. 毫氂繫念三塗業因 瞥爾生情 萬劫羈鎖. 聖名凡號盡是虛聲 殊相劣形皆爲幻色 汝欲求之得無累乎 及其厭之 又成大患 終而無益"

선사가 법당에 올라 대중에게 말했다.

"자기에게 일이 없으니 헛되이 구하지 말라! 헛되이 구해서 얻으면 얻은 것이 아니다. 그대들이 다만 마음에 일이 없고(無事於心) 일에 마음이 없으면(無心於事) 곧 텅 비어 신령스럽고 공하면서도 오묘하게 된다(虛而靈空而妙). 만약 털 끝 만큼이라도 본말을 말하는 자는 모두 자기를 속이는 것이 된다. 터럭만큼이라도 생각에 얽매이게 되면 3도(三塗, 3악도)의 업인業因이 되고, 잠시라도 생각(情)을 내면 만겁萬劫에 굴레요, 쇠사슬이 된다. 성인이니 범부니 하는 것은 모두 허망한 소리이며, 뛰어나다는 상(殊相)이나 열등한 모습(劣形)도 모두 환의 색(幻色)이니, 그대들이 구해서 얻고자 한다면 어찌 누累가 없겠는가? 그렇다고 싫어한다면 또한 큰 병이 되니. 끝내 이익될 것이 없다."

21 전등록 제15권에 다음과 같이 전한다.

師因疾有僧問 "還有不病者無" 師曰 "有" 曰 "如何是不病者" 師曰 "阿邪阿邪" 師復告諸徒曰 "捫空追響 勞汝心神 夢覺覺非 竟有何事"

선사가 병이 났는데, 어떤 스님이 물었다. "병에 걸리지 않은 사람이 있습니까?" 선사가 말했다. "있다."

스님이 말했다. "어떤 것이 병에 걸리지 않은 사람입니까?"

선사가 말했다. "아야, 아야(阿邪阿邪)!"

선사가 다시 대중들에게 말했다.

"허공을 더듬고 메아리를 좇으니 그대들의 심신만 수고롭게 하는구나. 꿈에서 깨어나 아니라는 것을 깨달으면 끝내 무슨 일이 있겠는가!"

하루는 암두가 참례하러 왔는데, 좌구坐具를 펴자마자 덕산이 (좌구를) 주장자로 섬돌 아래로 던져버렸다.

(그러자) 암두가 섬돌 아래로 내려가 집어 들고 곧장 승당으로 가버렸다.

다음 날 (방장실에) 다시 올라가 인사를 하고 모시고 서 있는데, 덕산이 말했다.[22] "너는 어디서 이런 쓸 데 없는 짓을 배웠는가?"

---

22 전등록 제16권에 다음과 같이 전한다.

自餘杭大慈山迤邐造于臨濟 屬臨濟歸寂乃謁仰山 才入門提起坐具曰 "和尚" 仰山取拂子擬擧之 師曰 "不妨好手" 後參德山和尚 執坐具上法堂瞻視 德山曰 "作麽" 師咄之 德山曰 "老僧過在什麽處" 師曰 "兩重公案" 乃下參堂 德山曰 "遮箇阿師稍似箇行脚人" 至來日上問訊 德山曰 "闍梨是昨日新到否" 曰 "是" 德山曰 "什麽處學得遮箇虛頭來" 師曰 "全豁終不自謾" 德山曰 "他後不得孤負老僧"

(암두가) 여항 대자산을 떠나서 이곳저곳을 거쳐 임제에게 갔다. 임제가 입적을 해서 앙산을 뵈었는데, 문안에 들어서자마자 좌구를 들고 말했다. "화상!" 앙산이 불자를 잡아들려고 하자, 암두가 말했다. "고수高手로다."

후에 덕산을 참례했는데, 좌구를 들고 법당에 올라가 쳐다보자, 덕산이 말했다. "뭐 하는 것이냐?"

암두가 "쯧쯧(咄)!" 하고 혀를 차자, 덕산이 말했다. "노승의 허물이 어디에 있는가?"

암두가 말했다. "양중공안兩重公案이군요."

그리고는 승당으로 내려갔다.

덕산이 말했다. "이 스님은 조금 행각하는 사람 같구나."

다음날 올라가 안부 인사를 하자, 덕산이 말했다. "어제 처음 온 스님이 아닌가?"

암두가 말했다. "그렇습니다."

덕산이 말했다. "어디서 이런 쓸 데 없는 것을 배웠는가?"

암두가 말했다. "전활(全豁, 암두)은 끝내 자신을 속이지 않습니다."

암두가 말했다. "저는 감히 자신을 속이지 못합니다."

덕산이 말했다. "너는 이후 노승의 머리에다 똥을 쌀 것이다."

자, 말해보라! 그가 무엇을 보았는가?

도리어 (방망이로) 그를 치지도 않았으니, 어찌 여기에 기특처奇特處가 있는 것이 아니겠는가! 기특처가 있어야 바야흐로 이와 같을 수 있는 것이다.

암두가 하루는 참례하러 와서 다리를 문에 걸치자마자 바로 물었다.[23] "범부입니까, 성인입니까?"

덕산이 바로 "할(喝)!" 하자, 암두가 절을 했다.

자, 말해보라! 저 부자父子가 무엇을 보았는가?

바로 이와 같이 기특했기에 오조선사五祖先師[24]가 말하기를 "그는 이미 가게(점포) 하나를 열었다"[25]고 한 것이다.

❁

爲什麼却不答話. 且道 德山意在什麼處. 這僧也好奇特 跳出衆來便

덕산이 말했다. "이후 노승을 저버리지 말라."

23 제67칙 암두과문화 참조.

24 오조법연(五祖法演, 1024~1104): 임제종. 송대宋代의 스님. 35세에 출가하여 수계함. 백운수단白雲守端의 법사法嗣. 원오극근의 스승.

25 일가一家를 이루었다는 뜻이다.

禮拜 德山便打 一似鷹拏燕雀 似鶻捉鳩. 只如 法眼拈道 "大小德山話
作兩橛" 可謂據款結案 圓明拈道 "大小德山 龍頭蛇尾" 也是看孔著楔.
如今作麼生會這公案. 若做兩橛會 且得沒交涉 便作龍頭蛇尾會 且得
沒交涉. 旣不恁麼會 畢竟作麼生. 且道 二老宿 爲什麼却如此拈. 諸人
試著眼看. 古人道 "獅子咬人 狂狗逐塊" 如今作麼生見得德山去. 所以
拈古十箇 拈做十般 要須出他古人意 方喚作拈古. 只如 傅大士道 "夜
夜抱佛眠 朝朝還共起 要知佛去處 只這語聲是" 看他玄沙拈道 "大小傅
大士 只認箇昭昭靈靈" 又靈雲見桃花便悟云 "自從一見桃花後 直至如
今更不疑" 玄沙云 "諦當甚諦當 敢保老兄未徹在" 且道 他意在什麼處.

※敢保(감보): 책임지다. 보증하다. 반드시. 꼭. 절대로.

어째서 "답하지 않겠다"고 한 것인가? 자, 말해보라! 덕산의 뜻이
어디에 있는가?

이 스님도 기특해서 대중에서 뛰어나와 바로 절을 했지만, 덕산이
바로 친 것은 마치 매가 제비나 참새를 잡는 것과 같고, 송골매가
비둘기를 잡는 것과 같았다.

그건 그렇고, 법안이 염拈해서 말하기를 "덕산 정도 되는 양반의
말이 두 개의 말뚝이 되었다"고 한 것은 법령에 의거해서 판결을 내린
것이라 할 만하고, 원명이 염해서 말하기를 "덕산 정도 되는 양반이
용두사미가 되었구나!"라고 한 것 역시 구멍을 보고 쐐기를 박은 것이라
고 할 만하다. (그런데) 지금 어떻게 이 공안을 알고 있는가? 만약
두 개의 말뚝으로 알아도 전혀 관계가 없고, 용두사미로 알아도 전혀

관계가 없다. 그렇게 알지 않았다면 결국에는 어떻게 해야 하겠는가? 자, 말해보라! 두 노숙이 어째서 이와 같이 염拈을 했는가? 모두들 시험 삼아 착안著眼해보라!

고인이 말하기를 "사자는 사람을 물지만, 미친개는 흙덩어리를 쫓는다"[26]고 했는데, (그대들은) 지금 어떻게 덕산을 봤는가? 그래서 염고拈古 열 개를 각각 열 가지로 염拈하더라도, 모름지기 저 고인의 뜻으로부터 나와야 바야흐로 '염고拈古'라 부를 수 있는 것이다.

그건 그렇고, 부 대사傅大士[27]가 말하기를 "밤마다 부처를 끌어안고 자며, 아침마다 함께 일어난다. 부처가 간 곳을 알고자 하는가? 다만 이 말소리가 그것이다"[28]고 했는데, (이에 대해) 저 현사玄沙[29]가 염拈하

---

26 전등록 제6권, 월주越州 대주大珠 혜해慧海 선사 편에 다음과 같이 전한다.
　　問曰 "夫經律論是佛語 讀誦依教奉行 何故不見性" 師曰 "如狂狗趁塊 師子齩人 經律論是自性用 讀誦者是性法"

　　(율사律師 법명法明이) 물었다.
　　"무릇 경·율·논이라는 것은 부처님의 말씀으로 읽고 외우며, 가르침에 의지해 받들어 행하는 것인데, 어째서 성품을 보지 못하는 것입니까?"
　　선사가 말했다.
　　"마치 미친개는 흙덩이를 쫓지만, 사자는 사람을 무는 것과 같다. 경·율·논은 자성의 용이고, 읽고 외우는 것은 성품의 법이다."

27 부대사(傅大士, 497~569): 자는 현풍玄風. 이름은 흡翕. 쌍림雙林대사·동양東陽 거사·무주선혜婺州善慧라고도 함.

28 『선혜대사어록善慧大師語錄』권4에 다음과 같이 전한다.
　　夜夜抱佛眠　　밤마다 부처를 끌어안고 자고
　　朝朝還共起　　아침마다 함께 일어난다.
　　起坐鎭相隨　　앉거나 서거나 항상 서로 따르고

기를 "변변찮은 부대사가 소소영령한 것만 알았을 뿐이다"고 한 것을
보라!

또 영운靈雲[30]이 복숭아꽃을 보고, 바로 깨닫고 말하기를 "복숭아꽃
을 한 번 본 이래로 지금까지 다시 의심하지 않았다"[31]고 했는데,

語默同居止	말하는 것이나 말하지 않는 것이나 모두 똑같은 행동거지다.
纖毫不相離	털끝만큼도 서로 떨어지지 않으니
如身影相似	마치 몸을 따르는 그림자와 같다.
欲識佛去處	부처가 간 곳을 알고자 하는가?
祇這語聲是	다만 이 말 소리가 그것이다.

SM 제30권(N.1431)에서는 본 게송을 고칙으로 하고 현사의 염拈을 전한다.

29 현사사비(玄沙師備, 835~908): 설봉의존雪峰義存의 법사法嗣. 지계가 두터워 비두
타備頭陀로 불리고, 사삼랑謝三郎이라고도 불림.

30 영운지근(靈雲志勤, 생몰연대 미상): 위산영우의 법사法嗣. 설봉의존, 현사사비에
게 역참하다가 복숭아꽃을 보고 깨달음을 얻은 일화가 있음.

31 SM 제15권(N.590)에 다음과 같이 전한다.

福州靈雲志勤禪師在潙山 因見桃花悟道 有偈曰 "三十年來尋劍客 幾迴落葉幾
抽枝 自從一見桃花後 直至如今更不疑" 擧似潙山 山云 "從緣悟達 永無退失
善自護持"(有僧擧似玄沙 沙云 "諦當甚諦當 敢保老兄猶未徹" 衆疑此語 玄沙問地藏
"我與麼道汝作麼生會" 地藏云 "不是桂琛卽走殺天下人")

복주 영운지근 선사가 위산潙山에 있었는데, (하루는) 복숭아꽃을 보다가 깨닫고
게송으로 말했다.

三十來年尋劍客	30년을 검객을 찾으니
幾逢落葉幾抽枝	낙엽지고 새 가지 돋기 몇 번이던가.
自從一見桃華後	복숭아꽃을 한 번 본 이래로
直至如今更不疑	지금까지 다시 의심하지 않았네.

(그리고는) 위산에게 앞의 이야기를 전하자, 위산이 말했다. "(시절)인연 따라
깨달았으면 영원히 물러나거나 잃지 않을 것이니, 잘 보호하고 지녀라."

(이에 대해) 현사玄沙가 말하기를 "옳고 또 아주 옳으나, 감히 보증하건
대 노형은 철저하게 (깨닫지는) 못했다"고 하였다. 자, 말해보라!
저 뜻이 어디에 있는가?

❀

雪竇一似古人. 先拈他兩人語道"此二老宿 雖善裁長補短 捨重從輕"
且道 甚麽處是裁長補短處 什麽處是捨重從輕處. 此兩箇分明點檢德
山. 雪竇拈來 爲甚麽却道"要見德山 亦未可"雪竇後面也 只要見德山
這些子也難. 後來人便邪解道"法眼圓明 只是裁長補短 捨重從輕"只
管作露布 有什麽交涉. 雪竇拈道"德山似箇什麽 如闔外將軍相似 有
威有權 爲他有箇劍 當斷不斷時 也不招其亂"雪竇如此拈 也有錯會者
不少. 雪竇前面拈了 爲什麽又拈道"諸人要識新羅僧麽. 只是撞著露
柱底瞎漢"諸人且道. 什麽處是這僧瞎處. 人多情解道"等他德山道
你是什麽處人 當時便以坐具劈面摵"癡人若如此 德山便放你也. 且道
畢竟什麽處是這僧瞎處. 師便打.

※ 等等은 ~할 때의 뜻.
※ 劈面(벽면) : =벽검劈臉 : 얼굴을 향하다. 정면으로, 맞바로.

[어떤 스님이 앞의 이야기를 현사玄沙에게 전하자, 현사가 말했다. "옳고 또
아주 옳으나, 감히 보증하건대 노형은 철저하게 (깨닫지는) 못했다."
대중이 이 말을 의심해서 현사가 지장地藏에게 물었다. "나의 이런 말을 그대는
어떻게 알고 있는가?"
지장이 말했다. "(나) 계침이 아니었으면 곧장 천하의 사람들에게 달려가 (발로
밟아) 죽였을 것입니다."]

설두는 고인과 똑같다. (그래서) 먼저 두 사람의 말을 염해서 말하기를 "이 두 노숙이 비록 긴 것을 재단해서 짧은 것을 보완하고, 무거운 것을 버리고 가벼운 것을 따르는 것을 잘 해서"라고 한 것이다. 자, 말해보라! 어디가 긴 것을 재단해서 짧은 것을 보완한 것이며, 어디가 무거운 것을 버리고 가벼운 것을 따른 것인가? 이 두 마디 말은 분명 덕산을 점검한 것이다.

(그리고 이어서) 설두는 염하면서 어째서 도리어 "덕산을 보고자 했지만 역시 보지 못했다"고 한 것인가? 설두가 뒷부분에서 다만 "덕산을 보고자 했지만"이라고 한 이것이 조금 난해할 따름이다.

(그런데) 뒷사람들이 그릇되게 알고 말하기를 "법안과 원명이 다만 긴 것을 재단해서 짧은 것을 보완하고, 무거운 것을 버리고 가벼운 것을 따랐을 뿐이다"고 하면서 제멋대로 노포(露布, 일반에게 널리 퍼뜨림)한다면, (대관절) 무슨 관계가 있겠는가!

설두가 염拈해서 말하기를 "덕산이 어떤 사람과 같은가? 마치 변방의 장군과 같아서 위엄도 있고 권위도 있다. 그에게는 하나의 검이 있었으니, 마땅히 끊어야 할 때 끊지 않아도 혼란을 초래하지 않는 검이다"고 하였다. (하지만) 설두가 이렇게 염拈을 했는데도 역시 잘못 알고 있는 이가 적지 않다.

설두는 앞에서 염拈을 마쳤는데, 어째서 (다시) 또 염해서 말하기를 "대중은 신라 스님을 알고자 하는가? 단지 노주에 부딪친 눈 먼 놈일 뿐이다"라고 했는가? 대중은 말해보라! 어디가 이 스님이 눈 먼 곳인가? 사람들이 많이들 정식情識으로 이해해서 말하기를 "저 덕산이 '그대는 어디 사람인가?'라고 물었을 때, 당시에 좌구坐具를 얼굴 정면

에 내던졌어야 했다(=좌구로 얼굴을 쳤어야 한다)"고 한다. 만약 어리석
은 사람이 이와 같이 했다면 덕산은 바로 놓아줬을 것이다. 자, 말해보
라! 필경 어디가 이 스님이 눈 먼 곳인가?

선사가 (선상을) 쳤다.[32]

---

32 SM에서는 본칙에 대한 원오의 송頌과 염拈을 다음과 같이 전한다.

〔송頌〕

大冶烹金	대장장이(大冶)가 금을 불리는데
忽雷驚春	홀연히 번개가 쳐, 봄을 놀라게 하네.
草木秀發	초목엔 빼어나게 싹이 트고
光輝日新	아름답게 빛나는 빛은 나날이 새롭네.
不費纖毫力	털 끝 만큼의 힘도 쓰질 않고
擒下天麒麟	천하의 기린을 잡아
全威殺活得自在	온전한 위엄으로 죽이고 살리기를 자재하니
千古照耀同氷輪	천고에 아름답게 빛나 달(氷輪, 달의 異名)과 같네.

話作兩橛句中眼活	말이 두 개의 말뚝이 되어도 말에 안목은 살아 있고
龍頭蛇尾以指喩指	용두사미가 되었지만, 손가락으로 손가락을 깨우치네.
撞着露柱瞎衲僧	기둥에 부딪친 눈 먼 납승
塞斷咽喉無出氣	목구멍이 막혀 숨도 내쉬지 못하네.
擬議尋思隔萬山	머뭇거리며 찾으면 만산萬山만큼이나 벌어지니,
咭嘹舌頭三千里	웃고 우는 혀끝이 삼천리로다.

〔염拈〕

德山大似金輪聖王 寰中獨據 四方八表 無不順從 等閑布一勅施一令 直得草偃

風行 若不是這僧 爭見殺活擒縱 威德自在" 遂擧法眼圓明雪竇拈師云 "雖則直率
單提 各能扶竪德山 要且只扶得末後句 未不得最初句在 且作麼生是德山最初
句" 大鵬欲展霄翅 誰顧崩騰六合雲.

"덕산은 마치 금륜성왕과 같아서 세상에 홀로 거처하니, 사발팔방에 순종하지
않는 사람이 없었다. 무심히 하나의 칙령을 선포하면 바로 바람 부는 대로
풀이 쓰러졌다. 만약 이 스님이 아니었다면, 어찌 살리고 죽이며 잡고 놔주는
위덕자재함을 볼 수 있었겠는가?"

그리고는 법안과 원명 그리고 설두의 염拈을 거론하고, 말했다.

"비록 직접적으로 솔직하게 본분의 참 뜻을 들어보여서 각기 덕산을 떠받쳐
세웠지만, 단지 말후구만 잡았을 뿐, 최초구를 잡지 못했다. 자, 어떤 것이
덕산의 최초구인가?"

"대붕이 날개를 펴서 하늘을 날려고 하는데,
누가 천지사방에 구름이 흩어졌다 일어났다 하는 것을 돌아보겠는가!"

44

제2칙 설봉보청雪峯普請[33]

【古則과 着語】

擧, 雪峯一日普請 自負一束藤.〔勞而無功〕路逢一僧 峯便抛下.〔力盡神疲〕僧方擬取 峯便踏倒.〔下坡不走 快便難逢〕歸擧似長生 乃云 "我今日踏這僧快"〔少賣弄〕生云 "和尚替這僧 入涅槃堂始得"〔鬧市裏要一箇半箇〕峯便休去.〔可惜放過〕

※神疲(신피): 정신피로.
※下坡(하파): 비탈길(내리막길, 언덕길)을 내려가다.
※快便(쾌변): 방편. 편리. 경쾌하다. 간편하다. 용이하다. 재빠르다.

설봉雪峯이 하루는 울력을 하면서(普請) 몸소 등나무 한 속(束, 짐)을 짊어졌다.
　〔애는 썼지만 보람은 없다.〕[34]

---

33 SM, 제19권(N.783)에서도 전한다.
34 『장자』「외편」천운天運편에 다음과 같이 전한다.

길에서 한 스님을 만나자, 설봉이 바로 던져버렸다.

〔힘을 다 썼으니 정신이 (몹시) 피로하겠군.〕

그 스님이 막 주우려고 하는데, 설봉이 바로 발로 밟아 넘어뜨렸다.

〔언덕길을 내려 갈 때 달리지 말라, 빨리 만나기 어렵다.〕

(설봉이) 돌아가 장생長生[35]에게 전하며 말했다. "내가 오늘 이 스님을 통쾌하게 밟아버렸다."

〔잘난 체하지 말라!〕

장생이 말했다. "화상께서 이 스님 대신 열반당에 들어가셔야 합니다."

〔(아무리) 시끄러운 시장 바닥일지라도 (이런 괜찮은 놈이) 한 명 아니 반 명은 꼭 있어야 한다.〕

설봉이 바로 쉬었다(休去).

〔애석하게도 놓쳐버렸다.〕

[拈古와 着語]

雪竇拈云 "長生大似東家人死 西家助哀. 也好與一踏"〔闍黎也須急着眼始得.〕

(중략) 古今非水陸與 周魯非舟車與 今蘄行周於魯 是猶推舟於陸也 勞而無功 身必有殃. (중략)

옛날과 지금은 물과 육지가 아니겠는가! 주나라와 노나라는 배와 수레가 아닐까! 지금 주나라에서 시행하던 것을 노나라에서 시행하려고 하는 것은 배를 육지에서 미는 것과 같아서 애는 써도 보람은 없고, 틀림없이 몸에 재앙이 있을 것이네.

35 장생교연(長生皎然, 생몰연대 미상): 설봉의존의 법사法嗣.

※也好(야호) : ～하는 편이 좋다. ～해도 나쁘지 않다.

설두가 염拈했다. "장생은 마치 동쪽 집 사람이 죽었는데 서쪽 집 사람이 슬퍼하는 것³⁶과 같다. (하지만) 한 번 밟아버렸어야 한다."

〔스님(설두)이야말로 모름지기 급히 착안着眼해야 한다.〕

〔評唱〕

師云. 只這雪竇合喫多少 如今且放過一著. 雪峯爲一千五百人善知識. 當時 日日普請 運水搬柴 豈似如今兄弟 端坐飽食 不知慚愧. 不見雲門問僧 "甚麼處來" 僧云 "負柴來" 門云 "閑口" 且道 他雲門意 又作麼生. 諸人試體究看. 只如 雪峯普請處踏倒這僧 歸擧似長生. 長生是箇

---

36 SM 제30권(N.1446)에서는 다음과 같이 전한다.

天台拾得 一日掃地次 寺主問 "你因豐干拾得 故名拾得 你畢竟姓个什麼" 拾得放下掃帚 叉手而立. 寺主再問 "你畢竟姓个什麼" 拾得拈起掃帚而去. 寒山遙見便哭云 "蒼夫蒼天" 拾得云 "作麼生" 山云 "東家人死 西家助哀" 二人哭笑而去.

천태습득天台拾得이 하루는 마당을 쓸고 있었는데, 주지가 물었다.
"그대는 풍간이 주워 와서 습득拾得이라고 하는데, 그대는 대체 성이 뭔가?"
습득이 빗자루를 내려놓고 차수하고 섰다.
주지가 다시 물었다. "대체 성이 뭔가?"
습득이 빗자루를 들고 가버렸다.
한산이 멀리서 보고 곡을 하며 말했다. "아이고, 아이고!"
습득이 말했다. "어째서 (그러는가)?"
한산이 말했다. "동쪽 사람이 죽었는데, 서쪽 사람이 슬퍼한다(=조문을 한다)."
(그리고는) 두 사람이 울다 웃다 하면서 가버렸다.

活潑潑地漢 便道 "和尚也須替這僧 入涅槃堂始得" 只這雪峯老漢 也好當時便休去 到這裏 作麼生湊泊. 也須是三根椽下 五尺單前 靜坐究取始得.

※湊泊(주박): 한데 모여들다. 응결하다. 다가서다. 보조를 맞추다.

이 설두가 방망이를 좀 몇 대 맞아야 마땅한데, 지금 또 한 수를 놓쳤다.

설봉은 1,500선지식이었다. 당시 날마다 울력으로 물 깃고 땔나무를 날랐으니, 어찌 요즘 형제들이 단정하게 앉아 배불리 먹으면서 부끄러워 할 줄도 모르는 것과 같겠는가!

보지 못했는가!
운문雲門[37]이 어떤 스님에게 물었다. "어디서 오는가?"
스님이 말했다. "땔나무를 지고 왔습니다."
운문이 말했다. "입 닥쳐!"

자, 말해보라! 저 운문의 뜻은 또 무엇인가? 모두들 시험 삼아 체구(體究, 몸소 참구)해 보라!

그건 그렇고, 설봉이 울력 하던 곳에서 이 스님을 밟아버리고 돌아와

---

37 운문문언(雲門文偃, 864~949): 운문종의 개조. 목주도명睦州道明에게 참학, 후에 설봉의존의 법사法嗣. 시호는 광진선사匡眞禪師.

48

장생에게 (앞의 일을) 전했는데, 장생은 활발발한 사람인지라[38] 곧바로
말하기를 "화상께서야말로 모름지기 이 스님 대신 열반당에 들어가셔
야 합니다"고 했다. (그런데 이때) 이 설봉 노장이 당시에 바로 쉰
것도 괜찮았지만, 여기서는 어떻게 다가서야 하겠는가?

　모름지기 삼근연하 오척단전(三根椽下 五尺單前＝선상禪床)[39]에 고요
히 앉아 참구해야 한다.

---

38 참고로 장생의 활발발함과 관련해 전등록 제18권에 다음과 같이 전한다.

　因與僧斫樹. 雪峯曰 "斫到心且住" 師曰 "斫却著" 雪峯曰 "古人以心傳心 汝爲什
　麼道斫却" 師擲下斧子曰 "傳" 雪峯打一拄杖而去.

　(장생이) 어떤 스님과 나무를 베고 있었다.
　설봉이 말했다. "베다가 가운데 이르면 멈춰라."
　장생이 말했다. "베어버리겠습니다."
　설봉이 말했다. "고인은 마음으로 마음을 전하였거늘, 그대는 어째서 베어버리
　겠다고 하는가?"
　장생이 도끼를 던져버리고 말했다. "전했습니다."
　(그러자) 설봉이 주장자로 한 대 갈겨버리고 가버렸다.

39 삼조연하三條椽下=삼근연하三根椽下: 승당의 상床으로 한 사람이 세 척 정도의
　자리를 차지하고, 그 머리 위에 서까래가 세 가닥이 있는데, 이로 이해 선상禪床을
　가리켜 삼조연하라고 한다. (불학대사전)

　칠척단전七尺單前: 선당에 자기 이름이 붙어 있는 좌상坐床을 단위單位라고
　하고, 또 상床 앞의 판板을 단單이라고도 한다. 너비가 8촌인데, 주척(周尺,
　주나라 도량형)에 따르면 1척이라고 하는데, 이를 단판 1척이라고 한다. 상의
　너비는 6척이고, 단판 1척을 더하면 7척이니, 이를 7척 단전이라고 한다. 단판을
　제외하면 육척인데 이를 육척단전이라 한다. (전게서)

❀

看雪竇老婆 拈似與諸人. 到這裏見得去 自然打著南邊動北邊 纔拈
起 便眼卓朔地. 雪竇拈掇他這因緣 人多邪解 別生知見義路 只管解
將去 殊不知 雪竇意元不如此. 且道 他意在什麼處. 也好與一踏 且莫
錯會.

※ 卓朔(탁삭) = 直竪(직수): 직립하다. 곤두서다.

설두가 노파심으로 (이 공안을) 염拈해서 모두에게 보여준 것을 보라!
여기서 (설두가 염한 뜻을) 볼 수 있으면 자연히 남쪽을 치니 북쪽이
움직이는 것처럼[40] 염을 하자마자 바로 안목이 뛰어날 것이다.

　(하지만) 설두가 다른 이들에게 이 인연(因緣, 공안)을 염철(拈掇,
문제로 제기해 이야기함)했는데도 사람들은 대부분 삿되게 알고 따로
지견知見과 의로義路를 일으켜 제멋대로 풀려고만 하니, (이는) 설두의
뜻이 원래 이와 같지 않다는 것을 전혀 모르는 것이다. 자, 말해보라!

---

40 배도화상(杯渡和尙, 322~400)의 『일발가一鉢歌』에 다음과 같이 전한다.

大可憐不是顚　대단히 불쌍하구나! 전도되지 않았는데
世間出世天中天　세간·출세간·천중천
時人不會此中意　요즘 사람들은 이 뜻을 모른다.
打著南邊動北邊　남쪽을 치니 북쪽이 움직인다.
若覓法　만약 법을 찾는다면
鷄足山中問迦葉　계족산에 있는 가섭에게 물어라
大士持衣在此中　대사는 옷을 가지고 이 속에 있지만
本來不用求專甲　본래 한 벌의 옷도 구할 필요가 없네.

설두의 뜻이 어디에 있는가?

"한 번 밟아버렸어야 한다"고 한 것, 또한 잘못 알지 말라!

제3칙 백장불자百丈拂子[41]

【古則과 着語】

擧, 百丈再參馬祖〔不啣嚼漢〕侍立次 祖以目視禪牀角頭拂子.〔兩箇一場敗闕〕丈云 "卽此用 離此用"〔情知泥裏洗土塊〕祖云 "你他後開兩片皮 將何爲人"〔也要知你落處〕丈取拂子竪起.〔蝦跳不出斗〕祖云 "卽此用 離此用"〔驗人端的處 下口卽知音〕丈挂拂子於舊處〔果然 只在舊窠窟〕祖便喝.〔輪王髻中珠 不可輕分付〕百丈直得三日耳聾.〔雖然如是 若不酬價 爭辨眞僞〕

※啣嚼(즉유): 민첩하다. 재빠르다. 융통성이 있다. 원활하다. 총명하다. 영리하다. (=즉유啣嚼)
※情知(정지): 명확하게 앎. 정말 앎.

백장百丈[42]이 마조馬祖를 재차 참례하고

---

41 선종에서는 본칙을 재참마조화再參馬祖話라고 부른다. SM 제6권(N.181)에서도 전한다. 다만 본 고칙의 내용은 전하는 책마다 다소 차이가 있다. 註67 아래 「본칙의 이해를 돕기 위한 참고」라는 제목으로 내용을 수록했으니 참조 바란다.

〔부즉유한(不啣嚕漢, 멍청한 놈이로구먼)!〕

모시고 서 있는데, 마조가 선상 모서리에 있는 불자拂子를 쳐다봤다.

〔두 노장이 한바탕 낭패로다.〕

백장이 말했다. "이것은 용용입니까, 용용을 떠난 것입니까?"

〔진흙 속에서 흙덩이를 씻고 있다는 것을 분명히 알겠다.〕

마조가 말했다. "너는 앞으로 두 입술을 나불거리면서 장차 어떻게 사람을 위할 것인가?"

〔역시 낙처(落處, 핵심)를 알아야 한다.〕

백장이 불자를 들어서 세웠다.

〔새우가 뛰어봤자 두레박을 벗어나지 못한다.〕

마조가 말했다. "이것은 용인가, 용을 떠난 것인가?"

〔사람을 시험해 보는 단적인 곳(端的處, 확실한 곳)은 입을 열 때이니, 바로 이때 그의 사람됨을 알아볼 수 있다.〕[43]

백장이 불자를 원래 있던 곳에 걸어 두자,

〔과연! 단지 소굴(窠窟, 구태의연한 관념의 틀) 속에 있을 뿐이다.〕

마조가 바로 "할(喝)!" 했다.

〔전륜성왕의 상투 속 구슬은 가볍게 주어서는 안 된다.〕[44]

(그러자) 백장이 곧바로 3일 동안 귀가 먹었다.

〔비록 이와 같지만, 만약 (그에 합당한) 대가를 치르지 않았다면

---

42 백장회해(百丈懷海, 749~814): 마조도일의 법사法嗣.

43 지음知音은 본래 서로 마음이 통한다는 뜻이다. (춘추시대 백아伯牙와 종자기鍾子期의 고사, 『열자列子』, 「탕문편湯問篇」 참조).

44 계중명주髻中明珠의 비유. 법화경 제14권, 「안락행품」을 참조하기 바란다.

어찌 진위를 가려볼 수 있었겠는가.〕

〔拈古와 着語〕

雪竇拈云 "奇怪 諸禪德〔也不免遭他點檢〕如今列其派者甚多〔莫欺
我兒孫〕究其源者 極少.〔雪竇從來點胸〕總道百丈於喝下大悟 還端
的也無.〔自是他把不住〕然刀刁相似 魚魯參差〔曹溪波浪如相似
無限平人被陸沈〕若是明眼漢 瞞他一點不得.〔明眼漢正好瞞〕只如
馬祖道 你他後開兩片皮 將何爲人〔人將財試 金將火試〕百丈竪起
拂子〔機境未忘〕爲復如蟲禦木〔正是〕爲復啐啄同時.〔夢見〕諸人
要會三日耳聾麼.〔雪竇還會麼〕大冶精金 應無變色"〔錯下名言 不
是今日〕

※參差(참치): 가지런하지 못하다. 들쑥날쑥하다.
※禦(막을 어): 막다. 방어하다. 금하다. 금지하다.
※爲復(위부) ~爲復: ~인가, ~인가?

설두가 염拈했다. "기이하고 괴상하구나, 여러 선덕들이여!
　〔역시 그(설두)의 점검을 면하지 못하는구나.〕
　지금 갈라져 나온 무리가 매우 많아도
　〔우리 자손들을 업신여기지 말라.〕
　그 근원을 참구하는 이는 아주 적다.
　〔설두는 지금까지도 자신만만해 하고 있다.〕

모두들 백장이 (마조의) '할!' 아래 대오大悟했다고 말하는데, 아직
단적인(=확실한) (어떤) 것도 없다.

〔스스로도 그것을 파악하지 못하고 있다.〕

분명 도刀 자와 조刁 자가 비슷하고 어魚 자와 로魯 자가 구별하기
어렵지만,⁴⁵

〔조계의 물결이 이와 같다면 셀 수 없이 많은 평범한 사람들이 땅에서
침몰할 것이다.〕

만약 눈 밝은 사람이라면 한 점도 속이지 못할 것이다.

〔눈 밝은 이를 속이기엔 딱 좋은 법이다.〕

그건 그렇고, 마조가 '너는 앞으로 두 입술을 나불거리면서 장차
어떻게 사람을 위할 것인가?'라고 하자,

〔사람은 재물을 가지고 시험하고, 금은 불을 가지고 시험한다.〕⁴⁶

백장이 불자拂子를 세운 것은

〔기경機境을 아직 잊지 못했군.〕

벌레가 나무를 갉아먹어 우연히 문자를 이룬 것인가,⁴⁷

---

45 어로참치魚魯參差: 어로불변魚魯不辨과 참치부제參差不齊의 준말. 어로불변은
어魚 자와 노魯 자를 구별하지 못한다는 뜻으로, 몹시 무식함을 비유한다.
참치부제參差不齊는 길고 짧고 들쭉날쭉하여 가지런하지 아니함을 뜻한다.

46 참고로『벽암록碧巖錄』제23칙 수시垂示에 다음과 같은 표현이 있다.

玉將火試 金將石試 劍將毛試 水將杖試. 至於衲僧門下 一言一句 一機一境 一出
一入 一捱一拶.

옥은 불로 시험하고, 금은 돌로 시험하고, 검은 털로 시험하고, 물은 지팡이로
시험한다. (하지만) 납승문하에 이르면 일언일구一言一句, 일기일경一機一境,
일출일입一出一入, 일애일찰一捱一拶로 시험한다.

〔맞다(=바로 그러하다).〕

병아리와 어미 닭이 안팎에서 동시에 쫀 것인가?[48]

〔꿈에서나 보겠는가?〕

여러분은 3일 동안 귀가 먹은 것을 알고 싶은가?

〔설두 스님! (당신은) 아는가?〕

대야의 정금(大冶精金, 위대한 대장장이가 정련한 금)은 마땅히 색이
변하지 않는 법이다."

〔문채文彩나게 명언名言을 했는데, 오늘만 그런 것이 아니다.〕

〔評唱〕

師云. 百丈和尙 侍奉馬祖二十餘年 最得馬祖提誨. 此一則因 叢林謂
之再參馬祖話. 人多擧得不同. 然宗師家 只拈他著力處. 古時尊宿
纔見僧來 便擧起拂子 問佛法 或問祖意西來意 多擧起拂子. 所謂 如獅
子教兒迷蹤訣 纔方跳擲又翻身了也 須會他宗師家手脚 始得如此奇
絶. 看他師資相見. 如印印空 更無瑕玷 如印印泥. 誰辨得他字義. 到
這裏 道吾舞笏同人會 石鞏張弓作者知 如印印水. 涅槃心易曉 差別智

---

47 如蟲禦木 偶爾成文의 준말. 벌레가 나무를 갉아먹었는데 그 갉아먹은 흔적이
   우연히 글자가 된 것과 같다는 뜻이다. 『대반열반경大般涅槃經』 제2권에 "如蟲食
   木 有成字者(벌레가 나무를 갉아먹어 글자를 이룬다)"고 전한다.

48 줄탁과 탁啄이 동시에 이루어진다. 병아리가 알에서 나오기 위해서는 새끼와
   어미 닭이 안팎에서 서로 쪼아야 한다는 뜻으로, 가장 이상적인 사제지간을
   비유하거나, 서로 합심하여 일이 잘 이루어지는 것의 비유.

難明. 只如 潙山問仰山 "馬祖出八十四員善知識 幾人得大機 幾人得大用" 仰山云 "百丈得大機 黃蘗得大用 自餘皆是唱道之師"

※奇絶(기절): 아주 신기하고 기이하다. 매우 기이함. 비할 데 없이 기이함.
※纔方(재방)＝方纔: 이제 막. 지금. ~해서야 비로소.
※曉(새벽 효): 깨닫다. 환히 알다. 이해하다. 밝다. 환하다.

백장 화상은 마조를 20여 년 시봉하면서 마조의 가르침(提誨)을 가장 잘 얻었다.

　이 일칙 인연은 총림에서 재참마조화再參馬祖話라고 부른다. (하지만) 많은 사람들이 거론했지만 동일하지는 않았다. 그리하여 종사들은 다만 저 착력처(著力處, 힘을 쓴 곳="할!" 한 곳)만 염拈했던 것이다.

　옛날 존숙(尊宿, 어른)들은 (학인) 스님이 오는 것을 보자마자 바로 불자拂子를 들어 세웠고, 불법佛法을 묻거나 혹은 조사서래의祖師西來意를 물을 때에도 많이들 불자를 들어 세우곤 했다. (이는) 이른바 마치 사자가 새끼를 가르치는 것과 같아서 미혹한 자취를 끊어야 비로소 뛰어올라 몸을 뒤집을 수 있는 것이니, 모름지기 저 종사들의 솜씨를 알아야 비로소 이와 같이 비할 데 없이 기이한 것(奇絶)을 얻을 수 있는 것이다.

　저 스승과 제자가 서로 만나는 것을 보라! 마치 도장을 허공에 찍는 것과 같아서 조금의 허물이나 잘못도 없고, 마치 도장을 진흙에 찍는 것과 같다. 누가 저 글자의 뜻을 가려낼 수 있겠는가!

　여기에 이르러서는 도오道吾가 홀笏을 잡고 춤을 추자, 동인(同人,

같은 경지에 있는 사람)이 알았고,[49] 석공石鞏이 활시위를 매자, 작자(作者, 선지식)가 안 것[50]이 마치 도장을 물에다 찍는 것과 같다는 것을 알아야 한다.

열반심涅槃心은 쉽게 알 수 있지만, 차별지差別智는 밝히기가 어렵다.

---

49 전등록 제11권에서는 목검을 어깨에 메고 춤을 췄다고 전한다.

도오는 관남도오關南道吾를, 동인同人은 도오의 스승 관남도상關南道常을 뜻한다.

관남도오(關南道吾, 생몰연대 미상): 전등록 제11권에서는 관남도상의 법손으로 기술하고 있다. 자세한 사항은 알 수가 없다.

관남도상(關南道常, 생몰연대 미상): 전등록 제10권에서는 항주 염관제안 선사의 법손으로 기술하고 있다. 자세한 사항은 알 수가 없다.

50 석공은 석공혜장石鞏慧藏을, 작자는 삼평의충三平義忠을 뜻한다.

석공혜장(石鞏慧藏, 생몰연대 미상): 마조도일의 법사法嗣.

삼평의충(三平義忠, 781~872): 석공혜장에게 참학, 후에 대전보통의 법사法嗣.

한편, '道吾舞笏同人會 石鞏張弓作者知'는 전등록 제29권,「운정산의 승 덕부德敷의 10수」가운데 다음과 같이 전한다.

古今以拂示東南　고금에 불자(拂)로 동남쪽을 가리키나

大意幽微肯易參　그 대의는 그윽하고 미묘해서 쉽사리 참구하려 하지 않네.

動指掩頭元是一　손가락을 튕기고 머리를 끄덕이는 것이 원래 하나며

斜眸拊掌固非三　눈동자로 곁눈질하고 손뼉을 치는 것, 분명 셋이 아니네.

道吾無笏同人會　도오道吾가 홀을 들고 춤을 춘 것, 동인同人이 알고

石鞏彎弓作者諳　석공이 활을 잡아당긴 것, 작자作者가 아니

此理若無師印授　이 이치를 만약 스승이 인가해주지 않는다면

欲將何見語玄談　무슨 견지로 현담玄談을 말하려고 하는가.

위산潙山[51]이 앙산仰山[52]에게 물었다. "마조에게서 84명의 선지식이 나왔는데, 몇 사람이나 대기大機를 얻었고, 몇 사람이나 대용大用을 얻었느냐?"[53]

앙산이 말했다. "백장이 대기를 얻었고, 황벽黃蘗[54]이 대용을 얻었습니다. 그 나머지는 모두 그저 창도사(唱道之師)[55]일 뿐입니다."

❀

看他馬祖一喝 百丈直得三日耳聾. 且道 此一喝意作麼生. 不見 適來道 "輪王髻中珠 不可輕分付" 古人那裏肯獨自用來. 且打葛藤 引相似一二. 不見 丹霞訪龐居士 問靈照云 "居士在否" 靈照 斂手而立. 又問 "居士在否" 靈照攜籃便行. 僧又問靈雲 "佛未出世時如何" 雲竪起 拂子. 又問 "出世後如何" 雲亦竪起拂子. 又問雪峯 "佛未出世時如何" 峯竪起拂子. "出世後如何" 峯抛下拂子. 僧禮拜. 峯便打. 到這裏 棒頭有眼明如日 要識眞金火裏看.

※ 自用(자용): 자기가(＝개인이) 쓰다. 자기(스스로)가 옳다고 여기다.

※ 斂手(염수): 하던 일에서 손을 뗌, 또는 아예 손을 대지 아니함. 두 손을

---

51 위산영우(潙山靈祐, 771~853): 백장회해의 법사法嗣. 시호는 대원大圓.

52 앙산혜적(仰山慧寂, 803~887): 위산영우의 법사法嗣. 시호는 징허澄虛·지통智通.

53 대기大機는 종지의 경계를 분명하게 보이는 것이고, 대용大用은 학인을 제접해 교화하는 방법이다. (大機明示宗旨之境界 大用則是接化學人之方法, 불광대사전)

54 황벽희운(黃蘗希運, ?~850): 백장회해의 법사法嗣. 시호는 단제斷際.

55 唱道(창도): 경전에 설해져 있는 가르침을 독송하고 해설하여 들려주는 일. 선사들이 교가敎家들을 폄칭할 때 이 말을 쓰기도 함. (선학사전 p.639)

마주 잡고 공손히 서 있음.

마조가 한 번 "할!" 하자, 백장이 곧바로 3일 동안 귀가 먹은 것을 보라! 자, 말해보라! 이 일할(一喝)의 뜻이 무엇인가? 보지 못했는가! 좀 전에 말하기를 "전륜성왕의 상투 속 구슬은 가벼이 주어서는 안 된다"고 한 것을.

　(그렇지만) 고인이 어째서 (이것을=“할!”과 같은 도리를) 혼자서만 쓰고자 했겠는가! (여기서) 또 비슷한 것 한두 가지를 인용해서 말해보겠다.

　보지 못했는가!
　단하丹霞[56]가 방 거사[57]를 찾아가, 영조에게 물었다. "거사는 계시는가?"
　영조가 두 손을 마주잡고 공손히 섰다.
　또 물었다. "거사는 계시는가?"
　영조가 대바구니를 들고 바로 가버렸다.

　어떤 스님이 영운靈雲에게 물었다. "부처가 세상에 나오지 않았을

56 단하천연(丹霞天然, 739~824): 마조도일을 친견하고, 석두희천 문하에서 3년 동안 참학함. 시호는 지통智通선사.
57 방온(龐蘊, 방거사, ?~808): 마조도일의 문하. 자는 도현道玄. 석두희천을 뵙고 선지를 얻은 다음, 마조도일에게 2년간 참학함. 일생을 승려가 아닌 거사로 마쳤지만, 독자적인 깨달음의 경지를 얻어 진단震丹의 유마거사로 불림.

때는 어떻습니까?"

영운이 불자拂子를 세웠다.

또 물었다. "(부처가) 세상에 나온 후에는 어떻습니까?"

영운이 또 불자를 세웠다.

또 설봉雪峯에게 물었다. "부처가 세상에 나오지 않을 때는 어떻습니까?"

설봉이 불자를 세웠다.

또 물었다. "부처가 세상에 나온 후에는 어떻습니까?"

설봉이 불자를 던져버리자, 스님이 절을 했다.

설봉이 바로 쳤다.

여기에 이르러서는 방망이 끝에 눈이 있어 밝기가 마치 해와 같으니, 진금眞金을 알고자 하면 불속에서 시험해 보라!

❀

後來黃蘗纔見百丈 丈問 "巍巍堂堂從甚麼處來" 蘗云 "巍巍堂堂從嶺南來" 丈云 "巍巍堂堂來爲何事" 蘗云 "巍巍堂堂不爲別事" 一日黃蘗謂百丈云 "暫別左右 欲禮拜馬祖去" 丈云 "馬祖已遷化了也" 蘗云 "未審馬祖在日 有何言句" 丈遂擧再參因緣 黃蘗不覺吐舌. 但如此參到至玄至妙處 隨分擧一毫 便蓋天蓋地. 便能拈一莖草 作丈六金身用 將丈六金身 作一莖草用 天下人總不奈你何.

※巍巍(외외): (뛰어나게) 높고 큰(=우뚝 솟은) 모양.

※隨分(수분): 본분에 상응하게 하다. (남에게 주는 선물에) 자기도 분수에
맞게 한 몫 담당하다. 힘이 자라는 대로 하다.

뒷날, 황벽이 백장을 보자마자 백장이 물었다. "외외당당巍巍堂堂하게
어디에서 왔는가?"

황벽이 말했다. "외외당당하게 영남嶺南에서 왔습니다."

백장이 말했다. "외외당당하게 와서 뭘 하려는가?"

황벽이 말했다. "외외당당하게 다른 일을 위함이 아닙니다."

하루는 황벽이 백장에게 말했다. "잠시 (스님) 곁을 떠나 마조께
예배하러 가고자 합니다."

백장이 말했다. "마조께선 이미 천화遷化하셨네."

황벽이 말했다. "마조께서 세상에 계셨을 때 어떤 말씀이 있으셨습니
까?"

백장이 마침내 재참인연再參因緣을 거론하자, 황벽이 자기도 모르게
혀를 내밀었다.

다만 이와 같이 참구해서 지극히 심오하고 지극히 오묘한 곳에
이르면 분수(分, 자기 역량)에 따라 한 터럭만 들어도 바로 하늘을
덮고 땅을 덮어버릴 것이다.[58] (또한) 곧바로 한 줄기 풀을 들어 장육금
신으로 쓸 수 있고, 장육금신을 들어 한 줄기 풀로 쓸 수도 있어야[59]

---

58 개천개지蓋天蓋地: 하늘과 땅을 덮어 가린다는 뜻으로, 중생이 본래 갖추고
   있는 마음의 빛이 하늘과 땅에 가득 참을 이르는 말.

천하인이 모두 그대를 어찌할 수 없는 것이다.

❀

古人道 "三日耳聾由自可 三聖瞎驢愁殺人" 且道 作麼生會他恁麼道.
汾陽道 "悟去便休 說甚麼三日耳聾" 石門聰云 "若不是三日耳聾 爭承
當得這一喝" 汾陽後來道 "我當時恁麼道 猶較石門半月程" 雪竇拈云
"奇怪 諸禪德 如今列其派者甚多 究其源者極少" 雪竇拈汾陽石門 總道
百丈於喝下大悟 "似則似 爭奈魚魯參差 若是明眼漢 瞞他一點不得"

---

59 장육금신丈六金身: 신장이 1장丈 6척尺이고 피부색이 자마금색紫磨金色인 석존의
몸. 신장과 피부색으로 석존의 초인성을 표현하는 말. (선학사전 p.559)

從容錄第四則曰 世尊與衆行次 以手指地云 "此處宜建梵刹" 帝釋將一莖草 插於
地上云 "建梵刹已竟" 世尊微笑. 又趙州語錄曰 "此事如明珠在掌 胡來胡現 漢來
漢現. 老僧把一莖草 作丈六金身用 把丈六金身 作一莖草用. 佛卽是煩惱 煩惱卽
是佛. 是漏心佛不二 物我一如之消息也." (정복보 불학사전)

『종용록從容錄』 4칙에, 세존이 대중들과 함께 길을 가다가 손으로 땅을 가리키면
서 말했다. "이곳에 마땅히 범찰을 세워라."
제석천이 한 줄기 풀을 들어 땅에 꽂고 말했다. "이미 범찰을 세웠습니다."
세존이 미소 지었다.

또 『조주어록趙州語錄』에서 말했다.
"이 일은 마치 명주明珠를 손안에 가지고 있는 것과 같아서 오랑캐가 오면
오랑캐가 드러나고 한족이 오면 한족이 드러난다. 노승은 한 줄기 풀을 집어
장육금신으로 쓰기도 하고, 장육금신을 집어 한 줄기 풀로 쓰기도 한다. 부처는
곧 번뇌요, 번뇌는 곧 부처이다. 이 번뇌(漏心)와 부처는 둘이 아니며, 물아일여物
我一如의 소식이니라."

고인[60]이 말하기를 "3일 동안 귀 먹은 것은 그럴 수 있다고 하겠지만, 눈먼 삼성三聖[61]은 사람을 몹시 근심스럽게 한다"[62]고 하였다. 자, 말해 보라! 그가 이렇게 말한 것을 어떻게 알고 있는가?

분양汾陽[63]은 말하기를 "깨달으면 바로 쉬거늘, 무슨 삼일 동안 귀가 먹었다는 식의 말을 하는가?"[64]라고 했다. (또한) 석문 총石門聰[65]은 말하기를 "만약 3일 동안 귀가 먹지 않았다면 어찌 저 일할(一喝)을 알았겠는가?"라고 했다. (그리고 다시) 분양은 뒷날 말하기를 "내가 당시에 그렇게 말하기는 했는데, 오히려 석문과 비교하면 반달 정도 거리 차이가 난다"고 하였다.

(이에) 설두가 염拈하기를 "기이하고 괴상하구나, 여러 선덕들이여! 지금 갈라져 나온 무리가 매우 많아도 그 근원을 참구하는 이는 아주 적다"고 하고, (또) 설두는 염拈하기를 "분양과 석문이 모두 말하기를 백장이 '할(喝)!' 아래 대오大悟했다고 말하는데, 비슷하기는 비슷해도

---

60 황룡혜남黃龍慧南을 말한다.

61 삼성혜연(三聖慧然, 생몰연대 미상): 임제의현의 법사法嗣.

62 본서 제15칙 보수개당保壽開堂편에서 자세히 다루고 있으니 참조하기 바란다.

63 분양선소(汾陽善昭, 947~1024): 수산성념의 법사法嗣. 시호는 무덕선사無德禪師. 참고로 분양선소는 분양汾陽·분양소汾陽昭·태자소太子昭·분주汾州·서하사자西河師子 등으로도 불린다.

64 SM에서는 분양의 송頌을 다음과 같이 전하니 참고 바란다.
　　每因無事侍師前　매번 일 없이 선사를 앞에서 모셨는데,
　　師指繩牀角上懸　선사가 승상 끝에 걸려있는 것을 가리키네.
　　擧放卻歸本位立　들어다 놓고 본래 자리로 돌아가서 서니,
　　分明一喝至今傳　분명 "할!"을 한 번 한 것이 지금까지도 전해지네.

65 곡은온총(谷隱蘊聰, 965~1032): 수산성념의 법사法嗣.

어魚 자와 로魯 자가 구별하기 어려운 것을 어찌 하겠는가! 만약 눈
밝은 사람이라면 한 점도 속이지 못할 것이다"고 한 것이다.

❀

只如 馬祖道 "你已後開兩片皮 將何爲人" 百丈竪起拂子 "爲復是如蟲
禦木 爲復是啐啄同時" 殊不知 雪竇一口呑盡 亦乃盡神通妙用 拈出似
與人. 旣拈出他 且畢竟如何出他一隻眼. "你等諸人 要見三日耳聾麼.
大冶精金 應無變色" 這語句沉却多少人了也. 雪竇要出氣 露一機一境
千古萬古撲不破. 諸人且莫錯會好.

그건 그렇고, 마조가 말하기를 "너는 앞으로 두 입술을 나불거리면서
장차 어떻게 사람을 위할 것인가?"라고 하자, 백장이 불자를 세웠는데,
(이에 대해 설두가 말하기를) "벌레가 나무를 갉아먹어 우연히 글자를
이룬 것인가, (아니면) 병아리와 어미 닭이 안팎에서 동시에 쫀 것인
가?"라고 하였다. (이것은) 설두가 한 입에 다 삼켜버린 것이고, 또한
바로 신통묘용을 다 해서 사람들에게 염拈해서 보여준 것임을 전혀
모르는 것이다. 이미 사람들에게 염해서 드러냈다면, 필경 어떻게
사람들에게 일척안一隻眼[66]을 드러낸 것인가?

---

66 일척안一隻眼: 선림용어. 불법에서 진실정견의 혜안을 갖춘 것을 가리키는
것이지, 범부의 육안이 아니다. 정문안頂門眼·정안正眼·활안活眼·명안明眼과
뜻이 같다. (禪林用語 指於佛法上 具有眞實正見之慧眼 非凡夫之肉眼 義同頂門眼
正眼 活眼 明眼, 불광대사전)

"그대들 모두는 3일 동안 귀가 먹은 것을 보고자 하는가? 대야의 정금(大冶精金)은 마땅히 색이 변하지 않는다"고 한 이 어구에 많은 사람이 함몰된다. (하지만 이는) 설두가 기염을 토해 일기일경一機一境을 드러내려고 한 것이었으니, 천고만고에 쳐도 부셔지지 않을 것이다. (그러나) 여러분은 또 잘못 알지 말라!⁶⁷

---

67 참고로 SM에서는 원오의 송頌과 염拈을 다음과 같이 전한다.

〔송頌〕

立拂挂拂全機出沒 불자를 세우고 불자를 걸어 전기全機를 출몰하고,
卽此離此講若畫一 즉차용과 이차용으로 이야기함이 마치 하나같다.
頂門當下轟霹靂 정수리 바로 그 자리에 벼락이 치고,
鍼出膏肓必死疾 침으로 고황의 죽을병을 끄집어낸다.
承當一喝聾三日 일 할에 삼일 동안 귀가 먹은 것을 알면
師子神威資返擲 사자가 신령스런 위엄으로 몸을 뒤집으니
百鍊眞金須失色 백 번 단련한 진금도 모름지기 색을 잃을 수밖에 없다.

復云　　　　또 말했다.
有麼有麼　　있는가, 있는가?
咄　　　　　쯧쯧!

〔염拈〕

蔣山勤擧此話 連擧汾州 石門雪竇拈 師云 "然則作家共相提唱 不妨各有爲人眼 要且只明得馬祖 百丈大機 未明馬祖 百丈大用 不惜眉毛 露个消息 也要諸方檢責 還知這一喝麼 直似奮雷霹靂 聽者喪膽亡魂要會三日耳聾 正如擊塗毒鼓 聞者喪身失命" 擧拂子云 "或有个問 '卽此用 離此用' 和聲便打 隨後與喝" 復云 "還見馬祖 百丈麼"

66

장산 근(蔣山勤, 원오극근)이 이 공안(話)을 거론하고, 계속해서 분주汾州와 석문
石門 그리고 설두雪竇가 염拈한 것을 거론하고 말했다.

"그렇다면 작가가 서로 제창한 것에는 대단하게도 각기 사람을 위한 안목이
있었지만, 결국 마조와 백장의 대기大機는 밝혔어도 마조와 백장의 대용大用은
밝히지 못했다. 눈썹을 아끼지 않고 소식을 드러내도 제방의 점검을 받아야
한다.

이 일할(一喝)을 알겠는가? 마치 천둥 번개가 치는 것과 같아서 듣는 이는
담을 잃고 혼이 없어질 것이다. 3일 동안 귀가 먹은 것을 알고 싶은가? 바로
도독고塗毒鼓를 치는 것과 같아서 듣는 자는 목숨을 잃게 될 것이다."

(그리고는) 불자拂子를 들고 말했다.

"혹시 누가 묻기를 '즉차용 이차용(卽此用 離此用)' 하면 소리가 끝나자마자
바로 치고, 뒤이어서 '할(喝)!' 할 것이다."

또 말했다.

"마조와 백장을 봤는가?"

「본칙의 이해를 돕기 위한 참고」

SM(N.181)에서 전하는 백장불자화

百丈再參馬祖. 祖竪起拂子 師云 "卽此用 離此用" 祖挂拂子於舊處. 師良久 祖云
"你他後開兩片皮 將何爲人" 師遂取拂子竪起. 祖云 "卽此用 離此用" 師亦挂拂子
於舊處 祖便喝 師直得三日耳聾.

백장이 재차 마조를 참례했다.

마조가 불자拂子를 들어 세우자, 백장이 말했다. "이것은 용입니까, 용을 떠난
것입니까?"

마조가 불자를 본래 있던 곳(舊處)에 걸어두었다.

백장이 양구良久하자, 마조가 말했다. "그대는 이후에 두 입술을 나불거리면서
뭘 가지고 사람들을 위할 것인가?"

백장이 마침내 불자를 들어 세웠다.

(그러자) 마조가 말했다. "이것은 용인가, 용을 떠난 것인가?"

백장 역시 불자를 본래 있던 자리에 걸어두었다.

마조가 곧장 "할!" 하자, 백장이 곧바로 3일 동안 귀가 먹었다.

전등록(백장산 회해 선사 편)에서 전하는 백장마조화

師一日詣馬祖法塔. 祖於禪床角取拂子示之 師云 "只遮箇更別有" 祖乃放舊處云 "爾已後將什麽何爲人" 師却取拂子示之 祖云 "只遮箇更別有" 師以拂子挂安舊 處 方侍立 祖叱之. 自此雷音將震.

선사(師, 백장)가 어느 날 마조의 법탑法塔에 이르렀다.

마조가 선상 모서리에서 불자拂子를 잡아 보이자, 백장이 말했다. "다만 이것뿐 입니까, 또 다른 것이 있습니까?

마조가 이내 본래 있던 자리(舊處)에 걸어두고, 말했다. "너는 이후에 무엇을 가지고 사람들을 위하려는가?"

백장이 불자를 잡아 보이자, 마조가 말했다. "다만 이것뿐인가? 또 다른 것이 있는가?"

백장이 불자를 본래 있던 자리에 걸어두고 모시고 서 있으려고 하자, 마조가 큰 소리로 꾸짖었다. 이로부터 우레와 같은 소리가 진동을 하였다.

제4칙 숭수지등崇壽指凳[68]

[古則과 着語]

擧, 崇壽指凳子〔只是凳子〕云 "識得凳子 周匝有餘"〔十方世界外
更有世界在〕雲門云 "識得凳子 天地懸殊"〔減得一半〕

※凳(걸상 등) : 걸상. 등받이가 없는 의자.

숭수崇壽[69]가 걸상을 가리키며
　　〔단지 걸상일 뿐이다.〕
　　말했다. "걸상으로 알아도 두루 (사방에) 남음이 있다."
　　〔시방세계 밖에 또 세계가 있다.〕

　　운문雲門이 말했다. "걸상으로 알면 하늘과 땅만큼 현격하게 다르게
되다."

68　SM 제28권(N.1295)에서도 전한다.
69　법안문익(法眼文益, 885~958)이 숭수원崇壽院에 주석할 때 불린 이름.

〔절반(1/2)으로 줄었다.〕

〔拈古와 着語〕

雪竇拈云 "澤廣藏山 理能伏豹" 〔任大也 須從地起 更高爭奈有天何〕

※ '理' 자는 '狸(삵 리)'로 읽었다.
※ 爭奈(쟁나) : 어찌 하랴?

설두가 염념했다. "못이 크면 산을 감추고,[70] 삵도 능력이 있으면 표범을 굴복시킨다."
〔아무리 큰 것이라도 모름지기 땅(=가장 낮은 곳)에서 일어나야 하고, (아무리) 또 높은 것이라도 그 위에 또 하늘이 있는 것을 어찌 하겠는가!〕

〔評唱〕

師云. 無味之談 塞斷人口. 且道 古人爲甚麼至理之言却不擧 却指凳子. 諸人且道 有什麼奇特處. 雲門道 "天地懸殊" 懷和尙却道 "楠楡木做" 秀圓通道 "四脚著地" 和崇壽一坑埋却. 山僧這裏不要凳子. 只要田地上淨潔. 所以雪竇拈云 "澤廣藏山 理能伏豹" 雪竇道如此 未審是

---

70 장자莊子,「내편內篇」대종사大宗師에 장주어학 장산어택(藏舟於壑 藏山於澤, 배를 골짜기에 감추고 산을 못에 감춘다)이라는 말이 있다.

明他語 點他話 是褒 是貶. 凡是一拈一提 若是有工夫 自然蓋天蓋地.

※楠(녹나무 이름 나) : 녹나무. 매화나무. / 楡(느릅나무 유) : 느릅나무.
※褒(기릴 포) : 기리다. 칭찬하다.
※工夫＝功夫.

"아무런 맛도 없는 말이[71] 사람들의 입을 틀어막았다."[72]

---

71 『조론肇論』「물불천론物不遷論」에 다음과 같이 전한다.

夫談眞則逆俗 順俗則違眞. 違眞故迷 性而莫返 逆俗故言淡而無味.

무릇 진(眞=진제)을 말하면 속(俗=속제)을 거스르고, 속을 따르면 진에 어긋나기 때문이다. 진에 어긋나기 때문에 성품을 미혹해 돌아오지 못하고, 속을 거스르기 때문에 말이 담담해서 맛이 없다. (졸역, 『조론 역주』, p.88, 2022, 운주사)

72 SM 제11권(N.415)에 다음과 같이 전한다.

趙州因僧問 "至道無難 唯嫌揀擇 是時人窠窟否" 州云 "曾有人問我 直得五年分疏不下"

조주에게 어떤 스님이 물었다. "지극한 도는 어렵지 않다. 오직 간택을 꺼릴 뿐이라고 했는데, 이것을 요즘 사람들이 고정된 틀로 삼고 있는 것 아닙니까?" 조주가 말했다. "전에 어떤 이가 내게 물은 적이 있었는데, 오 년 동안 한마디 말도 못했다."

(이에) 설두 현雪竇顯이 송頌을 했다.

象王嚬呻	코끼리가 끙끙거리고
獅子哮吼	사자가 으르렁거리네.
無味之談	아무런 맛도 없는 말이
塞斷人口	사람들의 입을 틀어막았네.
南北東西	남북동서에
烏飛兔走	까마귀 날고 토끼가 달린다. (벽암록 제58칙 참조)

자, 말해보라! 고인이 어째서 지극한 이치의 말을 제시하지 않고, 도리어 걸상을 가리킨 것인가? 여러분은 말해보라! (여기에) 무슨 기특처奇特處가 있는가?

운문은 말하기를 "(걸상으로 알면) 하늘과 땅만큼 다르게 된다"고 하고, 회 화상懷和尙[73]은 "매화나무와 느릅나무로 만든다"고 하고, 수원통秀圓通[74]은 "네 다리가 땅에 닿는다"고 했는데, (이들은 모두) 숭수崇壽와 함께 한 구덩이 묻어버려야 한다.

산승의 여기에는 걸상도 필요 없다. 다만 마음(田地)의 정결淨潔을 바랄 뿐이다. 그런 까닭에 설두가 염하기를 "못이 크면 산을 감추고, 삵도 능력이 있으면 표범을 굴복시킨다"고 한 것이다.

(그런데) 설두가 이렇게 말한 것이 저 말을 밝힌 것인지 저 말을 점검한 것인지, 칭찬한 것인지 폄하한 것인지 잘 모르겠다. (하지만) 무릇 일념일제(一拈一提, 拈提)[75]란 이와 같은 공부가 있어야 자연히 하늘을 덮고 땅을 덮게 되는 것이다.

---

73 천의의회(天衣義懷, 993~1064): 운문종. 설두중현의 법사法嗣.

74 법운법수(法雲法秀, 1027~1090): 운문종. 천의의회의 법사法嗣. 원통법수圓通法秀 라고도 함.

75 염제拈提: 선림의 설법은 결말에 고칙을 들어서 법좌를 마치는데, 이를 일러 염제결좌拈提結座라고 한다. 염제고칙拈提古則의 준말이다. (禪林說法 於其結末 拈起古則而終法座 謂之拈提結座 卽拈提古則之略也, 불학대사전)

염제拈提: 평석評釋, 평(評論, 상당上堂, 소참小參 등의 설법에서 마지막 부분을 말함. 즉 설법에서 하나의 공안(公案, 古則)을 제시하고 조실이 여기에 독자적인 평석을 가하는 것. 염평拈評이라고도 함. (선학사전 p.459)

제5칙 영가요석永嘉遶錫[76]

【古則과 着語】

擧, 永嘉大師到六祖 遶禪牀三匝 振錫一下 卓然而立.〔魚行水濁〕
祖云 "夫沙門具三千威儀 八萬細行〔大方之家 善收善放〕大德從何
方而來 生大我慢"〔便不屈人〕

영가永嘉[77] 대사가 육조六祖에게 가서 선상을 세 번 돌고, 석장을 한
번 떨치고, 우뚝 섰다.

〔물고기가 가니 물이 탁해진다.〕

육조가 말했다. "무릇 사문이라면 삼천위의三千威儀와 팔만세행八萬
細行을 갖춰야 하거늘,

〔대선지식(大方之家)은 거두기도 잘 하고 놔주기도 잘 한다.〕[78]

---

76 SM 제4권(N.122)에서도 전한다.

77 영가현각(永嘉玄覺, 665~713): 육조혜능의 법사法嗣. 일숙각一宿覺·진각眞覺대사
　　라고도 함. 시호는 무상無相. 저술로 『증도가證道歌』, 『영가집永嘉集』이 있음.

78 대선지식과 같은 뜻. 「외편外篇」 추수秋水에 "나는 오랫동안 뛰어난 도를
　　터득한 사람들로부터 비웃음을 샀다(吾長見笑于大方之家)"는 표현이 있다.

대덕은 어디서 왔기에 대아만을 내는가?"

〔굽힐 줄 모르는 사람이다.〕[79]

大方之家=大方=大家: 식견이 원대하고 대도에 통달한 사람.

[79] SM에서는 다음과 같이 전한다.

永嘉玄覺大師到曹溪 振錫携缾 遶祖三匝 祖云 "夫沙門者 具三千威儀 八萬細行
大德自何方而來 生大我慢" 師曰 "生死事大 無常迅速" 祖曰 "何不體取無生 了無
速乎" 師曰 "體則無生 了本無速" 祖曰 "如是如是" 師方具威儀祭禮 須臾告辭
祖曰 "返大速乎" 師曰 "本自非動 豈有速耶" 祖曰 "誰知非動" 曰 "仁者自生分別"
祖曰 "汝甚得無生之意" 曰 "無生豈有意耶" 祖曰 "無意誰當分別" 曰 "分別亦非意"
祖歎曰 "善哉善哉"

영가현각 대사가 조계(曹溪, 육조혜능)에 가서 석장을 떨치고 물병을 손에 쥔
채 육조 주위를 세 번 돌았다.
육조가 말했다. "무릇 사문이라면 삼천위의와 팔만세행을 갖춰야 하거늘, 대덕
은 어디서 왔기에 대아만을 내는가?"
대사가 말했다. "생사의 일이 크고 무상은 신속합니다."
육조가 말했다. "어째서 무생을 체득해서 신속함이 없음을 깨닫지 못하는가?"
대사가 말했다. "체에는 곧 생함이 없고, 깨달음에는 신속함이 없습니다."
육조가 말했다. "그렇지, 그렇지!"
대사가 위의를 갖춰 절을 하고는, 바로 하직인사를 했다.
육조가 말했다. "돌아감이 너무 빠르지 않는가?"
대사가 말했다. "본래 스스로 움직임이 없거늘, 어찌 빠름이 있겠습니까?"
육조가 말했다. "누가 움직이지 않음을 아는가?"
대사가 말했다. "스님께서 스스로 분별을 내십니다."
육조가 말했다. "그대는 무생의 뜻을 깊이 터득했구나."
대사가 말했다. "생겨남이 없는데, 어찌 뜻이 있겠습니까?"
육조가 말했다. "뜻이 없다면 누가 분별하는가?"
대사가 말했다. "분별하더라도 뜻은 아닙니다."
육조가 탄복하며 말했다. "훌륭하다 훌륭해!"

[拈古와 着語]

雪竇便喝. 乃云 "當時若下得這一喝 免得龍頭蛇尾"〔賊過後張弓〕
又再擧遠禪牀三匝 振錫一下 卓然而立〔鳥飛毛落〕代六祖云 "未到
曹溪 與你三十棒了也"〔也是無風起浪〕

설두가 바로 "할!" 했다.

　이어서 말했다. "당시에 만약 이렇게 할을 한 번 했더라면 용두사미가
되는 것은 면했을 것이다."

　〔도적이 지나간 뒤에 활시위를 매는군.〕

　또 다시 선상을 세 번 돌고, 석장을 한 번 떨치고, 우뚝 선 것을
거론하고,

　〔새가 날자 깃이 떨어지는구나!〕

　육조를 대신해서 말했다. "조계에 이르기 전에 (이미) 그대에게 30방
을 쳤다."

　〔역시 바람도 없는데 물결을 일으키는 격이다.〕[80]

80　황벽희운의 『완릉록宛陵錄』에 다음과 같이 전한다.

　(중략) 達摩西來無風起浪 世尊拈花一場敗缺. (중략)

　달마가 서쪽에서 오니 바람도 없는데 물결이 일어나고, 세존이 꽃을 드니
한바탕 낭패로다.

　참고로 이후에 무풍기랑無風起浪은 평지풍파를 일으키다·생트집을 잡다·공연
히 시비를 걸다·까닭 없이 사고가 일어나다 등의 뜻으로 인용된다.

〔評唱〕

永嘉大師 本是講維摩經座主. 因講維摩經自悟 說得話驚人. 因六祖
會中 策禪師游三吳 預座隨喜 見他講得 不同尋常座主見解. 因講散
遂詰其心地 所發之言 並同諸祖. 策曰 "仁者悟心 師是誰耶 受誰印可"
覺曰 "我聽方等維摩經論 並無師承 於維摩經 悟佛心宗 無人證據" 策
曰 "仁者 威音王已前則得 威音王已後 無師自悟 盡是天然外道" 覺曰
"願仁者爲我印證" 策曰 "我乃言輕 有第六祖師在曹溪 四方雲集 並是
受法之人" 覺率策同至曹溪印可. 永嘉旣至曹溪 見六祖坐次 持錫遶
繩牀三市 振錫一下 卓然而立. 六祖云 "夫沙門具三千威儀 八萬細行
大德從何方來 生大我慢" 永嘉也好便道 "生死事大 無常迅速" 六祖本
要抛箇鉤釣永嘉 却倒被永嘉釣將去. 兩家只管打葛藤 一對一問 千古
萬古 悉皆如此. 末後六祖道 "如是如是" 永嘉便行. 祖云 "少留一宿"
故號爲一宿覺. 名玄覺 號眞覺.

※三吳(삼오): 오吳 나라를 셋으로 나눈 오군吳郡, 오흥吳興, 회계會稽의 세
　지역(＝소주蘇州, 상주常州, 호주湖州). 양자강 하류 일대를 뜻함.

영가대사는 본래 『유마경維摩經』을 강의하던 좌주座主였다. 유마경을
강의하다 스스로 깨달았기에 설법을 하면 (주위) 사람들을 놀라게
했다.

　육조 회상의 책策 선사[81]가 삼오三吳에 행각하려고 기쁜 마음으로

---

81 무주현책(撫州玄策, 생몰연대 미상): 육조혜능의 법사法嗣.

좌주자리를 맡겼는데, 그가 강의한 것이 일반적인 좌주들의 견해와 같지 않은 것을 보았다. (그래서) 강의가 끝나자마자 그 심지(心地, 공부의 경지)를 캐물었는데, 내놓는 말들이 모두 여러 조사들(의 말씀)과 똑같았다.

현책이 말했다. "스님(仁者)은 마음을 깨달았는데 스승은 어느 분이고, 누구에게 인가印可를 받으셨습니까?

현각이 말했다. "나는 (스스로)『방등경方等經』과 유마경을 듣고 논하는 것일 뿐, 결코 스승으로부터 배워서 이어받은 것이 없습니다. 유마경의 불심종(佛心宗, 부처님께서 말씀하신 마음의 종지)을 깨달았는데 증명해 줄 사람이 없습니다."

현책이 말했다. "스님은 위음왕불[82] 이전에 얻은 것입니다. 위음왕불 이후에 스승 없이 스스로 깨달았다는 것은 모두 천연외도天然外道입니다."

현각이 말했다. "원컨대, 스님께서 저를 위해 인증印證해 주십시오."

현책이 말했다. "제 말은 가벼워서 권위가 없습니다(言輕).[83] 제6대 조사께서 조계曹溪에 계시는데 사방에서 (학인들이) 구름같이 모여드니, 모두 불법을 받으려는 사람들입니다."

(그리하여) 현각이 현책을 따라 함께 조계에 인가印可를 받으러 갔다.

영가가 조계에 도착해서 육조가 자리(승상, 법좌)에 앉아 있는 것을

---

82 법화경 「상불경품常不輕品」 참조.

83 인미언경人微言輕. 사람이 지위가 낮으면 말발이 서지 않는다는 뜻.

보고, 석장을 짚고 승상을 세 번 돌고, 석장을 한 번 떨치고, 바로 우뚝 섰다.

육조가 말했다. "무릇 사문은 삼천위의와 팔만세행을 갖춰야 하거늘, 대덕은 어디서 왔기에 대아만을 내는가?"

영가가 바로 말했다. "생사의 일은 크고, 무상은 신속합니다."

육조는 본래 갈고리 하나를 던져 영가를 낚으려 했는데, 도리어 영가의 갈고리에 걸려들고 말았다.

두 사람은 다만 문답(葛藤)을 했을 뿐인데, 한 번 묻고 한 번 대답한 것이 천고만고千古萬古에 모두 다 이와 같았다(=모두 사람을 놀라게 하는 것들이었다).

끝에 가서[84] 육조가 "그렇지, 그렇지!" 하자, 영가가 바로 갔는데, (그때) 육조가 "하루 밤이라도 묵었다 가라"고 한 까닭에 일숙각一宿覺이라고 부르게 되었다.

(스님의) 법명은 현각玄覺이고, 호號는 진각眞覺이다.

❀

雪竇拈古有大手脚. 更不引問答 直引他初見六祖語 雪竇拈弄 永嘉道 "生死事大 無常迅速"且得沒交涉. 雪竇敎永嘉下喝 免見後人指注. 且道 明什麼邊事. 這一喝似箇什麼. 似置一寶珠向面前 若是有錢人 便買將去 當時屬你也. 宗師家拈古 有出羣處. 却再擧六祖道 等遶繩

---

[84] 앞의 註79 중간 부분 참조.

牀三市 振錫一下 卓然而立 好向他道 "未到曹溪 已與你三十棒了也"
雪竇前頭與永嘉出一隻眼 這裏與六祖出一隻眼. 且道 雪竇意作麼生.

설두의 염고拈古에는 대단한 솜씨가 있었다. (그래서) 결코 문답을
인용하지 않고, 바로 처음 만났을 때 육조가 한 말을 인용해서 설두가
염(拈弄)을 하였던 것이지, 영가가 "생사의 일은 크고, 무상은 신속합니
다"라고 한 것과는 전혀 관계가 없다.

설두는 영가로 하여금 '할!'을 하게 해서 뒷사람들의 어설픈 주석과
주해(指注)를 만나는 것을 벗어나게 하였다. 자, 말해보라! 어느 쪽
일을 밝힌 것인가?

이 일할(一喝)이 무엇과 같은가? 마치 보배 구슬 하나를 면전에
놓아둔 것과 같으니, 만약 돈 있는 사람이 바로 사들고 가버리면
바로 그때 그의 것이 될 것이다.

종사들의 염고拈古에는 출중한(出羣, 拔萃出羣, 出群拔萃) 곳이 있다.
(그래서) 다시 육조가 말한 것을 드는 것은 그만두고, (영가가) 선상을
세 번 돌고, 석장을 한 번 떨치고, 우뚝 섰을 때 (이것에 대해) 기꺼이
그에게 말하기를 "조계에 이르기 전에 (이미) 그대에게 삼십 방을
쳤다"고 한 것이다.

설두는 앞에서는 영가에게 일척안一隻眼을 드러내줬고, 여기서는
육조에게 일척안을 드러내줬다. 자, 말해보라! 설두의 뜻이 어떠한가?

제6칙 앙산지설仰山指雪[85]

〔古則과 着語〕

擧, 仰山指雪獅子云 "還有過此色者麽"〔瞎〕雲門云 "當時便與推倒"
〔不奈船何 打破戽斗〕

※推倒(추도) : 밀어서 넘어뜨리다. 뒤집다. 뒤엎다. 번복하다.
※戽斗(호두) : 용두레. 낮은 곳의 물을 퍼 올리는 데 쓰는 농기구.

앙산仰山이 설사자雪獅子를 가리키며 말했다. "이 색色을 뛰어넘는 것이
있는가?"

〔할(瞎, 눈이 멀었다)!〕

운문雲門이 말했다. "당시에 바로 밀어서 넘어뜨렸어야 했다."

〔(물이 새는) 배는 어찌하지 못하고, (물 퍼내는) 두레박만 깨고
있다.〕

---

85 SM 제14권(N.567)에서도 전한다. 다만 여기서는 앙산의 물음에 대중이 답이
없었다(衆無對)고 하고, 이어서 운문의 말을 전한다.

80

【拈古와 着語】

雪竇拈云 "只解推倒 不能扶起" 〔將錯就錯〕

설두가 염拈했다. "(운문은) 다만 밀어서 넘어뜨릴 줄만 알았지, 부축해
서 일으켜 세을 줄은 몰랐다."
　〔잘못에 잘못을 더하고 있다.〕

〔評唱〕

師云. 仰山侍奉潙山 前後二十餘年 乃去行化. 一日歸省侍潙山 山問
"子稱善知識 爭辨得 諸方來者 知有不知有 有師承無師承 是義學是玄
學 試說看" 仰山云 "有箇驗處. 但見諸方僧來 竪起拂子 問伊 諸方還說
這箇 不說這箇 這箇且置 諸方老宿意作麼生" 潙山歎曰 "此是宗門中
牙爪" 仰山有如此爲人手段. 所以 一日指雪獅子問云 "還有過得此色
者麼" 且道 他意在什麼處. 莫是明一色邊事麼. 且得沒交涉. 旣不明一
色邊事 又明箇什麼. 所以道 "鷺鷥立雪非同色 明月蘆花不似他" 巴陵
鑒和尙 僧問 "如何是提婆宗" 鑒云 "銀椀裏盛雪"

※歸省(귀성): 귀성하다. 고향에 돌아가서 (부모님을) 찾아뵙다.
※義學(의학): 교의敎義를 연구하는 학문. 또는 교의를 연구하는 사람.
※玄學(현학): 이론이 깊어 깨치기 어려운 학문. 도교道敎의 학문.
※鷺鷥(노사): 해오라기. / 蘆花(노화): 갈대꽃.

앙산은 위산潙山을 시봉했는데, 전후 (합해서) 20여 년 행화(行化, 수행과 교화)를 함께 했다.

(앙산이) 하루는 위산으로 돌아와 모시고 있었다.

위산이 물었다. "그대는 선지식이라 불리는데, 제방에서 사람이 오면 그 사람이 아는지 모르는지, 스승에게 법을 이어 받았는지 스승에게 법을 이어 받지 않았는지, 의학義學을 했는지 현학玄學을 했는지, 어떻게 가려낼 것인가? 시험 삼아 말해보라."

앙산이 말했다. "시험해 보는 방법이 있습니다. 제방에서 스님이 오면 다만 불자拂子를 세우고, 그에게 묻기를 '제방에서 이것을 말하는가, 이것을 말하지 않는가?'라고 합니다. (또한) 이것은 놔두고, '제방의 노장들의 뜻은 어떤가?'라고 묻습니다."

(그러자) 위산이 칭찬하며 말했다. "이것이 (바로) 종문(宗門, 선종)에서 수행자를 제접하는 수단(牙爪, 爪牙)이다."

앙산에게 이와 같이 사람을 위하는 솜씨가 있었다. 그래서 하루는 설사자를 가리키며 묻기를 "이 색을 뛰어넘는 것이 있는가?"라고 한 것이다.

자, 말해보라! 그의 뜻이 어디에 있는가? 일색변사(一色邊事, 절대평등=공)를 밝힌 것이 아닌가? (만약 이렇게 안다면) 전혀 관계가 없다. 일색변사를 밝힌 것이 아니라면, 대관절 무엇을 밝힌 것인가? 그래서 이르기를 "해오라기가 눈에 서 있어도 같은 색이 아니요, 밝은 달빛과 갈대꽃은 서로 같지 않다"[86]고 한 것이다.

파릉 감巴陵鑒 화상[87]에게 어떤 스님이 물었다. "어떤 것이 제바종[88]입니까?"

감 화상이 말했다. "은 주발에 눈이 가득하다."[89]

---

86 전등록 제29권, 동안同安 찰察 선사의 십현담十玄談 가운데 일색一色을 다음과 같이 전한다.

枯木巖前差路多　마른나무 바위 앞에 갈림길 많아
行人到此盡蹉跎　길 가는 사람들 여기에 이르면 모두 미끄러져 넘어지네.
鷺鷥立雪非同色　해오라기가 눈에 서 있어도 같은 색이 아니요,
明月蘆花不似他　밝은 달빛 속 갈대꽃도 서로 같지 않네.
了了了時無所了　분명하고 분명하게 알았을 때엔 안 것이 없고
玄玄玄處亦須呵　지극히 현묘하고 현묘한 곳에서도 또한 꾸짖어야 하리라.
慇懃爲唱玄中曲　은근히 (그대를 위해) 현중곡玄中曲을 부르나니
空裏蟾光撮得麽　허공 속의 섬광(蟾光, 달빛)을 집어 낼 수 있겠는가.

동안상찰(同安常察, 생몰연대 미상): 오대십국 때 구봉도건九峯道虔의 법사.

87 파릉호감(巴陵顥鑑, 생몰연대 미상): 운문문언의 법사法嗣.

88 제바종提婆宗: 서천西天 부법장付法藏 제 15조인 가나제바迦那提婆의 종지학설을 지칭하는 선종의 표현. 삼론계三論系의 공종空宗. (선학사전 p.584)

89 SM 제27권(N.1219)에서도 상기와 동일하게 전하며, 참고로 이에 대한 설두의 송頌은 다음과 같다.

老新開端的別　신개 노인(파릉)은 단적으로 달랐기에
解道銀椀裏盛雪　은 주발에 눈이 가득하다고 말할 줄 알았네.
九十六个應自知　96종의 외도들 마땅히 스스로 알아야 하는데
不知却問天邊月　알지 못하고, 도리어 하늘가의 달에게 묻네.
提婆宗提婆宗　제바종이여! 제바종이여!
赤幡之下起清風　붉은 깃발 아래 맑은 바람이 이는구나.

雪竇拈拄杖 示衆云 "把斷世界 不漏絲毫. 還搆得也無. 所以 雲門道
'直得乾坤大地無絲毫過患 只是轉物 不見一色 猶爲半提 直得如此
更須知有全提時節' 諸上座 翠峯若是全提 盡大地人並須結舌 放一線
道 轉見不堪" 以拄杖一時打散. 雪竇悟到這般田地 方可爲人. 老僧道
"瞎" 諸人作麽生會. 雲門應時應節 但與推倒用 拈仰山意 又被雪竇拈
道 "他只解推倒 不解扶起" 且道 雪竇意在什麽處.

설두가 주장자를 들고, 대중에게 말했다.

"세계를 꽉 쥐니, 털끝만큼도 새지 않는다. 알겠는가?

그래서 운문이 말하기를 '바로 건곤대지에 털끝만큼의 허물이 없어
도 다만 경계에 굴림을 당할 뿐이고, 일색一色도 보지 못한다 하더라도
아직 반제(半提, 절반만 제기한 것)일 뿐이다. 이와 같이 되었을지라도
다시 모름지기 전제(全提, 온전히 드러내는)[90]하는 시절이 있다는 것을
알아야 한다'고 한 것이다.

여러 상좌들이여! (나) 취봉翠峯이 만약 전부 드러내면 온 대지
사람들의 혀가 모두 굳어버릴 것이고, 한 가닥 길을 터줘도 지견만
굴리면서 감당해내지 못할 것이다."

(그리고는) 주장자로 쳐서 (대중을) 한꺼번에 흩어버렸다.[91]

---

90 종문의 강요(綱要, 핵심 요지)를 완전히 제기하는 것이다. (完全提起宗門之綱要也,
불학대사전)

91 『명각선사어록(明覺禪師語錄, 이하 설두록)』 제1권에 다음과 같이 전한다.
　上堂問答罷乃云 "映眼時若千日 萬像不能逃影質. 凡夫只是未曾觀 何得自輕而

설두의 깨달음이 이런 경지(田地)에 이르렀기 때문에 사람을 위할
수 있었던 것이다.

노승은 (앞에서 이 색을 뛰어넘는 것이 있냐는 물음에) "할(瞎,
눈이 멀었다)!"이라고 했었는데, 여러분은 어떻게 알고 있는가?
운문은 시절인연에 응해서 밀어서 넘어뜨리는 것만으로 앙산의
뜻을 염拈을 한 것이었는데, (다시) 또 설두에게 "그는 다만 밀어
넘어뜨릴 줄만 알았지, 부축해서 일으켜 세울 줄은 몰랐다"는 비평(拈)
을 받게 되었다. 자, 말해보라! 설두의 뜻이 어디에 있는가?

退屈" 師拈起拄杖云 "把定世界 不漏絲髮 還觀得也無. 所以 雲門大師道 ~(이하
동일)

상당해서 (학인들과) 문답을 마치고, 말했다.
"천 개의 태양 같은 눈으로 비춰볼 때 (삼라)만상은 형질의 그림자임을 벗어나지
못한다. 범부는 단지 아직 보지 못했을 뿐이거늘, 어째서 자신을 가벼이 여기고
물러나는가?"
(설두) 선사가 주장자를 들고 말했다. (이하 내용 동일, 번역 상기 참조)

다만 여기서는 밑줄 친 것처럼 把斷世界를 把定世界로, 還搆得也無를 還觀得也
無로 전한다.

제7칙 향엄수어香嚴垂語[92]

【古則과 着語】

擧, 香嚴垂語云〔作什麼〕“如人上樹〔還覺滿口含霜麼〕口銜樹枝
〔撲落也〕手不攀枝〔便有恁麼人〕脚不踏枝〔奇怪〕樹下有人問西
來意〔阿誰〕不對則違他所問〔莫道〕若對又喪身失命〔伏惟尙享〕
正當恁麼時 作麼生卽是”〔香嚴又撲 落了也〕時有虎頭上座出云“上
樹卽不問 未上樹請和尙道”〔東家人死 西家助哀〕香嚴呵呵大笑.
〔也是落他繾繾了也〕

※繾繾(권궤): 견권繾綣과 유궤紐繾의 준말. 끈으로 묶어 떨어질 수 없음.
  즉 올가미 또는 함정의 뜻.[93]

---

92 SM 제15권(N.600)에서도 전한다.

93 참고로 선림용어에 권궤圈繾라는 단어가 있다.

  권궤圈繾는 또 권궤捲繾·繾繾·圈圚라고도 한다. 원래는 권투(圈套, 올가미)·일정
  한 격식(一定格式)·술계術計 등을 가리키는데, 선림에서는 특히 스승이 말과
  동작으로 가지고 학인을 시험 삼아 단련하고 이끄는 것을 가리킨다. (禪林用語.
  又作捲繾 繾繾 圈圚 原指圈套 一定格式 術計等. 於禪林中 特指師家以言語 動作來試練

향엄香嚴[94]이 대중에게 수어垂語[95]했다.

〔뭘 하려는 거야?〕

"어떤 사람이 나무 위에 올라

〔입 안 가득 서리를 머금고 있다는 것을 아는가?〕

입은 나뭇가지를 물고,

〔쳐서 떨어뜨려버려라.〕

손은 나뭇가지를 잡지 않고

〔이런 사람도 있어!〕

다리는 나뭇가지를 밟지 않고 있는데,

〔기이하고 괴상하다!〕

나무 아래에서 어떤 사람이 '서래의西來意'를 묻는다면,

〔누가?〕

(이때) 대답하지 않으면 물은 것을 거스르게 되고,

〔말하지 말라!〕

대답을 하면 목숨을 잃게 된다.

〔삼가 흠향하소서!〕

바로 이럴 때 어떻게 해야 옳은가?"

〔향엄이 또 쳐서 떨어뜨렸다.〕

接引學人, 불광대사전)

94 향엄지한(香嚴智閑, ?~898): 위산영우의 법사法嗣. 시호는 습등襲燈대사.

95 수어垂語=색어索語: 선사가 수행자의 역량을 시험하기 위한 수단의 하나로
   질문을 던지는 것. 수행자의 답변으로 그 역량을 판단함. (선학사전 p.346)

그때 호두虎頭 상좌가 나와서 말했다. "나무에 오른 것은 묻지 않겠습니다. 그러나 나무에 아직 오르지 않았을 때는 어떤지, 청컨대 스님께서 말씀해 주십시오."

〔동쪽 집 사람이 죽었는데, 서쪽 집 사람이 슬퍼하는군.〕

향엄이 가가대소呵呵大笑했다.

〔이미 저 올가미에 걸려들었다(=함정에 떨어졌다).〕

[拈古와 着語]

雪竇拈云 "樹上道卽易 樹下道卽難.〔旁出一枝〕老僧上樹也. 致一問來"〔險〕

설두가 염拈했다. "나무 위에서 말하는 것은 쉬워도 나무 아래에서 말하는 것은 어렵다.

〔곁가지를 하나 냈다.〕

노승이 나무에 올랐다. 자, 한 번 물어보라."

〔험(險, 위험하다)!〕

〔評唱〕

諸方老漢得箇見處 直是千般萬計 提起爲人 更不囊藏被蓋. 立箇喩令人易曉 却倒成難曉. 何故. 爲慈悲深厚. 令人轉生情解 若是慈悲淺却較些子. 只如 香嚴垂語道 "若論此事 如人上樹 口銜樹枝" 這箇香嚴

老婆心切 只這問 你若纏生樹上樹下 對與不對處 轉生義路 墮在常情
卒難透得. 若是頂門上具眼的 終不向對與不對處作解會 未擧已前 先
知落處. 後學之流 須是透過這關捩子 始可出得身吐得氣. 若透不過
坐在這裏 名爲死漢 有什麼用處. 你看得底人逈別. 便知他落處.

※却倒(각도): 오히려. 역으로.
※義路(의로): 경서의 뜻에 대하여 판단하는 체계적인 견해.

제방의 노장들은 견처見處를 얻으면 바로 천 가지 만 가지 계교를
써서 사람들을 위해 문제를 제기했지, 결코 주머니 속에 감추거나
덮어씌우지 않았다. (하지만) 비유를 들어 사람들로 하여금 쉽게
깨닫도록 하고자 한 것이 오히려 깨닫기 어렵게 되었다. 무슨 까닭인
가? 자비심이 깊고 두터웠기 때문이다. (그런데 이로 인해) 사람들로
하여금 점점 더 정해(情解, 분별지해))를 내게 했으니, (이것이) 만약
자비심이 얕은 것 때문이라고 한다면 그런대로 조금은 봐 줄만하다.
　그건 그렇고, 향엄이 수어垂語하기를 "만약 이 일을 논한다면 마치
사람이 나무에 올라 입으로 나뭇가지를 물고 있는 것과 같다"고 했다.
이것은 향엄이 노파심이 간절해서 다만 이렇게 물었던 것인데, 그대들
이 만약 나무 위나 나무 아래, 대답하거나 대답하지 않는 곳에서
의로(義路, 견해)를 낸다면 더욱 더 상정(常情, 일반적인 도리)에 떨어져
끝내 꿰뚫기가 어렵게 될 것이다. (하지만) 만약 정수리에 안목을
갖춘 사람이라면 결코 대답하거나 대답하지 않는 곳에서 이치로 따져
알지 않고, 거론하기 이전에 먼저 낙처(落處, 핵심)를 알 것이다.

(그러므로) 후학들은 모름지기 저 관려자(關捩子, 문빗장과 술대, 문제의 핵심)를 꿰뚫어 통해야 비로소 출신토기(出身吐氣＝轉身吐氣)할 수(＝기염을 토해 낼 수) 있을 것이다. (하지만) 만약 꿰뚫어 통하지 못하고 여기에 주저앉아 있기만 한다면 이는 죽은 놈이라 할 것이니, (이런 놈을) 어디에다 쓰겠는가! 그대들은 저 득저인(得底人, 도를 얻은 사람)이 아주 뛰어나게 다르다는 것을 보라! (그들은) 바로 저 낙처를 알아버린다.

❀

香嚴纔垂此語 便有虎頭上座出云 "上樹卽不問 未上樹請和尙道" 香嚴 呵呵大笑. 你道 香嚴笑箇什麽. 若知落處 說什麽上與不上. 若不知落處 也須退步看始得. 若是作者 當機便見 若擬議之間 覷面蹉過. 或不落二邊 對也不是 不對也不是 作麽生却得見古人意去. 到這裏 若是具通方底手脚 說甚麽樹上樹下對與不對. 如今山僧在這裏. 是上樹 是未上樹 是對 是不對.

향엄이 대중에게 이렇게 수어垂語를 하자, 곧바로 호두 상좌가 나와서 말하기를 "나무에 오른 것은 묻지 않겠습니다만, 나무에 오르지 않았을 때는 어떤지 청컨대 화상께서 말씀해 주십시오"라고 했는데, 향엄이 가가대소呵呵大笑했다. 그대들은 말해보라! 향엄이 왜 웃은 것인가?

만약 낙처落處를 알았다면 무슨 올랐느니 오르지 않았느니를 말하겠는가? (또한) 만약 낙처를 알지 못했다면 역시 모름지기 한 걸음 뒤로 물러나 살펴봐야 할 것이다. 만약 작자作者라면 그 문제의 기연(機

緣=當機)을 바로 보겠지만, 조금이라도 주저주저 한다면 그 순간 눈앞에서 혹 지나가버릴 것이다. 혹 양 변에 떨어지지 않았다면 대답을 해도 옳지 않고 대답을 하지 않아도 옳지 않은데, 어떻게 해야 고인의 뜻을 볼 수 있겠는가? 여기에 이르러서 만약 통방작가의 솜씨(通方底手脚)를 갖췄다면 무슨 나무 위니 나무 아래이니, 대답을 하느니 대답을 하지 않느니를 말하겠는가!

  지금 산승山僧은 여기에 있다. 나무에 오른 것인가, 나무에 오르지 않은 것인가? 대답한 것인가, 대답하지 않은 것인가?

❀

雪竇拈香嚴與虎頭相見處 却教人致一問來 還有麼. "樹上道卽易 樹下道卽難" 末後又道 "老僧上樹也 致將一問來" 這些子如馬前相撲 眨眼便輸. 雪竇於節角誵訛處 拈出令人見. 羅籠不肯住 呼喚不回頭底漢 纔聞人擧 便知全機大用 善能拈提. 看雪竇老漢. 也不妨奇特.

설두는 향엄과 호두 상좌가 만난 곳을 염拈하고, 다시 사람들로 하여금 한 번 물어보도록 한 것인데, (지금 이 자리에서 바로 물을 수 있는 사람이) 있는가?

  "나무 위에서 말하는 것은 쉽지만, 나무 아래에서 말하는 것은 어렵다"고 하고, 끝에 가서 또 말하기를 "노승이 나무에 올랐다. 자, 한 번 물어보라"라고 했는데, 여기에 대해 묻는 사람들은 마치 달리는 말 앞에서 서로 치고받고 싸우는 것과 같아서 눈 깜짝하는 사이에 바로 참패할 것이다. (왜냐하면) 설두가 절각효와처節角誵訛處[96]에서

이 문제를 끄집어내서 사람들로 하여금 보게 하였기 때문이다.

그물로 거두려 해도 머무르려 하지 않고, 불러도 머리를 돌리지 않는 사람이라야 다른 사람이 거론한 것을 듣자마자 바로 그 전기대용 全機大用을 알고 염제(拈提, 하나의 공안을 제시해서 평석하는 것)를 할 수 있는 것이다. (저) 설두 노인네를 보라. 대단히 기특奇特하지 않은가!

---

96 절각효와節角誵訛: 말이나 사상이 뒤섞이고 잘못되어 애매해진 교설이나 언구. (전게서 p.572)

제8칙 노조끽반魯祖喫飯[97]

〔古則과 着語〕

擧, 僧問魯祖〔這面壁漢鈍滯殺人〕 "如何是不言言"〔道什麼〕祖云
"你口在什麼處"〔險〕僧云 "某甲無口"〔撞着〕祖云 "將什麼喫飯"
〔第二杓惡水來也〕僧無語.〔可惜許 將成九仞之山 不進一簣之土〕

※鈍滯(둔체): 생기 없다. 흐리멍덩하다. 무디다.
※撞着(당착): 앞뒤가 서로 맞지 아니함. 모순됨. 서로 맞부딪힘.
※簣(삼태기 궤): 삼태기(흙을 담아 나르는 그릇).

어떤 스님이 노조魯祖[98]에게 물었다.

　〔이 면벽이나 하는 사람이 사람을 아주 바보로 만든다.〕

　"어떤 것이 불언언(不言言, 말없음으로 말하는 것)[99]입니까?"

　〔무슨 말을 하는 거야?〕

---

97 SM 제6권(N.189)에서도 전한다.
98 노조보운(魯祖寶雲, 생몰연대 미상): 마조도일의 법사法嗣.
99 전등록에서는 언불언言不言으로 전한다.

노조가 말했다. "네 입은 어디에 있느냐?"

〔험(險, 위험하다)!〕

스님이 말했다. "저는 입이 없습니다."

〔부딪쳤다(또는 앞뒤가 맞지 않는다).〕

노조가 말했다. "그러면 무엇으로 밥을 먹는가?"

〔두 번째 구정물 바가지를 퍼붓고 있다.〕

스님이 대답이 없었다.

〔애석하다. 높이가 구인九仞이나 되는 산을 쌓다가, 한 삼태기 흙을 더하지(＝더 쌓지) 못하는구나.〕[100]

[拈古와 着語]

雪竇拈云 "好劈脊便棒〔也是遲了也〕這般漢 開口了合不得 合口了開不得"〔雪竇却須替這僧喫棒始得〕

설두가 염拈했다. "등판때기를 후려갈겼어야 했다.

〔이미 늦었다(＝이것도 역시 늦었다).〕

이런 놈은 입을 열면 닫을 줄 모르고, 입을 닫으면 열 줄 모른다."

〔설두가 도리어 이 스님을 대신해서 방망이를 맞아야 한다.〕

---

100 爲山九仞功虧一簣(위산구인공휴일궤): 높이가 구인九仞이 되는 산을 쌓는데 마지막 한 삼태기의 흙을 얹지 못해 완성시키지 못한다는 뜻으로, 오래오래 쌓은 공로가 한 번의 실수나 부족으로 실패하게 됨을 이르는 말. (『서경書經』, 「여오편旅獒篇」).

〔評唱〕

師云. 魯祖參馬大師 住池州魯祖山. 凡見僧來便面壁 直下省要 只是難搆. 南泉聞云 "我尋常向人道 向佛未出世時承當 尙不得一箇半箇 他恁麼驢來去" 一日南泉到來 撫師背一下 師云 "誰" 泉云 "普願" 師云 "如何" 泉云 "也是尋常" 祖云 "得恁麼多口"

노조는 마 대사馬大師를 참례하고, 지주(池州, 안휘성安徽省) 노조산에 주석했다.

무릇 스님이 오는 것을 보면 곧바로 면벽面壁을 해서 바로 그 자리에서 요지를 살피게 했는데, 이해하기가 어려울 따름이었다. 남전南泉[101]이 (노조의 이런 소식을) 듣고 말하기를 "나는 평소 사람들에게 부처가 세상에 나오기 이전에 깨달았다 하더라도 오히려 한 사람이나 반 사람도 얻지 못할 것이라고 했는데, 그가 이런 식으로 한다면 나귀해가 되어도 얻지 못할 것이다"[102]고 하였다.

하루는 남전이 와서 선사(師, 노조)의 등을 한 번 어루만졌다.
선사가 말했다. "누구요?"
남전이 말했다. "보원普願이네."
선사가 말했다. "어떻소?"

---

101 남전보원(南泉普願, 748~834): 마조도일의 법사法嗣. 스스로 왕노사王老師라고 칭함. 조주종심의 스승.
102 SM 제6권(N.188)에서는 하나의 고칙으로 전한다.

남전이 말했다. "그저 늘 그렇지."

선사가 말했다. "이렇게나 말을 많이 했으면서…."[103]

❀

僧問 "如何是雙林樹" 祖云 "有相身中無相身" 僧云 "如何是有相身中無
相身" 祖云 "金香爐下鐵崑崙" 又問 "如何是學人著力處" 祖云 "春來草
自青" 僧云 "如何是不著力處" 祖云 "山崩石頭落 平川燒火行" 魯祖如此
爲人 諸公作麼生會. 試參詳看. 所以古人道 "欲得親切 莫將問來問"
這僧致箇問端 魯祖便如此答. 這僧如此進一轉語 不妨奇特 爭奈魯祖
是作家爐鞴 有大手段底. 也出他不得. 後來雪竇傍不肯 便云 "好劈脊
便打" 大衆好去這裏代這僧一轉語 免見雪竇恁麼道. 若是具眼腦漢
終不向言語裏作活計.

어떤 스님이 물었다. "어떤 것이 쌍림수雙林樹입니까?"

노조가 말했다. "상相 있는 몸 가운데 상 없는 몸이다."[104]

---

103 SM 제6권(N.188)에서는 상기 노조와 남전의 대화를 운문고(雲門杲, 대혜종고)의
염拈에서 전한다. (다만 끝에 노조가 得恁麼多口라고 한 말은 전하지 않는다.)

104 지공 회상의 「십이시송十二時頌」에 다음과 같이 전한다.

일남오(日南午, 해가 남쪽에 있는 오시, 11~1시)

四大身中無價寶　사대의 몸 안에 값을 매길 수 없는 보배가 있거늘
陽焰空華不肯抛　아지랑이 허공 꽃을 던져버리려 하지 않고
作意修行轉辛苦　뜻을 지어 수행하니, 하면 할수록 괴롭네.
不曾迷莫求悟　어리석은 적 없었으니, 깨달음을 구하지 말고
任爾朝陽幾迴暮　아침 해가 몇 번이나 저물었는지는 그것에 맡겨라.

스님이 말했다. "어떤 것이 상 있는 몸 가운데 상 없는 몸입니까?"

노조가 말했다. "금향로 아래 철곤륜鐵崑崙[105]이다."[106]

또 물었다. "어떤 것이 학인이 힘을 쓸 곳입니까?"

노조가 말했다. "봄이 오니 풀이 절로 푸르다."

스님이 물었다. "어떤 것이 학인이 힘을 쓰지 못하는 곳입니까?"

有相身中無相身　　상 있는 몸에 상 없는 몸이 있고

無明路上無生路　　무명의 길에 무생의 길이 있다.

105 곤륜산崑崙山: 곤산崑山. 중국 전설 속에 나오는 산. 처음에는 하늘에 이르는
　　높은 산 또는 아름다운 옥이 나는 산으로 알려졌으나, 전국戰國 말기부터는
　　서왕모西王母가 살며 불사의 물이 흐르는 신선경神仙境이라고 믿음.

106 금강경 제26, 「법신비상분法身非相分」에 대한 야보(冶父)의 송頌.

佛言 "須菩提 若以三十二相觀如來者 轉輪聖王則是如來" 須菩提白佛言 "世尊
如我解佛所說義 不應以三十二相觀如來"

부처님께서 말씀하셨다. "수보리야! 만약 32상으로 여래를 관한다면 전륜성왕
이 바로 여래이니라."

수보리가 부처님께 말씀드렸다. "세존이시여! 제가 부처님께서 말씀하신 뜻을
이해하기로는 32상으로 여래를 관하는 것은 마땅하지 않습니다."

佛言(至)如來 錯. 頌曰 "有相身中無相身 金香爐下鐵崑崙 頭頭盡是吾家物 何
必靈山問世尊 如王秉劒"

불언佛言에서부터 여래如來까지에 대해 착어着語했다. "착(錯, 틀렸다)!"
그리고 (이어서) 송頌을 했다.

"상이 있는 몸 가운데 상이 없는 몸이요,

금향로金香爐 아래 철곤륜鐵崑崙이로다.

두두물물(頭頭, 頭頭物物)이 모두 내 집 물건이거늘,

하필 영산의 세존께 여쭐 필요가 있겠는가?

왕이 검을 잡은 것과 같도다."

노조가 말했다. "산이 무너져 돌이 떨어지고, 벌판의 시냇물은 불에 타 흐른다."

노조가 이렇게 사람을 위한 것을 여러분은 어떻게 알고 있는가? 시험 삼아 참구해보라!

고인이 이르기를 "몸소 절실히 깨닫고자 하면 물음으로 묻지 말라"[107] 고 했다. (그런데 바로) 이 스님이 이렇게 물었기 때문에 노조가 바로 이렇게 대답을 했던 것이다.

이 스님이 이와 같이 일전어一轉語[108]를 한 것도 대단히 기특했지만,

---

107 欲得親切 莫將問來問은 일반적으로 수산성념(首山省念, 926~993)의 말로 알고 있는데, 각범혜홍의 『선림승보전禪林僧寶傳』에서는 남원혜옹南原慧顒의 말로 전한다.

선림승보전을 근거로 SM 제29권(N.1328)을 소개, 번역하면 다음과 같다.

首山示衆云 "要得親切 第一莫將問來問. 還會應 問在答處 答在問處. 你若將問 來問 老僧在你脚底 你若擬議 則沒交涉" 時有僧出禮拜 師便打.

수산首山이 대중에게 말했다.

"(남원 선사께서 말씀하시기를) '몸소 간절히 얻고자 하면 무엇보다 먼저 물음을 가지고 묻지 말라. 알겠는가? 물음은 답 속에 있고 답은 물음 속에 있다. 그대가 만약 물음을 가지고 묻는다면 노승은 그대의 발밑에 있을 것이다. 그대가 만약 헤아린다면 전혀 관계가 없게 될 것이다'고 했다."

그때 한 스님이 나와 절을 하자, 수산이 바로 쳤다.

108 일전어一轉語: 기기機를 전환하는 한마디 말. 심기心機를 바꿔 일으키는 격외의 어구. (機轉之一語, 謂發揚轉翻心機之格外語句也, 불학대사전). / 사람들로 하여금 전미개오轉迷開悟케 하는 어구. (乃令人轉迷開悟之語句, 불광대사전)

노조가 화로와 풀무의 대단한 솜씨를 가지고 있는 작가인 것을 어찌하겠는가! (그래서 더 이상 한마디 말도) 그는 꺼낼 수 없었다.

뒤에 설두가 곁에서 이를 긍정하지 않고, 바로 말하기를 "등판때기를 후려갈겼어야 했다"고 했는데, 대중이 여기서 이 스님 대신 일전어를 한다면 설두가 이렇게 말하는 것을 보지 않아도 될 것이다. (또한) 만약 안목을 갖춘 사람이라면 끝내 말 속에서 활발하게 계교부리지 않을 것이다.

제9칙 설봉고간雪峰古澗[109]

【古則과 着語】

擧, 僧問雪峯 "古澗寒泉時如何" 〔戴得將來〕 峯云 "瞠目不見底" 〔老
婆心切〕 僧云 "飮者如何" 〔正是降尊就卑〕 峯云 "不從口入" 〔從什麼
處入〕 僧擧似趙州 〔也須是這僧始得〕 州云 "不可從鼻孔裏入" 〔也須
是這老漢始得〕 僧却問趙州 "古澗寒泉時如何" 〔放過卽不可〕 州云
"苦" 〔不妨難爲咬嚼〕 僧云 "飮者如何" 〔更不再活〕 州云 "死" 〔灼然〕
雪峯聞擧云 "趙州古佛 從此不答話" 〔也是什麼心行〕

※瞠目(징목): 눈을 크게 뜨고 보다.
※咬嚼(교작): 잘 씹다. 문장을 되씹다. 되새기다. 음미하다.

어떤 스님이 설봉雪峯에게 물었다. "옛 골짜기에 샘이 차가울 때 어떻습
니까?"

　〔머리에 이고 가져와 보라.〕

설봉이 말했다. "눈을 크게 뜨고 봐도 밑바닥이 보이질 않는다."

〔노파심이 간절하다.〕

스님이 말했다. "마신 사람은 어떻습니까?"

〔바로 신분 높은 이가 자신을 낮춰 천한 사람과 왕래하는 격이다.〕[110]

설봉이 말했다. "입으로 들어가지 않는다."

〔(그렇다면) 어디로 들어가는가?〕

스님이 앞의 일을 조주趙州[111]에게 전하자,

〔역시 모름지기 이런 스님이라야 한다.〕

조주가 말했다. "콧구멍 속으로 들어가서는 안 된다."

〔역시 모름지기 이런 노장이라야 한다.〕

스님이 다시 조주에게 물었다. "옛 골짜기에 샘이 차가울 때 어떻습니까?"

---

110 降尊就卑(강존취비)=降尊臨卑(강존임비): (성어) 신분 높은 사람이 자신을 낮추
어 천한 사람과 왕래함을 이르는 말. (『예기禮記』 참조)

관련하여 『운문광진선사광록(雲門匡眞禪師廣錄, 이하 운문록)』에서는 다음과
같이 전한다.

師或擧手云 "古佛爲什麼不到這裏" 代云 "不可降尊就卑"

(운문) 선사가 언젠가는 손을 들고 말했다. "옛 부처는 무엇 때문에 여기에
오지 못하는 것인가?"

대신 말했다. "신분 높은 이가 자신을 낮춰 천한 사람과 왕래해서는 안 된다."

111 조주종심(趙州從諗, 778~897): 남전보원의 법사法嗣. 나이 80에 조주성 동쪽
관음원에 머물면서 40년 동안 선풍을 날림. 시호는 진제대사眞際大師.

〔놓쳐서는 안 된다.〕

조주가 말했다. "쓰다(苦)!"

〔씹기가 대단히 어려울 텐데.〕

스님이 말했다. "마신 사람은 어떻습니까?"

〔(한 번 죽으면) 결코 다시 살아나지 못한다.〕

조주가 말했다. "죽는다."

〔분명하다.〕

설봉이 이를 듣고 말했다. "조주는 고불이다. 이제부터는 대답하지 않겠다."[112]

〔이게 무슨 심보(心行)인가?〕

【拈古와 着語】

雪竇拈云 "衆中總道 '雪峯不出這僧問頭 所以 趙州不肯'〔多少人作者語話〕如斯話會 深屈古人.〔灼然〕雪竇卽不然〔看雪竇有甚麼長處〕斬釘截鐵 本分宗師〔分作兩邊〕就下平高 難爲作者"〔雪竇也出趙州綣績不得〕

---

112 SM에서는 이 부분을 다음과 같이 전한다.

師聞之 乃云 "趙州古佛" 遂遙作禮 "從此不答話"

설봉이 듣고 말했다. "조주는 고불이다."

(그리고는) 마침내 (조주가 있는 곳을 향해) 멀리 절을 하고, 말했다. "이제부터는 대답하지 않겠다."

※屈(굽힐 굴): 억울하다. 원통하다. 굴복하다. 복종하다.
※就下平高＝平高就下.

설두가 염拈했다. "대중이 모두 말하기를 '설봉은 이 스님의 물음에서
벗어나질 못했다. 그래서 조주가 긍정하지 않은 것이다'고 하는데,
　〔여러 사람들이 마치 작자라도 된 것처럼 말을 하고 있다.〕
　(이 공안을) 이렇게 아는 것은 고인을 몹시 억울하게 만드는 것이다.
　〔분명하다.〕
　(나) 설두는 그렇지 않나니,
　〔설두에게 무슨 특출난 것이 있는지 보라!〕
　못을 끊고 쇠를 자르는 본분종사本分宗師가
　〔양변으로 나누는군.〕
　낮은 곳을 취해서 높은 곳을 평평하게 했기에 작가가 되기 어려운
것이다."
　〔설두야말로 조주의 올가미에서 벗어나지 못했다.〕

〔評唱〕

師云. 雪竇拈來 也是好心 也是不好心. 何故. 一手擡 一手搦. 僧問雪
峯"古澗寒泉時如何"峯云"瞪目不見底"僧云"飮者如何"峯云"不從口
入"後人只管用作不答話會 作恁麼去就 驢年夢見. 汾陽謂之借事明
己. "古澗寒泉時如何""瞪目不見底"此明他脚跟下事. 雪峯是一千五
百人善知識. 依前用他問處 答道"瞪目不見底"爲他問道脚跟下事 似

古澗寒泉相似 這老漢不妨親切. 古人道"問在答處 答在問處"不見僧
問雲門"佛法如水中月是否"門云"清波無透路"且道 是同是別.

설두의 염拈은 좋은 마음으로 한 것이기도 하고, 좋지 못한 마음으로
한 것이기도 하다. 무슨 까닭인가? 한 손으로는 들어올리고, 한 손으로
는 내리눌렀기[113] 때문이다.

　스님이 설봉에게 물었다. "옛 골짜기에 샘이 차가울 때 어떻습니까?"
　설봉이 말했다. "눈을 크게 뜨고 봐도 밑바닥이 보이질 않는다."
　스님이 말했다. "마신 사람은 어떻습니까?"
　설봉이 말했다. "입으로 들어가지 않는다."

　(그런데 이 말에 대해서는 아무런 말도 하지 않고) 뒷사람들이
오로지 부답화(不答話, 조주는 고불이다. 이제부터 말하지 않겠다고 한 것)만
가지고 말하면서 이런 식으로 행동하려 한다면, 나귀 해나 되어서야
꿈속에서나 보게 될 것이다.
　분양汾陽[114]은 이를 일러 차사명기(借事明己, 예例나 비유를 빌려 자기를
밝힌 것)[115]라고 하였다. "옛 골짜기에 샘이 차가울 때 어떻습니까?"(라고

113　一手擡 一手搦(=捺): 한 쪽으로는 부추기고, 한 쪽으로는 억압하는 것을 말한다.
　　이는 선사가 수행승을 지도할 때 걸림 없는 자유로운 기법을 형용한 것이다.
　　(謂一方面扶持之 一方面又壓抑之. 乃形容禪師指導修行僧時自由無礙之機法, 불광대
　　사전)
114　분양선소(汾陽善昭, 947~1024): 수산성념의 법사法嗣.

하자) "눈을 똑바로 뜨고 자세히 봐도 밑바닥이 보이질 않는다"고 한 것, 이것은 그의 발꿈치 아래의 일을 밝힌 것이다.

　설봉은 천오백선지식이다. (그래서) 이전부터 해왔던 것처럼 그가 물은 것을 이용해서 답을 하기를 "(눈을 크게 뜨고 봐도) 밑바닥이 보이질 않는다"고 하였다. (이는) 그가 물은 발꿈치 아래의 일이 마치 옛 골짜기에 차가운 샘물과 같았기 때문이니, 이 노장이 대단히 친절했다. 고인이 말하기를 "물음은 답에 있고 답은 물음에 있다"고 하였다.[116] 보지 못했는가! 어떤 스님이 운문雲門에게 묻기를 "불법이 마치 물속의 달과 같은 것이 아니겠습니까?"라고 하자, 운문이 말하기를 "맑은 물결엔 꿰뚫은 흔적이 없다"고 한 것을. 자, 말해보라! 같은가, 다른가?

🌸

如今人只隨語生解 殊不知 趙州與雪峯相見. 州云 "不可從鼻孔裏入" 雪峯云 "趙州古佛 從此不答話" 已是與他相見. 且道 這裏意是如何. 須是打破面前漆桶 始可入作. 後人不善來風 走向趙州語下作活計 到這裏 若是通方漢 必知此二尊宿落處. 雪峯云 "趙州古佛 從此不答話" 此一句語 如金如玉 難酬其價. 雪峯雖答者僧話 終不去語句裏作繫驢橛. 後人多少錯會 妄去中間穿鑿 殊不知本宗猷. 此事若只在言句上 便不深屈古人. 所謂 "玉女已歸霄漢去 獃郎猶在火爐邊"

---

115 분양이 학인의 물음을 열여덟 가지로 분류한 것(汾陽十八問) 가운데, 차사문(借事問, 예나 비유를 빌려서 묻는 것)을 말한다.
116 제8칙 노조끽반화의 註107 참조.

※穿鑿(천착): 억지로 끌어다 붙이다. 천착하다. 견강부회하다.
※獃(어리석을 애): 어리석다. 못생기다. 우두커니 서 있다.

요즘 사람들은 단지 말을 따라 지혜를 낼 뿐, 조주와 설봉이 만난 곳을 전혀 알지 못한다.

조주는 "콧구멍 속으로 들어가면 안 된다"고 하고, 설봉은 "조주는 고불이다. 이제부터는 답하지 않겠다"고 했는데, 이것이 (바로) 저들이 만난 곳이다.

자, 말해보라! 여기서의 뜻은 무엇인가? 모름지기 바로 면전에서 칠통을 타파해야 비로소 들어갈 수 있다. (하지만) 뒷사람들은 바람이 잘 불지 않는데(不善來風, 그 까닭도 살피지 못하면서) 조주의 말 아래로 달려가 활발하게 계교나 부리고 있다. 여기에 이르러서는 만약 통방한(通方漢, 사통팔달한 사람, 통방작가)이라면 틀림없이 이 두 존숙尊宿의 낙처落處를 알 것이다.

설봉이 "조주는 고불이다. 이제부터는 답하지 않겠다"고 한 이 한마디 말은 마치 금과 같고 옥과 같아서 그 값을 매길 수가 없다.

설봉이 비록 이 스님의 말에 답을 했지만, 결코 어구 속에 들어가서 나귀 매는 말뚝을 만든 것이 아니다. (그런데도) 뒷사람들이 많이들 잘못 알고 제멋대로 그 가운데 들어가서 천착하고 있으니, (이는) 그 근본 뜻(宗猷)을 전혀 모르는 것이다.

이 일이 만약 단지 언구言句에 있는 것이라고 한다면 (이것은) 바로 고인을 너무 억울하게 만드는 것이 아니겠는가! 그래서 이르기를 "옥녀는 이미 하늘로 돌아갔는데, 어리석은 사내는 아직도 화로 곁에 앉아 있다"[117]고 하는 것이다.

❀

雪竇道"衆中總道 雪峯答他話 便成就下平高 難爲作者"又是錯會 喫
雪竇毒藥了也. 此意與法眼話作兩橛一般 只爲他一手擡一手搦. 只如
趙州勘婆子 且道 是勘破不勘破. 且道 雪峯是答他話 不答他話. 眞如
喆 拈趙州勘婆子話道"天下衲僧只知問路 老婆要且不知脚下泥深 若

---

117 SM 제1권(N.14)에 다음과 같이 전한다. (옥녀玉女를 차녀姹女라 전하는 차이만
있을 뿐이다.)

〔본칙本則〕

世尊因五通仙人問"世尊有六通 我有五通 如何是那一通"世尊召五通仙人 通
應諾. 世尊曰"那一通你問我"

세존께 오통선인이 물었다. "세존께는 육신통이 있고, 제게는 오신통이 있으니,
어떤 것이 (제게는 없는 나머지) 한 신통입니까?"
세존이 오통선인을 부르자, 선인이 "예!" 하고 대답했다.
세존이 말했다. "저 한 신통을 네가 나에게 물었는가?"

〔염척拈拈〕

雲蓋本云"世尊如是召 五通如是應 作麽生是那一通"良久云"姹女已歸霄漢去
獃郞猶向火邊蹲"

운개본(雲蓋本, 雲蓋智本, 1035~1107)이 말했다. "세존은 이렇게 부르고 오통선
인은 이렇게 대답하였거늘, 어떤 것이 저 (나머지) 한 신통인가?"
양구良久하고 말했다.
"차녀(姹女, 아름다운 여인)는 이미 하늘로 돌아갔는데, 어리석은 사내(獃郞)는
아직도 화로 곁에 쭈그려 앉아 있다."

非趙州老人 爭顯功高汗馬"只如 雪竇道"如斯話會 深屈古人"且道
是屈是不屈. 懷和尙道"作麼生會不答話底道理 讚歎趙州卽不無 還知
趙州一片玉瑕生麼. 若點檢得出 相如不誑於秦王"雪竇分明拈了也
而今人却不去見趙州雪峯 却走去咬雪竇語句 去語脈上走 不知他雪
竇一手擡 一手搦. 且道 阿誰是斬釘截鐵本分宗師. 阿誰是就下平高
難爲作者. 到這老直饒辨得去 也只是語脈上走.

설두는 말하기를 "대중이 모두 말하기를 '설봉은 이 스님의 물음에서
벗어나지 못했다. 그래서 조주가 긍정하지 않은 것이다'고 하는데,
이처럼 알고 말하는 것은 고인을 몹시 억울하게 만드는 것이다. (나)
설두는 그렇지 않나니, 못을 끊고 쇠를 자르는 본분종사가 낮은 곳을
취해서 높은 곳을 평평하게 했기에 작자作者가 되기 어려운 것이다"[118]
고 했는데, 또 이것을 잘못 알면 설두의 독약을 먹게 될 것이다. 이
뜻은 법안화작양궐화法眼話作兩橛話[119]와 같아서 다만 그를 위해 한
손으로는 들어올리고 한 손으로는 내리눌렀던 것일 뿐이다.

그건 그렇고, 조주는 노파를 감파했다[120]고 했다. 자, 말해보라!

---

118 이해를 돕기 위해 앞의 설두 염拈을 옮겨 실었다.

119 제1칙 덕산시중 편 참조.

120 『조주록』에 다음과 같이 전한다. (SM 제11권, N.412에서도 전한다.)

臺山路上 有一婆子 要問僧. 僧問"臺山路向什麼處去"云"驀直去"僧才行
婆云"又與麼去也"師聞後便去問"臺山路向什麼處去"云"驀直去"師才行
婆云"又與麼去也"師便歸擧似大衆云"婆子 今日被老僧勘破了也"

오대산 가는 길에 한 노파가 있었는데, 스님들을 기다렸다가 묻고는 했다.
어떤 스님이 물었다. "오대산 가는 길은 어느 쪽으로 갑니까?"

감파(간파)한 것인가, 감파하지 못한 것인가? (또한) 자, 말해보라! 설봉이 그의 말에 답을 한 것인가, 답을 하지 못한 것인가?

진여 철眞如喆[121]이 조주감파자화趙州勘婆子話에 염拈을 하기를 "천하의 납승들은 단지 길을 물을 줄만 알았고, 노파는 다리 밑에 진흙이 깊은 줄은 알지 못했다. 만약 조주 노인네가 아니었더라면 어찌 공고한 마(功高汗馬, 땀 흘린 말의 공이 높음=큰 공을 세움)를 드러낼 수 있었겠는가!"[122]라고 하였다.

그건 그렇고, 설두가 말하기를 "이 공안을 이렇게 아는 것은 고인을 몹시 억울하게 만드는 것이다"고 했다. 자, 말해보라! 억울하게 한 것인가, 억울하게 한 것이 아닌가? 회 화상(天衣義懷)이 말하기를 "답하지 않겠다고 한 도리를 어떻게 알고 있는가? 조주를 찬탄한 것이 없는 것은 아니지만, 조주에게 한 조각 옥에 티가 생긴 것을 알겠는가? 만약 이를 점검해낸다면 상여(相如, 인상여)가 진왕秦王을 속이지 못했을 것이다."[123]고 하였다.

노파가 말했다. "곧장 가시오."

그 스님이 가자마자, 노파가 말했다. "또 저렇게 가는군."

조주가 듣고, 바로 가서 물었다. "오대산 가는 길은 어느 쪽으로 갑니까?"

노파가 말했다. "곧장 가시오."

조주가 가자마자, 노파가 말했다. "또 저렇게 가는군."

조주가 돌아와 대중에게 이 이야기를 들려주고, 말했다. "노파가 오늘 내게 감파당했다."

121 진여 철(眞如喆): 溈山喆, 眞如慕喆, 大溈喆, 喆侍者, 眞如喆, 慕喆眞如, 智海慕喆, 大溈慕喆, 大溈, 眞如, 大溈慕喆 등으로 불린다. (인명규범검색)

122 상기 진여 철의 염拈은 SM 제11권(N.412)에서도 전한다.

123 SM에서는 고칙에 대한 천의의회의 염拈으로 전한다. 한편, 인상여와 진왕의

　설두가 분명하게 염拈을 했는데도 요즘 사람들은 도리어 조주와 설봉이 만난 곳에는 가지 않고, 달려가 설두의 어구語句를 물고 어맥語脈위에서 치달리고 있으니, 저 설두가 한 손으로는 들어올리고 한 손으로는 내리누른 것을 알지 못하는 것이다. 자, 말해보라! 못을 끊고 쇠를 자르는 본분종사本分宗師는 누구인가? 누가 낮은 곳을 취해서 높은 곳을 평평하게 했기에 작자作者가 되기 어려운 사람인가? 이 늙은이에게 와서 설령 가려낸다고 하더라도 역시 단지 (어구를 물고) 어맥에만 치달리는 것일 뿐이다.[124]

　이야기는 제12칙 목주소치睦州茗蒃 편의 평창을 참조하기 바란다.

[124] SM에서는 본칙에 대한 원오의 송頌을 다음과 같이 전한다.

趙州象骨嵒	조주와 상골암(설봉)!
擧世無倫擬	온 세상에 견줄 사람이 없네.
共撫沒絃琴	줄 없는 거문고를 함께 타고
千載淸人耳	천 년이나 사람들의 귀를 맑게 하네.
古澗寒泉	옛 골짜기의 찬 샘물
瞪目疑然	눈을 부릅뜨고 자세히 봐도 의심스럽고
不從口入	입으로 들어가지 않으니
飮者忘筌	마시는 자는 통발을 잊어버리네.
重出語苦又死	거듭 말을 해서 쓰다 하고 죽는다 하지만
不答話同彼此	답하지 않은 것은 서로 같으니
相逢兩會家	두 대가大家가 서로 만나
打鼓弄琵琶	북 치고 비파를 뜯네.
个中誰是的	이 중에 누가 분명한가?
白馬入蘆花	백마가 갈대꽃 속으로 들어간다.

제10칙 서당난각西堂爛却[125]

【古則과 着語】

擧, 僧問西堂 "有問有答 賓主歷然 無問無答時如何"〔師低頭作應聲〕
西堂云 "怕爛却那"〔也是草裏漢〕又問長慶 "有問有答 賓主歷然 無
問無答時如何"〔也不得放過〕慶云 "相逢盡道休官去 林下何曾見一
人"〔也善東瞥西瞥〕

※低頭(저두): 머리를 숙이다. (비유)굴복하다.

※應聲(응성): 대답하다. 응답의 소리. 소리가 나자마자.

※林下(임하): 시골. 벼슬을 그만두고 은퇴하여 지내는 곳.

※東瞥西瞥(동별서별)＝東閃西忽(동섬서홀): 정처가 없고 종적을 걷잡을
  수 없을 만큼 왔다 갔다 함을 이르는 말.

---

125 SM 제25권(N.1110)에서도 전한다.
  서당지장과 장경혜릉은 동시대 인물이 아니다. 다만 물음이 같을 뿐이다.
  참고로 서당에게 물은 것은 『백장광록百丈廣錄』에서도 전하며, SM에서는 장경
  과의 문답에 대해 설두가 염을 하면서 서당과의 문답을 전하는 것으로 기록
  한다.

어떤 스님이 서당西堂[126]에게 물었다. "물음도 있고 답도 있으면 손님과
주인이 분명하지만, 물음도 없고 답도 없을 때는 어떻습니까?"

〔스님(師, 서당)이 고개를 숙이고 바로 소리를 내는군.〕

서당이 말했다. "문드러져 없어질까 두려운가?"

〔역시 초리한(草裏漢, 시원찮은 놈)[127]이다.〕

또 장경長慶[128]에게 물었다. "물음도 있고 답도 있으면 손님과 주인이
분명하지만, 물음도 없고 답도 없을 때는 어떻습니까?"

〔역시 놓쳐서는 안 된다.〕

장경이 말했다. "만나는 사람마다 모두 관직을 버리고 떠나겠다고
말하지만, 은퇴해서 사는 사람을 언제 한 사람이라도 본 적이 있는가!"[129]

---

126 서당지장(西堂智藏, 735~814): 마조도일의 법사法嗣.

127 초리한草裏漢: 선림용어. 풀이 깊어 길을 잃은 사람인데, 제2의第二義 문에
빠져든 사람으로 원래의 뜻이 확대되었다. (禪林用語. 因草深而迷路者 引申爲陷
入第二義門之人, 불광대사전)

　초야에 떠도는 자. 양민을 해치는 자. (山野浮浪之徒 爲良民之害者, 불학대사전)

128 장경혜릉(長慶慧稜, 854~932): 설봉의존의 법사法嗣. 시호는 초각대사超覺大師.

129 장경의 말은 아래 영철靈徹의 시를 인용한 것이다.

　唐江西使韋丹 寄東林僧靈徹詩云

　당나라 강서의 절도사 위단이 동림의 승려 영철에게 시를 보내 말했다. (이
시의 제목을 사귀思歸라고 한다.)

　王事紛紛無暇日　왕의 일이 분분해서 쉴 날이 없지만

　浮生苒苒只如雲　덧없는 인생 흐르고 흐르니 단지 구름과 같네.

　已爲平子歸休計　이제 평민이 되어 돌아가 쉴 계획이니

　五老峰前必扣門　오로봉 앞에서 반드시 문을 두드리리라."

112

〔역시 동에 번쩍 서에 번쩍 잘도 한다.〕

〔拈古와 着語〕

雪竇拈云 “何不與本分草料”〔且道 作麼生是本分草料〕

설두가 염拈했다. “어째서 본분초료[130]를 주지 않은 것인가?”
〔자, 말해보라! 어떤 것이 본분초료인가?〕

〔評唱〕

師云. 不墮心機意想 如何得平穩去. 古人道 “欲得親切 莫將問來問”
何故. 問卽似偸人物了. 更云 “我去彼中 偸得甚物來 乃在這裏 賊臟已
露” 這僧致箇問端一似如此. 却將去問西堂和尙云 “有問有答 賓主歷
然 無問無答時如何” 堂云 “怕爛却那” 古人太煞慈悲 有時孤峯頂上垂
手 有時荒草裏橫身 他道 “怕爛却那” 奇特不妨親切. 這僧却更去問長

영철靈徹이 (이에) 답을 했다.
老年心閑無外事 노년에 마음이 한가롭고 바깥 일이 없으면
麻衣草座可容身 베옷 입고 풀방석에 앉는 것 몸이 용납할 수 있네.
相逢盡道休官去 만나는 사람마다 모두 관직을 버리고 떠나겠다 말하지만,
林下何曾見一人 관직을 버리고 은퇴해서 사는 사람을
언제 한 사람이도 본 적이 있는가!
130 본분초료本分草料: 인간 본래의 모습으로 되돌아가게끔 하는 데 쓰이는 먹이.
학인을 우마牛馬에, 스승의 지도를 여물(草料)에 비유한 말. (전게서 p.292)

慶. 慶云 "相逢盡道休官去 林下何曾見一人" 這僧分明去問 是有問有
答了 更說什麼如何若何. 惹得長慶恁麼道 又且得不辜負他來問處.
雪竇拈云 "何不與本分草料" 也是騎賊馬赶賊.

※賊贓(적장) : 도둑질한 물건. 장물.

심기(心機, 마음)와 의상(意想, 생각)을 내려놓지 않고 어떻게 평온을
얻을 수 있겠는가?

　고인이 말하기를 "몸소 간절히 얻고자(=깨닫고자) 하면 물음으로
묻지 말라!"[131]고 하였다. 무슨 까닭인가? 물음은 바로 남의 물건을
훔치는 것과 같기 때문이다. 다시 말하면 "내가 그곳에 가서 어떤
물건을 훔쳐 오면 바로 여기에 도둑질한 물건이 드러난다"[132]고 한
것과 같은데, 이 스님이 물은 것이 마치 이와 같았던 것이다. (그래서
이) 물음을 가지고 서당 화상에게 가서 묻기를 "물음도 있고 답도
있으면 손님과 주인이 분명하지만, 물음도 없고 답도 없을 때는 어떻습
니까?"라고 하자, 서당이 말하기를 "문드러져 없어질까 두려운가?"라
고 한 것이다.

　고인은 대단히 자비로워서 어떤 때는 고봉정상에서 손을 내밀기도
하고, 어떤 때는 거친 풀밭 속에 몸을 가로로 누이기도 하는데, 그가
말하기를 "문드러져 없어질까 두려운가?"라고 한 것은 기특하면서도

131　제8칙 노조끽반화 註107 참조.

132　목주도명의 "장물이 앞에 드러났다(贓物現在)"는 말을 원오가 인용해서 편집한
　　것으로 이해했다. (제50칙 평창 참조).

대단히 친절한 것이었다.

이 스님은 다시 장경에게 가서 물었다.[133] (그리고) 장경은 말하기를
"만나는 사람마다 관직을 버리고 떠나겠다고 말하지만, 은퇴해서 사는
사람을 언제 한 사람이라도 본 적이 있는가!"라고 하였다. 이 스님은
분명히 가서 물었고, 여기에는 물음도 있고 답도 있었는데, 다시 무슨
이러니저러니 말하겠는가! (하지만) 장경의 이런 말을 끌어낸 것
또한 그가 와서 물은 것을 져버리지 않은 것이었다.

설두가 염拈하기를 "어째서 본분초료를 주지 않는가?"라고 한 것
역시 도적의 말을 타고 도적을 쫓는 격이다.[134]

---

133 "這僧却更去問長慶"은 원오가 임의任意로 한 것이다.

134 SM에서는 본칙에 대한 원오의 염拈을 다음과 같이 전한다.

若問崇寧 有問有答賓主歷然 無問無答時如何 對他道 收得安南 又憂塞北.

만약 (나) 숭녕(崇寧, 원오)에게 "물음이 있고 답이 있으면 손님과 주인이 분명하
지만, 물음도 없고 답도 없을 때는 어떻습니까?"라고 묻는다면, 그에게 말하기
를 "안남安南을 얻고, 또 새북(塞北, 북쪽 변방)을 걱정한다"고 할 것이다.

제11칙 흠산수권欽山竪拳[135]

〔古則과 着語〕

擧, 欽山一日上堂 竪起拳頭 又開云 "開卽爲掌 五指參差"〔打入葛藤
窩窟去也〕復握拳云 "如今爲拳 必無高下〔也是靈龜曳尾〕還有商量
也無"〔合取狗口〕一僧出衆竪起拳頭.〔弄泥團漢 有甚麽限〕山云
"你只是箇無開合漢"〔也好與三十棒〕

※ 窩窟(와굴): 소굴. / 窩(움집 와).

흠산欽山[136]이 하루는 상당上堂해서, 주먹을 (쥐고) 세웠다가 다시 펴고,
말했다. "펴면 손바닥이 되니, 다섯 손가락이 들쭉날쭉 가지런하지
않다."

〔언어문자(葛藤)의 소굴로 들어가는구나.〕

다시 주먹을 쥐고 말했다. "지금 주먹을 쥐니, 결코 높고 낮음이

---

135 SM 제21권(N.914)에서도 전한다.
136 흠산문수(欽山文邃, 생몰연대 미상): 동산양개의 법사法嗣.

없다.

〔이 역시 신령스런 거북이가 꼬리를 끄는 것이다.〕[137]

상량商量할 수 있는가?"

〔개 주둥아리를 닥쳐라!〕

한 스님이 대중 속에서 나와 주먹을 세웠다.

〔진흙덩이나 가지고 노는 놈이다. 무슨 끝날 날이 있겠는가!〕

흠산이 말했다. "너는 단지 쥐었다 폈다도 못하는 놈일 뿐이다."

〔삼십 방을 쥐야 한다.〕

---

[137] 외편, 추수秋水에 다음과 같이 전한다.

莊子釣於濮水 楚王使大夫二人往先焉曰 "願以境內累矣" 莊子持竿不顧曰 "吾聞楚有神龜, 死已三千歲矣. 王巾笥而藏之廟堂之上. 此龜者 寧其死爲留骨而貴乎 寧其生而曳尾於塗中乎" 二大夫曰 "寧生而曳尾塗中" 莊子曰 "往矣 吾將曳尾於塗中"

장자가 복수濮水에서 낚시를 하고 있는데, 초왕이 보낸 두 대부가 (찾아와) 왕의 뜻을 전달하기를, "부디 나라 안의 정치를 맡기고 싶습니다"라고 했다. 장자는 낚싯대를 쥔 채 돌아보지 않고 말했다. '내가 듣기에 초나라에는 신구神龜가 있는데 죽은 지 3천 년이나 되었다더군요. 왕께선 그것을 헝겊에 싸서 상자에 넣고 묘당 위에 (소중하게) 간직하고 있다지만, 이 거북은 차라리 죽어서 뼈를 남긴 채 소중하게 받들어지기를 바랐을까요, 아니면 오히려 살아서 진흙 속을 꼬리를 끌며 다니기를 바랐을까요?' 두 대부는 대답했다. "그야 오히려 살아서 진흙 속을 꼬리를 끌며 다니기를 바랐을 테죠." (그러자) 장자가 말했다. "(어서) 돌아가시오. 나도 진흙 속에서 꼬리를 끌며 다닐 테니까!" (안동림 역주, 『장자』 p.441, 현암사, 2020)

【拈古와 着語】

雪竇拈云 "雪竇卽不然" 〔也隨後打入葛藤去也〕乃竪拳云 "握則爲拳
有高有下" 〔捩轉鼻孔〕復開云 "開則成掌 無黨無偏. 〔爭知轉却了也〕
且道 放開爲人好 把定爲人好. 〔總不好〕開也造車 握也合轍 〔已在鬼
窟裏作活計了也〕若謂 閉門造車 出門合轍 〔也是闍黎見解〕我也知
你鬼窟裏作活計" 〔打云 "自領出去"〕

설두가 염拈했다. "(나) 설두는 그렇게 하지 않겠다."
〔역시 뒤따라 언어문자 속으로 들어가는구나.〕
그리고는 이내 주먹을 세우고 말했다.
"쥐면 주먹이 되니, 높음도 있고 낮음도 있다."
〔콧구멍을 비틀어 대는구나.〕
다시 펴고 말했다. "펴면 손바닥이 되니, 편파적인 것도 없고 치우치는
것도 없다.
〔바뀐 것을 어찌 알겠는가!〕
자, 말해보라! 펴는 것(放開, 방행)이 사람을 위한 것인가, 쥐는 것(把
定, 파주)이 사람을 위한 것인가?
〔모두 좋지 않다.〕
(주먹을) 펴고 수레를 만들어도 주먹은 (수레)바퀴 자국에 맞는다.
〔이미 귀신굴 속에서 활발하게 계교를 부려버렸다.〕
(그러나) 만약 '문을 닫고 수레를 만들어도[138] 문 밖을 나서면 (수레)

---

138 閉門造車(폐문조차): 문을 닫아걸고 수레를 만들다. 현실을 고려하지 않고

바퀴자국에 맞는다'고 한다면

〔이것 역시 스님(설두)의 견해다.〕

나 역시 그대들이 귀신굴 속에서 활발하게 재교 부렸다는 것을 안다."

〔(선상을) 치고 말했다. "스스로 죄를 인정하고 출두하시오!"〕

〔評唱〕

師云. 看他古人如此老婆心切. 千方百計 舉揚顯示箇一段大事 令人
易見 中間也有用作示衆 用作借事明物 也有悟去者. 雪竇因風吹火
用力不多. 乃竪起拳頭云"握則爲拳 有高有下"復開云"開則成掌 無黨
無偏. 且道 放開爲人好 把定爲人好. 開也造車 握也合轍 若謂閉門造
車 出門合轍 我也知你向鬼窟裏作活計"古人爲此事如是故 故如此.
且道 是如何. 古人同條生則是一 爲什麼却如此不同. 諸人無事 試翻
覆參詳看. 是什麼道理. 若是箇漢 一覷便知 其或擬議 便隔千山萬水
了沒交涉也.

※一覷便知(일처변지)＝一看便知(일간변지): 척 보면 안다.

제 주관대로 하다. 두찬(杜撰, 전거가 확실하지 않거나 틀린 것이 많음)하다.
閉門造車 出門合轍: 문을 닫아걸고 수레를 만들고, 밖에 나가 바퀴자국을
맞춘다. 주희朱熹의 『중용혹문中庸或問』에서는 이것을 고어라고 전하면서,
주나라 때 사람들이 수레를 제작하는 방법을 기록해 그 폭이 일정하게 된
것이라고 한다. 한편 선가에서는 불법을 깨달은 뒤 인연에 따라 중생교화
한다는 뜻으로 인용되기도 하고, 일반에서는 독단적으로 (또는 현실을 고려하
지 않고 주관대로) 일 처리하는 것을 가리키는 것으로도 쓰인다.

※千山萬水(천산만수): 깊은 산속을 이르는 말. 산을 넘고 물을 건널 만큼
  그 간격이 벌어진다.

저 고인이 이처럼 노파심이 간절한 것을 보라! 천 가지 방법과 백
가지 계책을 들어 일단대사一段大事[139]를 드러내 보이고 사람들이 쉽게
보게 하였으니, 그 안에는 시중(示衆, 대중에게 법문)으로 삼은 것도
있고, 차사명물(借事明物, 어떤 일을 빌려 중생을 깨닫게 하는 것)[140]로
삼아 깨닫게 한 것도 있다.

  설두는 바람이 불 때를 이용해서 불을 붙였기 때문에 많은 힘을
쓰지 않았다.[141] (그래서) 이내 주먹을 세우고 말하기를 "쥐면 주먹이
되니, 높음도 있고 낮음도 있다"고 하고, 다시 주먹을 펴고 말하기를
"펴면 손바닥이 되니, 편파적인 것도 없고 치우친 것도 없다. 자,
말해보라! 펴는 것(放開, 방행)이 사람을 위한 것인가, 쥐는 것(把定,
파주)이 사람을 위한 것인가? (주먹을) 펴고 수레를 만들어도 주먹은
(수레)바퀴 자국에 맞는다. (그러나) 만약 문을 닫고 수레를 만들어도
문 밖에 나서면 수레 바퀴자국에 맞는다면 나는 그대들이 귀신굴
속에서 활발하게 계교부렸다는 분명히 안다"고 한 것이다.

  고인은 이 일(此事, 일대사인연)을 이와 같은 것으로 여겼기 때문에
이와 같이 했던 것이다. 자, 말해보라! 이것은 어떤 것인가?

  고인이 같은 가지에서 나왔다면 같아야 할 것인데, 어째서 이처럼

---

139 일대사인연一大事因緣을 뜻한다.
140 차사명기借事明己와 같은 것으로 분양선소의 차사문借事問과 같다.
141 因風吹火 用力不多는 풍혈연소의 말이다.

같지 않은 것인가?[142] 대중은 일 없으면 시험 삼아 이리저리 뒤집어 참구하고 상세히 살펴보라!

이것은 무슨 도리인가? 만약 일개 장부라면 척 보면 바로 알겠지만, 혹 (대장부라도) 머뭇거리면 바로 천산만수千山萬水로 그 간격이 벌어져 전혀 관계없는 것이 될 것이다.

---

142 같은 선가禪家라면 쓰는 법도 같아야 할 것인데, 홈산과 설두는 그 방법을 아주 반대로 하고 있다는 뜻.

제12칙 목주소추睦州苕箒[143]

〔古則과 着語〕

擧 僧問睦州 "高揖釋迦 不拜彌勒時如何"〔有恁麽茆廣漢〕州云 "昨
日有人問 赶出院了也"〔已是第二頭〕僧云 "和尚怕某甲不實"〔怕死
禪和如麻如粟〕州云 "拄杖不在 苕箒柄 聊與三十"〔拳頭也得 便打〕

※赶出(간출): 내쫓다. 내몰다.

※怕死(파사): 몹시 두려워하다. 무서워 견딜 수 없다. 죽음을 두려워하다.

※聊(에오라지 료): 잠시. 잠깐. 우선. 조금. 그럭저럭. 의지하다. 기탁하다.

어떤 스님이 목주睦州[144]에게 물었다. "석가에겐 높이 예를 올리면서
미륵에겐 절도 하지 않을 때는 어떻습니까?"

　〔이런 묘광한(茆廣漢, 거칠고 경솔한 놈)[145]도 있구먼.〕

143　SM 제16권(N.637)에서도 전한다.

144　목주도명(睦州道明, 생몰연대 미상): 황벽희운의 법사法嗣. 도종道蹤·진존숙陳尊
　　宿·진포혜陳蒲鞋라고도 함.

145　묘광茆廣은 모광茅廣, 망로(莽鹵; 거칠고 소홀함). 조솔(粗率; 거칠고 경솔함)과

목주가 말했다. "어제도 어떤 놈이 (이따위로) 묻기에 절에서 내쫓아 버렸다."

〔이미 제2두第二頭[146]에 떨어졌다.〕

스님이 말했다. "화상께서는 제가 실답지 못할까 걱정되나 봅니다."

〔죽은 선승들이 삼대처럼 많고 좁쌀처럼 많을까 걱정된다.〕[147]

목주가 말했다. "주장자가 없으니 풀 빗자루라도 잡아서 삼십 방을 쳐야겠다."

〔주먹으로 쳐도 된다. 그리고는 바로 쳤다.〕

〔拈古와 着語〕

雪竇拈云 "睦州只有受璧之心 且無割城之意"〔旁觀者哂〕

※哂(웃을 신): 조롱하여 웃다. 미소 짓다.

설두가 염拈했다. "목주에겐 다만 벽璧을 받으려는 마음만 있었을 뿐, 성을 떼어 줄 생각은 없었다."

〔곁에서 보는 이(旁觀者, 제3자)가 비웃는다.〕

같고, 묘茆는 모茅와 통자通字. (同茅廣 莽齒 粗率 茆 通茅, 『국역태화선학대사전國譯泰華禪學大辭典』)

146 제2의문第二義門・향하문向下門・제2기第二機와 동일.

147 선화禪和는 참선하는 사람을 뜻한다.

참고로, 벽암록 63칙 착어著語에 "엉터리 선수행자들이 삼대처럼 많고, 좁쌀처럼 많다(杜撰禪和 如麻似粟)"는 표현이 있다.

〔評唱〕

師云. 且道 這僧過在甚麼處. 豈不見 石頭問讓和尙"不求諸聖 不重己
靈時如何"讓云"子問太高生 何不向下問將來"頭云"寧可永劫沉輪
不求諸聖解脫"<u>乂</u>僧問洞山"文殊普賢來參時如何"山云"趁向水牯牛
裏隊去"僧云"和尙入地獄如箭射"山云"全賴子力"

※밑줄 친 부분의 乂(예)는 '又(우)'의 誤字다.
※寧可(영가): 차라리 …할지언정. 설령 …할지라도.

자, 말해보라! 이 스님의 허물이 어디에 있는가?

어찌 보지 못했는가!

석두石頭[148]가 회 화상讓和尙[149]에게 물었다. "모든 성인도 구하지
않고, 자신의 영靈도 중하게 여기지 않을 때, 어떻습니까?"

회양이 말했다. "그대의 물음이 몹시 거만하다. 어째서 향하向下는
묻지 않는가?"

석두가 말했다. "차라리 영겁토록 윤회에 빠질지언정, 모든 성인의
해탈을 구하지 않겠습니다."[150]

---

148 석두희천(石頭希遷, 700~790): 육조혜능에게 출가, 청원행사의 법사法嗣. 형산衡
山의 바위 위에 암자를 짓고 그곳에서 늘 좌선을 하여 석두희천이라 함.
149 남악회양(南嶽懷讓, 674~744): 육조혜능의 법사法嗣. 청원행사와 더불어 혜능의
2대 제자가 되었고, 후에 마조도일에게 법을 전함. 시호는 대혜大慧선사.

또, 어떤 스님이 동산洞山[151]에게 물었다. "문수·보현이 와서 참례할 때 어떻습니까?"

동산이 말했다. "물소 무리 속으로 달려갈 것이다."

스님이 말했다. "화상께서는 쏜 화살처럼 지옥에 들어갈 것입니다."

동산이 말했다. "전적으로 그들 덕택이지."

---

150 SM 제5권(N.149)에서는 다음과 같이 전한다.

清源令石頭 馳書上南嶽懷讓禪師 乃曰 "迴日 與汝箇鈯斧子 住山" 石頭到讓師處 未達書便問 "不慕諸聖 不重己靈時 如何" 讓云 "子問大高生 何不向下問" 石頭云 "寧可永劫沈淪 不求諸聖解脫" 讓不對. 石頭乃迴師問 "子去未久 書得達不" 頭曰 "信亦不通 書亦不達" 乃擧前話 復云 "去日 蒙和尙許箇鈯斧子住山 卽今便請" 師垂下一足. 頭禮拜 入南嶽住山.

청원이 석두에게 남악회향 선사에게 서신을 전하도록 하면서 말했다. "돌아오는 날, 그대에게 무딘 도끼를 주어 산에 머물게 하겠다."
석두가 회양의 처소에 도착해서 서신도 전달하지 않고 곧장 물었다. "모든 성인도 구하지 않고, 자신의 영도 중하게 여기지 않을 때, 어떻습니까?"
회양이 말했다. "자네 물음이 몹시 거만하다. 어째서 향하向下는 묻지 않는가?"
석두가 말했다. "차라리 영겁토록 윤회에 빠질지언정, 모든 성인의 해탈을 구하지 않겠습니다."
회양이 대답하지 않았다.
석두가 돌아와 청원에게 물었다. "그대가 간 지 오래지 않거늘, 서신은 전했나?"
석두가 말했다. "소식도 알리지 않고, 서신 또한 전하지 않았습니다."
그리고는 앞의 이야기를 전하고, 또 말했다. "지난날 화상께서 무딘 도끼를 주어 산에 머물 것을 허락하겠다고 하셨는데, 바로 지금 청하옵니다."
(그러자) 석두가 한 쪽 발을 내렸다.
(이에) 석두가 절을 하고 남악에 들어가 산에 머물렀다.

151 동산수초(洞山守初, 910~990): 운문문언의 법사法嗣.

❀

這僧不是尋常底禪和 却云"怕某甲不實"是則是 直饒浪擊千尋 爭奈龍
王不顧. 睦州道"拄杖不在 茗蒂柄聊與三十"且道 是壓良爲賤 莫是倚
勢欺人. 切忌錯會好. 削去是非得失 情解計較 令淨躶躶 赤洒洒 自然
正見現前 得大自在. 古人道"合恁麼時 早是錯了也"雪竇傍相一拶甚
好. 拈卽許你拈 會卽不許你會. 何故. 睦州只有受璧之心 且無割城之
意 往往眞箇道 睦州只有受璧之心 正落在雪竇綣繢窠窟裏. 戰國時
秦强趙弱 而趙有連城之璧. 秦王聞之 許以十五城易之. 趙乃遣藺相
如送璧至秦. 秦王但受其璧 竟無割城之意 相如乃以計奪還於趙也.
諸人且道. 什麼處是睦州只有受璧之心處. 且甚處是無割城之意處
也. 須各人著些精彩始得.

※千尋(천심): 매우 높거나 깊음의 형용. (尋=尺)
※壓良爲賤(압량위천): 양민을 억눌러서 강제로 종을 삼음. 양가의 자녀를
　노비로 팔다.
※倚勢欺人(기세사인)＝倚勢凌人(기세능인): 세력을 믿고 사람들을 못살게
　굴다.
※精彩(정채): 출색(出色, 특별히 뛰어나다). 절묘(絕妙, 더없이 훌륭하다). 정신
　精神. 신채(神采, 안색, 기색, 정기 풍채).

이 스님은 보통의 선승이 아니었기에, 다시 말하기를 "제가 실답지
못할까 걱정되나 봅니다"고 했다. (이 말이) 옳기는 옳지만, 설사
파도를 천 자나 쳐도 용왕이 돌아보지 않는 것을 어찌 하겠는가!
　목주가 말하기를 "주장자가 없으니, 풀 빗자루를 가지고라도 삼십

126

방을 쳐야겠다"고 하였다. 자, 말해보라! 이는 양가의 자녀를 억눌러 종으로 삼은 것인가, 권세를 등에 업고 사람을 속인 것인가? 절대로 잘못 알지 말라! 시비득실(是非得失, 옳고 그름, 얻음과 잃음)의 정해계교 (情解計較, 생각으로 헤아리고 서로 견주어 살피는 것)를 버리고 정나나 적쇄쇄토록 해서 자연히 정견正見이 앞에 드러나야 대자재大自在를 얻게 될 것이다.

고인이 말하기를 "바로 이렇다 할 때 이미 틀린 것이다(合恁麼時 早是錯了)"¹⁵²고 했으니, 설두가 옆에서 직접 봤다면 아주 멋지게 일찰 (一拶, 한 대 치는 것)¹⁵³을 했을 것이다. 염拈을 한다면 그대가 염하는 것은 인정하겠지만, 알았다고 한다면 그대가 안 것은 인정하지 않겠다. 왜냐하면 (설두가) "목주에겐 다만 벽을 받으려는 마음만 있었을 뿐, 성을 떼어 줄 생각이 없었다"고 했는데, (이것을 가지고) 왕왕 정말로 목주에겐 단지 벽을 받으려는 마음만 있었을 뿐이라고 한다면, (그것 은) 바로 설두의 올가미와 소굴에 떨어진 것이기 때문이다.

전국시대에 진秦나라는 강하고 조趙나라가 약했는데, 조나라에 연 성의 벽(連城之璧)¹⁵⁴이 있었다. 진왕秦王이 그 소문을 듣고, 열다섯 개의 성성과 바꿀 것을 약속했다. (이에) 조나라는 인상여藺相如를 파견해서 벽璧을 가지고 진나라에 이르렀다. (하지만) 진왕은 다만

---

152 정확히 누구의 말인지 알 수 없다. 合恁麼時=正當恁麼時.
153 일찰一拶: 다급하게 이야기하는 것을 말하는데, 스승이 제자를 시험하는 것과 관련이 있다. (禪語. 謂勿促談話也. 係師僧試弟子者, 불학대사전)
154 화씨지벽和氏之璧, 변화지벽卞和之璧, 화벽和璧으로도 불린다.

그 벽을 받기만 하고 끝내 성을 떼어 줄 생각이 없자, 상여가 계교를 써서 벽璧을 빼앗아 조나라로 돌아왔다.[155]

대중은 자, 말해보라! 어디가 다만 목주가 벽을 받고자 하는 마음뿐이었던 것인가? 또 어디가 성을 떼어 줄 생각이 없었던 것인가? 모름지기 각자 조금이나마 정신을 차려야 한다.

---

155 『한비자韓非子』에 자세히 전하니 참조하기 바란다.

제13칙 조수한국棗樹漢國[156]

【古則과 着語】

擧, 棗樹問僧 "近離甚處" 〔常程〕僧云 "漢國" 〔也是〕樹云 "漢國天子
還重佛法也無" 〔頭角生也〕僧云 "苦哉 賴値問著某甲" 〔觸着便作屎
臭氣〕問著別人則禍生" 〔似則似 只恐龍頭蛇尾〕樹云 "作什麼" 〔也
要問過〕僧云 "人尚不見有 何佛法可重" 〔已是禍門〕樹云 "闍黎受戒
來多少時" 〔可惜許 拖泥帶水〕僧云 "二十夏" 〔忘前失後〕樹云 "大好
不見有人" 便打. 〔郎當 葛藤愁殺人〕

※拖泥帶水(타니대수): (말·글이) 간결하지 않다. (일을) 시원시원(깔끔)하
　게 처리하지 못하다. 맺고 끊는 맛이 없다. (일이) 자질구레하고 번거롭다.
※郎當(랑당): 퇴락하다. 문란하다. 몸에 맞지 않다. 단정하지 못하다. 궁지에
　빠져 있다. 궁지에 빠진 모습. 쓸모없는 것, 무익한 것의 형용. 장대함.
※愁殺(수쇄): 몹시 슬프게 함. 시름에 잠기게 함. 매우 걱정되다.

---

156 SM 제9권(N.349)에서도 전한다. 다만 조수를 석루石樓로 전하면서 조수라고
　전하는 다른 책도 있는 것으로 기록한다.

조수棗樹[157]가 어떤 스님에게 물었다. "어디서 오는가?"

〔통상적인 절차다(=일상적인 노정路程을 묻는 것이다).〕

스님이 말했다. "한漢나라에서 왔습니다."

〔역시 (그렇지)!〕

조수가 말했다. "한나라 천자天子[158]는 불법을 중히 여기는가?"

〔(말하면) 머리에 뿔이 난다.〕

스님이 말했다. "(여기에 대해 무슨 말을 하기가) 괴롭습니다. 다행히
도 제게 물으시는군요.

〔건들기만 해도 바로 똥냄새가 난다.〕

다른 사람에게 물었으면 화를 입으셨을 것입니다."

〔비슷하긴 비슷하다만, 용두사미가 될까 걱정스러울 따름이다.〕

조수가 말했다. "(그래) 어떻게 하는데?"

〔그래도 물어봐야 한다.〕

스님이 말했다. "사람이 있는 것도 보지 못하는데(=나 같은 사람이
있는 것도 알아보지 못하는데), 어떻게 불법을 중히 여길 수 있겠습니까?"

〔이미 재앙의 문이 열렸다.〕

조수가 말했다. "스님! 계 받은 지 얼마나 됐지?"

〔애석하구나! 자질구레하다(=자질구레한 것을 묻다니).〕

스님이 말했다. "20년 되었습니다."[159]

---

157 전등록 제24권에서는 조수를 악주鄂州 황룡회기黃龍晦機 선사의 법손 9인
가운데 한 명으로 전하는데, 자세한 내용은 알 수가 없다.

158 한나라 천자에 관한 것은 아래 평창과 註159 참조.

159 SM에서는 30년으로 전한다.

〔앞도 잃고 뒤도 잃었다(忘前失後, =말길이 끊어졌다).〕

조수가 말했다. "정말로 사람이 있다는 것을 보지 못하는구나!"

그리고는 바로 쳤다.

〔시원찮다(郞當). (하지만 조수의) 말(葛藤)이 사람을 몹시 걱정스럽게 한다.〕

【拈古와 着語】

雪竇拈云 "這僧棒卽喫 要且去不再來.〔旁不甘〕棗樹令雖行 爭奈無風起浪"〔便打云 "也有風浪. 洪波浩渺 白浪滔天"〕

설두가 염拈했다. "이 스님이 바로 방망이를 맞았지만, 내쫓아서 다시는 오지 못하게 해야 한다.

〔(그러나) 곁에서 달가워하지 않는 사람이 있다.〕

조수가 비록 영(令, 법령)을 행했지만, 바람도 없는데 물결을 일으키는 것을 어찌 하겠는가!"

〔(선상을) 치고 말했다. "그래도 풍랑이 있다. 큰 파도가 끝없이 넓고 아득하고, 흰 물결이 하늘을 뒤덮었다."〕

〔評唱〕

棗樹和尙 五代時 在湖南界上. 劉王名儼 居廣南 僭爲漢國 這僧從彼中來. 古人出一叢林 入一保社 全以此事爲念 不似今人 只管打閧過日.

遇人問著 殊不辨端倪 面赫赤地 無言可對 蓋謂無蘊藉底工夫也. 宗師
家見僧 便問便勘 看他是箇漢 別機宜 辨賓主. 一問便知落處.

※僭(주제넘을 참): 주제넘다. 분에 넘치다. 어그러지다. 거짓. 참소.

※不辨端倪(불변단예)=不知端倪: 갈피를 잡지 못하다.

※蘊藉(온자): 함축성이 있다. 너그럽고 온화하다. 고상하고 멋이 있다.

※機宜(기의): 시기나 형편에 알맞음. 중생에게 선근이 있어 교화하기에
　알맞음.

조수 화상은 (당말)오대五代 때 호남湖南 부근에 있었다. (그때) 유엄劉
儼이라는 왕이 광남廣南을 차지하고 주제넘게 한나라(漢國)를 참칭했
는데,[160] 이 스님이 바로 거기서 왔던 것이다.

　고인은 총림叢林에서 나와 보사保社[161]에 들어가도 전적으로 이 일(此
事, 일대사인연)만을 생각했으니, 요즘 사람들이 그저 치고받고 싸우면
서 세월을 보내려고 하는 것과는 같지 않았다. (요즘 사람들이) 사람을
만나 질문을 받으면 전혀 일의 실마리도 가려내지 못한 채 얼굴만
시뻘게져서 대답할 말이 없는 것은 대개 쌓아놓은 공부가 없다는
것을 말하는 것이다.

---

160 917년 유엄(劉龑, 劉儼, 889~942)이 광주廣州에 세운 대월大越을 뜻한다. 스스로
　황제라 칭하면서 국호를 대한大漢으로 바꿨는데, 후대에 다른 한漢 왕조와
　구별하기 위해 남한南漢으로 부른다.

161 옛날 시골에 있던 민간조직의 하나. 서로 의지하고 보호하는 단체라는 뜻.
　사찰을 보호하는 단체 또한 보사라고 하고, 사찰 자체를 보사라고 하기도
　함. 다섯 집을 1보保라고 하고, 다섯 보를 1사社라고 함.

132

종사(宗師家)는 (이런) 스님을 보면 질문을 던져 바로 감변을 해내는데, 저 본색장부(本色丈夫, 是箇漢)가 교화하기에 알맞은 근기인가를 구별하고, 손님과 주인을 가려내는 것을 보라! 한 번 물어보고, 바로 낙처(落處, 핵심)를 알았다.

❀

這僧棗樹見來 似有衲僧氣息. 便問"近離甚麼處"僧云"漢國"樹云"漢國天子還重佛法也無"僧云"苦哉 賴值問著某甲 問著別人則禍生也"棗樹是作家宗師也 不忙却道"作箇甚麼"僧云"人尙不見有 何佛法可重"這僧擔一擔禪來 棗樹當時若便打 免見雪竇點檢. 也好老婆心切却問"闍黎受戒來多少時"這懵懂漢 却云"二十夏"棗樹云"大好不見有人"捉他空處便打. 是則是 犯手傷鋒了也.

※懵懂(몽동): 사리에 어둡다. 어리석다. 모호하다. 멍청하다.

이 스님이 조수를 보러 왔는데, 마치 납승의 기백이 있는 것 같았다.

(그래서) 바로 물었다. "어디서 오는가?"
스님이 말했다. "한漢나라에서 왔습니다."
조수가 말했다. "한나라 천자는 불법佛法을 중히 여기는가?"
스님이 말했다. "(여기에 대해 무는 말을 하기가) 괴롭습니다. 다행히도 제게 물으시는군요. 다른 사람에게 물었으면 화를 입으셨을 것입니다."

조수는 작가종사作家宗師라서 서두르지 않고, 다시 물었다. "(그래) 어떻게 하는데?"

스님이 말했다. "사람이 있는 것도 보지 못하는데(=나 같은 사람도 알아보지 못하는데), 어떻게 불법을 중히 여길 수 있겠습니까?"

이 스님은 일담선一擔禪[162]을 메고 왔는데, 조수가 당시에 만약 바로 쳤더라면 설두의 점검을 면했을 것이다.

(그럼에도 조수는) 참으로 노파심이 매우 간절해서 다시 물었다. "스님! 계 받은 지 얼마나 됐지?"

이 멍청한 놈이 말했다. "20년 되었습니다."

조수가 말했다. "정말로 사람이 있다는 것을 보지 못하는구나!"

(그리고는) 저 스님의 허점(空處)을 잡아 곧바로 쳤다.

옳기는 옳지만, 손도 다치고 칼끝도 상했다.

---

[162] 일담선一擔禪: 선림용어. 깊이 있게 알지 못함(一知半解)을 형용한 것. 통한 듯하지만, 통하지 못한 선(似通非通之禪). 담擔은 행장(行李)을 짊어진다는 뜻으로 선禪의 참된 의미를 말하며, 무궁무극한 것을 메는 것이다. 반만 통하는 선(半通之禪, 似通非通之禪)은 곧 마치 행장을 짊어진 것이 군더더기(累贅)와 같은 것이다. 벽암록 제98칙에서는 "일담선을 메고 천하를 질주한다(擔一擔禪遶天下走)"고 기술하고 있다. (禪林用語. 形容一知半解 似通非通之禪 擔卽擔負行李之意 謂禪之眞意 係無窮無極者 半通之禪 則如擔負行李之累贅. 碧巖錄第九十八則 擔一擔禪 遶天下走. 불광대사전)

❀

雲門勘僧 極是手親眼辨. 一日問僧 "你是甚處人" 僧云 "新羅人" 門云 "你將什麼過海" 僧云 "草賊大敗" 門云 "你爲什麼在我手裏" 僧云 "恰是" 門云 "一任踍跳" 又北禪問僧 "近離什處" 僧云 "資福" 北禪云 "福將何資" 僧云 "兩重公案" 禪云 "爲什麼在我手裏" 僧云 "一任和尙收取" 禪便休 去. 看他古人句中辨別 臨時折倒 始爲勘僧.

운문雲門이 (학인) 스님을 감변하는 데에는 지극히 뛰어난 안목과 능숙한 솜씨가 있었다.[163]

하루는 어떤 스님에게 물었다. "그대는 어디 사람인가?"
스님이 말했다. "신라 사람입니다."
운문이 말했다. "그대는 무엇으로 바다를 건넜는가?"
스님이 말했다. "초적이 대패했습니다."
운문이 말했다. "그대는 어째서 내 손안에 있는가?"
스님이 말했다. "흡사 그런 것 같습니다(恰是)."
운문이 말했다. "마음대로 날뛰어라."[164]

또 북선北禪[165]이 어떤 스님에게 물었다. "어디서 왔는가?"

---

163 수친안변手親眼辨=안변수친眼辨手親: 수쾌안명(手快眼明, 동작이 민첩하고 눈치
가 빠름)으로 안목이 뛰어나고 솜씨가 능숙함을 뜻함.

164 SM 제24권(N.1064)에서도 전한다. 본서 77칙에서 다루고 있다.

165 북선(北禪, 생몰연대 미상): 운문문언의 법사法嗣. 오통대사悟通大師・북선적北禪

스님이 말했다. "자복資福에서 왔습니다."

북선이 말했다. "자복은 어떻게 지도하는가?"

스님이 말했다. "양중공안兩重公案[166]이군요."

북선이 말했다. "어째서 내 손안에 있는가?"

스님이 말했다. "화상께 일임하겠습니다. 거두어 주십시오."

(그러자) 북선이 바로 쉬었다(休去).[167]

저 고인이 말 속에서 변별하는 것을 보라! (상황에 따라) 그때그때 꺾어버리고 넘어뜨려야 비로소 스님을 감변한다(勘僧)고 하는 것이다.

❀

只如 棗樹問僧 "近離甚處" 僧云 "漢國" 樹云 "漢國天子還重佛法也無" 僧云 "苦哉 賴値問著某甲 若問著別人卽禍生也" 樹云 "作什麼" 僧云 "人尚不見有 何佛法可重" 樹云 "闍黎受戒來多少時" 僧云 "二十夏"

寂·적오공寂悟空 등으로 불림.

166 양중공안兩重公案: 선림용어. 하나의 공안에 대해 거듭 설명(=표현)하고, 또한 곧바로 학인에게 재차 공안을 제시하는 것을 가리킨다. 하지만 또한 야유의 말이 되는 것도 있는데, 선승 자신에게 창의創意가 없음을 비웃거나, 선지禪旨를 참구할 때 기껏해야 타인의 공안이나 혹은 염拈이나 혹은 평評을 모방할 줄 알거나, 기침이나 하고 돌아보고 흘겨보면서 허세를 부리지만, 모두 선현의 보잘것없는 의견이나 말(餘唾)에서 벗어나지 못한다는 것이다. (禪林用語. 指對一公案重新詮釋 亦卽向學人再度提示某公案, 然亦有作揶揄之語者 譏諷禪徒自己無創意 參究禪旨之際 僅知模仿他人之公案 或拈或評 聲欬顧眄 裝模作樣 然皆不出前賢之餘唾, 불광대사전)

167 SM 제27권(N.1238)에서도 전한다. 본서 78칙에서 다루고 있다.

136

樹云"大好不見有人"便打. 所以雪竇拈云"這僧棒雖喫了 要且去不再
來"雖然打了 這僧却不瞥地 當時莫傷鋒犯手. 他若省去 無你撼動處.
古人有三度喫 六十棒者. 且道 他意作麼生. 雪竇云"這僧恁麼喚 也喚
不迴頭來"且道 他意作麼生."棗樹令雖行"且道 作麼生是無風起浪
處. 具眼衲僧 試去辯別看.

※撼動(감동): 이리저리 뒤흔들다. 요동하다. 진동하다.

그건 그렇고, 조수가 어떤 스님에게 물었다. "어디서 왔는가?"
　스님이 말했다. "한漢나라에서 왔습니다."
　조수가 말했다. "한나라 천자는 불법佛法을 중히 여기는가?"
　스님이 말했다. "(여기에 대해 무슨 말을 하기가) 괴롭습니다. 다행
히도 제게 물으시는군요. 다른 사람에게 물었으면 바로 화를 입으셨을
것입니다."
　조수가 말했다. "(그래) 어떻게 하는데?"
　"스님이 말했다. "사람이 있는 것도 보지 못하는데(=나 같은 사람도
알아보지 못하는데), 어떻게 불법을 중히 여길 수 있겠습니까?"
　조수가 말했다. "스님! 계 받은 지 얼마나 됐지?"
　스님이 말했다. "20년 되었습니다."
　조수가 말했다. "정말로 사람이 있다는 것을 보지 못하는구나!"
그리고는 바로 쳤다.

그래서 설두가 염拈하기를 "이 스님이 바로 방망이를 맞았지만,

쫓아내서 다시는 오지 못하게 해야 한다"고 한 것이다.

비록 쳤지만, 이 스님은 도리어 눈도 깜짝하지 않았기 때문에 당시에 칼끝도 상하지 않고 손도 다치지 않았다. (하지만) 그가 만약 알아챘다면 그대들 마음을 이리저리 뒤흔들 곳이 없을 것이다. 고인에게는 세 번에 걸쳐 60방을 치는 방망이가 있다. 자, 말해보라! 그 뜻이 무엇인가?

설두가 말하기를 "이 스님을 이렇게 불렀지만, 역시 불러도 고개도 돌리지 않을 것이다"[168]고 하였다. 자, 말해보라! 그의 뜻이 무엇인가?

(또) "조수가 비록 법령을 행했지만, (바람도 없는데 물결을 일으키는 것을 어찌 하겠는가!)"라고 하였다. 자, 말해보라! 어떤 것이 바람도 없는데 물결을 일으킨 곳인가?

안목을 갖춘 납승은 시험 삼아 변별해 보라.

---

168 앞의 설두 염拈에서는 전하지 않는 새로운 내용이다. 앞에서는 "이 스님이 바로 방망이를 맞았지만, 내쫓아서 다시는 오지 못하게 해야 한다(這僧棒卽喫 要且去不再來)"고 하였다.

제14칙 조주투순趙州偸筍[169]

[古則과 着語]

擧, 趙州問婆子 "什麼處去"〔撞着誵頭漢〕婆云 "偸趙州笋去"〔據虎
頭也 不爲分外. 又云 "也是本分拑虎鬚"〕州云 "忽遇趙州又作麼生"
〔險〕婆便掌.〔好打〕州便休.〔莫道趙州休去也 有陷虎之機〕

※誵(삼가지 않을 효): 말을 삼가지 않다. 말이 공손치 못하다. (詨와 동자).
※笋(죽순 순): 죽순. 대 싹.

조주趙州가 노파에게 물었다. "어디 가시오?"

〔효두한(誵頭漢, 말을 삼가지 않는 사람)과 맞부딪쳤다.〕

노파가 말했다. "조주의 죽순을 훔치러 갑니다."

〔호랑이 머리에 걸터앉는군. 그렇다고 분수를 넘는 일은 아니다.
또 말했다. "역시 호랑이 수염을 잡아당기는 본분(本分事)이다."〕

조주가 말했다. "홀연히 조주를 만나면 어떻게 하겠소?"

---

169 SM 제12권(N.453)에서도 전한다.

〔위험하다!〕

노파가 바로 손바닥으로 후려갈겼다.

〔잘 갈겼다.〕

조주가 바로 쉬었다.

〔조주가 쉬었다고 말하지 말라. (여기엔) 호랑이를 함정에 빠뜨리는 기략(陷虎之機)이 있다.〕

〔拈古와 着語〕

雪竇拈云 "好掌. 更與兩掌 也無勘處"〔扶强不扶弱 黨理不黨親〕

설두가 염拈했다. "잘 후려갈겼다. (하지만) 다시 두 번을 후려갈겨도 역시 감파한 곳이 없을 것이다."

〔강자는 부축해도 약자는 부축하지 않는다. 이치엔 편들지언정, 인정엔 편들지 않는다.〕

〔評唱〕

師云. 這婆子本爲尼 因會昌沙汰 更不復作尼 只是參得好. 這箇公案 諸人無事 也好著眼參詳看. 而今衆中有一般禪和家 須待長老入室小 參 方可做些子工夫. 不然終日業識茫茫 游州獵縣 趁溫暖處去 却也趁 口快說禪 殊不知 當面蹉過多少好事了也. 不見 嚴頭示衆道 "若是得 底人 只守閑閑地" 如水上按葫蘆相似 觸著便轉 按著便動. 趙州古佛

140

便是恁麼人. 這老漢幸自無事 却爲他時時有生機處 便要垂手問這婆
子. 婆子旣知是趙州. 且道 覿面爲什麼却道儞趙州笋去.

※口快(구쾌): 입 싸다. 입빠르다. 입이 가볍다.
※幸自(행자): 본래. 원래.
※覿面(적면): 맞대면하다. 직접 만나다. 얼굴을 맞대다.

이 노파는 본래 비구니였는데, 회창의 사태(會昌沙汰)[170]를 겪은 뒤에
다시 비구니가 되지는 않고 오직 참구하는 것만 좋아했다.

　이 공안을 여러 사람들이 '일이 없다(無事, 무사공안無事公案)'고 하는
데, 착안著眼해서 자세히 참구해보아야 한다. 지금 대중 가운데는
형식만 갖춘 평범한 선승들이 있는데, 모름지기 장로長老를 모시고
입실入室해서 소참小參을 해야 바야흐로 조금이나마 공부를 이룰 수
있을 것이다.

　(하지만) 그러지 않고, 종일토록 (무명無明) 업식業識이 아득한데도
이 고을 저 고을 찾아 돌아다니면서 (화롯가) 따뜻한 곳을 찾아 (머리를
맞대고) 입 싸게 선을 말하고 (도를 말하는 것을)[171] 좇는다면, (이는)
눈앞에서 얼마나 좋은 일(好事, 공안을 상량하는 것)을 눈앞에서 놓치고
있는 것을 전혀 모르는 것이다.

　보지 못했는가! 암두巖頭가 대중에게 말하기를 "만약 득저인(得底人,
도를 얻은 사람)이라면 다만 조용하고 한가로운 경지(閑閑地)만을 지킬

170 당나라 무종武宗에 의해 자행된 폐불.
171 설선설도說禪說道로 이해했다.

뿐이다"고 했다. (득저인은) 마치 물위의 호로병(葫蘆, 조롱박)을 누르
는 것과 같아서 손만 닿아도 바로 구르고 누르면 바로 움직인다.
조주고불趙州古佛[172]이 바로 이런 사람이다.

　이 노장은 본래 일이 없는데, (다른) 사람들을 위해 때때로 생기처(生
機處, 중생을 위해 마음을 내는 곳)가 있었다. (그래서) 바로 두 손을
내밀어(垂手, 자비를 베풀어) 노파에게 물어보고자 한 것이었다. (그런
데) 노파도 이미 (그가) 조주라는 것을 알고 있었다. 자, 말해보라!
얼굴을 맞대고 어째서 "조주의 죽순을 훔치러 간다"고 말한 것인가?

❀

州云 "忽遇趙州時如何" 婆子便掌 也是這老漢惹得婆子與他手脚. 他
便休去. 且道 趙州是箇什麼道理. 五祖先師拈云 "趙州休去 不知衆中
作麼生商量. 老僧也要露箇消息 貴要衆人共知. 婆子雖行正令 一生
不了 趙州被打兩掌 咬斷牙關 可謂 婆子去國一身輕似葉 趙州高名
千古重如山"

※咬斷(교단) : 물어뜯다. 물다. 깨물다. 떼어 먹다. 이를 악물다. 입술을
　깨물다. (톱니바퀴 등이) 맞물다.
※牙關(아관) : 입속 구석의 윗잇몸과 아랫잇몸이 맞닿은 부분.

조주가 "홀연히 조주를 만나면 어떻게 하겠소?"라고 하자, 노파가
바로 손바닥으로 후려갈긴 것 역시 이 노장이 노파가 그에게 솜씨를

---

172 설봉의존이 조주를 칭송한 말(제9칙 설봉고간화 참조).

142

부려보게 한 것이었다. (그런데) 그(조주)가 바로 쉬었다. 자, 말해보
라! 조주에게 무슨 도리가 있어, 그런 것인가? (이에 대해) 오조선사五
祖先師[173]가 염拈했다.

"조주휴거(趙州休去, 조주가 쉰 것)를 대중들 사이에서는 어떻게 상량
商量하는지 모르겠다. 노승이 이 소식을 드러내고자 하는 것은 여러
사람들이 함께 아는 것을 귀하게 여기기 때문이다. 노파는 비록 바른
법령(正令)을 행했어도 한평생 깨닫지 못했고, 조주는 두 번을 맞고도
입(牙關)을 다물었으니, 노파는 나랏일에서 물러나 한 몸 가볍게 여기
기를 나뭇잎처럼 했고, 조주의 높은 명성은 천고千古에 산처럼 무겁
다[174]고 할만하다."

❀

但凡拈古 須似這般手段 見透古人意 方可拈掇他. 若不如此 便泥裏洗
土塊. 雪竇爲他作得這般工夫 見得透前後 便云 "好掌 更與兩掌也無
勘處" 且道 雪竇意在什麼處. 當時作得箇甚麼道理 勘得這婆子去. 諸
人照顧 切忌著掌.

___

오조법연(五祖法演, 1018~1104): 백운수단白雲守端의 법사法嗣. 원오극근의 스승.
174 송나라 이사중(李師中, 1013~1078)이 바른 말을 하다가 귀양 가는 당개(唐介,
　　 1010~1069)를 송별할 때 지었던 시에 다음과 같은 것이 있다.
　　 孤忠自許衆不與　홀로 바치는 충성을 스스로 자부하며 대중과 함께하지 않고
　　 獨立敢言人所難　홀로 서서 감히 말하는 사람은 어려운 바이거늘,
　　 去國一身輕似葉　나랏일에서 물러나 한 몸 가볍게 여기기를 나뭇잎처럼 하니
　　 高名千古重似山　높은 명성이 천고에 산처럼 무겁다. (이하 중략)

무릇 염고(拈古, 고칙을 비평하는 것)라는 것은 모름지기 이런 솜씨를 가지고 고인의 뜻을 꿰뚫어 봐야 염철(拈掇, 이야기를 꺼냄)할 수 있는 것이다. 만약 이와 같지 않다면 바로 진흙 속에서 흙덩이나 씻는 격이 될 것이다.

설두는 그가 이런 공부를 해서 전후를 꿰뚫어 봤기 때문에 바로 말하기를 "(손바닥으로) 잘 후려갈겼다. (하지만) 다시 두 번 후려갈겨도 역시 감파한 곳이 없을 것이다"고 하였다. 자, 말해보라! 설두의 뜻이 어디에 있는가?

당시에 무슨 도리道理를 썼기에 (조주가) 이 노파를 감파한 것인가? 모두들 (자기 발밑을) 잘 살펴보되(照顧, 照顧脚下), 절대로 (이 노파처럼) 손바닥으로 후려갈기지는 말라!

제15칙 보수개당保壽開堂[175]

〔古則과 着語〕

擧, 保壽開堂 三聖推出一僧.〔萬人衆前 不得不恁麼〕壽便打.〔據令
而行〕聖云 "恁麼爲人 非但瞎却這僧眼 亦瞎却鎭州一城人眼去在"
〔臨濟猶在〕壽便歸方丈.〔兩箇弄泥團漢〕

보수保壽[176]가 개당설법[177]을 하는데, 삼성三聖이 한 스님을 (대중 속에
서) 밀어냈다.

〔많은 사람들이 모인 앞이라 부득불 이렇게 하지 않을 수가 없었다.〕
보수가 바로 쳤다.

〔법령에 따라 행했다.〕
삼성이 말했다. "이렇게 사람을 위한다면 이 스님의 눈만 멀게 할

---

175 SM 제26권(N.1164)에서도 전한다.

176 보수(保壽, 생몰연대 미상): 진주보수소鎭州寶壽沼의 법사法嗣. 보수화상寶壽和
尙·제2세보수화상第二世寶壽和尙 등으로 불림. 아래 註183 참조.

177 개당(開堂, 開堂說法): 주지가 되어 처음으로 법회를 열어 법문하는 것.

뿐만 아니라 진주성 사람들 모두의 눈을 멀게 할 것입니다."

〔임제臨濟¹⁷⁸가 아직도 (살아) 있다.〕

보수가 바로 방장실로 돌아갔다.¹⁷⁹

〔둘 다 진흙덩이나 가지고 노는 놈들¹⁸⁰이다.〕

【拈古와 着語】

雪竇拈云 "保壽三聖 雖發明臨濟正法眼藏〔那裏得這箇消息來〕要
且只解無佛處稱尊.〔討什麼椀〕當時這僧若是箇漢 纔被推出 便與
掀倒禪牀.〔便打〕直饒保壽全大機用 也較三千里"〔你已在萬里崖州〕

※稱尊(칭존) : 황제로 칭하다. 스스로 제일(최고)로 여기다.

※崖州(애주) : 땅 끝 낭떠러지.¹⁸¹

---

178 임제의현(臨際義玄, ?~867): 임제종의 개조. 황벽희운에게 참구, 다시 희운의
가르침대로 고안대우를 찾아가 참구하고, 또 다시 황벽 회하로 돌아와 인가를
받음.

179 SM에서는 귀방장歸方丈을 사하좌(師下座, 법좌에서 내려왔다)로 전한다.

180 일화농니단한一火弄泥團漢: 조롱하며 비웃는 말. 한 무리의 속인들이 지은
일이 마치 어린 아이들이 진흙을 가지고 노는 것과 같다는 것을 말한다.
선림에서는 항상 무지몽매한 사람을 폄칭하는 것으로 사용한다(禪林用語.
乃嘲笑人之語. 謂一群俗漢所作之事 如同孩童玩泥. 禪林中每以之爲蒙昧無知者之貶
稱, 불광대사전).

181 하이난(海南島)의 남쪽 끝 싼야(三亞)를 애주(崖州, 땅 끝)라고 한다. 과거에
고위 관료들의 유배지로 유명한데, 특히 소동파蘇東坡는 이곳으로 유배하면서
하늘의 끝, 바다의 끝이라는 뜻으로 천애해각天涯海角이라 표현하였다.

※밑줄 친 全大機用은 전기대용全機大用으로 읽었다. 아래 註182 참조.

설두가 염拈했다. "보수와 삼성이 비록 임제의 정법안장正法眼藏을 드러내 밝혔지만,

　〔어디서 이런 소식을 얻었는가?〕

　결국에는 무불처無佛處만 알고 (이것을) 최고로 여겼을 뿐이다.

　〔(밥 먹을 때가 지났는데) 무슨 밥그릇을 찾는 거야?〕

　당시에 이 스님이 만약 일개 장부(是箇漢. =본색납자)였다면 밀려나 가자마자 바로 선상禪牀을 뒤엎어버렸을 것이다.

　〔(선상을) 쳤다.〕

　(그랬더라면) 설사 보수의 전기대용(全機大用＝大機大用)[182]이라도 삼천 리나 차이가 났을 것이다."

　〔(설두스님) 그대는 이미 만 리 애주崖州에 있다.〕

〔評唱〕

第二代保壽參前保壽 令參父母未生已前 如何是你本來面目. 如此數年 不能省悟. 一日別保壽行脚去 壽云 "汝且住當有證入" 令作街坊. 忽於鬧市中見二人相爭. 一人勸云 "你輩得如此無面目" 壽於言下大悟. 後前保壽遷化 祝三聖云 "且令作山主 住十年始得開堂" 後三聖作請主令開堂. 開堂日 三聖推出一僧 保壽便打. 且道 他古人意在什麽

---

182 설두록에서는 保壽全機로, 아래 평창에서는 保壽全機大用으로 전한다.

處. 三聖云 "恁麼爲人 瞎却鎭州一城人眼去在" 此處又作麼生. 禪和家
也須子細試去體究看. 莫是保壽不會便歸方丈麼. 是何道理. 看他悟
底人 爪牙逈自不同. 後來僧問 "萬里無片雲時如何" 壽云 "青天也 須
喫棒"

※且住(차주): 잠시 멈추다. 잠깐 기다리다. 당분간 그만두다.
※街坊(가방): 저잣거리. 시가. 화주승.
※밑줄 친 壽云은 州云(분주汾州가 말했다)의 誤字. 아래 註185 참조.

제2대 보수保壽가 전 보수(前 保壽, 제 1대 보수)[183]를 참례하자, "부모에게
나기 이전, 어떤 것이 그대의 본래면목인가?"(화두)를 참구토록 했다.
(그래서 이 화두를 참구하면서) 여러 해를 보냈지만, 깨달을 수 없었다.

　하루는 (전) 보수와 헤어져 행각하려고 하는데, (전) 보수가 말하기
를 "그대가 만약 잠시 더 머문다면, 마땅히 깨달아 들어갈 수 있을
것이다"고 하면서, 화주승(街坊)을 하라고 명을 했다. (그리하여 화주
를 하다가 하루는) 홀연히 시끌벅적한 저자거리에서 두 사람이 서로
다투는 것을 보게 되었다. (그때) 어떤 사람이 설득하며 말하기를
"자네들이 이와 같이 다투니 (자네들) 볼 면목이 없네!"라고 했는데,
보수가 (이) 말끝에 크게 깨달았다.

　뒤에 전 보수가 천화遷化하자, 삼성이 축원하며 말하기를 "장차

183 임제의현의 제자로 보수연소寶壽延沼·보수소寶壽沼·보수일세寶壽一世·보수소
　保壽沼·진주보수鎭州寶壽 등으로 불린다. 제자로 서원사명西院思明과 보수화상
　(寶壽和尙, 제2대 보수)이 있다.

영솔을 받아 산주山主가 될 것이나,[184] (앞으로) 10년을 더 머물러야 비로소 개당開堂하리라!"라고 하였다. (그리고) 뒤에 삼성이 (제2대 보수를) 주지로 청해서 영솔으로 개당(開堂, 개당설법)하게 되었다.

개당하는 날, 삼성이 한 스님을 (대중 속에서) 밀어내자, 보수가 바로 쳤다. 자, 말해보라! 고인의 뜻이 어디에 있는가?

삼성이 말하기를 "이렇게 사람을 위한다면 (다만 이 스님의 눈만 멀게 할 뿐만 아니라) 진주성 사람들 모두의 눈을 멀게 할 것이다"고 했는데, 이곳은 또 어떤가? 참선하는 스님이라면 모름지기 자세히 시험하고 참구해보라!

보수가 몰라서 바로 방장실로 돌아간 것인가? 이것은 무슨 도리인가? 저 깨달은 사람(悟底人)을 보라! 조아(爪牙, 학인을 지도하는 방법)가 (다른 이들과는) 대단히 달랐다.

뒤에 어떤 스님이 (분주汾州＝분양선소汾陽善昭에게) 물었다. "만리 (하늘)에 한 조각의 구름도 없을 때는 어떻습니까?"

분주가 말했다. "푸른 하늘이라고 했더라도 모름지기 방망이를 맞아야 한다."[185]

---

184 당시 주지 임명권은 나라에 있었다.
185 SM 제29권(N.1340)에 다음과 같이 전한다.

汾州因僧問 "萬里無片雲時 如何" 師云 "靑天也 須喫棒" 僧云 "未審過在什麼處" 師云 "堪作雨時不作雨 好晴天處不晴天"

분주(汾州, 분양선소)에게 어떤 스님이 물었다.

❀

臨濟遷化 三聖作院生. 濟云"吾滅後不得滅却吾正法眼藏"聖云"誰敢
滅却和尙正法藏眼"濟云"忽有人問汝 作麽生祗對"三聖便喝. 濟云
"誰知我正法眼藏 到這瞎驢邊滅却"後僧擧此 語請益風穴. 穴云"密付
將終 全主卽滅"復云"只如三聖一喝 又作麽生"穴云"可謂入室之眞子
不同門外之游人"臨濟一宗 風穴親承 不同小小. 後來南禪師道"百丈
耳聾猶自可 三聖瞎驢愁殺人"看他從上宗風 豈是規模聞聽得來. 須是
桶底子脫相似 大用現前 始有如此作略.

※規模(규모) : 본보기가 될 만한 일. 모범. 규범.

임제가 천화遷化할 때, 삼성이 원생(院生, 제자)[186]으로 있었다.

　임제가 말했다. "내가 입멸한 뒤 나의 정법안장을 멸각해서는 안
된다."

　삼성이 말했다. "누가 감히 화상의 정법안장을 멸각하겠습니까?"

　임제가 말했다. "홀연히 어떤 사람이 그대에게 물으면 어떻게 대답하
겠는가?"

　"만 리(하늘)에 한 조각 구름도 없을 때는 어떻습니까?"

　분주가 말했다. "푸른 하늘이라고 했더라도 모름지기 방망이를 맞아야 한다."

　스님이 말했다. "허물이 어디에 있습니까?"

　분주가 말했다. "비가 와도 비가 온다고 하지 않고, 하늘이 개도 하늘이 개지
않았다고 해야 한다."

186 원주院主로 읽었다.

삼성이 바로 "할(喝)!" 했다.

임제가 말했다. "누가 알았겠는가? 나의 정법안장이 이 눈 먼 나귀에 이르러 멸각 될 줄을!"

뒤에 어떤 스님이 이 이야기를 들어 풍혈風穴[187]에게 청익請益을 하자, 풍혈이 말했다.[188] "은밀하게 부촉하고 돌아가시려 했으니, (이

---

187 풍혈연소(風穴延沼, 896~973): 남원혜옹의 법사法嗣. 임제의현의 종풍을 더욱 성하게 함.

188 참고로 SM 제16권(N.635)에서는 다음과 같이 전한다. (풍혈의 답은 본서의 어떤 스님이 물은 것에 대한 답과 동일하다. 또한 어떤 스님이 남원혜옹을 칭하는 것이라면 청익請益이라는 단어는 알맞지 않다.)

南院問風穴 "汝聞臨際將終時語否" 穴曰 "開之" 院曰 "臨際曰 誰知吾正法眼藏 向這瞎驢邊滅却 渠平生如師子 見卽殺人 及其將死 何故屈膝妥眉如此" 穴曰 "密符將從 全主卽滅" 院又問 "三聖如何亦無語乎" 穴曰 "親承入室之眞子 不同 門外之遊人" 院領之.

남원南院이 풍혈風穴에게 물었다. "그대는 임제가 임종할 때 한 말을 들었는가?" 풍혈이 말했다. "들었습니다." 〔밑줄 친 開는 聞의 誤字다.〕

남원이 말했다. "임제가 말하기를 '누가 알았겠는가? 나의 정법안장이 이 눈 먼 나귀에게 멸각될 줄을!'이라고 했다. 그(임제)는 평생 사자(師子, 獅子) 같아서, 보기만 하면 사람을 죽였는데, 죽음에 이르러서 무슨 이유로 이와 같이 무릎을 꿇고 꼬리를 내린 것인가?" 〔밑줄 친 眉는 尾의 誤字다.〕

풍혈이 말했다. "비밀리에 부촉하고 돌아가시려고 했으니, 완전히 주인을 없애버린 것입니다."

남원이 또 물었다. "삼성은 어째서 말이 없었는가?"

풍혈이 말했다. "몸소 이어받은 입실제자는 문 밖에서 노니는 사람들과는 같지 않습니다."

는) 완전히 주인을 없애버린 것이다."

다시 말했다. "그건 그렇고, 삼성의 일 할(一喝)은 또 무엇입니까?"

풍혈이 말했다. "진정한 입실제자라면 문 밖에서 노니는 사람들과는 같지 않다."

(이것으로 볼 때) 임제臨濟 일종一宗을 풍혈이 친히 이어받은 것은 소소小小한 일과는 같지 않다.

뒤에 남 선사南禪師[189]가 말하기를 "백장이 귀먹은 것은 오히려 그럴 수 있다고 하겠지만, 눈 먼 나귀인 삼성은 사람을 몹시 근심스럽게 한다"고 하였다. 저 예로부터 내려오는 종풍을 보라! 이것이 어찌 본보기 같은 것이 있어서 들을 수 있는 것이겠는가! 모름지기 통 밑이 쑥 빠진 것과 같이 되어서 대용이 눈앞에 드러나야 비로소 이와 같은 작략作略이 있을 수 있는 것이다.

❀

雪竇自蜀出峽 先見北塔. 一住十年 已有深證 離北塔 到大龍會中 作知

남원이 이를 받아들였다.

189 황룡·혜남(黃龍慧南, 1002~1069)을 뜻한다.

SM 제16권(N.635)에서는 황룡혜남의 송頌을 다음과 같이 전한다.

圓寂將歸敍別時 원적으로 돌아가려고 이별의 말을 할 때

叮嚀法眼好任持 신신당부해서 법안을 잘 보호임지保護任持 하라 했거늘,

喝下不開泥水路 할 아래 진흙탕 길을 열지 못하니

瞎驢從此小人騎 눈 먼 나귀는 이로부터 아이들이 타게 되었네.

客亦多時. 大龍一日上堂 師出問 "語者默者不是 非語非默更非. 總是
總不是拈却 大用現前 時人知有. 未審大龍如何" 龍云 "子有如是見解"
師云 "這老漢瓦解冰消" 龍云 "放你三十棒" 師禮拜歸衆. 龍却喚適來問
話底僧 師便出. 龍云 "老僧因什麼瓦解冰消" 師云 "轉見敗闕" 龍作色
云 "𠯗耐𠯗耐" 師休去. 雪竇後行脚到南嶽 擧似雅和尙 雅云 "大龍何不
與本分草料" 師云 "和尙更須行脚" 後大龍小師 在浙中相見 謂曰 "何不
與先師燒香" 雪竇云 "昔僧問先師 色身敗壞 如何是堅固法身 先師云
山花開似錦 澗水湛如藍 我誦此因緣 報他恩了也" 後到洞山聰和尙處
又參大愚芝. 芝嗣汾陽昭 雲峰悅承嗣芝. 悅與雪竇游從最久 久參臨
濟正法眼藏宗旨. 雪竇最得芝和尙提誨. 所以雪竇會臨濟宗風. 雲峯
悅知雪竇不嗣芝. 一日與游山特去勘他 問云 "入荒田不揀 信手拈來草
觸目未嘗無 臨機何不道" 雪竇拈起一莖禾示之. 悅不肯 云 "夢也未夢
見在" 雪竇云 "你不肯卽休" 雪竇知臨濟下宗風 所以如此.

※作色(작색): 불쾌한 얼굴빛을 드러냄.
※𠯗(어려울 파): 어렵다. 불가하다. 드디어. 마침내. 자못. 매우.

설두는 촉蜀의 협峽에서 나와[190] 먼저 북탑北塔[191]을 친견했다. 한 번
머물면 (통상) 10년을 있었는데,[192] 깊이 증득한 것이 있어서 북탑을

---

190 자촉출협自蜀出峽은 성도成都 보안원普安院의 인선仁銑에게 출가한 것을 말한다.
191 북탑北塔은 지문광조(복주 북탑에 주석함)를 뜻한다.
   지문광조(智門光祚, 생몰연대 미상): 운문종. 향림징원의 법사法嗣.
192 한 번 머물면 오래 머물렀다는 뜻이다.

떠나 대룡大龍[193] 회상으로 가서 지객知客의 소임을 맡고 또 오랫동안 있었다.

대룡이 하루는 상당上堂을 하자, 선사(師, 설두)가 나와 물었다. "말하는 것도 침묵하는 것도 옳지 않고, 말하지도 않는 것도 침묵하지도 않는 것도 옳지 않습니다. 모든 옳음과 옳지 않음을 집어내버려야 대용이 눈앞에 드러나니, 그때 그 사람이라야 있음을 알게 될 것입니다. 대룡께서는 어떠십니까?"

대룡이 말했다. "그대에게 이와 같은 견해가 있었군!"

설두가 말했다. "이 노장이 기왓장이 깨지듯 얼음이 녹듯 했구먼."

"대룡이 말했다. "그대에게 30방을 치노라."

(그러자) 설두가 절을 올리고, 대중 속으로 돌아갔다.

대룡이 조금 전에 물었던 스님을 다시 부르자, 설두가 바로 나왔다.

대룡이 말했다. "노승이 어째서 기왓장이 깨지듯 얼음이 녹듯 (했다고) 한 것인가?"

설두가 말했다. "보면 볼수록 낭패입니다."

대룡이 불쾌한 기색을 하며 말했다. "견디기 어렵구나, 견디기가 어려워!"

(그러자) 설두가 쉬었다.

---

[193] 대룡지홍(大龍智洪, 생몰연대 미상): 백조지원白兆志圓의 법을 이어받아 낭주 대룡산에 머묾. 대룡법신화大龍法身話 등으로 널리 알려졌으나, 전기는 불분명함. 시호는 홍제弘濟 대사.

154

설두가 뒤에 행각 중에 남악南嶽에 가서 앞의 일을 들어서 아雅
화상[194]에게 말하자, 아 화상이 말했다. "대룡이 어째서 본분초료本分草
料를 주지 않았는가?"

(그러자) 설두가 말했다. "화상! 다시 행각하셔야 합니다."

뒤에 대룡의 제자(小師)를 절중(浙, 절강성, 저장성)에서 만났다.
대룡의 제자가 말했다. "어째서 선사(先師, 대룡)께 분향하지 않으십
니까?"

설두가 말했다. "지난 날 어떤 스님이 선사께 묻기를 '색신은 무너지
거니와 어떤 것이 무너지지 않는 견고법신입니까?' 하고 물었는데,
선사께서 이르기를 '산에 꽃이 피니 비단 같고, 골짜기에 물이 맑으니
쪽 같구나!'[195]라고 한 적이 있었다. 내가 이것을 외운 인연으로 스님에
게 은혜를 갚았다."

---

194 남악아(南嶽雅, 생몰연대 미상): 동산수초의 법사法嗣. 복암아福嚴雅·복암양아福
嚴良雅·복암아福巖雅·복암양아福巖良雅 등으로 불림.

195 벽암록 제82칙 대룡견고법신大龍堅固法身 편에 다음과 같이 전한다.
　舉 僧問大龍 "色身敗壞 如何是堅固法身" (話作兩橛 分開也好) 龍云 "山花開似錦
澗水湛如藍" (無孔笛子撞著氈拍板 渾崙擘不破 人從陳州來 却往許州去)
어떤 스님이 대룡(大龍智洪)에게 물었다. "색신은 무너지거니와 어떤 것이
무너지지 않는 견고법신堅固法身입니까?"
〔말이 두 개의 말뚝같이 되어 버렸다. (그러나) 나누는 것도 좋다.〕
대룡이 말했다. "산에 꽃이 피니 비단 같고, 골짜기에 물이 맑으니 쪽 같구나!"
〔구멍 없는 피리로 솜털로 만든 박판拍板을 친다. 곤륜산은 쪼갤 수가 없다.
진주에서 온 사람이 허주로 간다.〕

(그) 뒤 동산총洞山聰[196] 화상이 계신 곳에 갔고, 또 대우지大愚芝[197]를 참례했다.

(대우) 지芝는 분양소汾陽昭[198]의 법을 이었고, 운봉열雲峰悅[199]은 지芝의 법을 이었다. 운봉열은 설두와 가장 오랫동안 서로 교유하면서 임제의 정법안장 종지宗旨를 오래도록 참구했다. (그리고) 설두는 지芝 화상의 가르침을 가장 잘 얻었다. 그래서 설두가 임제 종풍宗風을 알았던 것이다.

운봉 열은 설두가 지芝 화상의 법을 잇지 않은 것을 알았다. (그래서) 하루는 함께 산을 거닐다가 특별히 그를 감변하려고 하였다.

(운봉 열이) 물었다. "거친 밭에 들어가 가리지 않고 손 가는 대로 풀을 집어 드니, 눈 닿는 대로 일찍이 없던 것이 아니거늘, 때가 되었는데 어째서 말하지 않는가?"[200]

설두가 벼 한 줄기를 들어 보였다.

운봉 열이 긍정하지 않고, 말했다. "꿈속에서라도 보지 못했군."

설두가 말했다. "그대는 바로 쉬려고 하지 않는군."

---

196 동산효총(洞山曉聰, 생몰연대 미상): 운문종. 문수응진文殊應眞의 법사法嗣.

197 대우수지(大遇守芝, 생몰연대 미상): 임제종. 본양선소의 법사法嗣. 대우지大愚芝·취암지翠巖芝·대우大愚 등으로 불림.

198 분양선소(汾陽善昭, 947~1024): 임제종. 수산성념의 법사法嗣.

199 운봉문열(雲峰文悅, 997~1062): 대우수지의 법사法嗣.

200 청량태흠의 말씀이다.
　청량태흠(淸凉泰欽, ?~795): 법안종. 법등선사라고도 함. 법안문익의 법사法嗣.

설두는 임제의 종풍을 알았다. 그래서 이렇게 할 수 있었던 것이다.

❀

拈因這緣道"保壽三聖 雖發明臨濟正法眼藏 要且只解無佛處稱尊 當時這僧若是箇漢 纔被推出 便與推倒禪牀 直饒保壽全機大用 也較三千里"敢問諸人. 只如 保壽打這僧 是全機不是全機. 只如 雪竇道"這僧當時若是箇漢 纔被推出 便與掀倒禪牀"當時若便掀倒禪牀 被保壽劈脊便棒時又作麼生. 到這裏須是頂門具眼 方可見得他. 若未能如此 也須退步體究看. 是箇什麼道理. 敢問諸人.

(설두가) 이런 인연으로 염拈하기를 "보수와 삼성이 비록 임제의 정법안장을 드러내 밝혔을지라도 결국 무불처無佛處만 알고 이를 최고로 여겼을 뿐이다. 당시에 저 스님이 만약 일개 장부(본색 납자)였다면 밀려나가자마자 바로 선상을 뒤엎어버렸을 것이다. (그랬더라면) 설사 보수의 전기대용(全機大用, 대기대용)일지라도 삼천 리나 차이가 났을 것이다"고 하였던 것이다. 감히 여러분에게 묻겠노라! 그렇다면 보수가 이 스님을 친 것이 전기全機인가, 전기가 아닌가?

그건 그렇고, 설두가 말하기를 "당시에 이 스님이 만약 일개 장부(본색납자)였다면 밀려나가자마자 바로 선상을 뒤엎어버렸을 것이다"고 했는데, 당시에 만약 바로 선상을 뒤엎어버리고 보수에게 등판때기를 방망이로 맞았다면 또 어땠을까? 여기에 이르러서는 모름지기 정수리에 안목을 갖춰야 바야흐로 그것을 볼 수 있을 것이다. (하지만) 만약 이와 같이 할 수 없다면 모름지기 (한걸음) 뒤로 물러나 몸소

참구해봐야 할 것이다. 이것은 무슨 도리인가? 감히 여러분에게 묻노
라![201]

---

201 SM에서는 본칙에 대한 원오의 염拈을 다음과 같이 전한다.

"保壽大似毒龍攪海 直得雨似盆傾 三聖雖雷振靑霄 未助得威光一半在. 个中
有箇直下承當 非但瞎卻鎭州一城人眼 瞎卻天下人眼去在" 又拈 "保壽全機擔
荷 不妨奇特. 要且只得一邊. 當時若善發明臨際正法眼藏 待三聖道恁麼爲人
非但瞎卻者僧眼 瞎卻鎭州一城人眼去在 便與本分草料. 何故. 一不做 二不休"

"보수保壽는 마치 독한 용(毒龍)이 바다를 휘저어 비를 내리니 마치 동이를
기울인 듯하고, 삼성三聖은 비록 푸른 하늘에 천둥을 쳐도 위광威光을 절반도
거들지 못했다. 그 안에 누군가 바로 알았더라면 진주의 한 성 사람들만
눈멀게 할 뿐만 아니라 천하인의 눈을 멀게 했을 것이다."

또 염했다.

"보수가 전기全機로 짐을 짊어졌으니 대단히 기특하다. (하지만) 결국 한 쪽만을
얻었을 뿐이다. 당시에 만약 임제의 정법안장을 훌륭하게 드러내 밝혔더라면
'삼성이 이렇게 사람을 위한다면 저 스님의 눈을 멀게 할 뿐만 아니라, 진주성
사람들 눈을 (모두) 멀게 할 것이다'고 말했을 때, 바로 본분초료本分草料를
줬을 것이다. 왜냐하면 첫째는 하지 말아야 하고, 둘째는 했다면 쉬지 말아야(=
끝까지 해야) 하기 때문이다."

제16칙 무업망상無業妄想[202]

[古則과 拈古와 着語]

舉, 僧問無業國師 "如何是佛" 〔可晒新鮮〕國師云 "莫妄想" 〔蒼天蒼天〕雪竇拈云 "塞却鼻孔" 〔知他死來多少時也〕僧又問 "如何是佛" 〔第二重公案〕國師云 "卽心是佛" 〔滿口含霜〕雪竇拈云 "拄却舌頭" 〔啞那〕

※晒(쬘 쇄) : (볕에) 쬐다. 말리다. (볕이) 나다.
※밑줄 친 부분의 拄(버틸 주)는 挂(걸 괘)로 읽었다.

어떤 스님이 무업無業 국사國師[203]에게 물었다. "어떤 것이 부처입니까?"
〔햇볕을 쬔 것처럼 신선하다.〕

국사가 말했다. "망상 떨지 말라!"

---

202 SM 제8권(N.284)에서도 전한다. (두 번째 물음은 전하지 않으며, 또한 설두의 두 염拈 또한 전하지 않는다.)

203 분주무업(汾州無業, 760~821) : 마조도일의 법사法嗣. 시호는 대달大達국사.

〔아이고, 아이고!〕

설두가 염拈했다. "콧구멍을 막아버렸다."
〔그가 죽은 지 꽤 되었음을 알겠다.〕

어떤 스님이 또 물었다. "어떤 것이 부처입니까?"
〔두 번째 공안이다.〕
국사가 말했다. "마음이 바로 부처다."
〔입 안 가득 서리를 머금었다.〕

설두가 염拈했다. "혓바닥을 (벽에) 걸었다."
〔벙어리냐?〕

〔**評唱**〕

無業國師 商州上洛人. 母聞空中曰"寄居得否"覺乃有娠 生而有光滿
室. 出家後講經律 幷涅槃般若等論. 及見馬祖. 祖器之 乃問"巍巍堂堂
其中無佛"師於是問曰"三乘等學 某粗知其旨 常聞禪門卽心是佛 實
未能曉"祖云"卽今未曉底心卽是佛 更無別佛"又問"如何是祖師密傳
底心印"祖云"大德正鬧在 且去別時來"師纔出 祖召大德 師回首.
祖云"是什麼"師便頓悟 乃禮拜. 祖云"跷跟阿師 禮拜作什麼"雲居錫
云"什麼處是汾州正鬧處"

160

※寄居(기거): 기거하다. 얹혀살다.
※娠(아이 밸 신): 아이를 배다. 잉태하다. 머금다.
※踫跟(타근)＝踫跟＝踫跟. 아래 註204 참조.

무업 국사는 상주(商州, 산시성) 상락上洛 사람이다.

　어머니가 공중에서 "기거득부(寄居得否, 잠시 얹혀살아도 되겠습니까)!"라는 소리를 듣고 태기를 느꼈는데, 태어나던 날 (신령한) 빛이 방 안에 가득했다.

　출가 후에 경과 율, 아울러 열반경과 반야경 등의 논서를 강의했다. 그리고 마조馬祖를 친견했다.

　마조가 그릇(법기法器)임을 알고 말했다. "(불전은) 외외당당한데, 그 속에 부처가 없구나!"

　(무업) 국사가 이에 물었다. "삼승은 배워서 제가 대략 그 뜻을 알지만, 평소에 듣자하니 선문禪門에서는 늘 즉심시불卽心是佛이라고 하던데, (이에 대해서는) 정말로 알지 못합니다."

　마조가 말했다. "지금 알지 못하는 그 마음이 바로 부처이지, 달리 부처가 없다."

　또 물었다. "어떤 것이 조사가 은밀히 전한 심인心印입니까?"

　마조가 말했다. "대덕이 정말로 시끄럽게 구는구나! 일단 갔다가 다른 때 오라."

　국사가 막 나가려는데, 마조가 "대덕!" 하고 불렀다.

　국사가 고개를 돌리자, 마조가 말했다. "이것이 무엇인가(是什麼)?"

국사가 바로 단박에 깨닫고, 절을 했다.

마조가 말했다.

"타근아사(跢跟阿師, 남의 발뒤꿈치나 쫓는 스님아)! [204] 절은 해서 뭐해!"

(이이 대해) 운거 석雲居錫[205]이 말했다.

"어디가 분주汾州가 정말로 시끄럽게 군 곳인가?"

❀

後來答話 只云莫妄想 如此者二十年. 一日院主云 "和尙休得也未" 他
卽云 "院主" 主應之. 他云 "這回休得也未 直至死 亦只云 休得也未"
若道禪眞箇有一句 敎人端的參 如問佛問祖只一般 答何故一百箇. 答
做一百般 只這無業老漢也大漏逗.

※漏逗(누두): 소홀히 하다. 부주의하다. 경솔하다. (부주의로 인한) 누락.
   빠뜨림. 간격이 넓다. 역자는 낭패(狼狽, 계획하거나 기대했던 일이 실패하거나
   어긋나 딱하게 된 것)로 읽었다.

뒤에 (국사는 학인이 찾아와 물으면), 답하기를 그저 "망상 떨지 말라!"
고만 했는데, 이와 같이 하기를 (무려) 20년이나 했다.

---

204 跢(발구를 타) 자를 跥(살받이 타)자로 읽으면 跥 자에 글방(한자를 사사로이
   가르치던 곳)이라는 뜻이 있기에 글방이나 쫓아다니는 스님, 즉 경전(=언어문자)
   에 얽매인 스님으로 이해할 수도 있다.

205 운거청석(雲居淸錫, 생몰연대 미상): 법안종. 법안문익의 법사法嗣.

162

하루는 원주가 말했다. "화상! (그만큼 하셨으면 이제) 그만하시지요."

국사가 말했다. "원주!"

원주가 "예!" 하고 대답했다.

국사가 말했다. "(그대가) 이번에 '(그만큼 하셨으면 이제) 그만하시지요'라고 했는데, 죽을 때가 되어도 (그대는) 단지 '그만하시지요'라고 할 것이다."

만약 선禪에 정말로 일구一句가 있다고 말하면서 사람들에게 단적端的인 것을 참구토록 한다면 부처를 묻고 조사를 묻는 것은 오직 한가지일 뿐인데, 답은 어째서 일백 개나 되는 것인가? 답을 백 가지 해도 다만 이 무업 노인이야말로 낭패(漏逗)가 클 뿐이다.

✿

雪竇下一句語 極有作略. "如何是佛" 他云 "莫妄想" 雪竇云 "塞却鼻孔" "如何是佛" 云 "卽心是佛" 雪竇云 "拄却舌頭" 正當恁麽時 舌頭又拄却 鼻孔又塞却 還有轉身吐氣處也無. 便打.

※밑줄 친 두 부분의 拄(버틸 주)는 모두 앞에서와 같이 拄(걸 괘)로 읽었다.

설두의 일구어一句語에는 대단한 작략(作略, 계략)이 있다. (그래서) "어떤 것이 부처입니까?"라고 묻자, 무업이 "망상 떨지 말라!"고 한 것에 설두는 말하기를 "콧구멍을 막아버렸다"고 한 것이다. (그리고

또) "어떤 것이 부처입니까?"라고 묻자, 무업이 "마음이 바로 부처다"고
한 것에 설두는 "혓바닥을 (벽에) 걸었다"고 한 것이다.

바로 이러할 때, 혓바닥도 (벽에) 걸고 콧구멍 또한 막고서 전신토기
轉身吐氣할 곳이 있는가?

(선상을) 쳤다.

제17칙 덕산작마德山作麼[206]

【古則과 着語】

擧, 僧問德山 "從上諸聖 向什麼處去"〔何不與本分草料〕山云 "作麼作麼"〔賺殺一船人〕僧云 "敕點飛龍馬 跛鱉出頭來"〔已是落他絡續了也〕山便休去.〔此機最毒〕至來日 山出浴 其僧過茶與山. 山撫僧背一下.〔且道 他意作麼生〕僧云 "這老漢方始瞥地"〔前箭猶輕後箭深〕

※點(점 점) : 징집하다. 징발하다.

어떤 스님[207]이 덕산德山에게 물었다. "종전의 모든 성인들은 어디로 갔습니까?"

   〔어째서 본분초료를 주지 않는가?〕

   덕산이 말했다. "뭐, 뭐?"

---

206 SM 제17권(N.671)에서도 전한다.
207 SM에서는 어떤 스님을 곽 시자郭侍者로 전한다.

〔한 배에 탄 사람들을 몹시 속이고 있다.〕

스님이 말했다. "칙명으로 비룡마를 대령하라 했는데, 절름발이 자라가 나왔군."[208]

〔이미 그의 올가미에 걸려들었다.〕

덕산이 바로 쉬었다.

〔이 기봉(機)이 가장 독하다.〕

다음날 덕산이 목욕을 하고 나오는데, 그 스님이 덕산에게 차를 건네자, 덕산이 스님의 등을 한 번 어루만졌다.

〔자, 말해보라! 그의 뜻이 무엇인가?〕

스님이 말했다. "이 노장이 이제야 막 눈치를 챘군."

〔앞 화살은 가벼웠지만, 뒤 화살은 깊이 박혔다.〕

덕산이 또 쉬었다.[209]

【拈古와 着語】

雪竇拈云 "然 精金百煉 須要本分鉗鎚.〔錯下名言〕德山旣以己方人 這僧還同受屈"〔一狀領過〕以拄杖一畫云 "適來公案且置〔看雪竇

---

208 참고로 파별천리(跛鼈千里, 절름발이 자라가 천 리를 간다는 뜻으로, 초심을 잃지 않고 꾸준히 견지하면 성공한다는 의미)라는 말이 있다.

209 원문에는 山又休去가 없지만 문맥상 수록하였다. (SM에서는 전한다.) 평창에서도 "덕산이 앞에서도 쉬고, 뒤에서도 쉬었는데"라고 하는 것으로 볼 때, 편집자의 실수 또는 전산과정 상의 누락이다.

有什麼伎倆〕從上諸聖向什麼處去"〔或有箇掀倒禪牀 又作麼生〕大
衆擬議 雪竇一時打趁.〔打云"你替大衆喫"〕

※受屈(수굴): 누명을 쓰다. 괴로움을 당하다. 손해를 입다.

설두가 염拈했다. "그렇기는 하지만, 쇠를 충분히 단련하려면 모름지기
본분의 집게와 쇠망치(本分鉗鎚, 본분작가의 단련)가 필요하다.
　〔문채가 나게 명언名言을 했다.〕
　(하지만) 덕산이 자기 자신에 비추어 남을 평가했기 때문에[210] 이
스님도 함께 굴욕을 받아야 했다."
　〔한 장(＝판결문)에 처리해버려라.〕
　(그리고는) 주장자로 한 획을 긋고, 말했다. "좀 전의 공안公案은
놔두고,
　〔설두에게 무슨 기량이 있는가를 보라!〕
　모든 성인들은 어디로 갔는가?"
　〔혹 어떤 사람이 (나와) 선상을 뒤집어 엎어버리면 또 어떻게 할
것인가?〕
　대중이 머뭇거리자, 설두가 한꺼번에 쳐서 쫓아버렸다.
　〔(선상을) 치고 말했다. "그대가 대중을 대신해 방망이를 맞아라."〕

---

210 以己方人은 以己之長 方人之短의 준말로 본인의 장점을 기준으로 남의 단점을
　　본다는 뜻. / 방인方人: 인물을 비교 논평함.

〔評唱〕

師云. 德山尋常打風打雨 爲什却不打這僧. 且道 這僧如何. 可謂"三級
浪高魚化龍 癡人猶㪺夜塘水"你道這老漢肯做這般去就麽. 這僧却道
"救點飛龍馬 跛鼈出頭來"這裏合打. 且道 爲什麽德山不打 便休去.
是以殺人不用刀 這箇全無傷鋒犯手處. 若是活漢方可見得 若不是頂
門具眼底 直下卒難摸索. 至來日山出浴 其僧過茶與山 山撫僧背一下
這僧孟八郎 却道"這老漢方始瞥地"直饒浪擊千尋 爭奈龍王不顧.

덕산은 평소 (주장자를) 바람을 치듯 비를 치듯 했는데, 어째서 이
스님은 치지 않았는가? 자, 말해보라! 이 스님은 어떤 사람인가?
가히 "삼단 물결을 뛰어오른 물고기는 용이 되어 갔는데, 어리석은
이는 아직도 두레박으로 밤 연못의 물만 퍼내고 있다"[211]고 할만하다.
(그런데) 그대들은 이 노장이 (이 스님을) 긍정해서 이런 식으로

---

[211] SM 제28권(N.1290)에 다음과 같이 전한다.

法眼因僧問"慧超咨和尙 如何是佛"法眼云"汝是慧超"雪竇顯頌"江國春風吹
不起 鷓鴣啼在深花裏 三級浪高魚化龍 癡人猶㪺夜塘水"

법안에게 스님이 물었다. "혜초가 화상께 묻습니다. 어떤 것이 부처입니까?"
법안이 말했다. "너는 혜초다!"
설두중현이 송頌을 했다.
江國春風吹不起　강남엔 봄바람이 불어도 일지 않는데
鷓鴣啼在深花裏　자고새(鷓鴣) 울음소리는 꽃 숲에 있네.
三級浪高魚化龍　삼단의 물결 거슬러 고기는 용이 되었건만
癡人猶㪺夜塘水　어리석은 사람은 아직도 밤 연못의 물만 퍼내고 있네.

대했다고 말하겠는가!

　이 스님이 도리어 말하기를 "칙명으로 비룡마를 대령하라 했는데, 절름발이 자라가 나왔다"고 했는데, 여기서 마땅히 쳤어야 했다. (그런데) 자, 말해보라! 어째서 덕산이 치지 않고, 곧바로 쉬었는가? 이 때문에 "사람을 죽이는 데 칼을 쓰지 않았다"[212]는 것이고, 이곳이 바로 전혀 칼끝도 상하지 않고 손도 범하지 않은 곳이다. 만약 활발발한 사람(活漢)이라면 볼 수 있겠지만, 만약 정수리에 안목을 갖춘 이가 아니라면 바로 그 자리에서 더듬어 찾아도 끝내 찾지 못할 것이다.

　다음날 덕산이 목욕하고 나오는데, 그 스님이 덕산에게 차를 건네주자, 덕산이 스님의 등을 한 번 어루만졌다. (그런데) 이 스님은 맹팔랑孟八郎[213]인지라, 도리어 말하기를 "이 노장이 이제야 막 눈치를 챘군"이라고 했다. (하지만) 설사 천 길 물결을 쳐도 용왕이 돌아보지 않는데, 어찌 하겠는가!

✿

雪竇是作家鉗鎚. 大凡拈古 須平將秤稱斗量了 然後批判. 他雖恁麼拈 不許人恁麼會. 雪竇拈道 "精金百煉 須要本分鉗鎚" 只如 德山前頭

---

212 사람을 죽이는 데 칼을 쓰지 않고 사람을 살리는 데 검을 쓰지 않는다(殺人不用刀 活人不用劍)는 말이 있다.

213 맹팔랑孟八郎: 도리를 따라 행하지 않는 사람을 가리킨다. 맹은 맹랑(孟浪, 거칠다), 팔랑八郎은 정렬한 순서이다. 선림에서는 보통 맹팔랑으로 잔인하고 난폭한 사람을 형용한다. (指不依道理行事者. 孟 孟浪 八郎 乃排行之次序. 禪林中常以孟八郎形容强橫暴戾之粗漢, 불광대사전)

也休去 後頭也休去 未審作麼生是精金百煉. 德山眞是惡手脚 見這僧
不是受鉗鎚底人 所以休去. 雪竇云"德山旣以己方人 這僧還同受屈"
德山如戴角大虫. 何故 却以己方人. 且道 此意作麼生. 若是具眼者
必不可言句上走. 雪竇以挂杖一畫云"適來公案且置"他爲什麼却拈
放一邊. 却道"從上諸聖向什麼處去也"大衆擬議 一時打趁 到這裏合
作麼生商量. 看. 諸人皮下還有血麼.

설두에게는 (확실히) 작가의 겸추(作家鉗鎚, 제자를 교화하는 솜씨)가
있었다. 무릇 염고拈古를 할 때에는 모름지기 평소에 저울로 달아보고
말로 재보고, 그런 뒤에 비판을 해야 한다.

설두가 비록 이렇게 염拈을 했지만, (다른) 사람들이 이렇게 안다고
하면 허락하지 않겠다. (왜냐하면) 설두가 염하기를 "쇠를 충분히
단련하려면 모름지기 본분의 집게와 쇠망치가 있어야 한다"고 했기
때문이다.

그건 그렇고, 덕산은 앞에서도 쉬고 뒤에서도 쉬었는데, 어떤 것이
쇠를 충분히 단련한 것인지 잘 모르겠다. (하지만) 덕산에겐 참으로
악랄한 수단이 있었고, 이 스님이 집게와 쇠망치질을 받은 사람이
아니라는 것을 보고, 그래서 쉰 것이다.

(이에) 설두가 말하기를 "덕산이 자기 자신에 비추어 남을 평가했기
때문에 이 스님도 함께 굴욕을 받아야 했다"고 했는데, 덕산은 마치
(머리에) 뿔 달린 호랑이와 같다. 왜냐하면 자기 자신에 비추어 남을
평가했기 때문이다. 자, 말해보라! 이 뜻이 무엇인가? 만약 안목을
갖춘 자라면 반드시 언구에 치달려서는 안 된다.

설두가 주장자로 한 획을 긋고 말하기를 "좀 전에 공안은 놔두고"라고 했는데, 그는 어째서 (이 공안을) 한 쪽에 놔두라고 한 것인가?

그리고는 다시 말하기를 "모든 성인들은 어디로 갔는가?"라고 하고, (이에) 대중이 머뭇거리자 한꺼번에 쳐서 쫓아버렸는데, 여기에 이르러서는 어떻게 상량商量하는 것이 맞겠는가?

보라!

여러분은 살가죽 아래 피가 흐르고 있는가?

제18칙 보복첨과保福簽瓜²¹⁴

〔古則과 着語〕

擧, 保福簽瓜次〔幸自無事〕太原孚上座到來〔築着磕着〕福云"道得
與你瓜喫"〔無風起浪作什麼〕孚云"把將來"〔平地上陷人〕福度一片
瓜與孚.〔豈是好心〕孚接得便去.〔遞相鈍滯〕

※簽(제비 첨): 대꼬챙이. 꿰매다. 시치다.

※瓜(오이 과): 오이. 참외. (SM에서는 고苽로 전함.)

보복保福²¹⁵이 오이를 대꼬챙이 꿰고²¹⁶ 있었는데,

〔다행하게도 자신에게는 일이 없었다.〕

태원 부太原孚²¹⁷ 상좌가 왔다.

---

214 SM 제22권(N.975)에서도 전한다.

215 보복종전(保福從展, ?~928): 설봉의존의 법사法嗣.

216 까끌한 부분을 깎아내는 것이다.

217 太原孚(태원 부, 생몰연대 미상): 설봉의존을 만나서 스승과 제자의 기연을
맺음. 대원부大原孚라고도 함.

〔(가는 곳마다) 이리 부딪치고 저리 부딪친다.〕

보복이 말했다. "한마디 이르면, 그대에게 오이를 먹으라고 주겠다."

〔바람도 없는데 물결을 일으켜 뭘 하려는 거야?〕

부 상좌가 말했다. "집어 주시오."

〔평지에다 사람을 빠뜨리고 있다.〕

보복이 오이를 한 조각 잘라 부 상좌에게 주자,

〔어찌 좋은 심보(好心)이겠는가?〕

부 상좌가 받고는 바로 가버렸다.

〔서로 번갈아가며 멍청하군.〕

【拈古와 着語】

雪竇拈云 "雖是死蛇 解弄也活. 〔瞥爾承當 已沒交涉〕誰是好手, 試請辨看"〔打云 "你辨不出 還我瓜來"〕

※好手(호수): 훌륭한 솜씨 또는 기술을 가진 사람. 바둑 등에서 잘 둔 수.

설두가 염拈했다. "비록 죽은 뱀일지라도 잘 다루면 살아난다.

〔슬쩍 보고 알아차렸다 해도 이미 관계가 없다.〕

누가 더 솜씨 좋은 고수인가? 시험 삼아 청하노니, 가려내보라!"

〔(선상을) 치고 말했다. "그대들이 가려내지 못한다면 오이를 내게 돌려줘라."〕

〔評唱〕

太原孚上座 本是講經僧 後因一禪客激之 遂悟心要 便云 "我從今已去 更不將父母所生鼻頭扭捏也" 因游徑山佛殿前立 僧問 "曾游五臺麼" 孚云 "曾游" 僧云 "還見文殊麼" 孚云 "見" 僧云 "向什麼處見" 孚云 "向徑山佛殿前見" 雪峯聞此語喜云 "作家禪客 怎生得入嶺來" 後到雪峯 峯領衆接至上堂. 孚一覷 雪峯便下座. 孚參堂去. 後老宿拈云 "大小雪峯 被孚上座一覷 直得高竪降旗" 後來在雪峯會中作知客 與玄沙輩箭鋒相拄 如大虫揷翅相似.

＊扭(묶을 유) : 돌리다. 비틀다. 삐다. 잡다. 전환하다.
＊捏(모을 열, 꾸밀 날) : 손가락으로 집다. 빚다. 날조하다. 막다.
＊怎生(즘생) : (조기백화) 어떤. 어떻게 하면.
＊揷翅(삽시) : 몸에 날개를 달다. 날지 못하는 것이 날기를 바라다.

태원 부太原孚 상좌는 본래 강경승講經僧이었는데, 뒤에 어떤 한 선객의 격려로 마침내 심요心要를 깨닫고, 말하기를 "나는 지금부터 다시는 부모로부터 받은 코를 비틀어 잡지 않겠다"[218]고 하였다.

---

[218] SM 제25권(N.113)에서는 태원 부와 선객의 만남이 양주楊州 효선사孝先寺에서 이루어진 것으로 전함. 이때 부 상좌는 열반경을 강의하고 있었고, 이를 듣던 선객의 질타에 강의를 멈추고 고요히 생각하다 고각소리에 홀연히 깨달은 것으로 전한다.
참고로 선객禪客에 대한 사전의 정의는 다음과 같다.
선가의 사원에서 미리 말솜씨가 좋은 이를 뽑아 백의의 청에 응하고, 승좌설법

174

(하루는) 경산徑山을 유람하다가 불전佛殿 앞에 섰는데, 어떤 스님이 물었다. "오대五臺에 가본 적이 있습니까?"

부 상좌가 말했다. "가본 적이 있습니다."

스님이 말했다. "문수文殊를 봤습니까?"

부 상좌가 말했다. "봤습니다."

스님이 말했다. "어디서 봤습니까?"

태원 부가 말했다. "경산의 불전佛殿에서 봤습니다."

설봉雪峯이 이야기를 듣고 기뻐하며 말했다. "작가선객作家禪客이로다. 어떻게 고갯마루(嶺, 비원령)를 넘어 왔을까?"

뒤에 설봉에게 갔다.

(마침) 설봉이 대중을 거느리고 상당上堂을 하자, 부 상좌가 한 번 엿보았다.

(그때) 설봉이 바로 (법좌에서) 내려오자, 태원 부가 승당으로 가버렸다.

할 때 대중 가운데서 나와 승좌인과 함께 문답하는 사람을 일러 선객이라고 한다. (禪家之寺院 豫擇辯口者 於應白衣之請 陞座說法時 使出衆與陞座之人問答者 謂之禪客, 불학대사전)

참선하는 사람을 가리키며, 아울러 선승에 국한하지 않고 속가의 참선하는 이들을 포괄한다. (또한) 선사의 주지가 상당설법을 할 때 대중 가운데 변재가 뛰어난 사람을 선발해서 주지와 문답을 하는데 여기서 묻는 이를 선객이라고 한다. (指參禪者 並不限於禪僧 亦包括俗家參禪修行者. 禪寺中住持上堂說法時 由僧衆中選一辯才出衆者與住持問答 此開問者 稱爲禪客, 불광대사전)

(이에 대해) 뒤에 어떤 노숙老宿이 (이 이야기를 가지고) 염拈하기를 "설봉 정도 되는 양반이 부 상좌에게 한 번 엿보이고는 바로 항기(降旗, 백기)를 높이 세웠다"고 하였다.

뒤에 설봉 회상에서 지객知客 소임을 맡았는데, (그때) 현사玄沙[219]의 무리들과는 화살 끝이 서로 맞닿듯 하면서(箭鋒相挂, 한 치의 양보도 없이 물러나지 않았다), 마치 호랑이가 날개를 단 것과 같았다.

❀

只如他一覰雪峯 自有箇道理 這簽瓜話 只是無縫罅 只是疑人. 保福云 "道得與你瓜喫" 孚云 "把將來" 若是識端倪底人 見他一似兩陣相交 彼此互相好手 各無傷損. 不見底人 未免胡亂指注. 喚作禪道 不然喚作無事 一時去念言念語 生情解轉打不著. 離却此令 又作麽生. 古人道 "透關一句 直下孤危" 只露目前些子 教你見得便識將去 不識輙莫疑著. 這箇是向上人行履. 所以道 "同道者方知此公案" 雪竇拈得天然好 "雖是死蛇 解弄也活" 如今還有弄得活底麽. 若搆得了 便許獨步寰中七穿八穴 若也未會 一任把定死蛇頭.

※縫罅(봉하): 빈틈. 기회.
※胡亂(호란): 대충. 되는 대로. 멋대로. 마음대로. 아무렇게나. 함부로.

---

219 현사사비(玄沙師備, 835~908): 설봉의존의 법사法嗣. 지계가 두터워 비두타備頭陀로 불리고, 사삼랑謝三郎이라고도 불림.

그건 그렇고, 그가 설봉을 한 번 엿본 것(一覰)은 본래 하나의 도리가 있었지만, 이 첨과화(簽瓜話)는 다만 꿰맬 틈이 없어 그저 사람들을 의심하게 할 뿐이다.

보복이 "한마디 (제대로) 이르면 그대에게 오이를 먹으라고 주겠다"고 하자, 부 상좌가 "집어 주시오"라고 했는데, 만약 (이 일의) 본말을 아는 사람이라면 마치 양 진영이 서로 맞댄 것처럼 상호간에 솜씨가 좋아서 각기 다치거나 손해 본 것이 없었다는 것을 볼 것이다. 하지만 (이 일의 본말을) 보지 못하는 사람은 멋대로 주석하는 것을 면치 못할 것이다.

선도禪道라고 부르거나 그렇지 않으면 무사(無事, 일 없음)라고 부르거나 간에 일시에 (마음속으로) 언어를 버려야지, 정해情解를 내어 굴려서도 안 된다. 이 법령을 떠나서 또 어떻게 하겠는가? 고인이 말하기를 "일구를 꿰뚫으면 바로 그 자리에서 홀로 높다(透關一句 直下孤危)"[220]고 했다. (이는) 다만 눈앞에서 약간만 드러내어 그대로 하여금 보고 바로 알 수 있게 한 것이지만, 알지 못한다고 해도 쉽게 의심하지 말라! 이것은 향상인向上人의 행동거지이다. 그래서 이르기를 "같은 길을 가는 사람(=뜻을 같이 하는 사람)이라야 이 공안을 알 수 있다"[221]고

---

[220] 정확히 누구의 말인지 알 수 없다.

참고로 선종에서 사용하는 일구도득一句道得·말후일구(末後的一句)·투관일구 (透關的一句)는 반야의 공 또는 진리 등을 표시하는 말이다. (불광대사전)

[221] SM 제13권(N.529)에서는 다음과 같이 전한다.

道吾因僧問 "無神通菩薩 爲什麼足迹難尋" 師云 "同道者方知" 僧云 "和尚還知麼" 師云 "不知" 僧云 "和尚爲什麼不知" 師云 "去 汝不會我意"

한 것이다.

설두는 천연덕스럽게 염拈을 잘 해서 "비록 죽은 뱀일지라도 잘 다루면 살아난다"고 했는데, 지금 잘 다뤄서 살릴 수 있는 사람이 있는가? 만약 알았다면 바로 '천하를 홀로 걸으며 자유자재하다'고 인정해 주겠지만, 만약 알지 못했다면 죽은 뱀 대가리나 잡고 있든지 말든지 마음대로 하라.

도오에게 어떤 스님이 물었다. "신통이 없는 보살이 어떻게 발자취를 찾기가 어려운 것입니까?"

도오가 말했다. "같은 길을 가는 사람이라야 알 수 있다."

스님이 말했다. "화상께선 아십니까?"

도오가 말했다. "모른다."

스님이 말했다. "화상께서 어째서 모르십니까?"

도오가 말했다. "너는 내 뜻을 모른다."

제19칙 남전시중南泉示衆²²²

【古則과 着語】

擧, 南泉示衆云 "道非物外 物外非道"〔刺孔籠裏出頭來〕趙州出問
"如何是物外道"〔將謂胡鬚赤 更有赤鬚胡〕泉便打.〔不放過也 是本
分〕州云 "和尙莫打某甲 向後錯打人去在"〔今日打着一箇〕泉云
"龍蛇易辨 衲子難謾"〔殺人不用刀〕

남전南泉이 대중에게 말했다. "도는 경계 밖에 있는 것이 아니고, 경계
밖에 있는 것은 도가 아니다."

〔새장에 구멍을 뚫고 나왔다.〕

조주趙州가 나와 물었다. "어떤 것이 경계 밖의 도입니까?"

〔오랑캐의 수염은 붉다고 하더니, 붉은 수염의 오랑캐가 있었구나!〕

남전이 바로 쳤다.

〔놓치지 말라. 이것이 본분本分이다.〕

조주가 말했다. "화상은 저를 치지 마십시오. 앞으로 사람을 잘못

---

222 SM 제7권(N.210)에서도 전한다.

치게 될 것입니다."

〔오늘 한 명을 쳤다.〕

남전이 말했다. "용과 뱀은 가려내긴 쉬워도 남자를 속이기는 어렵구나."

〔사람을 죽이는 데 꼭 칼을 쓸 필요는 없다.〕

〔拈古와 着語〕

雪竇拈云 "趙州如龍無角 似蛇有足.〔也須恁麼始得〕當時不管盡法無民, 直須喫棒了趁出"〔未免令行一半. 若要盡令而行 諸公一時喫棒始得〕

설두가 염拈했다. "조주는 마치 뿔 없는 용과 같고, 발 달린 뱀과 같다.

〔역시 모름지기 이래야 한다.〕

당시에 법을 다 행해서 백성이 없어지거나 말거나[223] 관계치 말고,

---

[223] 盡法無民과 관련해서 전등록 제17권, 화산무은 선사 편에 다음과 같이 전한다.

問 "咫尺之間爲什麼不覩師顔" 師曰 "且與闍梨道一半" 曰 "爲什麼不全道" 師曰 "盡法無民" 曰 "不怕無民請師盡法" 師曰 "爲知己喪身" 曰 "爲什麼却喪身" 師曰 "好心無好報"

물었다. "아주 가까운 거리인데, 어째서 선사의 얼굴이 보이지 않는 것입니까?" 선사가 말했다. "스님에게 절반만 말해줬기 때문이다." 말했다. "어째서 전부를 말씀하지 않으셨습니까?" 선사가 말했다. "법이 다하면 백성이 없기 때문이다." 말했다. "백성이 없는 것은 두렵지 않습니다. 법이 다한 것을 말씀해주십시오."

모름지기 곧장 방망이를 쳐서 쫓아냈어야 했다."

　〔법령을 행한 것이 반쪽임을 면치 못했다. 만약 법령을 다 행하고자
하면 여러분은 한꺼번에 방망이를 맞아야 한다.〕

〔評唱〕

南泉趙州 一出一入 互相唱和. 緇素則有得失 著著無出身處. 但去意
不到處 正好急著眼看. 是什麼道理. 南泉示衆云"道非物外 物外非道"
趙州這老漢有撥轉路頭處 更具通方底眼. 便出衆問"如何是物外道"
惹得這老漢僧打 却云"莫打某甲 已後錯打人去在"南泉把不定 隨後
却向伊道"龍蛇易辨 衲子難謾"且道 他意作麼生. 須是通方衲子 方可
見得二老漢落處.

※撥轉(발전): 돌리다. 방향을 바꾸다.

남전과 조주는 한 번 나가고 한 번 들어오면서 서로 화답을 했다.

　"치소(緇素, 흑과 백, 분별)에 얻고 잃는 것이 있으면
　한 수 한 수 출신처(出身處, 몸을 벗어날 곳)가 없으니,
　다만 생각(意)으로 이르지 못하는 곳에 이르러

　선사가 말했다. "지기知己를 위해 죽는다."
　말했다. "어째서 죽습니까?"
　선사가 말했다. "좋은 마음에는 좋은 과보가 없기 때문이다."

바로 급히 착안해 보라.

이것은 무슨 도리인가?"

남전이 대중에게 말하기를 "도는 경계 밖에 있는 것이 아니고, 경계 밖에 있는 것은 도가 아니다"고 했는데, 조주 이 노장에게는 발전노두처 (撥轉路頭處, 방향을 전환하는 곳)가 있었고, 또한 통방저안(通方底眼, 사통팔달한 안목)도 갖추고 있었다. (그래서) 바로 대중 속에서 나와 묻기를 "어떤 것이 경계 밖의 도입니까?"라고 하였다. (그런데 이 말은) 저 노장이 조주를 치게 만들었고, 다시 "저를 치지 마십시오. 앞으로 사람을 잘못 치게 될 것입니다"고 하는 것을 야기하였다.

　(또 여기서) 남전은 파정(把定＝把住)하지 않고, 바로 뒤이어 다시 그에게 말하기를 "용과 뱀은 가려내긴 쉬워도 납자를 속이긴 어렵구나!"라고 하였다. 자, 말해보라! 그의 뜻이 무엇인가? 모름지기 통방납자通方衲子라야 두 노장의 낙처(落處, 핵심)를 알 수 있을 것이다.

❀

南泉一日上堂 趙州便問 "明頭合 暗頭合" 泉便歸方丈. 趙州便下堂 州云 "這老漢被我一問 直得無言可對" 堂中首座云 "莫道和尙無語 只是上座不會" 州便打. 首座云 "這棒合是堂頭和尙喫" 看他父子一機一境 如兩鏡相照相似. 而今人將妄想意識去測度 爭得知他落處. 如雪竇拈道 "趙州如龍無角 似蛇有足 當時不管盡法無民 直須喫棒了趁出" 當時卽且置 只如今作麽生. 良久云 "放過一著"

182

하루는 남전이 상당上堂했는데, 조주가 바로 물었다. "밝음이 맞습니까, 어둠이 맞습니까?"

남전이 바로 방장실로 돌아갔다.

조주가 바로 법당에서 내려와서 말했다. "이 노장이 내게 질문을 받고는 한마디도 대꾸를 못하는군."

(그때) 당중수좌(堂中首座, 第一座)가 말했다. "화상께서 말씀이 없었다고 말하지 말라. 다만 상좌가 알지 못했을 뿐이다."

조주가 바로 쳤다.

수좌가 말했다. "이 방망이는 당두 화상堂頭和尚[224]이 맞아야 마땅하다."[225]

저 부자父子의 일기일경一機一境을 보라! 마치 두 개의 거울이 서로 비추는 것과 같다. 하지만 요즘 사람들은 망상의식妄想意識으로 따지고 헤아리니, 어찌 저 낙처落處를 알 수 있겠는가!

그래서 설두가 염拈하기를 "조주는 마치 뿔 없는 용과 같고, 다리 달린 뱀과 같다. 당시에 법을 다 행해서 백성이 없어지거나 말거나 관계치 말고, 모름지기 곧장 방망이를 쳐서 쫓아냈어야 했다"고 한 것이다. (그런데) 당시에는 그렇다 쳐도, 지금은 어떻게 해야 하겠는가?

---

224 당두堂頭는 선림의 (직위와 관련한) 명칭이고, 방장의 다른 이름이다. 주지가 거처하는 곳이기 때문에 주지를 당두화상이라고 부른다. (禪林之稱 方丈之異名 住持人之居處也 因而住持云堂頭和尚, 불학대사전)

225 SM 제7권(N.214)에서도 전한다.

양구良久하고, 말했다.

"한 수 놓쳤다."[226]

---

226 SM에서는 본칙에 대한 원오의 염을 다음과 같이 전한다.

道非物外 意在鉤頭 物外非道 離鉤三寸.

도는 경계 밖에 있는 것이 아니라고 한 것은 (그) 뜻이 갈고리 끝(鉤頭, 낚시 바늘 끝)에 있는 것이고, 경계 밖에 있는 것은 도가 아니라고 한 것은 세 치 갈고리를 떠난 것이다.

제20칙 마조도상馬祖圖相[227]

【古則과 着語】

擧, 僧來參馬大師 師畫一圓相云 "入也打 不入也打"〔從上爪牙〕僧
便入〔却是箇靈利衲子〕師便打.〔也不得放過〕僧云 "和尙打某甲不
得"〔逆水之波經幾回〕師靠却拄杖休去.〔如擊石火 似閃電光 可惜
許 有頭無尾〕

어떤 스님이 마 대사馬大師를 참례하러 왔는데, 대사가 원상圓相[228]을
하나 그리고, 말했다. "들어와도 치고, 들어오지 않아도 치겠다."
　〔예로부터 내려오는 (학인을 점검하는) 수단이다.〕
　스님이 바로 들어가자,
　〔도리어 영리한 납자로다.〕
　마 대사가 바로 쳤다.
　〔역시 놓쳐선 안 된다.〕

---

227 SM 제5권(N.165)에서도 전한다.
228 원상圓相으로 학인을 점검해 보는 것은 남양혜충 국사로부터 시작되었다.

스님이 말했다. "화상께선 저를 치지 못하셨습니다."

〔물결을 거스르기를(=반격하기를) 몇 번이나 했던가?〕

마 대사가 주장자에 기대 쉬었다.

〔전광석화와 같다. 애석하다. 머리는 있는데 꼬리가 없다.〕

【拈古와 着語】

雪竇拈云 "二俱不了. 〔許他雪竇具眼〕 和尙打某甲不得 靠却拄杖
擬議不來 劈脊便打" 〔打云 "只爲靠却拄杖休去 惹得雪竇許多葛藤"〕

설두가 염拈했다. "둘 다 결말을 내지 못했다.

〔설두가 안목을 갖추었음을 인정한다.〕

'화상께선 저를 치지 못하셨습니다'고 하자, 주장자에 기댔지만, 머뭇
거리면서 들어오지 않는다면 등판때기를 후려갈겨야 한다."

〔(선상을) 치고 말했다. "다만 주장자에 기대 쉬었을 뿐인데, (이것이
도리어) 꽤나 많은 설두의 말들을 불러일으켰다.〕

〔評唱〕

馬祖大師見僧來參 便畫一圓相. 云 "入也打 不入也打" 且道 此意如何.
這僧却是箇作家便入 祖便打. 他却難容 便道 "和尙打某甲不得" 這老
漢知 他是本色衲僧 便怎麼休去 招得雪竇點檢道 "二俱不了" 只如此
便下座 却較些子 末後更道 "擬議不來 劈脊便棒" 只如雪竇怎麼道 已

是靈龜曳尾.

마조 대사가 (어떤) 스님이 참례하러 오는 것을 보고, 바로 원상圓相 하나를 그렸다. (그리고) 말하기를 "들어와도 치고, 들어오지 않아도 치겠다"고 하였다. 자, 말해보라! 이 뜻이 무엇인가?

　(이때) 이 스님 역시 작가作家여서 바로 들어갔는데, 마조가 바로 쳤다. (그러자) 스님은 (이를) 용납하기 어려워 바로 말하기를 "화상께 선 저를 치지 못하셨습니다"고 하였다.

　(그러자) 이 노장은 그가 본색납승本色衲僧인 것을 알고, 바로 이렇 게(=주장자에 기대) 쉬었는데, "둘 다 결말을 내지 못했다"는 설두의 점검을 불러들이게 되었다.

　다만 이렇게("둘 다 끝내지 못했다"는 말)만 하고 바로 자리에서 내려왔으면 그런 대로 조금은 봐줄 만한데, 끝에 가서 또 말하기를 "머뭇거리면서 들어오지 않는다면 등판때기를 후려갈겨야 한다"고 했으니, 설두가 이렇게 말한 것도 신령스러운 거북이 꼬리를 끄는 것이었다.

제21칙 홍화벌전興化罰錢²²⁹

【古則과 着語】

擧, 興化問克賓維那〔禍事〕"你不久爲唱道之師"〔莫敎壞人家男女〕
賓云 "不入這保社"〔好彩這漢皮下有血〕 化云 "會來不入 不會不入"
〔不免惹絆〕 賓云 "沒交涉"〔以劍便揮〕 化便打云 "克賓維那 法戰不
勝 罰錢五貫 充設饡飯"〔據令而行 不爲分外〕 至來日齋時 興化自白
椎云 "克賓維那 法戰不勝 不得喫飯" 卽便赶出院.〔也不爲分外〕

※敎壞(교괴): 가르쳐서 나쁘게 만들다. 나쁜 짓을 가르치다(시키다).

※好彩(호채): 다행히.

※惹絆(야반): 구속하다. 속박하다. 얽매다. 견제하다.

흥화興化²³⁰가 극빈克賓²³¹ 유나維那²³²에게 말했다.

---

229 SM 제19권(N.758)에서도 전한다.

230 흥화존장(興化存奬, 830~888): 삼성혜연에게 참학. 임제록의 교감자校勘者로
알려짐. 남원혜옹이 제자.

231 대행극빈(大行克賓, 생몰연대 미상): 흥화존장의 법사法嗣.

188

〔위험하다.〕

"그대는 오래지 않아 창도사(唱道師, 교화승)**가 될 것이다."**

〔세상 사람들을 망가뜨리지 말라!〕

극빈이 말했다. "그런 보사(保社, 절)**에는 들어가지 않겠습니다."**

〔다행히 이 사나이는 살가죽 아래 피가 흐르고 있다.〕

흥화가 말했다. "알고 안 들어가겠다는 것인가, 몰라서 안 들어가겠다
는 것인가?"

〔얽매임(＝올가미에 걸림)을 면치 못한다.〕

극빈이 말했다. "관계없습니다."

〔바로 칼을 휘두르는구면.〕

흥화가 바로 치고, 말했다. "극빈 유나는 법전(法戰, 법거량)**에서 이기**
지 못했으니, 벌금으로 5관貫**을 내어 대중공양을 올려라."**

〔법령에 따라 행했다. 분수를 넘는 일은 아니다.〕

이튿날 공양할 때가 되자, 흥화가 스스로 백추白椎를 치고 말했다.
"극빈 유나가 법전에 이기지 못했으니, 밥을 먹어서는 안 된다."
그리고는 바로 절에서 내쫓았다.²³³

〔역시 분수를 넘는 일은 아니다.〕

---

232 육지사六知事의 하나. 선원의 규율과 질서를 다스리는 직책.

233 SM에서는 추단출원抽單出院으로 전한다. 추단은 선승이 승당을 하직하고 떠나
는 것, 또는 방부자 명단에서 빼는 것을 말한다.

【拈古와 着語】

雪竇拈云 "克賓要承嗣興化 罰錢出院且置〔旁觀者不肯〕却須索取
這一頓棒始得.〔打云 "棒旣喫了 作麼生索"〕且問諸人. 棒旣喫了
作麼生索. 雪竇要斷不平之事 今夜與克賓維那雪屈" 以拄杖一時打
散.〔刺孔籠裏相撲〕

※索取(색취) : 요구하다. 달라고 하다. 구하다.

설두가 염拈했다. "극빈이 흥화의 법을 잇고자 했다면 벌금을 내고
절에서 쫓겨난 것은 문제 삼지 말고,

　〔곁에서 보는 자(旁觀者, 제3자)가 이 일을 긍정하지 않는다.〕

　모름지기 이 일돈방—頓棒을 청했어야 한다.

　〔(선상을) 치고 말했다. "(한) 방망이를 이미 맞았는데, 뭘 더 청하라
는 것인가?"〕

　자, 여러분에게 물노라! (한) 방망이를 이미 맞았는데 뭘 청해야
하겠는가? (나) 설두는 이 불공평한 일을 끊어버려서 오늘밤 극빈유나
의 억울함을 씻어주고자 한다."

　그리고는 주장자를 쳐서 (대중을) 일시에 흩어버렸다.

　〔새장에 구멍을 뚫고 (들어가) 서로 치고 박고 있다.〕

190

〔評唱〕

大凡臨濟下兒孫 須明此一段大事始得. 這公案須是透得淨盡方見 纔
若擬議 礙塞殺人. 只如 興化問克賓維那道"你不久爲唱道之師"賓云
"不入這保社"化云"會來不入 不會不入"賓云"沒交涉"化便打云"克賓
維那 法戰不勝 罰錢五貫 設饡飯"這漢訝郎當地 也與他出錢. 來日齋
時 興化自白椎云"克賓維那 法戰不勝 不得喫飯"卽便赶出 這漢訝郎
當地 也與他出院. 若要扶竪臨濟正法眼藏 也須是明取這一則公案 始
較些子. 人多下喝下 拍生情解. 我恁麼說話 也是漏泄天機了也. 到這
裏作麼生會. 也須是他父子相投 言氣符合 方始見得他克賓維那. 爲
他不與常人一般. 纔作情解 便落在世諦流布. 只爲透不得 墮在塵緣
中 不識向上人行履處 要須是蹈著向上關捩子 自然到他古人自在安
樂處. 所以道"你若行時我便坐 你若坐時我便行 你若作賓 我須作主
你若作主 我須作賓"所以互相建立 若作情解 卒摸索不著. 亦似 臨濟
遷化謂三聖道"吾去後 不得滅吾正法眼藏"聖云"誰敢滅却和尙正法
眼藏"濟云"或有人問你 作麼生擧"聖便喝. 濟云"誰知吾正法眼藏
向這瞎驢邊滅却"看他如此 那裏有情解得失來.

※訝(의심할 아): 놀라다. 의아해하다. 이상하게 여기다.

무릇 임제 문하의 자손이라면 모름지기 이 일단대사一段大事를 밝혀야
한다. 이 공안은 조금도 남김없이 깨끗하게 꿰뚫어야 바야흐로 볼
수 있지, 만약 머뭇거린다면 사람들은 숨이 막혀 죽게 될 것이다.

홍화가 극빈 유나에게 말했다. "그대는 오래지 않아 창도사가 될 것이다."

극빈이 말했다. "그런 보사(保社, 절)에는 들어가지 않겠습니다.

홍화가 말했다. "알고 안 들어가겠다는 것인가, 몰라서 안 들어가겠다는 것인가?"

극빈이 말했다. "관계없습니다."

홍화가 말했다. "극빈유나가 법전(法戰, 법거량)에서 이기지 못했으니, 벌금 5관貫을 내어 대중공양을 올려라."

(이것은) 이 친구가 놀라울 만큼 맹랑한 놈이어서 그에게 돈을 내게 한 것이다. (또한) 다음날 공양할 때에 홍화가 스스로 백추白椎를 치고 말하기를 "극빈유나가 법전에서 이기지 못했으니 밥을 먹어서는 안 된다"고 하고 바로 절에서 내쫓았는데, (이것 또한) 이 친구가 놀라울 만큼 맹랑한 놈이어서 절에서 내쫓아버린 것이다.

만약 임제의 정법안장을 바로잡아 세우려면 모름지기 이 일칙 공안을 밝혀야 비로소 (그런 대로) 조금은 봐줄 만할 것이다. (그런데) 사람들은 대부분 "할!" 한 것에만 손뼉을 치며 정식情識으로 이해를 할 뿐이다. (또한) 내가 이런 말을 하는 것도 역시 천기天機를 누설하는 것인데, 여기에 (이르러)서는 어떻게 알아야 하겠는가? 모름지기 저 부자가 서로 의기투합해서 말이 서로 꼭 들어맞아야 바야흐로 저 극빈 유나를 볼 수 있는 것이다.

어째서 그에게 보통 사람과 똑같이 상대하지 않은 것인가? 정해情解하는 순간 바로 세제유포(世諦流布, 세속적인 진리를 유포하는 것)에 떨어지기 때문이다.

　다만 꿰뚫지 못했기 때문에 티끌 같은 인연에 떨어져 향상인의 행리처行履處를 알지 못할 뿐이니, 중요한 것은 모름지기 향상의 관려자(向上關捩子, 향상의 핵심)를 밟아야 자연히 저 고인의 자재안락처自在安樂處에 이를 수 있는 것이다. 그래서 이르기를 "그대가 가면 나는 곧 앉고, 그대가 앉으면 나는 곧 간다. 그대가 손님이 되면 나는 모름지기 주인이 되고, 그대가 주인이 되면 나는 모름지기 손님이 된다"[234]고 한 것이다. 그런 까닭에 서로 간에 (돌아가며) 건립하는 것이지, 만약 정해情解를 한다면 끝내 그 실마리를 더듬어 찾아도 찾을 수 없다. (이것은) 또 임제가 천화遷化할 때, 삼성에게 말한 것과 유사하다.

　임제가 말했다. "내가 간 후, 나의 정법안장을 멸하지 말라."
　삼성이 말했다. "누가 감히 화상의 정법안장을 멸각하겠습니까?"
　임제가 말했다. "혹 누가 너에게 물으면 어떻게 거량할 것인가?"
　삼성이 바로 "할!" 했다.
　임제가 말했다. "누가 알았겠는가? 나의 정법안장이 이 눈 먼 나귀에게서 멸각되리라는 것을!"

　저것이 이와 같음을 보라! (여기) 어디에 정해情解가 있고, 얻고 잃는 것이 있는가?

---

[234] 수산성념의 말이다.

只如 興化向克賓維那道 "你是會來不入 不會不入" 克賓道 "沒交涉"
且道 他意作麽生. 後人情解道 "當初但下一喝" 或云 "以坐具便搋 自然
不著出院" 只管議論將去 有什麽交涉. 後來住院開堂 承嗣興化 蓋謂
他踏著向上關捩子 所謂 見與師齊 減師半德 見過於師 方堪傳受. 那裏
似如今人 在情想中分得分失來. 不見興化 一日有同參來. 纔相見 化
便喝 僧亦喝. 化又喝 僧又喝 化拈拄杖 僧又喝 化便打云 "看這漢猶强
作主宰在" 直打出法堂. 侍者至晚却問 "適來這僧有甚言句觸忤和尚"
化云 "他有權有實有照有用 我將手去他面前探兩市 他却不知 似這般
漢不打 更待何時" 興化一日示衆云 "若是作家戰將 便請單刀直入 更莫
如何若何" 時有旻德長老 出衆禮拜起便喝 化亦喝 德又喝 化又喝 德便
禮拜歸衆. 興化云 "旻德今夜却較興化二十棒 何故 爲他旻德會這一
喝. 且不是喝" 到這裏 看他宗風作略手段. 須是他屋裏人 方可會得
會得了也 只易得他藥頭空些子透見.

※觸忤(촉오) : 웃어른의 마음을 거슬려서 성을 벌컥 내게 함.

그건 그렇고, 흥화가 극빈유나에게 "그대는 알고 안 들어가겠다는
것인가, 몰라서 안 들어가겠다는 것인가?"라고 하자, 극빈이 "관계없
다"고 했다. 자, 말해보라! 그의 뜻이 무엇인가?

  뒷사람들이 정해情解해서 말하기를 "당초에 다만 일할(一喝)을 했어
야 했다"고 하고, 혹은 "좌구坐具로 털어냈으면 자연히 절에서 쫓겨나지
는 않았을 것이다"고 하면서 제멋대로 왈가왈부하는데, 무슨 관계가

있겠는가!

뒷날 절에 주지로 주석하면서 개당하여 홍화의 법을 이었다는 것은 그가 향상向上의 관려자關捩子를 실제로 밟았다는 것을 말하는 것이니, (이것이) 이른바 "견지가 스승과 같으면 스승의 덕을 반으로 줄이고, 견지가 스승을 뛰어넘어야 바야흐로 그 법을 전해 줄 수 있다"[235]고 하는 것이다. (그런데 여기) 어디에 요즘 사람들처럼 정상(情想, 정식으로 헤아려) 속에서 득을 나누고 실을 나눈 것이 있는가?

보지 못했는가!

하루는 (홍화의) 도반이 왔다.

보자마자 홍화가 "할!" 하자, 스님 역시 "할!" 했다.

홍화가 또 "할!" 하자, 스님이 또 "할!" 했다.

홍화가 주장자를 집어 들었다.

(그러자) 스님이 또 "할!" 했다.

홍화가 바로 치고, 말했다. "이놈 봐라, 어거지로 주재主宰하려고 하네!"

(그리고는) 곧바로 법당에서 내쫓았다.

시자가 저녁 무렵에 물었다. "좀 전에 이 스님이 무슨 말을 했기에 화상의 비위를 거스른 것입니까?"

홍화가 말했다. "그에게는 방편(權)도 있고 진실(實)도 있으며, 조照 도 있고 용用도 있었다. 그러나 내가 손으로 그의 얼굴 앞에서 두

---

235 위산이 앙산에게 한 말이다. (졸역, 임제어록 역주, p.414 참조)

번씩이나 두루 탐색했는데도 그가 알지 못하였으니, 이와 같은 놈을 (지금) 치지 않으면 다시 어느 때를 기다리겠는가!"[236]

(또) 홍화가 하루는 대중에게 말했다. "만약 작가전장作家戰將이라면 곧 단도직입적으로 청해야지, 어쩌고저쩌고 해서는 안 된다."

그때 민덕 장로가 대중 속에서 나와 절을 하고 일어나서 바로 "할!" 했다.

(그러자) 홍화 역시 "할!" 했다.

(이에) 민덕이 또 "할!" 하자, 홍화가 또 "할!" 했다.

(그때) 민덕이 바로 절을 하고는 대중 속으로 돌아갔다.

홍화가 말했다. "민덕은 오늘밤 (나) 홍화의 20방을 면했다. 왜냐하

---

236 SM 제19권(N.760)에서도 전한다.

참고로 SM 제19권(N.757)에서는 홍화의 할(喝)과 관련한 대중법문을 하나의 고칙으로 전한다.

興化示衆曰 "我聞前廊也喝 後架裏也喝 你莫胡喝亂喝 直饒喝得興化 上三十三天 卻撲下來 一點氣也無 待蘇息後向你道未在 何故 興化未曾向紫羅帳裏撒眞珠 與你諸人 在虛空裏亂喝作麼"

홍화가 대중에게 말했다.

"내가 듣기로 문 앞 행랑에서도 할(喝)!을 하고, 뒷간에서도 할을 한다고 하던데, 대중이여! 그대들은 눈 먼 할을 하거나 어지럽게 할을 하지 말라. 설사 (나) 홍화에게 할을 해서 삼십삼천에 오르게 하고, 다시 쳐서 내려오게 해서 한 점의 숨도 없게 하더라도, 끊어질 듯 막혔던 숨을 돌려 쉬고 그대들에게 말하기를 '아니다(未在)'고 할 것이다. 왜냐하면 나는 자줏빛 비단 장막에 진주를 뿌린 적이 없기 때문이다. 그대들 모두는 허공에다 대고 어지럽게 할을 해서 무엇을 하겠다는 것인가!"

196

면 저 민덕은 이 일할(一喝)이 할이 아니라는 것을 알았기 때문이다."[237]

　여기에 (이르러)서 저 종풍의 작략과 수단을 보라! 모름지기 저 집안사람이어야 알 수 있고, 알았더라도 다만 저 약두공(藥頭空, 공에 대한 약)을 쉽게 얻어야 조금이나마 꿰뚫어 볼 수 있다.

※

雪竇道 "克賓維那要承嗣興化" 只這一句 便見得雪竇會得甚好. 若不徹骨徹髓 深入虜庭 焉能知得這些子難處. 雪竇拈得情也盡見也除. 雪竇但知 只拈話便了克賓 知他得幾年. 爲什麼雪竇却道 "今夜與克賓維那雪屈 却以拄杖一時赶散" 大衆 且道 他畢竟作麼生(險).

설두가 말하기를 "극빈유나가 흥화의 법을 잇고자 했다면"이라고 했는데, 다만 이 일구一句로 바로 설두가 (이 일을) 아주 잘 알고 있었다는 것을 볼 수 있다. 만약 골수에 사무치게 철저히 적진(虜庭)[238]에 깊이 들어가지 않았다면, 어찌 (여기에) 이런 약간의 (알기) 어려운 곳이 있다는 것을 알 수 있었겠는가! (이것은) 설두가 정식(情, 情識)을

237　SM 제19권(N.761)에서도 전한다.
238　설두의 송 가운데 비기장군입로정飛騎將軍入虜庭이라는 말이 있다. 이 뜻은 비기장군, 즉 이광李廣이 흉노족에게 사로잡힌 것을 뜻한다. (이때) 이광은 적진에서 죽은 척하며 상대를 속이고, 말을 탈취해서 탈출한다.
　　선종에서는 이 고사를 전환해서 목숨을 잃을 곳(喪身失命之處)에서 큰 위험을 무릅쓰고 자신의 목숨을 구하는 것을 가리킨다. (벽암록 제4칙 참조)

없애고 지견(見, 知見)도 제거해서 염拈한 것이다. (또한) 설두가 다만
안 것은 단지 이 공안(話)을 들면서 바로 극빈을 알았던 것이지, 그를
몇 년 씩이나 걸려 안 것이겠는가!

어째서 설두는 도리어 말하기를 "오늘밤 극빈유나의 억울함을 씻어
주겠다" 하고, 다시 주장자를 쳐서 (대중을) 일시에 흩어버린 것인가?
대중들은 말해보라! 필경 그의 뜻이 무엇인가?

(험險, 위험하다)!

제22칙 장경도금長慶淘金[239]

〔古則과 着語〕

擧, 僧問長慶 "衆手淘金 誰是得者"〔無手人得〕慶云 "有伎倆者得"
〔已是第二頭〕僧云 "學人還得也無"〔孟八郞作麽〕慶云 "大遠在"
〔不妨減人光彩〕

※淘金(도금): 사금을 일다.

어떤 스님이 장경長慶에게 물었다. "여러 사람이 손으로 사금砂金을
일 때, 누가 얻습니까?"
  〔손 없는 사람이 얻는다.〕
  장경이 말했다. "기량이 있는 자가 얻는다."
  〔이미 제2두第二頭에 떨어졌다.〕
  스님이 말했다. "학인도 얻을 수 있습니까?"
  〔맹팔랑 같은 놈, 뭐 하는 거야?〕

---

239 SM 제25권(N.1116)에서도 전한다.

장경이 말했다. "아주 멀리 (떨어져) 있다."

〔아주 사람의 체면(光彩)을 깎아내리는구면.〕

〔拈古와 着語〕

雪竇拈代云 "這僧當時便喝" 〔賊過後張弓〕 復云 "有伎倆者得 一手分付 〔減師半德〕 有伎倆者不得 兩手分付 〔方堪傳受〕 學人還得也無 蒼天蒼天" 〔一坑埋却 便打〕

설두가 염拈해서 대신 말했다. "이 스님이 당시에 바로 '할!'을 했어야 했다." [240]

〔적이 지나간 뒤에 활시위를 매고 있다.〕

다시 말했다. "기량이 있는 자가 얻으면 한 손으로 주고,

〔스승의 덕을 반으로 깎는다.〕

기량이 있는 자가 얻지 못하면 두 손으로 줄 것인데,

〔(스승의 법을) 전해 받을 수 있다.〕

'학인도 얻을 수 있습니까?'라고 하다니, 아이고! 아이고!"

〔한 구덩이에 묻어버려라! (그리고는 바로 선상을) 쳤다.〕

---

[240] SM에서는 다음과 같이 전한다.

雪竇顯拈 "代者僧當時便喝"

설두현이 염을 했다. "이 스님을 대신해서 당시에 '할!' 했어야 했다."

〔評唱〕

長慶稜道者 平生參請 直是將死生著在額頭上 坐破七箇蒲團 豈似今
日 如存若忘. 初參靈雲便問"如何是佛法大意"靈雲道"驢事未了 馬事
到來"後擧似雪峯 峯云"汝豈不是蘇州人"慶云"某甲豈不知是蘇州人"
雪峯擧似玄沙 沙云"恐他因緣不在和尙處. 敎伊下來 某向他說"慶到
玄沙處 擧前話 沙云"你是稜道者 作麽生不會"稜云"不知 靈雲與麽道
意作麽生"沙云"只是稜道者 不用外覓"稜云"和尙作麽生與麽說某名
不可不識 乞和尙說道理"沙云"你是兩浙人 我是福州人 作麽生不會"
稜云"實不會 乞和尙說破"沙云"我豈不是向你說也"稜云"某甲特地來
乞和尙爲說 莫與麽相弄"沙云"你聞鼓聲也無"稜云"某不可不識鼓聲
也"沙云"若聞鼓聲 只是你"稜云"不會"沙云"且喫粥去便上來"稜喫粥
粥了便上云"乞和尙說破"沙云"不是喫粥了也"稜云"乞和尙說破 莫相
弄 某甲且辭歸去"沙云"你來時從那裏路來"稜云"大目路來"沙云
"你去也 從大目路去 作麽生說相弄"後於雪峯 一日捲簾大悟 有頌云
"也大差 也大差 捲起簾來見天下 有人問我解何宗 拈起拂子驀口打"
後來示衆道"撞著道伴交肩過 一生參學事畢"

※參請(참청)＝참학청익參學請益. 제자가 스승에게 묻고 가르침을 받는 것.
※相弄(상농): 놀리다. 희롱하다. 가지고 놀다. 농락하다.

장경 릉 도자(道者, 스님)는 평생 (선지식을) 참학청익(參學請益, 참청)
하며 바로 생사문제를 이마에 붙이고 일곱 개의 포단을 뚫어버렸으니,

어찌 있는 것 같기도 하고 없는 것 같기도 한[241] 요즘 (학인들)과 같겠는가!

(장경이) 처음에 영운靈雲을 참례하고, 바로 물었다. "어떤 것이 불법의 대의입니까?"

영운이 말했다. "나귀 일이 끝나지도 않았는데, 말 일이 도래했다!"[242]

뒤에 설봉雪峯에게 앞의 이야기를 거론하자,

설봉이 말했다. "그대가 어찌 소주 사람(蘇州人)[243]이 아니겠는가?"

장경이 말했다. "제가 어찌 소주 사람인 것을 알지 못하겠습니까!"

---

241 若存若亡과 관련해 『노자老子』 제41장에 다음과 같이 전한다.

上士聞道 勤而行之 中士聞道 若存若亡 下士聞道 大笑之 不笑不足以爲道.

뛰어난 선비는 도를 들으면 힘써 이를 행하고, 중간 정도의 선비는 도를 들으면 마음에 있는 것 같기도 하고 없는 것 같기도 하고, 낮은 정도의 선비는 도를 들으면 크게 웃는다. (남회근 저, 설순남 역, 『노자타설 하』, p.165, 2013, 부키)

242 SM 제15권(N.592)에서는 다음과 같이 전한다.

靈雲因僧問 "如何是佛法大意" 師云 "驢事未了 馬事到來" 僧未喻旨 再請垂示 師云 "彩氣夜常動 精靈日少逢"

영운에게 어떤 스님이 물었다. "어떤 것이 불법의 대의입니까?"

영운이 말했다. "나귀 일이 끝나지도 않았는데 말 일이 도래했다."

스님이 뜻을 깨우치지 못하고, 다시 말해줄 것을 청했다.

영운이 말했다. "채기(彩氣, 밝은 기운)는 밤에 항상 움직이지만, 정령(精靈, 도깨비)은 낮에 만나지 못한다."

243 蘇州(소주): 강소성江蘇省 남부 태호太湖 동안東岸에 있는 도시.

설봉이 현사玄沙에게 앞의 이야기를 거론하자,

현사가 말했다. "아마도 그의 인연이 화상의 처소에 없지 않을까 걱정스럽습니다. 그를 내려오게 해서 제가 말해보겠습니다."

장경이 현사의 처소에 가서 앞의 일을 이야기를 거론하자,

현사가 말했다. "그대는 릉稜 도자라면서, 어째서 (그것도) 알지 못하는 것인가?"

장경이 말했다. "모르겠습니다. 영운스님이 그렇게 말씀하신 뜻이 무엇입니까?"

현사가 말했다. "다만 릉 도자라면 밖에서 찾을 필요가 없다."

혜릉이 말했다. "화상께선 어떻게 그렇게 말씀하십니까? 제 이름을 모를 리가 없으실 것입니다. 화상께서 그 도리를 말해주십시오."

현사가 말했다. "그대는 양절兩浙 사람이고, 나는 복주福州 사람인데,[244] 어째서 모르는가?"

혜릉이 말했다. "정말 모르겠습니다. 화상께서 설파(說破, 말씀)해주십시오."

현사가 말했다. "내가 어찌 그대에게 말해주지 않겠는가?

혜릉이 말했다. "제가 특별히 와서 화상께 말씀해달라고 청했는데, 그렇게 장난치지 마십시오."

현사가 말했다. "그대는 북소리를 들었는가?"

혜릉이 말했다. "제가 (어찌) 북소리를 모르겠습니까?"

---

244 양절兩浙은 절강성, 복주福州는 복건성을 뜻한다.

현사가 말했다. "북소리를 들었다면, 다만 그것이 바로 자네일세."

혜릉이 말했다. "모르겠습니다."

현사가 말했다. "자, 가서 죽이나 먹고 올라와라!"

혜릉이 죽을 먹고, 곧장 올라가 말했다. "화상께서 말씀해주십시오."

현사가 말했다. "죽을 먹지 않았는가?"

혜릉이 말했다. "화상께서 말씀해주십시오. 장난치지 마시고요. (그렇지 않으면) 저는 인사나 드리고 돌아가겠습니다."

현사가 말했다. "그대는 올 때 어느 길로 왔는가?"

혜릉이 말했다. "대목로大目路로 왔습니다."

현사가 말했다. "그대는 가라, 대목로로 가라! (이것이) 어찌 장난으로 말한 것이겠는가?"

훗날 설봉의 처소에서 하루는 드리웠던 발을 말아 올리다가 크게 깨닫고(捲簾大悟), 송頌을 했다.

"역시 크게 다르구나! 역시 크게 달라!

드리웠던 발을 말아 올리니 천하가 보이네.

어떤 이가 내게 무슨 종지를 알았냐고 묻는다면

불자拂子를 들어 맥연히 주둥이를 치리라."

훗날 대중에게 말했다.

"도반과 어깨를 부딪치고 맞대면서 일생 참학하는 일을 마쳤다."[245]

204

大凡參請 須要抵死謾生 用做一件事頓在面前. 忽然似長慶恁麼桶底脫去 也不妨快活 須是捨長久工夫始得相應. 一日僧問"羚羊未掛角時如何"慶云"草裏漢""掛角後如何"慶云"亂叫喚"看他得底人. 自然用處七縱八橫. 這僧致箇問頭也有氣息 却問長慶"衆手淘金 誰是得者"衆中謂之借事問. 慶云"有伎倆者得"雪竇便出一隻眼道"有伎倆者不得"這瞌睡漢更道"某甲還得也無"雪竇道"蒼天蒼天"且道 他意落在甚處 三日後看.

※抵死謾生＝抵死漫生: 온갖 방법을 다하다. (온갖) 지혜를 짜내다.
※用做(용주): ~을 만드는 데 쓰다. ~에 쓰이다.

무릇 참학청익(參學請益, 참청)은 모름지기 온갖 지혜를 짜내 (이) 하나의 일에 매진해서 단박에 눈앞에 드러내야 한다. (그래서) 홀연히 장경처럼 이렇게 통 밑이 쑥 빠지면 아주 대단히 쾌활할 것이니,

---

245 SM 제25권(N.1111)에서는 장경의 撞著道伴交肩過 一生參學事畢을 하나의 고칙으로 전한다.
참고로 이 고칙에 대한 설두의 염과 원오의 염을 다음과 같이 전한다.
雪竇顯拈 "是卽是 針不箚風不入 有什麼用處"
설두 중현(雪竇顯)이 염했다. "옳기는 옳지만, 바늘로 찌르지도 못하고 바람도 들어가질 못하는데 무슨 쓸 데가 있겠는가?"
圜悟勤拈 "撞着道伴交肩過 露柱燈籠公證明"
원오극근(圜悟勤)이 염했다. "도반과 어깨를 부딪치고 맞대며 지내면 노주와 등롱이 함께 증명하리라."

(그러려면) 모름지기 아주 오랫동안 익힌 공부를 다 버려야 비로소 상응하게 될 것이다.

하루는 스님이 물었다. "영양이 뿔을 걸지 않을 때는 어떻습니까?
장경이 말했다. "초리한(草裏漢, 시원찮은 놈)!"
스님이 말했다. "뿔을 걸고 난 후에는 어떻습니까?"
장경이 말했다. "어지럽게 울부짖는구나!"[246]

저 득저인(得底人, 도를 체득한 사람)을 보라!
자연히 용처(用處, 법을 쓰는 것)가 자유자재하다(七縱八橫).

이 스님이 물은 것에도 역시 장부의 기백이 있었다. 그래서 장경에게 묻기를 "여러 사람이 손으로 사금을 일 때 누가 얻겠습니까?"라고 한 것이다. 대중들 사이에서는 이를 일러 차사문借事問[247]이라고 한다.
장경이 말하기를 "기량이 있는 자가 얻는다"고 했는데, (여기에) 설두가 바로 일척안一隻眼을 내어 말하기를 "기량이 있는 자는 얻지 못한다"[248]고 했다. (또) 이 말뚝잠이나 자는 놈이 다시 말하기를 "저도 얻을 수 있습니까?"라고 했다. (그런데) 설두가 말하기를 "아이고,

---

246 제59칙 장경영양長慶羚羊 편에서 다루고 있으니 참조 바란다.
247 분양선소가 학인의 물음을 가지고 모두 18가지로 분류한 것 중의 하나로, 사례나 비유를 빌어 묻는 것을 말한다.
248 정확하게는 "기량이 있는 자가 얻으면 한 손으로 주고, 기량이 있는 자가 얻지 못하면 두 손으로 주는 것이다"고 하였다.

아이고!" 하였다. 자, 말해보라! 저 (스님의) 생각이 어디에 떨어진 것인가?

　3일 뒤에 살펴봐라(三日後看)! [249]

---

249 참고로 전등록 제13권, 수산성념首山省念 편에 다음과 같이 전한다.

　問 "見色便見心 諸法無形將何所見" 師曰 "一家有事百家忙" 僧曰 "學人不會 乞師再指" 師曰 "三日看(또는 後看)取"

　물었다. "색을 보면 바로 마음을 본다고 하는데, 제법은 형상이 없거늘 뭘 가지고 볼 수 있습니까?"
　수산이 말했다. "한 집에 일이 생기면 백 집이 바쁘다."
　스님이 물었다. "학인은 모르겠습니다. 선사께서 다시 가리켜주십시오."
　수산이 말했다. "삼일을 살펴봐라(또는 삼일 뒤에 살펴봐라)!"

제23칙 대매무의大梅無意²⁵⁰

【古則과 着語】

擧, 僧問大梅 "如何是祖師西來意"〔可晒新鮮〕梅云 "西來無意"〔賺
殺一船人〕僧擧似鹽官官云 "一箇棺木 兩箇死漢"〔是賊識賊〕玄沙
聞擧云 "鹽官是作家"〔也是火裏人〕

어떤 스님이 대매大梅²⁵¹에게 물었다. "어떤 것이 조사가 서쪽에서 온
뜻입니까?"

〔가히 햇볕을 쬔 것처럼 신선하다.〕

대매가 말했다. "서쪽에서 온 뜻은 없다."

〔한 배에 탄 사람을 몹시 속이고 있다.〕

스님이 앞의 일을 들어서 염관鹽官²⁵²에게 말하자, 염관이 말했다.

---

250 SM 제8권(N.267)에서도 전한다.

251 대매법상(大梅法常, 752~839): 마조도일의 법사法嗣.

252 염관제안(鹽官齊安, ?~842): 마조도일의 법사法嗣.

208

"관 하나에 죽은 놈이 둘이로다!"

　〔도적이라야 도적을 알아보는 법이다.〕

　현사玄沙가 앞의 이야기를 듣고, 말했다. "염관은 작가다."

　〔역시 한솥밥 먹는 놈이다.〕

【拈古와 着語】

雪竇云 "三箇也得" 〔如麻似粟 成羣作隊〕

※成羣作隊(성군작대)＝成羣遂隊: 무리를 이루다.

설두가 말했다. "세 놈이나 되었군."

　〔삼대처럼 많고 좁쌀처럼 많다. (그래서) 한 무리를 이루고 있다.〕

〔評唱〕

師云. 雖然如是 雪竇也是普州人送賊. 擧僧問 "人人有箇觀音 如何是
和尙觀音"(云云) 古鏡話亦然. 西來無意 有底云 "無見無聞" 又云 "一切
皆無" 若作恁麼見解 一時壞了. 你旣道無 又用參請作什麼. 殊不知古
人一期問答 應病與藥 截斷葛藤 後人只管狂狗逐塊. 鹽官恁麼道 且不
是無意 通方作者 共相證明. 玄沙雪竇 不言而喻.

※不言而喩(불언이유): 말하지 않아도 안다. 말할 필요도 없다.

비록 이와 같지만, 설두 역시 보주 사람이 도적을 호송하는 격[253]이다.

어떤 스님이 묻기를 "사람들마다 관음이 있거늘, 어떤 것이 화상의 관음입니까?"라고 운운한 것[254]을 거론하고, (말했다.) 고경화古鏡話[255] 역시 그러하다.

---

253 예로부터 사천성泗川省 보주普州에는 도적이 많았다고 한다.

254 역자는 이 부분을 아래 임제와 마곡의 대화로 이해했다.

麻谷到參 敷坐具問 "十二面觀音 阿那面正" 師下繩床 一手收坐具 一手搊麻谷 云 "十二面觀音向什麼處去也" 麻谷轉身擬坐繩床. 師拈拄杖打. 麻谷接却 相捉 入方丈.

마곡麻谷이 참례하러 와서, 좌구를 펴고 물었다. "십이면관음은 어느 얼굴이 진짜입니까?"

임제가 승상에서 내려와 한 손으로는 좌구를 거두고, 한 손으로는 마곡을 붙잡고 말했다. "십이면관음은 어디로 갔는가?"

마곡이 몸을 돌려 승상에 앉으려고 하자, 임제가 주장자를 들어 쳤다.

마곡이 주장자를 잡고는, 서로 붙잡고 방장실로 들어갔다. (졸역, 임제어록 역주, p.362 참조)

255 SM 제20권(N.799)에서는 고경화古鏡話를 다음과 같이 전한다.

雪峯示衆云 "我這裏如一面古鏡相似, 胡來胡現 漢來漢現" 時有僧便問 "忽遇明 鏡來時如何" 師云 "胡漢俱隱"

설봉이 시중했다. "나의 여기에는 마치 하나의 고경古鏡과 같아서 오랑캐가 오면 오랑캐가 드러나고 한족이 오면 한족이 드러난다."

그때 어떤 스님이 물었다. "홀연히 밝은 거울을 볼 때는 어떻습니까?"

선사가 말했다. "오랑캐와 한족이 모두 숨는다."

서쪽에서 온 뜻이 없다는 것을 어떤 사람은 "본 것도 없고 들은
것도 없다"고 하고, 또 "일체가 모두 없다"고도 하는데, 만약 이런
견해를 짓는다면 (이 법이) 한꺼번에 무너져버릴 것이다. 그대들도
이미 "없다(無)"고 하면서 또 참청參請은 해서 뭘 하겠다는 것인가!
고인이 한평생 묻고 답한 것이 병에 따라 약을 줘서 언어문자(葛藤)를
끊어버린 것임을 전혀 모르면서 뒷사람들은 그저 (제멋대로) 미친개가
흙덩이를 쫓는 격(狂狗逐塊)²⁵⁶일 뿐이다.

염관이 이렇게 말한 것 또한 뜻이 없는 것이 아니지만, 통방작자(通方
作者, 사통팔달한 작자)라야 함께 서로 증명해 줄 수 있는 것이다. 현사와
설두는 (더 이상) 말하지 않아도 알 것이다.²⁵⁷

---

256 한로축괴韓獹逐塊: 한로는 전국시대 한韓나라의 명견(=사냥개). 미친개가 흙덩
이를 쫓는다(狂狗逐塊)고도 한다. 원래의 뜻은 개에게 흙덩이를 던지면 개가
흙덩이를 먹을 것으로 오인해서 맹목적으로 쫓아가는 것을 말한다. 선림에서는
참선하는 무리들이 자신의 진정한 견해도 없이 부지런히 언구를 설명하거나
혹은 사물의 형상에 집착해서 지엽적인 것들이나 잡아서 사물의 진상을 알려고
하니, 부질없이 힘을 썼지만 공이 없는 것(徒勞無功)을 가리키는 것으로 바뀌었
다. (참고, 사자교인獅子咬人 한로축괴漢獹逐塊)
257 SM에서는 본칙에 대한 원오의 염을 다음과 같이 전한다.
圜悟勤擧此話 連擧雪竇拈 師云 "一串穿却"
원오극근(圜悟勤)이 이 이야기를 거론하고, 이어서 설두의 염을 거론하고 말했
다. "하나로 꿰었다."

제24칙 임제호지臨濟蒿枝²⁵⁸

〔古則과 着語〕

擧, 臨濟示衆云 "我於先師處 三度喫六十棒 如蒿枝子拂相似.〔貧兒思舊債〕如今更思一頓棒喫 誰爲下手"〔打云"已喫了也"〕僧出衆云 "某甲下手"〔莫茆廣〕濟拈棒與〔棒頭有眼〕僧擬接 濟便打.〔果然何故 忠人無信〕

※蒿(쑥 호, 짚 고): 쑥, 사철 쑥, 볏짚.

임제臨際가 대중에게 말했다. "내가 선사(先師, 황벽)의 처소에서 세 번에 걸쳐 60방을 맞았었는데, 마치 쑥대 가지로 쓰다듬는 것 같았다.²⁵⁹
〔가난뱅이가 묵은 빚을 생각하고 있다.〕
지금 다시 한 방망이 맞고 싶은데, 누가 하겠는가?"

---

258 SM 제16권(N.614)에서도 전한다.
259 중국 도가에서는 쑥대 가지로 어린아이의 머리를 쓰다듬어 아이의 성장을 축원하는 의식이 있었다고 한다.

〔(선상을 치고) 말했다. "이미 맞았다."〕

어떤 스님이 대중 속에서 나와 말했다. "제가 하겠습니다."

〔거칠고 경솔하게 굴지 말라.〕

임제가 방망이를 집어 건네주는데,

〔(아서라!) 방망이 끝에 눈이 있다.〕

스님이 받으려 하자, 임제가 바로 쳤다.

〔과연! 무슨 까닭에 그런 것인가? 성의는 다했지만 신의(信, 믿음성) 가 없었다.〕

〔拈古와 着語〕

雪竇拈云 "臨濟放去較危 收來太速"〔不得不恁麼 不恁麼時如何 棒 下無生忍. 臨機不見師〕

설두가 염拈했다. "임제가 방망이를 내준 것은 조금 위험했지만, 방망이 를 거둔 것은 아주 신속했다."

〔부득불 이렇게 할 수밖에 없다. 이렇게 하지 않을 때는 어떻게 해야 하는가? 방망이 아래 무생인(無生忍, 무생법인)은 기연機緣에 임해 서는 스승도 보지 않는다.〕

〔評唱〕

師云. 臨濟在黃蘗會裏三年. 行業純一 首座歎曰 "雖是後生與衆有異"

首座問上座"在此多少時"(云云) 黃蘗曰"不得別處去 汝向高安灘頭
大愚處去"(云云) 大愚托開云"汝師黃蘗 非干我事"一日普請鋤地.
濟見黃蘗 拄钁而立 蘗曰"這漢困那"(云云) 蘗打維那 濟連钁曰"諸方
火葬我這裏一時活埋"到這裏 且道 與六十棒相見時如何. 還知他本
分作家麽 臨濟從此一喝起來 如今向劍刃上求人 今人却換作移喚 他
有什麽氣息.

※行業(행업): 불도를 닦음. 고락의 과보를 받을 선악의 행위. 몸, 입, 뜻에
 의하여 짓는 모든 행위를 뜻함.
※灘頭(탄두): 하천·호수·해안의 모래사장(모래톱).

임제는 황벽黃蘗 회상에 3년 있었다. 행업行業이 순일(純一, 純一無雜)
해서 수좌가 칭찬하기를 "비록 후배이지만, 대중들과 다른 데가 있다"
고 하였다.

　수좌가 상좌에게 물었다. "여기에 얼마나 있었는가?"
　(운운云云)[260]
　황벽이 말했다. "다른 곳으로 가지 말고, 고안탄두의 대우大愚[261]가
있는 곳으로 가라."
　(운운云云)[262]

260 아래 註263의 「1. 황벽과 임제의 대화」를 참조하기 바란다.
261 고안대우(高安大愚, 생몰연대 미상): 귀종지상의 법사法嗣.
262 아래 註263의 「2. 임제와 대우의 대화」를 참조하기 바란다.

대우가 탁 밀치면서 말했다. "그대의 스승은 황벽이다. 나와는 관계 없는 일이다."[263]

---

[263] 수좌의 칭찬으로부터 황벽과 임제의 대화, 임제와 대우의 만남과 대화, 그리고 다시 황벽과 임제의 대화에 이르기까지, 전등록 제12권에서 전하는 내용을 소개하니 참조하기 바란다(격절록의 편저자가 이 이야기들을 운운云云으로 생략 했다).

1. 황벽과 임제의 대화

初在黃檗隨衆參侍. 時堂中第一座勉令問話 師乃問 "如何是祖師西來的的意" 黃檗便打. 如是三問三遭打 遂告辭. 第一座云 "早承激勸問話 唯蒙和尚賜棒 所恨愚魯 且往諸方行脚去" 上座遂告黃檗云 "義玄雖是後生 却甚奇特 來辭時 願和尚 更垂提誘" 來日師辭黃檗 黃檗指往大愚.

(임제는) 처음 황벽에 있었는데, (하루는) 대중을 따라 모시고 있었다. 그때 제1좌(堂中第一座, 수좌)가 (황벽에게) 물을 것을 권했다. 임제가 물었다. "어떤 것이 조사가 서쪽에서 온 적적한 뜻입니까?" (그러자) 황벽이 바로 쳤다. 이렇게 세 번 묻고 세 번 얻어맞자, (선사가) 마침내 (제1좌에게) 떠나겠다고 하면서 말했다. "일찍이 물으라고 권해서 따랐는데, 오직 화상의 방망이를 맞았을 뿐입니다. 저의 우둔함을 한탄할 따름이니, 제방으로 행각이나 하러 떠나겠습니다." 상좌가 황벽에게 (이 사실을) 알리고는 말했다. "의현(義玄, 임제)이 비록 후배지만, 아주 기특합니다. 하직인사를 하러 오거든, 원컨대 화상께서 다시 한 번 이끌어 주십시오." 이튿날 선사가 황벽에게 하직인사를 하자, 황벽이 대우에게 가라고 지시했다.

2. 임제와 대우의 대화

師遂參大愚 愚問曰 "什麼處來" 曰 "黃檗來" 愚曰 "黃檗有何言敎" 曰 "義玄親問 西來的的意 蒙和尚便打 如是三問 三轉被打 不知過在什麼" 愚曰 "黃檗恁麼老

婆 爲汝得徹困 猶覓過在" 師於是大悟云 "佛法也無多子" 愚乃擒師衣領云 "適來
道我不會 而今又道 無多子 是多少來是多少來" 師向愚肋下打一拳 愚托開 云
"汝師黃蘗 非干我事"

선사가 대우를 참례했다.
대우가 물었다. "어디서 오는가?"
선사가 말했다. "황벽에서 왔습니다."
대우가 물었다. "황벽이 어떤 말로 가르치던가?"
선사가 말했다. "제가 몸소 조사가 서쪽에서 온 적적한 뜻을 물었는데, 화상께
바로 맞았습니다. 이렇게 세 번 묻고 세 번 맞았는데, 허물이 어디에 있는지
모르겠습니다."
대우가 말했다. "황벽이 그렇게 노파심으로 그대를 위해 철저하게 애를 썼거늘,
오히려 허물을 찾는가?"
선사가 여기서 크게 깨닫고는 말했다. "(황벽의) 불법이야말로 간단명료하
구나."
대우가 스님의 옷깃을 붙잡고 말했다. "좀 전엔 모른다고 하더니, 이젠 다시
간단명료하다고 하냐! 그래 이게 (네가 안다고 하는 그 불법이란 것이) 얼마나
되냐, 얼마나 되냐?"
선사가 대우의 옆구리를 주먹으로 한 대 치자, 대우가 탁 밀치면서 말했다.
"그대의 스승은 황벽이다. 나와는 관계없는 일이다."

3. 임제와 황벽의 대화
師却返黃蘗 黃蘗問云 "汝迴太速生" 師云 "只爲老婆心切" 黃蘗云 "遮大愚老漢
待見與打一頓" 師云 "說什麼待見 卽今便打" 遂鼓黃蘗一掌 黃蘗哈哈大笑.

선사가 황벽에게 돌아오자, 황벽이 말했다. "이놈이 빨리도 돌아오는군."
선사가 말했다. "노파심이 간절했기 때문입니다."
황벽이 말했다. "이 대우 늙은이를 보기만 하면 한 방 먹여야겠다."
선사가 말했다. "보기만 하면 한 방 먹여야겠다는 무슨 그런 말씀을 하십니까?

하루는 김을 매며 대중울력을 하고 있었다. (그때) 임제가 황벽을 보고는, 괭이를 세우고 섰다.

황벽이 말했다. "이놈아, 피곤하냐?"

임제가 말했다. "괭이도 들지 않았는데, 피곤할 게 뭐 있겠습니까?"

황벽이 바로 치자, 임제가 방망이를 잡고 한 번 밀어서 넘어뜨렸다.

황벽이 유나를 불러 말했다. "유나야! 나를 부축해 일으켜라."

유나가 가까이 와 부축하며 말했다. "화상께서는 어째서 이런 미친놈의 무례함을 받아주십니까?"

황벽이 일어나자마자 바로 유나를 치자, 임제가 괭이질을 하며 말했다. "제방에서는 화장을 하지만, 나의 여기에서는 일시에 산 채로 묻어버립니다."[264]

여기에 이르러서 자, 말해보라! 60방을 줘서 상견할 때는 어떠한가? 저 본분작가本分作家를 알겠는가?

임제가 이 일할(一喝)을 한 이래로 지금까지도 칼 날 위에서 사람을

바로 지금 치시지요."

그리고는 황벽을 손바닥으로 한 대 후려갈겼다.

(그러자) 황벽이 '하하!' 하며 크게 웃었다(哈哈大笑).

참고로 SM 제15권(N.607)에서도 상기의 내용을 전한다.

264 운운云云 부분을 SM 제15권(N. 608)을 인용, 번역했다.

臨濟因赴普請鋤地次 見黃蘗來 拄钁而立 蘗云 "這漢困耶" 師云 "钁也未擧 困个什麽" 蘗便打 師接住棒 一送送倒 蘗喚維那 "維那扶起我" 維那近前扶云 "和尙爭容得者風顚漢無禮" 蘗才起 便打維那. 師钁地云 "諸方火葬 我這裏一時活埋" (내용 상기와 동일)

찾고 있거늘, 요즘 사람은 도리어 바꿔서 다르게 부르고 있으니, 그들에게 무슨 기백(氣息)이라도 있는가!

🌸

臨濟潙山處見仰山云 "我欲向北去建立黃蘗宗旨" 仰山云 "若到彼中有二人輔佐你 只是有頭無尾" 濟到河北 住一小院 普化克符先在彼中 濟謂二人曰 "我欲於此建立黃蘗宗旨 汝且須成褫我" 二人珍重 便下去. 次日普化上堂問云 "和尙前日說什麼" 濟便打. 又一日克符上來問 "和尙打普化作什麼" 濟亦打. 至晩小參示衆云 "有時奪人不奪境 有時奪境不奪人 有時人境俱奪 有時人境俱不奪" 克符出衆便問 "如何是奪人不奪境" 濟云 "煦日發生鋪地錦 嬰兒垂髮白如絲" "如何是奪境不奪人" 濟云 "王令已行天下徧 將軍塞外絶烟塵" "如何是人境俱奪" 濟云 "幷汾絶信 獨處一方" "如何是人境俱不奪" 濟云 "王居寶殿 野老謳歌" 符禮拜 濟便打. 臨濟宗風 從來捋虎鬚 致使後代兒孫 爪牙卓朔地. 他一日示衆云 "我於先師處 三度喫六十棒 如蒿枝子拂相似 如今更思一頓棒喫 誰爲下手" 須得箇茆廣漢. 大膽出來 擬議之間 濟便打. 雪竇拈來眼親便見云 "放去較危 收來太速"

※褫(빼앗을 치): 빼앗다. 옷 벗기다. 벗다. 풀다.
※致使(치사): ~한 결과가 되다. ~한 탓으로 ~하다.
※須得(수득): 모름지기 ~해야 한다. 필요로 한다.

임제가 위산潙山의 처소에서 앙산仰山을 보고 말했다. "나는 북쪽으로 가서 황벽의 종지宗旨를 세우고 싶소."

앙산이 말했다. "만약 그곳에 이르면 두 사람이 그대를 도와 줄 것입니다. 하지만 머리는 있는데 꼬리가 없습니다."

임제가 하북에 이르러 작은 절에 머물렀는데, 보화普化[265]와 극부克符[266]가 먼저 거기에 있었다.

임제가 두 사람에게 말했다. "나는 여기서 황벽의 종지를 세우고 싶다. 그대들은 무엇보다 모름지기 옷을 벗어 제치고, 힘써 나를 도와야 한다."

두 사람이 "안녕히 계십시오" 하고는, 바로 내려갔다.

다음 날 보화가 올라와서 물었다. "화상께선 어제 무슨 말씀을 하신 것입니까?"

임제가 바로 쳤다.

또 하루는 극부가 올라와 물었다. "화상께선 어째서 보화를 치셨습니까?"

(그러자) 임제가 역시 쳤다.

저녁 소참小參에 대중에게 말했다.

"어떤 때는 사람은 빼앗지만 경계는 빼앗지 않고, 어떤 때는 경계는 빼앗지만 사람은 빼앗지 않으며, 어떤 때는 사람과 경계를 모두 빼앗고,

---

265 진주보화(鎭州普化, ?~861): 마조 문하. 반산보적의 법사法嗣. 보화종의 개조.
266 극부(克符, 생몰연대 마상): 임제의현의 법사法嗣. 늘 지의紙衣를 입어 사람들이 지의화상으로 불림.

어떤 때는 사람과 경계를 모두 빼앗지 않는다."

(그러자) 극부克符가 대중 속에서 나와 물었다. "어떤 것이 어떤 때는 사람은 빼앗지만 경계를 빼앗지 않는 것입니까?"

임제가 말했다. "햇볕 따뜻한 봄날에 대지는 비단을 깐 듯 하고, 갓난아기가 머리카락을 늘어뜨리니 희기가 마치 명주실 같다."

"어떤 것이 어떤 때는 경계는 빼앗지만 사람을 빼앗지 않는 것입니까?"

임제가 말했다. "왕의 명령이 천하에 두루 시행되니, 변방의 장군이 전쟁을 하지 않는다."

"어떤 것이 어떤 때는 사람과 경계를 모두 빼앗는 것입니까?"

임제가 말했다. "병주와 분주가 소식을 끊고, 각기 한 지방을 차지했다."

"어떤 것이 어떤 때는 사람과 경계를 모두 빼앗지 않는 것입니까?"

임제가 말했다. "왕은 보배궁전에 머물고, 시골노인은 노래를 부른다."

극부가 절을 하자, 임제가 바로 쳤다.

임제 종풍은 그 옛날 호랑이의 수염을 잡아당기는 것(捋虎鬚=임제)으로부터[267] 후대 자손들에 이르기까지 (그) 교화하는 수단이 아주 탁월했다.

임제가 어느 날 대중에게 말하기를 "나는 선사(先師, 황벽)의 처소에서 세 번에 걸쳐 60방을 맞았는데, 마치 쑥대 가지로 쓰다듬는 것과 같았다. 지금 다시 한 방망이를 맞고 싶은데 누가 하겠는가?"라고 했는데, (이럴 때는) 모름지기 묘광한(眇廣漢, 거칠고 경솔한 놈)이 필요하다.

(그런데 이때 한 스님이) 대담하게 나왔지만, 머뭇거리는 순간 임제가 바로 쳤다. (이를) 설두가 염拈을 하면서 눈으로 직접 본 것처럼 말했다.

"임제가 방망이를 내준 것은 조금 위험했지만, 방망이를 거둬들인 것은 아주 신속했다."

---

267 황벽이 임제에게 "이 미친놈이 도리어 여기 와서 호랑이 수염을 잡아당기는구나(這風顚漢却來這裏捋虎鬚)!"라는 표현이 있다. (졸역, 임제어록 역주, p.383 참조) 또한 이 말은 오나라 주환朱桓이 손권孫權의 수염을 잡아당긴 것에서 유래, 강력한 자를 복종시키거나 모험의 뜻으로 쓰인다.

제25칙 사조주장師祖珠藏[268]

【古則과 拈古, 着語】

擧, 師祖問南泉 "摩尼珠人不識 如來藏裏親收得 如何是如來藏"〔放
下着〕泉云 "王老師與你 往來者是藏"〔打葛藤作什麼〕雪竇云 "草裏
漢"〔有些子〕祖云 "不往來者"〔兩重公案〕泉云 "亦是藏"〔有什麼共
語處〕雪竇云 "雪上加霜"〔灼然〕祖云 "如何是珠"〔打云 "是什麼"〕
雪竇云 "險〔着了也〕百尺竿頭作伎倆 不是好手. 這裏著得箇眼 賓主
互換 便能深入虎穴〔且道 具什麼眼 直得賓主互換 想闍黎作這般手
脚不得〕或不恁麼 縱饒師祖悟去 也是龍頭蛇尾漢"〔說什麼龍頭蛇
尾 更好與三十棒 何故 爲他只恁麼 不能不恁麼〕

사조師祖[269]가 남전南泉에게 물었다. "'마니주를 사람들이 알지 못하니,
여래장 속에 몸소 거둬들인다'[270]고 했는데, 어떤 것이 여래장입니까?"

---

268 SM 제7권(N.211)에서도 전한다.

269 사조(師祖, 생몰연대 미상): 남전보원의 법사法嗣. 종남사조終南師祖·종남운제終
南雲際 등으로 불림.

222

〔내려놓아라!〕

남전이 말했다. "왕 노사와 그대가 왕래하는 것이 (여래)장이다."

〔말해서 뭐하려고?〕

설두가 말했다. "초리한(草裏漢, 시원찮은 놈)!"

〔(그래도 괜찮은 면이) 조금은 있다.〕

사조가 말했다. "왕래하지 않는(=가지도 않고 오지도 않는) 것은 무엇입니까?"[271]

〔양중공안이다.〕

남전이 말했다. "(그것) 또한 여래장이다."

〔무슨 공어처(共語處, 서로 말한 곳)가 있는가?〕

설두가 말했다. "설상가상이다."

〔분명하다.〕

사조가 말했다. "어떤 것이 마니주입니까?"

---

270 증도가에 전한다.

　　直截根源佛所印　근원을 바로 끊음은 부처님께서 인가하신 바요,
　　摘葉尋枝我不能　잎 따고 가지 찾음은 내 할 일 아니로다.
　　摩尼珠人不識　마니주를 사람들이 알지 못하니
　　如來藏裏親收得　여래장 속에 몸소 거둬들인다.

271 SM과 설두록에서는 不往不來로 전한다.

〔(선상을) 치고 말했다. "이것이 무엇인가?"〕

남전이 사조를 부르자, 사조가 "예!" 하고 대답했다.

남전이 말했다. "가라! 너는 내 말을 알아듣지 못하는구나."

사조가 깨달았다.[272]

설두가 말했다. "위험하다!

〔맞다.〕

백척간두에서 솜씨를 부린다고 해서 고수(好手, 훌륭한 솜씨)가 아니
다. 여기에서 착안해서 빈주를 호환해야 바로 호랑이 굴에 깊이 들어갈
수 있는 것이다.

〔자, 말해보라! 무슨 안목을 갖추었는가? 빈주를 호환하더라도 생각
하건대 (아마도) 이 스님은 이런 수단을 쓰지 못할 것이다.〕

혹 그렇지(=빈주를 호환하지) 못하면, 설사 사조가 깨달았더라도
역시 용두사미와 같은 사람이다."

〔무슨 용두사미니 뭐니 말하는 거야? 다시 30방을 줘야 한다. 무슨
까닭인가? 그를 위해 다만 이렇게 하는 것일 뿐이고, 또 이렇게 하지
않을 수도 없기 때문이다.〕

---

272 "남전이 사조를 부르자"부터 "사조가 깨달았다"까지는 아래 SM의 원문을 발췌
(밑줄 친 부분) 번역해서 실었다. (참고로 설두어록에서도 "어떤 것이 마니주입니
까?"까지만 전하면서 설두가 염을 했다. 하지만 다음의 평창에서도 이 부분을 전하면
서 설두의 염을 전하는 까닭에 수록하였음을 밝혀둔다.)

南泉因師祖問 "摩尼珠人不識 如來藏裏親收得 如何是如來藏" 師云 "王老師與
你 往來者是藏" 祖云 "不往不來者" 師云 "亦是藏" 祖云 "如何是珠" 師召四祖
祖應喏 師云 "去 汝不會我語" 祖悟去.

224

〔評唱〕

師云. 獲珠吟"擁之令聚而不聚 撥之令散而不散. 側耳欲聞而不聞 瞪
目觀之而不見"又有者道"南泉老婆心切"古人到這無心境界 恁麼道
也得 不恁麼道也得. 識取鉤頭意 莫認定盤星."草裏漢""雪上加霜"
雪竇這兩橛 且不得隨語生解會. 師祖問"如何是珠"泉召師祖 師祖
"應諾"泉云"出去"祖便悟. 雪竇云"險"若要親切 須著箇眼看. 主賓互
換 臨機獨用 同得同證 有轉變出身處始得. 舉清八路問羅山"仰山挿
鍬叉手意旨如何"山云"<u>清尙座</u> 你還曾夢見仰山麼"

＊側耳(측이): (자세히 듣기 위하여) 귀를 기울임.
＊밑줄 친 淸尙座는 淸上座의 誤字.

획주음獲珠吟에서 말했다.

"안아서 모으려 해도 모으지 못하고,
털어서 흩어버리려 해도 흩어버리지 못한다.
귀를 기울여 듣고자 해도 들리지 않고
눈을 똑바로 뜨고 보려고 해도 보이지 않는다."[273]

---

[273] 관남장로關南長老의 획주음의 전문은 다음과 같다.

三界兮如幻	삼계는 환幻과 같고
六道兮如夢	육도는 꿈과 같다.
聖賢出世兮如電	성현이 세상에 나옴은 번갯불과 같고
國土猶如水上泡	국토는 물 위의 거품과 같다.

또한 어떤 이가 말했다. "남전이 노파심이 간절하다."

고인의 이러한 무심경계無心境界에 이르러서는 이렇게 말해도 맞고 이렇게 말하지 않아도 맞다. (그러므로) 갈고리 끝의 뜻을 알아야지 정반성으로 잘못 알지 말라![274] 초리한草裏漢과 그리고 설상가상雪上加

無常生滅日遷變	무상하고 생멸하면서 나날이 변화하지만
唯有摩訶般若	오직 마하반야만이 견고해서
堅猶若金剛不可讚	마치 금강과 같아서 뚫을 수 없고
軟似兜羅大等空	부드럽기는 도라요 크기는 허공 같고,
小極微塵不可見	작기는 극미진과 같아 볼 수가 없다.
擁之令聚而不聚	안아서 모으려 해도 모으지 못하고
撥之令散而不散	털어서 흩어버리려 해도 흩어지지 않는다.
側耳欲聞而不聞	귀를 기울여 들으려 해도 들리지 않고
瞪目觀之而不見	눈을 부릅떠 보려 해도 보이지 않는다.
歌復歌	노래하고 또 노래하다가
盤陀石上笑呵呵	울퉁불퉁한 바위에서 껄껄대고 웃고
笑復笑	웃고 또 웃다가
青松影下高聲叫	푸른 소나무 그림자 아래에서 큰 소리로 부르짖는다.
自從獲得此心珠	스스로 이 마음구슬을 얻은 뒤로는
帝釋輪王俱不要	제석천도 전륜성왕도 모두 필요치 않다.
不是山僧獨施爲	산승이 홀로 노래하는 것도 아니고
自古先賢作此調	예로부터 선현들이 이런 곡조를 지었다.
不坐禪不修道	좌선하지도 않고 도를 닦지도 않으며
任運逍遙只麼了	일이 되어가는 대로 맡겨 소요하니, 다만 이렇게 알 뿐이다.
但能萬法不干懷	다만 만법을 마음에 품지만 않는다면
無始何曾有生老	무시이래로 언제 생·노·병·사가 있었겠는가.

[274] 『종용록從容錄』 제17칙에 다음과 같이 전한다.

霜이라고 한 설두의 이 두 개의 말뚝(兩橛)에 대해서는 더욱이 그 말을 따라 알려고 해서는 안 된다.

사조가 물었다. "어떤 것이 마니주입니까?"
남전이 사조를 부르자, 사조가 "예" 하고 대답했다.
남전이 말했다. "나가라!"
(그러자) 사조가 깨달았다.

(이에) 설두가 말했다. "위험하다(險)!"

만약 몸소 간절히 알고자 하면 모름지기 (여기에서) 착안(著眼=着眼)해서 보라! 주인과 손님이 서로 자리를 바꾸고, 기연에 임해서는 홀로 쓰며, 함께 얻고 함께 증득해야 전변출신처(轉變出身處, 轉身處)가 있게 된다.

청 팔로淸八路가 나산羅山[275]에게 물었다. "앙산이 괭이를 꽂고 차수叉

尚書治要圖說 秤有三義 準者繫也 衡者平也 權者錘也 (중략) 諸方道 領取鉤頭意 莫認定盤星 蓋定盤星上 本無斤兩 又如北辰鎮居其所 鉤頭加減 計在臨時.
『상서尚書』의 치요도설治要圖說에서 이르기를, 저울에 세 가지 뜻이 있으니 준準이라는 것은 매단다는 것이요, 형衡이라는 것은 평평하다는 것이요, 권權이라는 것은 저울추를 말하는 것이다. (중략) 제방에서 말하기를 "갈고랑이 끝의 뜻을 알아야지 정반성으로 잘못 여기지 말라"고 한다. 정반성에는 본래 근량斤兩이 없다. 마치 북극성이 제자리에 있는 것 같다. 갈고랑이 끝에는 더하고 빼서 그때그때마다 계산한다.

手한 뜻[276]은 무엇입니까?"

나산이 말했다. "청淸 상좌! 그대는 꿈속에서라도 앙산을 본 적이
있는가?"[277]

---

275 청 팔로淸八路에 대해서는 알 수 없다. 다만 원오는 청팔로와 나산의 문답으로
본칙의 결론을 삼았다.
나산도한(羅山道閑, 생몰연대 미상): 암두전활의 법사法嗣.

276 제88칙 위앙전중潙仰田中 편 참조. (여기서는 어떤 스님과 명초덕겸이 묻고 답한
것으로 전한다.)

277 SM에서는 본칙에 대해 원오의 송頌과 염拈을 다음과 같이 전한다.

〔송頌〕

蒼鷹逐兎	흰 매가 토끼를 쫓고
驪龍翫珠	검은 용이 여의주를 희롱하네.
透青眼不瞬	푸름을 꿰뚫어도 눈 하나 깜짝하지 않고
照物手寧虛	사물을 비추는데, 손이 어찌 비었겠는가?
往來不往來	오고 감과 오고 가지 않음이여!
草裏謾塗糊	번뇌 망상 속에 아득히 애매하네.
百尺竿頭入虎穴	백척간두에서 호랑이굴로 들어가라.
分明月上長珊瑚	분명 달에 산호가 자란다.

〔염拈〕

南泉一期 垂手收放擒縱 卽不無 要且未見向上事在 只如盡大地是如來藏 向什
麼處著珠 盡大地是摩尼珠 喚什麼作藏 若明得有轉身處 許他只具一隻眼"

남전이 한 번 손을 내밀어 거두고 놓아주며 사로잡고 풀어주는 것이 없는
것은 아니지만, 향상사를 (그는) 아직 보지 못했다.
그건 그렇고, 온 대지가 여래장이면 어디에 마니주를 두겠는가? 온 대지가
마니주라면 무엇을 여래장이라고 부르겠는가? 만약 분명하게 전신처轉身處를
얻으면 그가 일척안一隻眼을 갖췄다고 인정하겠다.

제26칙 경청문승鏡淸問僧[278]

【古則과 着語】

擧, 鏡淸問僧 "趙州喫茶去 你作麼生會" 〔明珠不合彈雀兒〕 僧便出
去. 〔似則似 是則不是〕 淸云 "邯鄲學唐步" 〔一手擡 一手搦〕

＊唐(당황할 당): 터무니없다. 황당하다. 헛되이. 쓸데없이.

경청鏡淸[279]이 어떤 스님에게 물었다. "조주끽다거趙州喫茶去[280] 공안을

---

278 SM 제11권(N.411)에서도 전한다. 다만 여기서는 천동각(天童覺, 宏智正覺)이
끽다화喫茶話를 들면서 경청의 문답과 설두의 염을 함께 거론한 것을 전한다.

279 경청도부(鏡淸道怤, 864~937): 설봉의존의 법사法嗣.

280 SM에서 전하는 끽다화는 다음과 같다.

趙州問僧 "曾到此閒否" 僧云 "曾到" 師云 "喫茶去" 又問僧 "曾到此閒否" 僧云
"不曾到" 師云 "喫茶去" 院主問 "爲什麼 曾到也敎伊喫茶去 不曾到也敎伊喫茶
去" 師召院主 主應喏 師云 "喫茶去"

조주가 어떤 스님에게 물었다. "스님은 여기에 온 적이 있는가?"
스님이 말했다. "온 적이 없습니다."
조주가 말했다. "차나 마시게."

그대는 어떻게 알고 있는가?"

〔명주(明珠, 진주)는 참새를 쏘는 탄알로는 맞지 않다.〕[281]

스님이 바로 나가버렸다.

〔비슷하기는 비슷하지만, 옳지 않다.〕

경청이 말했다. "한단邯鄲**에서 쓸데없는 걸음걸이를 배웠군."**

〔한 손으로는 들어올리고, 한 손으로는 내리눌렀다.〕

〔拈古와 着語〕

雪竇拈云 "這僧不是邯鄲人 爲什麽學唐步.〔扶强不扶弱〕若辨得出
與你喫茶"〔且喜沒交涉〕

설두가 염拈했다. "이 스님은 한단 사람도 아닌데, 어째서 쓸데없는
걸음걸이를 배운 것인가?

〔강자는 부축해도 약자는 부축하지 않는다.〕

또 한 스님에게 물었다. "스님은 여기에 온 적이 있는가?"

스님이 말했다. "온 적이 있습니다."

조주가 말했다. "차나 마시게."

원주가 물었다. "화상께서는 온 적이 없는 이에게 '차나 마시게' 한 것은 놔두더
라도, 온 적이 있는 사람에게 어째서 '차나 마시게'라고 하시는 겁니까?"

조주가 말했다. "원주!"

원주가 "예!" 하고 대답하자,

선사가 말했다. "차나 마시게."

281 明珠彈雀(명주탄작): 득보다 실이 많거나, 잘못 사용한 것의 비유.

만약 가려낸다면 그대에게 차를 한 잔 주겠다."

〔다행히 전혀 관계가 없다.〕

〔評唱〕

師云. 邯鄲乃是趙國 其人善行 宋人往學之不成 唐捐其功. (云云) 故云
"邯鄲學步 匍匐而歸"(云云) 雪竇錯會莊子意 (云云) 不免將錯就錯.
南禪師頌云"相逢相問知來歷 (云云)"雪竇大意 只拈他二人相見處.

＊匍匐(포복): 배를 땅에 대고 김.

한단邯鄲은 조趙나라인데, 그 나라 사람들의 걸음걸이(行)가 좋아서
송宋나라 사람들이 이를 배우러 갔지만, 이루지 못하고 그 공功마저
헛되이 잃었다.[282] 그래서 이르기를 "한단에서 걸음걸이를 배우려다가
기어서 돌아갔다"고 한 것이다.

---

282 장자, 외편, 추수秋水에 다음과 같이 전한다.

且子獨不聞夫壽陵餘子之學行於邯鄲與. 未得國能 又失其故行矣, 直匍匐而歸
耳. 今子不去 將忘子之故 失子之業.

저 수릉의 젊은이가 (조나라의 서울인) 한단(邯鄲, 현 하북성 소재)에 가서
(그곳의) 걸음걸이를 배웠다는 이야기를 듣지 못했는가? 그는 채 그 나라의
걸음걸이를 배우기도 전에 옛 걸음걸이마저 잊어버렸으므로 기어서 돌아갈
수밖에 없었다는 걸세. 지금 자네도 (장자에) 끌려 여기를 떠나지 않고 있다가는
(그것을 배우지도 못할 뿐만 아니라) 자네 본래의 지혜를 잊어버리고 자네의
일마저 잃게 될 걸세. (전게서, p.439)

설두가 장자莊子의 (이) 뜻을 잘못 알고 운운(云云, 이 사람은 한단 사람도 아닌데, 어째서 쓸 데 없는 걸음걸이를 배운 것인가? 만약 가려내면 그대에게 차를 한 잔 주겠다고) 했던 것은 잘못인 줄 알면서도 잘못된 것을 그대로 계속 밀고 나가는 것을 면치 못한 것이다. 남 선사(南禪師, 황룡혜남)가 송頌을 했다.

"서로 만나 묻고는 그 내력을 알아내고
친소親疎를 가리지 않고 바로 차를 내어주네.
생각을 뒤집어서 잡지 못하고 왔다 갔다 하는 이여!
그 바쁜 가운데 누가 한 주발 가득한 꽃을 가려내겠는가?"[283]

설두의 대의는 다만 저 두 사람의 상견처相見處를 염拈했을 뿐이다.

---

283 끽다화에 대한 황룡혜남의 게송을 SM에서는 다음과 같이 전한다.
趙州驗人端的處 조주는 단적인 곳에서 학인을 시험하나니
等閑開口便知音 무심히 입을 열면 바로 그 지음인을 알아내네.
覿面若無靑白眼 눈앞에서 청백을 가려내는 안목이 없었더라면
宗風爭得到如今 종풍이 어찌 오늘에 이르렀겠는가!
그리고는 또 게송으로 말했다.
相逢相問知來歷 서로 만나 묻고는 그 내력을 알아내고
不揀親疎便與茶 친소를 가리지 않고 바로 차를 내어주네.
翻憶憧憧來往者 생각을 뒤집어서 잡지 못하고 왔다 갔다 하는 자여!
忙忙誰辨滿甌花 그 바쁜 가운데 누가 한 주발 가득한 꽃을 가려내겠는가.

제27칙 운문법신雲門法身[284]

【古則과 着語】

擧, 僧問雲門 "如何是法身向上事"〔天下衲僧疑着〕 門云 "向上與汝道卽不難 作麽生會法身"〔慣得其便〕 僧云 "請和尙鑑"〔看〕 門云 "鑑卽且置 作麽生會法身"〔第二陣施旗槍來也〕 僧云 "恁麽恁麽"〔分疎不下〕 門云 "這箇是長連牀上學得底 我且問你 法身還喫飯麽"〔忒煞無佛法身心 若是我當時 只向他道 草賊大敗便走〕 僧無語.〔這漢飽喫了飯 却作這般去就〕

＊旗槍(기창)＝旗幟槍劍(기치창검): 군대의 기·창·칼을 통틀어 이르는 말.
＊分疎(분소)＝分疏(분소): 조목조목 나누어 설명함. 변명하다. 해명하다.
＊忒煞(특쇄)＝忒煞(특살): 너무. 대단히. 지나치게.

어떤 스님이 운문雲門에게 물었다. "어떤 것이 법신의 향상사입니까?"
〔천하 납승이 이것을 의심하고 있다.〕

SM 제24권(N.1047)에서도 전한다.

운문이 말했다. "향상사를 그대에게 말하는 것은 어렵지 않지만, 어떻게 법신을 알고 있는가?"

〔빈틈을 파고드는 데 익숙하다.〕

스님이 말했다. "청컨대, 화상께서 감별해주십시오."

〔봐라!〕

운문이 말했다. "감별하는 것은 일단 놔두고, 어떻게 법신을 알고 있는가?"

〔제2진에서 창과 칼(또는 깃발 달린 창)을 휘두르고 있다.〕

스님이 말했다. "이러이러 합니다."

〔설명하지 못하는구먼.〕

운문이 말했다. "이것은 (승당의) 장련상長連牀에서 배운 말에 지나지 않는다. 내가 또 그대에게 묻겠다. 법신도 밥을 먹는가?"

〔아주 분명하다. 불법에는 몸이니 마음이니 하는 것이 없다. 만약 나라면 당시에 다만 그에게 "초적이 대패했다"고 하고, 바로 나가버렸을 것이다.〕

스님이 말이 없었다.

〔이 친구가 배불리 밥을 먹고 도리어 이런 식으로 하는구먼.〕

[拈古와 着語]

雪竇拈云 "將成九仞之山 不進一簣之土.〔山僧適來也道了也〕過在什麽處"〔打云 "只是喫飯漢"〕

＊仞(길 인): 길(길이의 단위. 8자 혹은 7자가 1仞이었음).

설두가 염拈했다. "아홉 길(仞)의 산을 쌓으려 하면서 한 삼태기의
흙을 더 보태지 못하는구나.[285]

〔산승이 좀 전에도 말했었다.〕

허물이 어디에 있는가?"

〔(선상을) 치고 말했다. "그저 밥만 축내는 놈일 뿐이다."〕

〔評唱〕

師云. 僧問仰山 "法身還解說法也無" 仰山推枕子話 (云云) 潙山聞云
"寂子用劍刃上事" 又擧陳操尙書問 衲僧本分事 (云云) "請和尙鑑" 這
僧不妨奇特. 爭奈雲門是作家. 向虎口裏橫身 "恁麼恁麼" 更僻在閑處.
便見者草賊大敗. 雪竇恁麼拈 人道什麼.

어떤 스님이 "법신도 법을 설할 줄 압니까?"라고 하자, 앙산이 베개를
내민 공안을 운운하고,[286] (이에) 위산潙山이 듣고 말하기를 "혜적이

---

285 『논어』 「자한子罕」편에 다음과 같이 전한다.

子曰 "譬如爲山 未成一簣 止吾止也 譬如平地 雖覆一簣 進吾往也"

공자께서 말씀하셨다.

"비유컨대 내가 산을 쌓아올리다가 흙이 꼭 한 삼태기 모자라는 데서 중지했다
면, 그것은 내 자신이 중지한 것이다. 비유컨대 움푹한 땅을 메워 고르는
데 있어 내가 흙을 한 삼태기라도 부어 진전했다면, 그것은 내 자신이 진전한
것이다." (남회근 저, 송찬문 역, 『논어강의 상』, p.640, 2012, 마하연)

칼날 위의 일(劍刃上事)[287]을 썼구먼"이라고 한 것을 거론하고, 또 진조
상서陳操尙書[288]가 납승의 본분사本分事를 물은 것을 거론하고,[289] (말

---

286 SM 제15권(N.580)에서 다음과 같이 전한다.

仰山臥次 因僧問 "法身還解說法否" 師云 "我說不得 別有一人說得" 僧云 "未審
說得底人 卽今在什麼處" 師推出枕子. 潙山聞云 "寂子弄劍刃上事"

앙산이 누워 있는데, 어떤 스님이 물었다. "법신도 법을 설할 줄 압니까?"
앙산이 말했다. "나는 설할 수 없지만, 따로 설할 사람이 있다."
스님이 말했다. "설해 줄 사람을 잘 모르겠습니다. 지금 어디에 있습니까?"
(그러자) 앙산이 베개를 밀어냈다.
위산이 (이를) 전해 듣고, 말했다. "혜적이 칼날 위의 일을 썼구먼."

287 검인상사劍刃上事와 관련해서 SM 제16권(N.621)에서는 다음과 같이 전한다.

臨濟因僧問 "如何是劍刃上事" 師云 "禍事禍事" 僧擬議 師便打.

임제에게 어떤 스님이 물었다. "어떤 것이 칼날 위의 일입니까?"
선사가 말했다. "위험하다, 위험해!"
스님이 머뭇머뭇하자, 선사가 바로 쳤다.

288 진조상서(陳操尙書, 생몰연대 미상): 당대의 거사. 관직은 상서에 이름. 목주에서
자사를 맡고 있을 때 용흥사의 목주도명을 만나 참학하다가 심요를 얻음.

289 운운云云에 대한 부분을 원오는 벽암록 제33칙 평창에서 다음과 같이 전한다.

陳操尙書 與裴休 李翶同時 凡見一僧來 先請齋 襯錢三百 須是勘辨. 一日 雲門
到 相看便 問 "儒書中卽不問 三乘十二分教 自有座主 作麼生是衲僧家行脚事"
雲門云 "尙書曾問幾人來" 操云 "卽今問上座" 門云 "卽今且置 作麼生是教意"
操云 "黃卷赤軸" 門云 "這箇是文字語言 作麼生是教意" 操云 "口欲談而辭喪
心欲緣而慮亡" 門云 "口欲談而辭喪 爲對有言 心欲緣而慮亡 爲對妄想 作麼生
是教意" 操無語. 門云 "見說尙書看法華經是否" 操云 "是" 門云 "經中道 一切治
生產業 皆與實相不相違背 且道非非想天 卽今有幾人退位" 操又無語. 門云
"尙書且莫草草 師僧家抛卻三經五論 來入叢林 十年二十年 尙自不奈何 尙書又
爭得會" 操禮拜云 "某甲罪過"

236

했다.)

진조상서陳操尙書는 배휴裴休, 이고李翶와 같은 시대의 사람이다.

무릇 스님이 오는 것을 보면, 먼저 청해 공양을 대접하고 삼백 냥을 보시했다. 그리고는 반드시 감변勘辨했다.

하루는 운문이 도착하자, 서로 인사를 나누고는 바로 물었다. "유서儒書는 묻지 않겠습니다. 삼승십이분교는 나름대로 강주(座主, 講主)가 있으니 놔두고, 어떤 것이 납승의 행각사(衲僧家行脚事)입니까?"

운문이 말했다. "상서께서는 일찍이 몇 사람에게 이런 질문을 하셨습니까?"

진조가 말했다. "지금 상좌께 묻고 있습니다."

운문이 말했다. "지금은 놔두고, 어떤 것이 교의敎意입니까?"

진조가 말했다. "황권적축黃卷赤軸입니다."

운문이 말했다. "그것은 문자언어입니다. 어떤 것이 교의입니까?

진조가 말했다. "입으로 말하려 하면 말이 없어지고, 마음으로 알려 하면 생각이 없어집니다."

운문이 말했다. "입으로 말하려 하면 말이 없어진다는 것은 말이 있음을 상대로 한 것이고, 마음으로 알려 하면 생각이 없어진다고 하는 것은 망상을 상대한 것입니다. 어떤 것이 교의입니까?"

진조가 아무 말이 없었다.

운문이 말했다. "듣자하니 진조상서께서는 법화경을 보셨다는데 맞습니까?"

진조가 말했다. "그렇습니다."

운문이 말했다. "경에서 말하길 '일체치생산업이 제법실상과 위배되지 않는다(一切治生産業 皆與實相不相違背)'고 했는데, 비비상천非非想天에서 지금 얼마나 많은 사람들이 물러났습니까?"

진조가 또 말이 없었다.

운문이 말했다. "상서께서는 경솔하게 말하지 마십시오. 납승들이 삼경오론三經五論을 던져버리고 총림에 들어와서 10년 20년 동안을 수행해도 오히려 스스로 어쩌지 못하거늘 상서가 어찌 알 수 있겠습니까?"

진조가 절을 하고 말했다. "제 잘못입니다."

"청컨대, 화상께서 감별해주십시오"라고 한 이 스님도 대단히 기특하지만, 운문이 작가인 것을 어찌하겠는가! (그럼에도) 호랑이 입에다 몸을 가로로 누이고 "이러이러 합니다"고 했으니, 다시 한가한 곳(閑處)[290]으로 도망가야 한다. (하지만) 바로 본 사람은 "초적이 대패했다"고 할 것이다.

설두가 이렇게 염拈한 것을 사람들은 뭐라 말할 것인가?[291]

---

290 법화경 안락행품安樂行品에 "在於閑處 修攝其心 安住不動 如須彌山"이라고 한다.

291 SM에서는 본칙에 대한 원오의 염을 다음과 같이 전한다.

崇寧勤擧此話 連擧雪竇云 "將成九仞之山 不進一簣之土" 保福云 "欠他一粒也不得" 又古德云 "喚什麼作飯" 師云 "雲門可謂驅耕夫牛 奪飢人食 權衡佛祖 龜鑑宗乘 所以後來尊宿 各出眼目 扶立宗風 雖然如是 秪明得法身邊 未明得向上事 且如何是向上事 域中無向皆 闡外有權衡" (밑줄 친 부분의 向皆는 向背의 誤字.)

숭녕근(崇寧勤, 숭녕은 원오의 고향인 사천성, 팽주를 뜻함)이 이 공안(話)을 거론하고, 계속해서 설두가 "아홉 길(仞)의 산을 쌓으려 하면서 한 삼태기의 흙을 더 보태지 못하는구나"라고 한 것과 보복이 "한 톨도 모자라서는 안 된다"고 한 것과 또 (어떤) 고덕古德이 "무엇으로 밥을 짓는다고 하는가?"라고 한 것을 들어 말했다. "운문이 가히 밭을 가는 이는 소를 빼앗고, 굶주린 사람의 밥을 빼앗으니 불조의 권형(權衡佛祖)이고 종승의 귀감(龜鑑宗乘)이라 할 만하다. 그래서 후세의 존속들이 각기 안목을 내어 종풍을 일으켜 세웠다. 하지만 비록 이와 같아도 단지 법신 쪽만 밝혔을 뿐이지 향상사를 밝히지는 못했다. 자, 어떤 것이 향상사인가? 나라 안에는 향배(向背, 앞뒤)가 없거늘, 변방 밖에는 권형(權衡, 저울)이 있구나."

참고로 운문의 법신과 향상에 대한 소산광인疏山光仁과의 문답을 SM 제21권

238

(N.869)에서는 다음과 같이 전한다.

撫州疏山光仁禪師示衆云 "病僧咸通年已前 會得法身邊事 咸通年已後 會得法身向上事" 雲門出問云 "如何是法身邊事" 師云 "枯椿" "如何是法身向上事" 師云 "非枯椿" 門云 "還許學人說道理也無" 師云 "許" 門云 "只如枯椿豈不是明法身邊事" 師云 "是" 門云 "非枯椿豈不是明法身向上事" 師云 "是" 門云 "未雷法身還該一切也無" 師云 "法身周遍 爭得不該" 門指淨瓶云 "淨瓶上還有法身也無" 師云 "莫向淨瓶邊覓門便禮拜. (밑줄 친 부분의 未雷은 未審의 誤字.)

무주撫州 소산광인 선사가 대중에게 말했다. 병승(病僧, 광인 자신을 일컫는 말)은 함통(咸通, 859~873) 이전에 법신을 깨달았고, 함통 이후에 향상사를 깨달았다."

운문이 나와 말했다. "어떤 것이 법신 쪽의 일입니까?"

선사가 말했다. "마른 말뚝이다."

운문이 말했다. "어떤 것이 향상사입니까?"

선사가 말했다. "마른 말뚝이 아니다."

운문이 말했다. "학인이 도리를 말하는 것을 허락하시겠습니까?"

선사가 말했다. "허락한다."

운문이 말했다. "마른 말뚝이 어찌 법신 쪽의 일을 밝힌 것이 아니겠습니까?"

선사가 말했다. "맞다."

운문이 말했다. "마른 말뚝이 아닌 것이 어찌 향상사를 밝힌 것이 아니겠습니까?"

선사가 말했다. "맞다."

운문이 말했다. "법신은 일체를 갖춘 것 아닙니까?"

선사가 말했다. "법신은 두루하거늘, 어찌 갖추지 않았겠는가?"

운문이 정병淨瓶을 가리키며 말했다. "정병에도 법신이 있습니까?"

선사가 말했다. "정병에서 찾지 말라."

운문이 곧바로 절을 했다.

제28칙 삼성금린三聖金鱗[292]

【古則과 着語】

擧, 三聖問雪峯 "透網金鱗 以何爲食"〔擔枷過狀 自己也不知〕峯云 "待汝出網來 卽向汝道"〔鈍滯殺人〕聖云 "一千五百人善知識 話頭 也不識"〔一任踔跳〕峯云 "老僧住持事繁"〔時人盡道 雪峯有陷虎之 機 要且不然〕

＊踔(뛸 발): 뛰다.

삼성三聖이 설봉雪峯에게 물었다. "그물을 뚫고 나온 금빛 물고기는 무엇을 먹습니까?"

〔스스로 목에 칼을 차고 와서 자백서를 바치면서도 자기 자신을 모른다.〕

설봉이 말했다. "그대가 그물에서 나오면 말해주겠다."

〔사람을 아주 바보로 만들고 있다.〕

---

292 SM 제19권(N.790)에서도 전한다. 벽암록 제49칙과 함께 읽기를 바란다.

240

삼성이 말했다. "천오백 선지식이 말귀(話頭)도 못 알아먹는군요."
〔마음대로 날뛰어라.〕

설봉이 말했다. "노승이 주지일로 바빠서 말이야."

〔그 당시 사람들이 모두 말하기를 "설봉에게는 호랑이를 함정에
빠뜨리게 하는 기략이 있다"고 했는데, 그런 것만도 아니다.〕

【拈古와 着語】

雪竇云 "可惜放過. 好與三十棒. 這棒一棒也饒不得.〔爲什麼如此〕
直是罕遇作家"〔便打. 你也未是作家〕

＊饒(넉넉할 요) : 넉넉하다. 용서하다. 너그럽다.

설두가 말했다. "애석하게도 놓쳐버렸다. 삼십 방[293]을 줘야 한다. 이
방망이(＝삼십 방) 중에 한 방망이도 용서해줘서는 안 된다.
〔어째서 이와 같이 해야 하는가?〕
정말로 드물게 보는 작가다."
〔(선상을) 바로 쳤다. 그대도 역시 작가는 아니다.〕

〔評唱〕

師云. 問 "透網金鱗 以何爲食" 若是擔板漢 決定向食處作活計. 作家宗

---

293 SM에서는 20방으로 전한다.

師 不妨奇特 "待汝出網來 卽向汝道" 且道 是曾出網來 不曾出網來.
聖云 "一千五百人善知識 (云云)" 此語也毒. 雪竇猶自道 "未在 好與三
十棒" 其意要顯本分草料 向雪峯頭上行. 諸人若要轉變自在處麽. 不
然 辜負雪峯. 雪竇便打 是有過 是無過. 你若辨得出 拄杖子屬你.

* 猶自(유자) : 아직. 여전히. 의연히(=전과 다름이 없이).

(삼성이) 묻기를 "그물을 뚫고나온 금빛 물고기는 무엇을 먹습니까?"
라고 했는데, 만약 담판한擔板漢[294]이라면 결정코 먹는다고 한 곳에서
활발하게 계교 부릴 것이다.

(하지만) 작가종사作家宗師는 아주 기특奇特해서 "그대가 그물에서
나오면 말해주겠다"고 했다. 자, 말해보라! 그물에서 나온 적이 있는
가, 그물에서 나온 적이 없는가?

삼성이 "천오백인 선지식이 말귀도 못 알아먹는군요"라고 한 이
말이 아주 독하다.

설두가 의연히 말하기를 "아니다(=애석하게도 놓쳐버렸다). 삼십 방
을 줘야 한다"고 한 그 뜻은 본분초료本分草料를 드러내서 설봉의
머리 위에서 놀고자 한 것이었다.

---

[294] 擔板漢(담판한): 본래 목판을 등에 진 인부가 전방을 볼 수는 있어도 좌우를
볼 수 없는 것을 가리킨다. 그런 까닭에 선종에서는 견해가 치우쳐서 전체를
융통하지 못하는 사람으로 비유한다. (本指背扛木板之人力伕 以其僅能見前方
而不能見左右, 故禪宗用以比喩見解偏執而不能融通全體之人, 불광대사전)
擔板(담판)=呆板(매판): 트릿하다. 딱딱하다. 융통성이 없다. 고지식하다. 어색
하다. 판에 박은 듯하다. 서투르다. 단조롭다.

여러분은 혹 전변자재처轉變自在處를 알고자 하는가? 그렇지 않다면 설봉을 저버리는 것이다.

설두가 바로 친 것, 이것은 허물이 있는 것인가, 허물이 없는 것인가? 그대들이 만약 가려낼 수 있으면 주장자는 그대들에게 있을 것이다.[295]

---

295 SM에서는 본칙에 대한 설두와 원오의 송頌을 다음과 같이 전한다.
설두중현(雪竇顯)의 송頌.

透網金鱗	그물을 뚫고 나온 금빛 물고기니
休云滯水	물에 막혔다고 말하지 말라.
搖乾蕩坤	하늘을 흔들고 땅을 흔들며
振鬣擺尾	갈기를 떨치고 꼬리를 치네.
千尺鯨噴洪浪飛	천 자 고래가 큰 물결을 뿜어 날리고
一聲雷震淸飈起	한 소리 우레가 맑은 바람을 일으키네.
淸飈起天上人間知幾幾	맑은 바람이 일어나니, 천상과 인간에 아는 이 몇인가.

원오극근(圜悟勤)의 송頌.

白草頭出沒	온갖 풀에 출몰하고
三界外遨遊	삼계 밖을 노니네.
徒布漫天網	쓸 데 없이 하늘 가득 그물을 펴고
虛不釣鼇鉤	헛되이 자라를 낚으려고 하지 말라.
搖鱗擺鬣撼乾坤	비늘을 흔들고 갈기를 떨치며 하늘과 땅을 요동케 하며
亢目昂頭洪浪噴	눈을 높이 뜨고 고개를 들어 큰 물결을 뿜어내네.
棒雨點喝雷奔	방을 비 오듯 하고 할을 우레와 같이 하니
肯將爭戰定功勳	누가 전쟁의 공훈을 정하는 것을 다투지 않는가.

제29칙 복우치서伏牛馳書[296]

【古則과 拈古, 着語】

擧, 伏牛爲馬祖馳書到國師處 師問 "馬祖有何言句示人" 〔當時便喝
免見葛藤〕牛云 "卽心卽佛" 〔蒼天蒼天〕國師云 "是什麼話" 〔灼然不
放過〕良久再問 "更有什麼言句" 〔好便與一喝〕牛云 "不是心 不是佛
不是物" 〔漏逗不少〕國師云 "猶較些子" 〔也只是隨邪逐惡〕雪竇代
云 "當時便喝 〔已是第二重公案〕牛却問 和尙此間如何" 〔也好〕國師
云 "三點如流水 曲似刈禾鎌" 〔更是葛藤〕雪竇云 "是什麼語話. 〔不是
雪竇也不知落處〕也好與一拶 〔拶卽不無 且道 雪竇意落在什麼處〕
見之不取 千載難忘" 〔打云 "着"〕

복우伏牛[297]가 마조의 편지를 전하기 위해 국사國師[298]의 처소에 갔는데,
국사가 물었다. "마조는 어떤 말로 사람들에게 (가리켜) 보이는가?"

---

296 SM 제6권(N.190)에서도 전한다.

297 복우자재(伏牛自在, 741~821): 마조도일의 법사法嗣.

298 남양혜충(南陽慧忠, 675~775): 육조혜능의 법사法嗣.

〔당시에 바로 "할!"을 했더라면 뒷말(葛藤)을 면했을 것이다.〕

복우가 말했다. "마음이 바로 부처다(卽心卽佛)고 합니다."

〔아이고, 아이고!〕

국사가 말했다. "이게 대체 무슨 말이냐?"

〔분명 놓쳐서는 안 된다.〕

양구良久하고, 다시 물었다. "또 무슨 말이 있는가?"

〔바로 한 번 "할!"을 하라.〕

복우가 말했다. "마음도 아니고 부처도 아니며, (그) 어떤 것도 아니다(不是心 不是佛 不是物)[299]고 합니다."

〔낭패가 적지 않다.〕

국사가 말했다. "그런대로 조금은 봐 줄 만하구나!"

〔그래도 단지 삿됨을 따르고 악을 뒤쫓는 것일 뿐이다.〕

설두가 대신 말했다. "당시 바로 '할!'을 했어야 한다."

〔이미 제2중 공안第二重公案이다.〕

복우가 다시 물었다. '화상의 여기는 어떻습니까?"

〔아주 좋다.〕

국사가 말했다. "세 점은 흐르는 물과 같고, 굽은 것은 벼 베는 낫과 같다."

〔또 언어문자(葛藤)다.〕

---

[299] SM에서는 "非心非佛" 或云 "不是心 不是佛 不是物"로 전한다.

설두가 말했다. "이게 대체 무슨 말이냐?

〔(혹시) 설두도 그 낙처落處를 알지 못한 것은 아닌가?〕

역시 일찰一拶[300]을 했어야 했다.

〔(일)찰을 하는 것이 없지는 않겠지만 자, 말해보라! 설두의 뜻이 어디에 있는가?〕

볼 때 (바로) 취하지 못하면 천년을 두고라도 잊기 어려울 것이다."

〔(선상을) 치고 말했다. "착(着, 드러났다)!〕

〔**評唱**〕

師云. 伏牛是馬祖下八十四人之一數. 與丹霞爲方外知音 通儒書講
教. 國師垂問伏牛 只合便道 "不是心 不是佛 不是物" 爲什麼先道 "卽心
是佛" 可謂作家禪客 不辱宗風. 雪竇代云 "伏牛等國師問馬祖有何言
句 便下一喝" 諸人若辨得這一喝 下面一落索 一時辨得. 國師道 "猶較
些子" 雪竇代云 "便喝" 不可道國師不是. 雪竇更要向上行. 前頭 "卽心
是佛" 後面 "不是心 不是佛 不是物" 伏牛却問 國師云 "三點如流水
曲似刈禾鎌" 俱是心. 雪竇代伏牛出氣 不妨是作家鉗鎚. 番覆看 方見

---

300 찰拶은 애挨보다는 좀 더 강한 것이다.

一挨一拶(일애일찰): 총림에서 학인이 스승과 함께 서로 말과 동작을 혹 가볍게
또는 세게 문답을 밀치면서 상대방의 오도의 정도를 감별하고 시험하는 것이
다. 더불어 애찰挨拶과 같은 뜻으로 뒤에 서로 기량을 비교하거나, 혹은 상대방
에게 응대해 주는 뜻으로 바뀌었다. (叢林中 學人與師家互以言語動作 或輕或强
推擠問答 作爲勘驗對方悟道之深淺. 與挨拶同義 後轉爲相較技量 或與人應對之義,
불광대사전)

246

雪竇有工夫得其妙處. 諸人若向雪竇也好與一拶處 參得徹 許汝有回
互轉變處.

복우는 마조 문하의 84인 가운데 한 사람이다. 단하丹霞[301]와는 방외方外
의 지음知音이었으며, 유교 서적에 정통했고 경전을 강의했다.

　국사가 복우에게 하문(垂問)했을 때, (처음부터) 다만 "마음도 아니
고 부처도 아니며, (그) 어떤 것도 아니다"라고 했어야 했는데, 어째서
먼저 말하기를 "마음이 바로 부처다"라고 했는가? 작가作家라고 할
만한 선객禪客은 종풍을 욕되게 하지 않는(법이)다. (그래서) 설두가
대신 말하기를 "복우는 국사가 '마조가 무슨 말을 하던가?'라고 물었을
때, 바로 일할(一喝)을 했어야 한다"고 한 것이니, 대중 모두 만약
이 일할(一喝)을 알면 아래의 이야기(一落索)를 일시에 가려낼 수 있을
것이다.

　국사가 "오히려 (이 말은) 그런대로 조금 봐줄 만하구나!"라고 한
것에, 설두가 대신해서 말하기를 "바로 '할!'을 했어야 했다"고 했는데,
(그렇다고 이것을 가지고) 국사가 틀렸다고 말해서는 안 된다. 설두는
다시 향상向上을 행하려고 한 것이었다.

　앞에서 "바로 마음이 부처다"라고 한 것과 뒤에서 "마음도 아니고
부처도 아니며, (그) 어떤 것도 아니다"라고 한 것, 그리고 복우가
다시 묻자 국사가 "세 점은 마치 흐르는 물 같고, 굽어진 것은 마치
벼 베는 낫과 같다"고 한 것은 모두 마음(心)을 말한 것이다.

---

301 단하천연(丹霞天然, 739~824): 석두희천의 법사法嗣.

설두가 복우를 대신해서 기염을 토해낸 것은 대단한 작가의 솜씨이니, (이런 것은) 여러 번 뒤집어 살펴봐야 바야흐로 설두가 공부(工夫, 수행, 노력)로 얻은 그 묘처妙處가 있었음을 보게 될 것이다.

여러분이 만약 설두가 한 번 일찰一拶한 것을 (잘) 참구해서 막힘없이 투철하게 안다면 그대들에게 회호回互³⁰²의 전변처轉變處가 있음을 인정하겠다.

---

302 回互(회호): 갑과 을이 서로 뒤섞여 관계하는 뜻. 예를 들면 육근이 앞의 경계를 상대해 소리와 색 등을 능히 변별하는 것인데, 이를 일러 근과 경이 회호한다고 한다. 참동계에 "(6근의) 문과 일체의 경계는 회호하기도 하고 회호하지 않기도 하는데, 회호하면 서로 관계하고"라고 한다. 화엄경에서 말하는 이사무애·사사무애는 이 회호에 견줄 수 있고, 이사理事가 서로 갈라지고 사사事事가 (제) 자리에 머무는 것은 불회호에 견줄 수 있다. (甲乙互相交雜涉入之意 如六根對於前境 能辨別其聲色等 謂之根境回互是也. 參同契有曰 "門門一切之境 回互不回互 回更相涉" 彼華嚴所謂理事無礙及事事無礙 可配於此回互 理事各立 事事住位 可配於不回互. (불학대사전)

제30칙 현사과환玄沙過患[303]

【古則과 着語】

擧, 玄沙問鏡清 "我不見一法爲大過患 你道 不見什麼法"〔和尙自屎
不覺臭〕清指露柱云 "莫是不見這箇法"〔第二頭承當〕玄沙云 "浙中
清水白米從你喫 佛法則未在"〔招他怎麼道〕

현사玄沙가 경청鏡清에게 물었다. "나는 한 법도 보지 않으면 큰 허물이
된다고 했다.[304] 그대는 말해보라! 어떤 법을 보지 못했다는 것인가?"

〔화상이 자기가 똥을 싸놓고 냄새나는 줄도 모른다.〕

경청이 노주露柱를 가리키며 말했다. "이 법을 보지 못했다는 것은
아니겠지요."

〔제2두第二頭에서 아는군.〕

현사가 말했다. "절강의 맑은 물과 흰 쌀은 그대 마음대로 먹어도
좋지만, 불법인 즉 알지 못했다."

---

303 SM 제23권(N.982)에서도 전한다.

304 SM에서는 教中道~(경전에 말하기를~)로 전한다.

〔그가 이렇게 말하는 것을 초래한 것이다.〕

〔拈古와 着語〕

雪竇云 "大小鏡淸 被玄沙熱瞞.〔只這雪竇也無出身處〕我當時若見
但向他道 靈山授記 也未到如此"〔只恐你承當不下〕

설두가 말했다. "경청 정도 되는 양반이 현사에게 호되게 속았다(=바보
취급을 당했다).

　〔다만 이 설두에게도 출신처가 없다.〕

　내가 당시에 만약 봤다면 다만 그에게 '영산의 수기가 아직 이와
같이 (여기에) 이르지 않았다'[305]고 말했을 것이다."

　〔다만 그대(설두)가 알지 못할까 염려스러울 뿐이다.〕

〔評唱〕

師云. 鏡淸住越州鏡湖三十年. 擧一宿覺鄕人話. 玄沙問得漏逗 (云
云) 鏡淸答得郎當. 何故如此. 只爲伊識破來處 如排兩陣 彼此相向
只對些子機鋒. 擧涅槃經中 "菩薩摩訶薩 不見一法過於嗔者 六根本
中唯嗔最毒" 玄沙云 "不見什麽法" 問得言中有響 "莫是不見 (云云)"
答處早轉變了也. 鏡淸道 莫是二字 大有淆訛. 爭奈鏡淸皮下有血 玄沙
眼裏有筋. 二俱好手 兩不相饒 此皆從上來命脈. 浙江將爲鍛煉語.

---

305 영산의 수기에는 이런 것이 없다는 뜻으로 이해했다. (未到=沒有)

250

＊相向(상향)：서로 마주하다.

＊밑줄 친 열반경과 관련해서는 아래 註309를 참조하기 바란다.

＊相饒(상요)：용서하다. 관용하다. 좋은 말로 달래다.

경청은 월주越州[306] 경호鏡湖에서 30년을 있었다(＝주지를 했다).

(먼저) 일숙각 향인화—宿覺鄕人話를 거론하고,[307] (말했다.)

현사가 물은 것도 낭패였고(漏逗), (노주를 가리키며 "이 법을 보지 못했다는 것이 아니겠습니까?"라고) 운운한 경청의 답도 궁색했다(郎當). 어째서 이와 같은가? 다만 저 ("한 법도 보지 않으면~"이라고 한 말씀의) 출처를 꿰뚫고, 마치 두 진영이 늘어선 것처럼 쌍방이 서로 마주보고 약간의 기봉機鋒으로 상대했기 때문이다.

열반경 가운데 "보살마하살이 한(＝어떤) 법도 성내는 것보다 더한 것을 보지 못했으니, 여섯 개의 근본(六根本)[308] 가운데 오직 성냄이 최고로 독하다"[309]고 한 것을 거론하고, (말했다.)

---

306 현, 절강성浙江省에 위치.

307 원문의 擧一宿覺鄕人話는 원오가 경청이 영가현각과 동향(온주 영가 출신)인 것을 강조하기 위해 거론한 것이다. 전등록 제18권에 다음과 같이 전한다.

峯問 "什麼處人" 曰 "溫州人" 雪峯曰 "恁麼卽與一宿覺是鄕人也" 曰 "只如一宿覺是什麼處人" 雪峯曰 "好喫一頓棒且放過

설봉이 물었다. "어디 사람인가?"
경청이 말했다. "온주 사람입니다."
설봉이 말했다. "그렇다면 일숙각과 한 고향 사람이겠구나."
경청이 말했다. "그렇다면 일숙각은 어디 사람입니까?"
설봉이 말했다. "일돈방을 맞아야 하는데, 봐준다."

308 여섯 가지 근본 번뇌(탐貪, 진瞋, 만慢, 무명無明, 견見, 의疑)를 뜻한다.

현사가 "어떤 법을 보지 못했다는 것인가?"라고 물은 말에는 울림이 있었고, "이 법을 보지 못했다는 것은 아니겠지요"라고 (경청이) 답을 한 곳에는 전변轉變한 것이 있었는데, 경청이 말하기를 "막시(莫是, 아니겠지요)"라고 한 두 글자가 대단히 난해(淆訛)[310]하다.

경청은 살가죽 아래 피가 흐르고 현사는 눈에 힘줄이 있는 것을 어찌 하겠는가! 두 사람 모두 고수(好手, 솜씨 좋은 사람들)이어서 둘 다 서로 양보하지 않았던 것이니, 이것이 모두 예로부터 내려오는 명맥命脈이다. 절강浙江에서는 (이것을) 단련어鍛煉語라고 한다.

---

309 화엄경 제49권, 「보현행품普賢行品」에 다음과 같이 전한다.

(중략) 佛子 我不見一法 爲大過失 如諸菩薩 於他菩薩起瞋心者, 何以故 佛子 若諸菩薩於餘菩薩 起瞋恚心 卽成就百萬障門故.

(그때 보현보살이 대중에게 말했다.) "불자여! 나는 한 (=어떤) 법도 보살들이 다른 보살에게 성내는 마음을 일으키는 것보다 큰 허물을 보지 못했다. 왜냐하면 불자여, 만약 모든 보살이 다른 보살에게 성내는 마음을 일으키면 곧바로 백만 가지의 장애되는 문을 이루게 되기 때문이다."

상기 원문에서 기술하고 있는 열반경의 출처를 알 수 없다.

310 본서에서 효와淆訛라는 단어는 제33칙 평창에서 한 번 더 사용되며, 효와謵訛라는 단어는 8회 사용된다. 淆와 謵 두 글자의 발음이 [xiáo]로 똑같기에 동자同字로 이해하고, 난해함을 뜻하는 것으로 번역했다. (이하 동일)

사전의 정의는 다음과 같다.

효와(淆訛): 교란하다. 뒤흔들어 어지럽히다. 실수하다. 잘못하다. 잘못 알다.

淆(뒤섞일 효): 뒤섞이다. 흐리다. 어지럽다. 혼잡하다.

謵(삼가지 않을 효): (말을) 삼가지 않다. (말이) 공손하지 못하다.

제31칙 보자문승報慈問僧[311]

【古則과 着語】

擧, 先報慈問僧 "近離什處"〔也要驗過〕僧云 "臥龍"〔實頭人難得〕
慈云 "在彼多少時"〔好與一捼〕僧云 "經冬過夏"〔也好箇坦蕩漢〕
慈云 "龍門無宿客 爲什麼在彼許多時"〔也好驗過〕僧云 "獅子窟中
無異獸"〔兩頭三面〕慈云 "汝試作獅子吼看"〔拈一放一〕僧云 "若作
獅子吼 卽無和尚也"〔雖然落草 却有主宰〕慈云 "念汝新到 且放三十
棒"〔彼此鈍滯〕

＊坦蕩(탄탕)：평탄하다. (마음에) 거리낌이 없다. 사리에 밝다.

선先 보자報慈[312]가 어떤 스님에게 물었다. "어디서 왔는가?"

---

311 SM 제27권(N.1216)에서도 전한다.

312 상기 서에서는 복주福州 보자報慈 광운光雲 혜각慧覺 선사禪師로 전한다.
광운(光雲, 생몰연대 미상): 장경혜릉의 법사法嗣. 보자광운報慈光雲·복주광운福
州光雲·혜각대사慧覺大師 등으로 불림.

〔역시 시험해 봐야 한다.〕

스님이 말했다. "와룡臥龍에서 왔습니다."

〔이렇게 착실한 사람은 얻기 어렵다.〕

보자가 말했다. "그곳에서는 얼마나 있었는가?"

〔일찰一拶을 해야 한다(=한 번 쳐야 한다).〕

스님이 말했다. "겨울부터 여름까지 지냈습니다."

〔역시나 아주 거리낌 없는 놈이로구먼.〕

보자가 말했다. "용문龍門313에는 하룻밤도 묵는 사람이 없거늘, 어찌
하여 그곳에서 그렇게나 많은 시간을 보냈는가?"314

〔역시 시험해 봐야 한다.〕

스님이 말했다. "사자굴 안에는 다른 짐승이 없습니다."

〔머리 둘에 얼굴이 셋이다.〕

보자가 말했다. "그대는 시험 삼아 사자후獅子吼를 해봐라!"

〔하나를 집어 들고 하나를 내려놓는다.〕

스님이 말했다. "제가 만약 사자후를 하면 화상은 없을 것입니다."

〔비록 풀밭에 떨어졌지만 도리어 주재主宰하고 있다.〕

보자가 말했다. "그대가 처음 온 것을 생각해 30방만 치겠다."

〔피차 흐리멍덩하다(=바보스럽다).〕

---

313 강주降州 용문현龍門縣에 소재. 황하 중류의 급한 여울목으로 잉어가 이곳을
뛰어 오르면 용이 된다는 전설이 있다.

314 동한東漢 시대 이응李膺은 사람 보는 안목이 뛰어났고 집안 가풍이 엄정하여
함부로 아무나 빈객을 맞이하지 않았다. 하지만 한 번 묵은 이는 반드시
명예를 얻어 출세를 하였으니, 이를 용문상객龍門上客이라 한다.

【拈古와 着語】

雪竇云 "奇怪 諸禪德 若平展 則兩不相傷〔遞相鈍滯 有什麼用處〕
據令 則彼此俱險.〔一時喪身失命〕還點撿得麼"〔打云 "險"〕

설두가 말했다. "기괴하구나, 여러 선덕들이여! 만약 평전平展[315]을 했더
라면 둘이 서로 다치지 않았겠지만,

〔서로 번갈아가며 멍청한데, 무슨 쓸 데가 있겠는가?〕

법령에 근거해서 살펴보면 피차 모두 위험했다.

---

315 平展(평전): 선림에서 스승이 학인을 인도하는 방법. 제지提持에 상대되는
명칭. 원래의 뜻을 여실하게 드러내 보여주어 나아가도록 가리키는 스승이
학인을 제접하여 교화할 때 쓰는 것으로 방행放行의 수법이다. 즉 스승이
학인의 경지나 견해를 긍정하고 아울러 오도의 계기를 자유롭게 발전하도록
해주는 것이다. 벽암록 제22칙에 "그대가 만약 평전하고자 하면 마음대로
평전하라. 그대가 만약 타파하고 싶으면 마음대로 타파하라"고 한다. (爲禪林中
師家引導學人之方法. 提持之對稱. 如實呈現原貌之意 轉指師家接化學人時 所用之放
行手法. 卽師家肯定學人之境地見解 並令其自由發展悟道之機. 碧嚴錄第二十二則 爾
若平展 一任平展 爾若打破 一任打破, 『불광대사전』)

提持(제지): 선림에서 스승이 학인을 인도하는 방법. 스승이 학인을 제접해서
교화할 때 학인이 원래 가지고 있던 견해를 깨뜨리고 제거하여 그에게 향상의
계기를 보여 주는 것이다. 이 파주의 수법으로 학인의 아견 등을 부정해
버리는 것이다. 평전에 상대되는 명칭이다. 벽암록 제75칙, 수시에 보인다.
"만약 제지하고자 하면 마음대로 제지하고, 만약 평전하고자 하면 마음대로
평전한다." (爲禪林中師家引導學人之方法. 卽師家接化學人時 破除學人原有之見解
而示予向上之契機. 以把住之手法 否定學人之我見. 爲平展之對稱. 碧嚴錄第七十五
則垂示 若要提持 一任提持 若要平展 一任平展, 전게서)

〔한꺼번에 모두 목숨을 잃게 된다.〕

점검해 볼 수 있겠는가?"

〔(선상을) 치고 말했다. "험(險, 위험하다)!"〕

〔評唱〕

師云. 此箇公案 賓主相見 如排刀鎗大陣 却用特石 畢竟却不失血脈. "獅子窟中無異獸" 料掉沒交涉. 却有活處 云 "念汝新到 且放汝三十棒" 死中得活 從頭都放過. 何故. 合用處却不用 不用處又却活潑潑地. 雪竇拈 "平展則兩不相傷" "龍門無宿客" 已是平展. 且道 甚麼處是險處.

이 공안은 손님과 주인이 만나 마치 칼과 창으로 크게 전투 대형을 갖춘 것 같지만, 오히려 특석特石³¹⁶을 써서 결국에는 혈맥(血脈, 종지宗旨)을 잃지 않았다. (하지만) "사자굴 안에는 다른 짐승이 없다"고 한 것은 (아무리) 헤아려도 전혀 관계가 없고, 도리어 활처(活處, 살아난 곳)는 "그대가 갓 온 것을 생각해서 30방만 치겠다"고 한 것에 있다.

---

316 참고로 금포특석錦包特石이라는 말이 선림에 있다. 이는 비단으로 감싼 큰 돌을 말하는데, 외유내견外柔內堅을 비유한 것이다. 스승이 학인을 지도하는 기법으로 겉으로는 비록 유화해 보이지만, 안에는 독하고 엄한 것이 잠겨 있음을 가리킨다. (禪林用語 謂錦中包有大石 比喩外柔內堅 卽指師家指導學人之機法 表面雖柔和 然內涵辛辣, 불광대사전)

　죽음 속에서 살아남을 얻어야 하는데 처음부터 모두 (핵심을) 놓쳤다. 무슨 까닭인가? 써야 할 곳에서는 쓰지 않고, 쓰지 않아야 할 곳에서는 도리어 활발발했기 때문이다.

　설두가 염하기를 "평전平展을 했더라면 둘이 서로 다치지 않았을 것이다"고 했는데, (보자가) "용문에는 하룻밤도 묵는 사람이 없거늘~"이라고 한 것이 평전이었다.

　자, 말해보라! 어디가 험처(險處, "법령에 근거해서 살펴보면 피차 모두 위험했다"고 한 것)인가?

제32칙 선자사륜船子絲綸[317]

【古則과 着語】

擧, 船子頌云 "千尺絲綸直下垂 一波纔動萬波隨〔有麼有麼〕夜靜水寒魚不食 滿船空載月明歸"〔勞而無功〕

선자船子[318]가 송頌을 했다.

"천 자 낚싯줄을 곧게 내리니
한 물결이 일자, 만 물결이 따라 움직이네.
〔있는가, 있는가?〕
고요한 밤에 물은 차고 고기는 물지 않는데,
빈 배 가득 달빛만 싣고 돌아오네."
〔애는 썼지만 공이 없다.〕

---

317 SM 제13권(N.533)에서도 전한다.
318 선자덕성(船子德誠, 생몰연대 미상): 약산유엄의 법사法嗣. 소주蘇州 화정華亭
오강吳江에서 작은 배를 젓는 뱃사공을 했기 때문에 선자화상이라고 함.

258

[拈古와 着語]

雪竇云 "這老漢勞而無功. 〔已在言前〕 或若雲門道 '一句合頭語 萬劫
繫驢橛' 〔正中這漢毒藥〕 又作麼生免此過" 〔用免作什麼〕 良久云 "莫
道水寒魚不食 如今釣得滿船歸" 〔終是有心〕

설두가 말했다. "이 노인네가 애는 썼지만 공이 없다.
〔언어 이전이다.〕
만약 운문雲門이 말하기를 '한 마디 옳은 말이 만겁에 나귀 매는
말뚝이 되었다'고 했더라면
〔그 가운데 이 사람의 독약이 있다.〕
어떻게 (해야) 이 허물을 면할 수 있겠는가?"
〔면해서 뭐하려고?〕
양구良久하고, 말했다. "물은 차고 고기는 물지 않는다고 말하지
말라. 지금 한 배 가득 낚아서 돌아오고 있다."
〔끝내 마음에 있었다.〕

[評唱]

師云. 船子和尙三頌 唯此一頌最爲深妙. 擧洛浦龍潭答木平話 擧夾
山見船子話. 一波纔動萬波隨 山僧道 "有麼有麼" 畢竟作麼生 夜靜水
寒魚不食 (云云) 合頭語 本是船子語 後來 雲門愛擧 雪竇用作雲門語.
旣是船子語 爲什麼却有合頭話. 雪竇見他語墮在這裏. 所以與他開

一線道活路.

선자 화상에게 세 개의 송頌이 있는데, 유독 이 한 송頌이 가장 깊고
오묘하다.

　낙포洛浦[319]와 용담龍潭[320]이 목평木平[321]에게 답한 공안(洛浦龍潭答木
平話)[322]을 거론하고, 협산夾山[323]이 선자를 만난 공안(夾山見船子話)[324]

319　낙포원안(洛浦元安, 835~899): 협산선회의 법사法嗣.
320　용담은 반룡가문(蟠龍可文, 생몰연대 미상)으로 협산선회의 법사法嗣.
321　목평선도(木平善道, 생몰연대 미상): 반룡가문의 법사法嗣.
322　SM 제26권(N.1203)에서는 다음과 같이 전한다.

　　袁州木平山善道禪師初叅洛浦云 "如何是一漚未發已前事" 浦云 "移舟諳水脉
　　擧棹別波瀾" 師不契 次叅盤龍 依前問 龍云 "移舟不辨水 擧棹卽迷源" 師因此
　　省悟

　　목평산木平山 선도善道 선사가 처음 낙포洛浦를 뵙고 말했다. "어떤 것이 한
　　방울 거품이 일어나기 이전의 일입니까?"
　　낙포가 말했다. "배를 띄우니 물의 흐름을 알고, 노를 드니 물결과 구분된다."
　　스님이 계합하지 못했다.
　　다음으로, 반룡盤龍을 뵙고 앞의 것을 물었다.
　　반룡이 말했다. "배를 띄워도 물의 흐름을 알지 못하고, 노를 들어도 바로
　　근원을 미혹한다."
　　선사가 이에 깨달았다.
323　협산선회(夾山善會, 805~881): 선자덕성의 법사法嗣.
324　SM 제18권(N.710)에서는 다음과 같이 전한다.

　　澧州夾山善會禪師 初參船子和尙 船子見來 便問 "大德住在什寺" 師云 "似卽不
　　住 住卽不似" 船子云 "汝道 不似 不似個什麼" 師云 "不是目前法" 船子云 "什處
　　擧得來" 師云 "非耳目之所到" 船子云 "一句合頭語 萬劫繫驢橛" 又問 "垂絲千尺

을 거론하고, (말했다.)

意在深潭 離鉤三寸 子何不道" 師擬開口 船子便以橈子 打落水中 師才出 船子
又云 "道道" 師復擬開口 船子又打 師忽然大悟 乃點頭三下. 船子云 "竿頭絲線
從君弄 不犯淸波意自殊" 師遂問 "抛綸擲釣 師意如何" 船子云 "絲懸淥水浮
定有無之意 速道 速道" 師云 "語帶玄而無路 舌頭談而不談" 船子云 "釣盡江波
金鱗始遇" 師乃掩耳 船子云 "如是如是" (밑줄 친 부분의 似는 寺의 誤字.)

예주灃州 협산夾山 선회善會 선사가 처음 선자 화상을 참례했는데, 선자가
(협산이) 오는 것을 보고는 바로 물었다. "대덕은 어느 절에 머무는가?"
협산이 말했다. "절은 머무는 곳이 아닙니다. 머물면 절과 같지 않습니다."
선자가 말했다. "그대는 (그것과) 같지 않다고 말하는데, 무엇과 같지 않다는
것인가?"
협산이 말했다. "목전법目前法이 아닙니다."
선자가 말했다. "어디서 배웠는가?"
협산이 말했다. "눈과 귀로 이를 수 있는 것이 아닙니다."
선자가 말했다. "한마디 옳은 말이 만겁에 나귀 매는 말뚝이 되었다."
또 물었다. "일 천 자 낚싯줄을 드리운 것은 그 뜻이 깊은 못에 있다. 낚시
바늘에서 세 치 밖에 떨어지지 않았는데, 그대는 어째서 말하지 않는가?"
협산이 입을 열려고 하자, 선자가 노(橈子)로 쳐서 물에 떨어뜨렸다.
협산이 나오자 선자가 다시 말했다. "말해, 말해!"
협산이 다시 입을 열려고 하자 선자가 또 쳤다.
협산이 홀연히 크게 깨닫고는 고개를 세 번 끄덕였다.
선자가 말했다. "장대 끝의 낚싯줄은 그대 마음대로 희롱하더라도 푸른 물결을
범하지 않으려는 뜻은 스스로 다르다"
협산이 물었다. "낚싯줄을 던진 스님의 뜻은 무엇입니까?"
선자가 말했다. "낚싯줄을 맑은 물에 띄우는 것은 있고 없음의 뜻을 정하는
것이다. 빨리 말해, 빨리 말해!"
협산이 말했다. "말에 그윽한 뜻이 있으나 말할 길이 없고, 혀로 말하려 해도
말할 수 없습니다."

"한 물결이 일자, 만 물결이 따라 움직이네"라고 한 것에, (앞에서)
산승은 말하기를 "있는가, 있는가?"라고 하였다. 필경 어떠한가?

"고요한 밤에 물은 차고 고기는 물지 않는데,
빈 배 가득 달빛만 싣고 돌아오네."[325]

합두어(合頭語, 一句合頭語 萬劫繫驢橛)는 본래 선자가 한 말인데,
그 뒤에 운문이 이를 즐겨 거론했기 때문에 설두가 운문이 한 말로
삼았다. (그렇다면 이것은 본래) 선자가 한 말인데, 어째서 도리어
(운문의) 합두화合頭話[326]가 있는 것인가?

설두는 저 말이 여기에 떨어진 것을 보았다. 그래서 그에게 한
가닥 활로活路를 열어준 것이다.

선자가 말했다. "강에서 낚시를 다하고서야 비로소 금빛 물고기를 만났도다."
스님이 귀를 막자 선자가 말했다. "그렇지, 그렇지!"

325 필경 어떠한가에 대한 답으로 선자의 말을 빌린 것으로 이해했다.

326 운문록에 다음과 같이 전한다.

一日云 "古人道 一句合頭語 萬劫繫驢橛 作麼生明得免此過" 代云 "趙州石橋嘉
州大像"

하루는 (운문이) 말했다. "고인이 이르기를 한마디 옳은 말이 만겁의 나귀
매는 말뚝이 되었다고 했는데, 어떻게 (해야) 이 허물을 분명하게 면할 수
있겠는가?"

(운문이) 대신 말했다. "조주의 돌다리요, 가주의 큰 코끼리다."

제33칙 투자일언投子一言[327]

[古則과 着語]

舉, 投子問巨榮禪客 "老僧未曾有一言半句掛諸方耳目 何用要見山僧"〔莫謗人好〕僧云 "到這裏不施三拜 要且不甘"〔見機而作〕子云 "出家兒得恁麼沒碑記"〔和尙慣用此機〕僧遶禪牀一匝而出.〔將爲胡鬚赤更有赤鬚胡〕子云 "有眼無耳朶 六月火邊坐"〔賊過後張弓〕

＊沒碑記(몰비기)＝無字碑(무자비)＝沒字碑(몰자비) : 글자 없는 비석. 눈
   뜬 장님. 일자무식꾼. 까막눈이. 문맹자. 사정이나 도리를 모르는 사람.
＊耳朶(이타) : 귀.

투자投子[328]가 거영巨榮 선객禪客[329]에게 물었다. "노승은 일찍이 일언반
구도 제방의 이목(耳目, 관심)[330]을 끈 적이 없거늘, 어째서 신승을 보려고

---

327 SM 제18권(N.744)에서도 전한다.

328 투자대동(投子大同, 819~914): 취미무학의 법사法嗣.

329 거영巨榮에 관해 알려진 것은 없다.

330 SM에서는 耳目을 순치脣齒로 전한다.

하는가?"

〔사람들을 비방하지 말라!〕

스님이 말했다. "여기까지 와서 삼배를 올리지 않았는데도 달갑게
여기지 않으시네요."

〔상대방의 낌새를 보고 그에 따라 대응한다.〕[331]

투자가 말했다. "출가자가 이렇게도 쓸 만한 말을 못하다니!"

〔화상은 습관적으로 이런 기연(機, 機緣)을 쓴다.〕

스님이 선상禪床을 한 바퀴 돌고, 나가버렸다.

〔오랑캐의 수염이 붉다고 하더니, 붉은 수염의 오랑캐가 있었군.〕

투자가 말했다. "눈은 있는데 귀가 없다. 유월에 뜨거운 불 가까이에
앉았구나."

〔도적이 지나간 다음에 활시위를 매고 있다.〕

[拈古와 着語]

雪竇云 "也不得放過〔作麼生〕繾轉便與擒住" 喝云 "是誰不甘〔咄〕
若跳得出 不妨是一員衲僧" 〔你也跳不出了也〕

설두가 말했다. "놓쳐서는 안 된다.

〔어떻게(해야 하는가)?〕

움직이자마자 바로 사로잡아야 한다."

---

331 『계사전繫辭傳』에서는 "군자는 낌새를 보고 그에 따라 대응하지 하루 종일
기다리지 않는다(君子見幾而作 不俟終日)"고 전한다.

"할(喝)!" 하고, 말했다.[332] "누가 달가워하지 않는가?

〔돌(咄, 쯧쯧)!〕

만약 뛰쳐나올 수 있다면 아주 대단한 납승이다."

〔(설두스님) 그대도 뛰쳐나가지 못했다.〕

〔評唱〕

師云. 巨榮禪客 諸方常有問答話 收放作家. 爭奈投子是奇人. 鉤頭有餌 喫著則喪身失命 可謂得逸羣之用. 釣得來 鎚得破 有般底 呼得來 遣不去 畢竟干戈作亂. 子云"出家兒得恁麽沒碑記"蓋無知見 這僧也是消訛. 却不禮拜 遶禪牀而出 若是別人 無奈他何. 投子也不忙 云"有眼無耳朶 六月火邊坐"這僧有無轉變作用(云云) 投子末後一句 蓋是從上來人行履 這箇唯趙州會得投子意. 若是諸人 當時被投子擒住 合下什麽語.

거영 선객은 제방에 흔히 있는 문답에 대해서 거두고 놓아줄(收放. 與奪, 파주 방행) 줄 아는 작가作家였다. (하지만) 투자가 기인奇人인 것을 어찌 하겠는가! 낚싯바늘 끝에 미끼가 있어 먹으면 목숨을 잃게 되는데, 참으로 "일군(逸羣=일민逸民=은둔隱遁)의 용用[333]을 얻었다"고 할만하다. 낡으면 끌려오고 쇠망치로 치면 부서지는 것이 일반적인데, 불러서 오게 해놓고 보내버리지 못한다면 필경 창과 방패를 어지럽게 쓴 것이다.

투자가 말하기를 "출가자가 이렇게도 쓸 만한 말을 못하다니!"라고 한 것은 지견知見이 없다는 것인데, 이 스님이야말로 이해하기 어렵다. 절도 하지 않고 선상을 돌고 나가버렸으니, 만약 다른 사람 같았으면 그를 어찌 할 수 없었을 것이다. (하지만) 투자 역시 (조금도) 당황하지 않고 말하기를 "눈은 있는데 귀가 없다. 유월에 뜨거운 불 가까이에 앉았구나"라고 하였다.

이 스님은 유무有無에 전변하는 작용이 있었다. (하지만) "눈은 있는데 귀가 없다. 유월에 뜨거운 불 가까이에 앉았구나"라고 한[334] 투자의 이 말후일구末後一句는 예로부터 지금까지 많은 사람들이 답습해온 행동거지이지만, 이것은 오직 조주趙州만이 투자의 뜻을 알았을 뿐이다. 만약 여러분이 당시에 투자에게 사로잡혔다면, 무슨 말을 해야 맞겠는가?

파묻혀 지내며 은둔하는 사람)의 뜻과 같은 것으로 이해했다. 왜냐하면 선사는 투자산에서 짚으로 거처를 만들고 은거하며 살았기 때문이다.
334 운운云云을 앞의 투자의 말로 옮겨 실었다.

제34칙 조사육진祖師六塵³³⁵

[古則과 着語]

擧, 祖師云 "六塵不惡 還同正覺" 〔眼見耳聞 有什麼過〕

조사祖師³³⁶가 말했다. "육진六塵을 미워하지 않으면 도리어 정각正覺과
같게 된다."³³⁷

〔눈으로 보고 귀로 듣는데, 무슨 허물이 있는가?〕

[拈古와 着語]

雪竇云 "拄杖子是塵 有什麼過.〔這老漢 又要第二杓惡水在〕過旣無
應合辨主.〔第三頭 藏身露影〕所以道 '糞掃堆上 現丈六金身 且拈在
一邊〔作家宗師 終不藏身露影〕赤肉團上 壁立千仞 又放過一著'

---

335 SM에서는 전하지 않는다.

336 삼조승찬(三祖僧璨, ?~606): 혜가慧可의 법사法嗣.

337 『신심명信心銘』의 일부분이다.

〔弄精魂漢 有什麽限〕**直饒八面四方 正好連架打**"〔打云"**已落第八頭**"〕

설두가 말했다. "주장자가 티끌인데, 무슨 허물이 있는가?

〔이 노인네가 또 두 번째 구정물 바가지를 뿌리려고 하고 있다.〕

허물이 없다면 마땅히 주인을 가려내야 한다.

〔제3두第三頭에 떨어졌다. 몸은 숨겼지만 그림자가 드러난다.〕

그래서 이르기를 '똥 무더기에서 장육금신을 드러내서 한 쪽을 집어들었다'고 하고,

〔작가종사다. 끝내 몸을 숨기고 그림자도 드러내지 않는다.〕

'붉은 고깃덩이에 천 길 낭떠러지처럼 우뚝 서서 한 수 놓쳤다'고 한 것이니,

〔귀신짓거리나 하는 놈아! 언제야 끝날 날이 있겠는가?〕

설사 팔면사방에서 올지라도 (그에 맞춰) 도리깨질을 해서 쳐야 한다."[338]

〔(선상을) 치고 말했다. "이미 제8두第八頭에 떨어졌다."〕

---

338 참고로 설두중현의 상당법문 가운데 다음과 같은 것이 있다.

上堂云 "糞掃堆上現丈六金身 遇賤則貴 赤肉團上壁立千仞 遇明則暗 鼻孔遼天底衲僧 試辨雪竇爲人眼"(설두록, 제2권)

상당해서 말했다.
"똥 무더기에서 장육금신을 드러내니 천한 것을 만나도 귀하게 되고, 붉은 고깃덩이에 천 길 낭떠러지처럼 우뚝 서니 밝음을 만나도 어두워진다. 콧구멍이 하늘로 향한(鼻孔遼天, 의기양양한, 자존심 강한) 납승은 시험 삼아 설두가 사람의 안목을 위한 것을 변별해보라."

〔評唱〕

師云. 信心銘 (云云) "見聞覺知無障礙 聲香味觸常三昧" 雲門云 "一切處不是三昧 有聲香味觸體在一邊 聲香味觸在一邊 見解偏枯" 又云 "卽此見聞非見聞 更無聲色可呈君" 洞山云 "塵中不染丈夫兒" 雲門云 "拄杖子但喚作拄杖子 一切但喚作一切" "塵勞之儔 爲如來種" 六塵只得不啁啾 二乘等人 如焦穀芽 不復再生. 又本仁道 "色不是色 聲不是聲" 六塵皆然 畢竟如何.

신심명信心銘에 "육진六塵을 미워하지 않으면" (이라 했다.)

(이에 사공司空이 말했다.) "견문각지見聞覺知에 장애가 없으면, 성향미촉聲香味觸이 늘 삼매로다."[339]

(사공의 말에) 운문雲門이 말했다. "일체처가 삼매가 아니거늘, 성향미촉의 체體가 어느 한 쪽에 있겠는가? 성향미촉이 어느 한 쪽에 있다는 견해見解는 치우치고 메마른 것이다."[340]

---

339 사공본정(司空本淨, 667~761)의 게송 일부분이다. (전등록 제5권)

見聞覺知無障礙　견문각지에 장애가 없으면
聲香味觸常三昧　(색)·성·향·미·촉이 늘 삼매이니,
如鳥空中只麼飛　마치 새가 허공 속에서 다만 이렇게 날 듯
無取無捨無憎愛　취할 것도 없고 버릴 것도 없으며 미움도 사랑도 없다.
若會應處本無心　만약 (감)응하는 곳마다 본래 마음이 없다는 것을 알면
始得名爲觀自在　비로소 관자재라는 이름을 얻으리라.

또 (삼평三平이) 말했다. "바로 이 견문見聞은 견문이 아니니, 그 밖에 그대에게 줄 성색聲色이 없다."[341]

동산洞山이 말하기를 "티끌 속에 있으면서도 오염되지 않는 것이 대장부"[342]라고 했는데, (이에 대해) 운문이 말하기를 "주장자를 다만

---

340 운문록에 다음과 같이 전한다.

擧見聞覺知無障礙 聲香味觸常三昧 師云 "一切處不是三昧 行時不是三昧 有處云 '聲香味觸體在一邊' 聲香味觸在一邊 見解偏枯"

"견문각지에는 장애가 없으니, 성향미촉이 항상 삼매로다"는 말을 거론하고, 선사가 말했다.

"일체처가 삼매가 아니니, 움직일 때도 삼매가 아니다. 어디선가 말하기를 '성향미촉의 체가 한 쪽에 있다고 하는데, 성향미촉이 어느 한 쪽에 있다는 견해는 치우치고 메마른 것이다."

341 SM 제14권(N.546)에서는 선사의 아래 게송을 하나의 고칙으로 전한다.

卽此見聞非見聞　이 보고 듣는 것은 보고 듣는 것이 아니니
無餘聲色可呈君　그 밖의 소리와 색 그대에게 줄 것이 없다.
箇中若了全無事　여기에 만약 조금도 일 없음(無事)을 알면
體用無妨分不分　체와 용을 나누고 나누지 않음에 무슨 방해가 되랴.

342 『균주동산오본선사어록(筠州洞山悟本禪師語錄, 이하 동산록)』에 다음과 같이 전한다.

示衆曰 "知有佛向上人 方有語話分" 時有僧問 "如何是佛向上人" 師曰 "非佛" 保福別云 "佛非" 雲門云 "名不得狀不得 所以言非" 法眼別云 "方便呼爲佛" 師又曰 "塵中不染丈夫兒" 雲門云 "拄杖但喚作拄杖 一切但喚作一切"

(동산이) 대중에게 말했다. "불향상인佛向上人이 있음을 알아야 바야흐로 말할 자격이 있다."

그때 어떤 스님이 물었다. "어떤 것이 불향상인입니까?"

주장자라고 부르고, 일체를 다만 일체라고 부를 뿐이다"고 했다.[343]

"번뇌의 무리가 여래의 종자가 된다"[344]고 했는데, 단지 육진六塵에서 부즉유(不喞嚼, 멍청함, 흐리멍덩함)를 얻을 뿐이면 이승二乘과 같은 사람은 불에 그슬린 곡식에서 싹이 나지 않는 것처럼 다시 태어나지 않을 것이다. 또 본인本仁[345]이 말하기를 "색은 색이 아니고, 소리는 소리가 아니다."[346]고 했다. 육진이 모두 그러하다면, 필경 어떠한가?

선사가 말했다. "부처를 비방하지 말라."

보복이 달리 말했다. "부처가 아니다."

운문이 말했다. "이름을 붙일 수도 없고, 형상으로 드러낼 수도 없다. 그래서 아니다(非)고 말하는 것이다."

법안이 달리 말했다. "방편으로 부처라고 한다."

선사가 또 말했다. "티끌 속에 있으면서도 오염되지 않는 것이 대장부이다."

운문이 말했다. "주장자를 다만 주장자라고 부르고, 일체를 다만 일체라고 부를 뿐이다."

343 운문록 제2권에 다음과 같이 전한다.

擧 洞山云 "塵中不染丈夫兒" 師云 "拄杖但喚作拄杖 一切但喚作一切" (번역 생략)

344 『유마경』 제2권 「불도품佛道品」에 다음과 같이 전한다.

(중략) 當知一切煩惱爲如來種 譬如不下巨海 不能得無價寶珠 如是不入煩惱大海 則不能得一切智寶.

(중략) 마땅히 알라. 일체의 번뇌가 여래의 종자가 되니, 비유하면 거대한 바다 밑으로 내려가지 않으면 무가보주無價寶珠를 얻을 수가 없는 것처럼, 이와 같이 번뇌의 바다에 들어가지 않으면 일체의 지혜를 얻을 수가 없다.

345 백수본인(白水本人, ?~901 또는 904): 동산양개洞山良价의 법사法嗣.

346 SM 제21권(N.911)에 다음과 같이 전한다.

❀

"還同正覺"智與理冥 境與神會 (云云) 心如境亦如 無實亦無虛. 過既
無 拄杖頭上須辨箇主賓 不可儱儱侗侗. "糞掃堆上現丈六金身" 見悟
本語 "赤肉團上壁立千仞" 是臨濟語. 雪竇道 此二人俱未有主在.

(신심명에 이르기를) "도리어 정각과 같게 된다."(고 했다.)

(이에 오조법연 선사가) 말했다. "지智와 이理가 그윽하게 합치되고
경계와 마음을 알아 능증能證과 소증所證을 분별하지 못한다."[347]

高安白水本仁禪師上堂云 "老僧尋常 不欲向聲前句後 鼓弄人家男女 何故 次聲
不是聲 色不是色" 時有僧問 "如何是聲不是聲" 師云 "喚作色得麼" 僧云 "如何是
色不是色" 師云 "喚作聲得麼" 僧作禮. 師云 "且道 爲汝說 答汝話 若人辨得
許你有箇入處"

고안高安 백수白水 본인本仁 선사가 상당해서 말했다.
"노승은 늘 소리 이전이나 말 뒤에서 세상의 남녀를 희롱하고 싶지가 않다.
왜냐하면 소리는 소리가 아니고, 색은 색이 아니기 때문이다.
이때 어떤 스님이 물었다. "어떤 것이 소리가 소리 아닌 것입니까?"
선사가 말했다. "색이라고 불러도 되겠는가?"
스님이 말했다. "어떤 것이 색이 색이 아닌 것입니까?"
선사가 말했다. "소리라고 불러도 되겠는가?"
스님이 절을 했다.
선사가 말했다. "자, 말해보라! 그대를 위해 설한 것인가, 그대의 말에 답을
한 것인가? 만약 가려낸다면 그대가 깨달아 들어간 곳이 있다고 인정해 주겠다."

[347] 운운云云과 관련하여 『오등전서五燈全書』 제41권에 다음과 같이 전한다.

五祖法演 往成都 習唯識百法論 因聞菩薩入見道時 "智與理冥 境與神會 不分能

272

(방 거사龐居士가) 말했다. "마음이 여여如如하고 경계 또한 여여하니, 실實도 없고 허虛도 없다."[348]

허물이 없다면 주장자 끝에서 모름지기 주인과 손님을 가려내야지, 흐리멍덩하게 해서는(儱侗侗) 안 된다.

"똥 무더기에서 장육금신을 드러낸다"고 한 것은 오본(悟本, 동산양개)의 말이고,[349] "붉은 고깃덩이에 천 길 낭떠러지처럼 우뚝 섰다"고

證所證" 西天外道 嘗難比丘曰 "旣不分能證所證 却以何爲證" 無能對者 外道貶之 令不鳴鐘鼓 反披袈裟.

오조법연(五祖法演, ?~1104)이 성도成都에 가서 『유식백법론唯識百法論』을 익히면서 (다음과 같은 이야기를) 들었다. "보살이 견도見道에 들어갈 때, 지智와 이理가 그윽하게 합치되고 경계(境)와 마음(神)을 알아 능증能證과 소증所證을 분별하지 못한다."
서천의 외도가 일찍이 비구에게 따져 말했다. "이미 능증과 소증을 분별하지 못한다 했거늘 도리어 무엇으로써 증험하는가?"
대답하지 못하자, 외도가 비난하면서 종과 북도 울리지 못하게 하고 가사를 거꾸로 입게 했다.

348 방거사의 게송 일부분이다.
心如境亦如　마음이 여여하고 경계 또한 여여하니
無實亦無虛　실實도 없고 허虛도 없네.
有亦不管　있음에도 관계하지 않고
無亦不居　없음에도 머물지 않으니,
不是賢聖　현인도 성인도 아닌
了事凡夫　일을 마친 범부라네.
(졸역, 『방거사어록·시 역주』, p.209, 2020, 운주사)

한 것은 임제臨濟의 말이다.[350] (이에 대해) 설두가 말했다. "이 두 사람 모두 주인이 되질 못했다."

---

[349] 동산록에 다음과 같이 전한다.

師問雲巖 "某甲有餘習未盡" 雲巖云 "汝曾作甚麼來" 師云 "聖諦亦不爲" 雲巖云 "還歡喜也未" 師云 "歡喜則不無 如糞掃堆頭 拾得一顆明珠"

(동산) 선사가 운암에게 물었다. "저는 남은 습기를 아직 다하지 못했습니다."
운암이 말했다. "그대는 일찍이 뭘 했었는가?"
선사가 말했다. "성제(성스러운 진리, 4성제) 또한 (위)하지 않았습니다."
운암이 말했다. "기쁘지 않은가?"
선사가 말했다. "기쁨이 없는 것은 아니지만, 마치 똥 무더기에서 명주明珠 한 알을 주워 얻은 것 같습니다."

[350] 임제록에 다음과 같이 전한다.

上堂云 "赤肉團上 有一無位眞人 常從汝等諸人面門出入. 未證據者 看看" 時有僧出問 "如何是無位眞人" 師下禪床 把住云 "道道" 其僧擬議. 師托開云 "無位眞人 是什麼乾屎橛" 便歸方丈.

상당해서 말했다.
"붉은 고깃덩이에 하나의 무위진인이 있어 항상 그대들 모두의 얼굴(面門)로 드나든다. 아직 증명해보지 못한 사람들은 잘 살펴봐라!"

제35칙 본생주장本生拄杖[351]

【古則과 着語】

擧, 本生以拄杖示衆云〔也是一場狼藉〕"我若拈起 你便向未拈起時
作道理 我若不拈起 你便向拈起時作主宰.〔尖上更加尖〕且道 老僧
爲人在什麼處"〔當時若與本分草料〕時有僧出云 "不敢妄生節目"
〔是卽是 太簾纖〕生云 "也是闍黎不分外"〔未是好心〕僧云 "低低處
平之有餘 高高處觀之不足"〔似恁麼衲僧一箇半箇則得 千箇萬箇無
處覓〕生云 "節目上更生節目"〔也不放過〕僧無語〔灼然龍頭蛇尾〕
生云 "掩鼻偷香 空招罪犯"〔據款結案〕

＊狼藉(낭자): 여기저기 흩어져 어지러움.
＊節目(절목): 초목의 마디와 눈. 조목條目. 규칙의 조목.

본생本生[352]이 주장자를 들고, 대중에게 말했다.

---

351 SM 제14권(N.545)에서도 전한다.
352 본생(本生, 생몰연대 미상): 대전보통(大顚寶通, 732~824)의 법사法嗣.

〔한바탕 어지럽게 벌려놨군.〕

"내가 주장자를 집어 들면 그대들은 바로 집어 들기 이전을 향해서 도리를 지어야 하고, 내가 주장자를 집어 들지 않으면 그대들은 바로 집어 들 때를 향해서 주재主宰하는 사람이 되어야 한다.

〔뾰족한 것에 또 뾰족한 것을 더한다.〕

자, 말해보라! 노승이 사람을 위한 것이 어디에 있는가?"

〔당시에 만약 본분초료本分草料를 줬더라면…〕

그때 어떤 스님이 나와 말했다. "송구하지만 망령되이 절목(節目, 규칙의 조목)을 새로 만들지 마십시오."[353]

〔옳기는 옳지만, 너무 군소리가 많다(太簾纖).〕

본생이 말했다. "이것 역시 스님의 본분을 벗어난 것은 아니다."

〔좋은 심보가 아니다.〕

스님이 말했다. "낮고 낮은 곳은 고르게 해도 남음이 있지만, 높고 높은 곳은 볼 수 없습니다."

〔이와 비슷한 납승을 하나나 반이라도 얻으면 됐지, 천 명 만 명 찾을 것이 없다.〕

본생이 말했다. "절목節目에 또 절목을 만드는구나!"

〔역시 놓쳐서는 안 된다.〕

스님이 말이 없었다.

〔분명하다. 용두사미가 되었다.〕

본생이 말했다. "코를 막고 향기를 훔치니, 헛되이 죄를 불러 범하는

---

353 망생지절(妄生枝節, 함부로 가지나 마디를 나게 하다, 쓸데없는 일을 함부로 일으키다)과 같은 뜻으로 이해했다.

구나!"

〔법령에 의거해 판결을 내리고 있다.〕

【拈古와 着語】

雪竇云 "這僧也善能切磋 爭奈弓折箭盡〔也有些子〕然雖如此 且本生是作家宗師 爲人在什麼處〔若不是作家 爭解恁麼道〕拈起也 天回地轉 應須拱手歸降〔那裏得這消息來〕放下也 草偃風行 必合全身遠害〔打云 "也須喫三十棒始得"〕還見本生爲人處也無"〔拗折拄杖子 作麼生爲人〕雪竇復拈起拄杖子云 "太平本是將軍致 不許將軍見太平〔口如楄擔 眼如木楔 且道 拄杖子在什麼處 瞎漢〕

＊切磋(절차): 옥·뼈 등을 깎고 닦음. 부지런히 학문이나 도덕을 닦음.

＊歸降(귀항): 싸움에 져서 적에게 항복함.

＊楔(나뭇등걸 돌): 나뭇등걸(나무를 베어 내고 남은 밑동). 세워 끼우는 문빗장
   (문을 닫고 가로질러 잠그는 막대기 쇠장대).

설두가 말했다. "이 스님은 절차(탁마, 切磋琢磨)를 잘 했다. 하지만 활도 부러지고 화살도 다한 것을 어찌 하겠는가?

〔그래도 조금은 있다.〕

비록 이와 같지만, 아무래도 본생은 작가종사인데 사람을 위한 곳이 어디인가?

〔만약 작가종사가 아니라면 어찌 이런 말을 할 수 있겠는가?〕

(주장자를) 집어 들면 천지가 도니, 마땅히 두 손을 마주잡고 공손히 항복해야 한다.

〔어디서 이런 소식을 얻었는가?〕

(주장자를) 내려놓으면 바람 부는 대로 풀이 누우니, 반드시 온몸으로 피해를 멀리 해야 한다.

〔(선상을) 치고 말했다. "모름지기 30방을 맞아야 한다."〕

본생이 사람을 위한 곳을 보았는가?"

〔주장자를 꺾어버리고 어떻게 사람을 위하는가?〕

설두가 다시 주장자를 집어 들고 말했다. "태평太平은 본래 장군이 이루는 것이지만, 장군이 태평을 누리는 것은 허락하지 않는다."

〔입은 마치 멜대를 멘 것처럼 일자一字로 다물어져 있고, 눈은 마치 나무 그루터기처럼 튀어나온 것 같다. 자, 말해보라! 주장자가 어디에 있는가? 눈 먼 놈들아!〕

〔評唱〕

師云. 諸人且道. 拄杖子爲人在什麼處. 且道 拈起是 不拈起是. 若是 頂門上有眼底漢 朕兆未萌前薦去卽得 若向正令已行 後作主宰 卒摸 索不著. 僧云 "不敢妄生節目" 也是箇圓陀陀底漢. "節目上更加節目" 且道 是罰是賞. 僧無語 生云 "掩鼻偸香空招罪犯" 當時合下得箇什麼 語 免得本生恁麼道. 看他賓主相酬 兩口劍相似. 雪竇道 "這僧也善能 切磋 爭奈弓折箭盡" 別人只拈到這裏. 雪竇有餘才 "拈起則天回地轉 應須拱手歸降 放下也草偃風行 必合全身遠害" 本生會瞻前顧後 不失

血脈. 本生公案 雪竇拈得也好. 不見道 "太平本是將軍致 不許將軍見
太平"

여러분은 말해보라! 사람을 위한 주장자가 어디에 있는가?

또 말해보라! 집어 드는 것이 옳은가, 집어 들지 않는 것이 옳은가?
만약 정수리(頂門)에 안목이 있는 사람이라면 조짐이 싹트기 전에
알겠지만, 만약 바른 법령을 행하고 난 후에 주재主宰하려고 한다면
끝내 더듬어 찾아도 찾을 수 없을 것이다.

스님이 말하기를 "송구하지만 망령되이 절목節目을 새로 만들지
마십시오"라고 했는데, (이 스님이야말로) 참으로 원타타한(圓陀陀,
원만한 사람, 모난 곳 없이 둥근 사람)이다. (그런데 본생은 말하기를)
"절목에 또 절목을 더한다"고 하였다. 자, 말해보라! 이것은 벌인가,
상인가?

스님이 말이 없자, 본생이 말하기를 "코를 막고 향기를 훔치니,
쓸데없이 죄를 불러 범하는구나!"라고 했다. 당시에 무슨 말을 했어야
본생의 이런 말을 면할 수 있었겠는가? 저 손님과 주인이 서로 응대하는
것을 보라! 마치 두 자루 칼과 같다.

설두가 말하기를 "이 스님이야말로 절차(탁마)를 잘 했다. 하지만
활도 부러지고 화살도 다한 것을 어찌 하겠는가?"라고 했는데, 다른
사람이었으면 다만 여기까지만 염을 했을 것이다. (하지만) 설두에게
는 남은 재주가 있어, "(주장자를) 집어 들면 천지가 도니, 마땅히
두 손을 마주잡고 공손히 항복해야 한다. (주장자를) 내려놓으면
바람 부는 대로 풀이 누우니, 반드시 온몸으로 피해를 멀리 해야

한다"고 하였던 것이다.

본생本生은 앞도 보고 뒤도 돌아볼 줄 알아 혈맥血脈을 잃지 않았고,
본생의 공안에 설두가 염한 것 역시 좋았다.

보지 못했는가!
"태평은 본래 장군이 이루는 것이지만,
장군이 태평을 누리는 것은 허락하지 않는다."

제36칙 안국이란安國伊蘭[354]

〔古則과 着語〕

擧, 安國問僧 "得之於心 伊蘭作旃檀之樹〔逢强卽弱〕失之於旨 甘露
乃蒺藜之園〔遇賤卽貴〕我要簡語具得失兩意"〔乃竪起拂子云 "且道
喚作拂子 不喚作拂子"〕僧竪起拳云 "不可喚作拳頭"〔不可喚作拳頭
喚作什麽. 弄泥團漢〕國云 "只爲喚作拳頭"〔也是兩箇無孔鐵鎚〕

＊伊蘭(이란): 고약한 냄새가 나는 나무. 번뇌를 비유. 전단旃檀과 대칭.

＊蒺藜(질려): 남가새(한해살이풀). 마름쇠(발이 여러 개인 쇠못).

안국安國[355]이 어떤 스님에게 말했다. "마음을 얻으면 이란伊蘭이 전단旃
檀 나무가 되고,

　〔강한 것을 만나면 약하게 된다.〕

　종지를 잃으면 감로甘露가 질려蒺藜 밭이 된다'고 했는데,

---

354 SM 제26권(N.1138)에서도 전한다.

355 안국홍도(安國弘瑫 / 安國明眞, 생몰연대 미상): 설봉의존의 법사法嗣.

〔천한 것을 만나면 귀하게 된다.〕

나는 하나의 말에 득과 실의 두 뜻을 갖추기를 바란다."

〔불자를 세우고 말했다. "자, 말해보라! (이것을) 불자라고 부르는가, 불자라고 부르지 않는가?"〕

스님이 주먹을 세우고 말했다. "주먹이라고 불러서는 안 됩니다."

〔주먹이라고 불러서는 안 된다면, 뭐라고 불러야 하는가? 진흙덩이나 가지고 노는 놈이다.〕

안국이 말했다. "단지 주먹이라 부를 뿐이다."

〔역시 두 개의 구멍 없는 철추로다.〕

【拈古와 着語】

雪竇云 "無繩自縛漢 拳頭也不識"〔三箇也得. <u>師云</u> "雖然如是 盡是義學沙門"〕

＊밑줄 친 사운師云에 '又' 자를 추가해서 번역했다.

설두가 말했다. "(묶을) 줄도 없이 스스로를 옭아 묶는 놈이 주먹도 모르는구나!"

〔(이런 놈이) 셋이나 된다. 선사가 또 말했다. "비록 이와 같지만, 모두 의학사문(義學沙門, 교의를 연구하는 사문)일 뿐이다."〕

282

〔評唱〕

師云. 安國承嗣雪峯. 此是忠國師塔銘語云 "得之於心 伊蘭作旃檀之
樹 失之於旨 甘露乃蒺藜之園" 擧 "正人說邪法 邪法卽爲正 邪人說正
法 正法卽爲邪" "得之於心 伊蘭作旃檀之樹" 逢强卽弱 "失之於旨 甘露
乃蒺藜之園" 遇賤卽貴. "我要箇語具得失兩意" 是時會中 也有恁麼人.
此箇下語不失宗旨 雪竇依樣畫猫兒. 三箇一時恁麼 敎山僧作麼生.

안국은 설봉雪峯의 법을 이었다.

　이것은 충 국사(忠國師, 남양혜충)의 탑에 새긴 글로 "마음을 얻으면
이란이 전단나무가 되고, 종지를 잃으면 감로가 질려 밭이 된다"고
하였다.

　"바른 사람이 삿된 법을 말하면
　삿된 법도 바르게 되고,
　삿된 사람이 바른 법을 말하면
　바른 법도 삿되게 된다."[356]

---

356 『조주화상어록(趙州和尙語錄, 이하 조주록)』 제1권에 다음과 같이 전한다.
　師云 "兄弟 若從南方來者 卽與下載 若從北方來 卽與裝載. 所以道 '近上人問道
　卽失道 近下人問道者卽得道' 兄弟 正人說邪法 邪法亦隨正 邪人說正法 正法亦
　隨邪. 諸方難見易識 我者裏易見難識"
　(조주) 선사가 말했다. "형제들이여! 남쪽에서 오는 사람이 있으면 바로 실은
　것을 내려주고, 북쪽에서 오는 사람이 있으면 짐을 실어주어라. 그래서 이르기

"마음을 얻으면 이란이 전단나무가 된다"고 해서 (나는) "강한 것을

를 '상인上人을 가까이하여 도를 물으면 곧 도를 잃게 되고, 하인下人을 가까이하여 도를 묻는 자는 바로 도를 얻을 얻게 된다'고 한 것이다.

형제들이여! 바른 사람이 삿된 법을 말하면 삿된 법 또한 바름을 따르고, 삿된 사람이 정법을 말하면 정법 또한 삿됨을 따르게 된다. 제방에서는 보기는 어렵지만 알기는 쉬워도, 나의 여기에서는 보는 것은 쉬워도 알기는 어렵다."

참고로 『금강경오가해金剛經五家解』 가운데 야부(冶父道川)의 송頌을 다음과 같이 전한다. (SM 제2권, N.56에서도 금강경의 말씀을 고칙古則으로 야부의 송을 염拈으로 전한다.)

"所以者何 一切賢聖 皆以無爲法 而有差別" (冶父) 所以(至)差別 毫釐有差 天地懸隔. 頌曰 "正人說邪法 邪法悉歸正 邪人說正法 正法悉皆邪 江北成枳江南橘 春來都放一般華"

(경문) "왜냐하면 일체의 현성은 모두 무위법으로 차별이 있기 때문입니다."
(야부가) 경문經文, 소이所以에서부터 차별差別까지를 착어着語했다.
"아주 작은 터럭만큼이라도 차이가 나면 천지만큼 현격하게 차이가 난다."
(야부가) 송頌을 했다.

正人說邪法	바른 사람이 삿된 법을 말하면
邪法悉歸正	삿된 법도 모두 바름으로 돌아오고
邪人說正法	삿된 사람이 바른 법을 말하면
正法悉皆邪	바른 법도 모두 다 삿되게 된다.
江北成枳江南橘	강남의 귤이 강북에 와선 탱자가 되는데,
春來都放一般華	봄이 오니 모두가 하나 같이 꽃을 피운다.

참고로 正人說邪法 邪法卽爲正 邪人說正法 正法卽爲邪은 다음과 같이 쓰이기도 한다.
①正人說邪法 邪法悉皆正 邪人說正法 正法悉皆邪 (『공곡집空谷集』)
②正人說邪法 邪法亦成正 邪人說正法 正法亦成邪 (『원각경유해圓覺經類解』)

만나면 약하게 된다"고 하고, "종지를 잃으면 감로가 질려 밭이 된다"고 해서 (나는) "천한 것을 만나면 귀하게 된다"고 했다.

(안국이) "나는 하나의 말에 득과 실의 두 가지 뜻을 갖추기를 바란다"고 했는데, 지금 이 회중會中에도 이런 사람이 있는가?

이 하어下語는 종지宗旨를 잃지 않았고, 설두는 본을 떠서 고양이를 그렸던 것이다. 세 사람이 일시에 (=모두) 이러한데, 산승더러 어떻게 하라는 것인가?

제37칙 현사견호玄沙見虎³⁵⁷

【古則과 着語】

擧, 玄沙與天龍入山見虎. 〔団〕龍云 "前面是虎" 〔好箇消息〕沙云
"是汝" 〔漏逗不少〕

＊団(소리 화): 배의 밧줄을 끌 때 내는 소리. 힘 쓸 때 내는 소리. 돌咄(쯧쯧!)과
　같은 뜻.

현사玄沙와 천룡天龍³⁵⁸이 산에 들어갔다가 호랑이를 보았다.
　〔화団!〕
　천룡이 말했다. "앞에 호랑이가 있습니다."
　〔좋은 소식이다.〕
　현사가 말했다. "바로 너다."
　〔낭패(漏逗)가 적지 않다.〕³⁵⁹

---

357 SM 제23권(N.984)에서도 전한다. 아래 註359 참조.
358 현사의 제자 가운데 천룡명진(天龍明眞, 천룡중기天龍重機·명진대사明眞大師·중
　기명진重機明眞이라고도 함)이 있다.

〔拈古와 着語〕

雪竇云 "要與人天爲師 面前端的是虎"〔山僧也恁麽 天下人恁麽 用
祖師作什麽〕

설두가 말했다. "인천의 스승이 되려면 바로 눈앞에 단적인 것(=확실히
있는 것)은 호랑이라고 해야 한다."

　〔산승도 이렇고 천하인도 이러한데, 조사는 끌어다 뭐하게?〕

〔評唱〕

師云. 天龍與玄沙入山 見此機緣 有什麽省處. 擧 雪峯下有孚上座見
虎云 "某甲甚怕怖" 峯云 "是你屋裏事怕作什麽" 要明盡大地是沙門一
隻眼 坐斷天下人舌頭 識取這箇時節. 不見道 "一塵纔起 大地全收
一毛頭獅子 百億毛頭一時現" 莫道物爲己. 南閻浮提有四種重障 若

---

359 참고로 SM에서는 고칙에 이어지는 내용을 다음과 같이 전한다.

玄沙與天龍 入山見虎 龍驚云 "虎 和尙" 師回頭云 "是你" 至晚侍立次 天龍云
"今日見虎 蒙和尙指示 專甲不會" 師云 "世間有四種 極重之事 若人透得 不妨出
得陰界"

(밑줄 친 부분은 고칙과 동일, 번역 생략)

저녁에 모시고 있다가 천룡이 물었다. "오늘 호랑이를 보고 화상의 가르침을
받았지만, 저는 전혀 모르겠습니다."

현사가 말했다. "세간에는 네 가지 가장 중요한 일이 있는데, 만약 꿰뚫으면
음계를 벗어나는 데 지장이 없게 된다."

人透過 不落陰界 山不是山 水不是水 虎不是虎 物不是物. 若乃情盡
無不皆是 更無是物. 皆同一體作用. 雲門道 "盡乾坤大地無一纖毫 (云
云)" 若向這裏見得玄沙 便乃見玄見妙 見佛見祖 見顚見狂. 山是山
水是水 虎是虎 物是物. 各歸本位 各著平實處 也爲人不得 須是恁麼也
不得 不恁麼也不得. 恁麼不恁麼 不恁麼却恁麼 更買草鞋 行脚三十
年. 是有坐斷 是無坐斷. 也未在 且道 畢竟作麼生參.

*坐斷은 모두 挫斷(꺾어버리다)으로 읽었다.

천룡과 현사가 산에 들어가서 (호랑이를) 본 이 기연機緣에 무슨 살필
만한 곳이 있는가?

　설봉雪峯 문하에 있던 부 상좌가 호랑이를 보고, 말했다. "저는
몹시 두렵습니다."
　설봉이 말했다. "이것은 그대의 집안일인데, 두려울 게 뭐가 있냐?"

　진대지(盡大地, 온 대지)가 사문沙門의 일척안一隻眼임을 밝히려면
천하인의 혀를 꺾어버려야 이런 시절이 있음을 알게 될 것이다. 보지
못했는가! "한 티끌이 일어나자 대지를 모두 거둬들이고, 한 털끝의
사자가 백억 털끝마다 한꺼번에 드러난다"[360]고 한 것을.

---

360 운문록 제1권, 상당법어에 다음과 같이 전한다.
　　古人大有葛藤相爲處 秪如雪峯和尚道 "盡大地是爾" 夾山和尚道 "百草頭上薦
　　取老僧 鬧市裏識取天子" 洛浦和尚云 "一塵纔起大地全收 一毛頭師子全身總

물(物, 경계)을 자기로 삼는다고 말하지 말라! 남염부제에는 네 가지 무거운 장애가 있으니,[361] 만약 사람들이 꿰뚫어 음계(陰界, 5음18계)에 떨어지지 않으면 산은 산이 아니고 물은 물이 아니며, 호랑이는 호랑이가 아니고 경계는 경계가 아니다. 정식情識이 다하면 모두 옳지 않은 것이 없고, 결코 경계라 할 것이 없다. 모두가 동일한 하나의 체의 작용일 뿐이다.

운문雲門이 말했다. "하늘 땅 온 누리에 털끝만큼의 허물도 없다고 해도 아직은 전구轉句[362]에 불과하다. 일색一色도 보지 않아야 비로소 반쯤 든 것이지만, 이와 같더라도 다시 모름지기 완전히 드는 시절이 있다는 것을 알아야 한다."[363] (그러므로) 만약 여기서 현사玄沙를

是爾" 把取飜覆思量看 日久歲深自然有箇入路 此箇事無爾替代處 莫非各在當人分上.

고인에게는 언어문자(葛藤)로 서로를 위한 곳이 꽤 있었다. 예를 들면 설봉 화상은 "진대지가 그러하다"고 했고, 협산 화상은 "온갖 풀끝에서 노승을 찾아보고, 시끄러운 시장에서 천자를 찾아보라"고 했고, 낙포 화상은 "한 티끌이 일어나자 대지를 모두 거둬들이고, 한 털끝의 사자가 온 몸이 모두 그러하다"고 했다. (이 말들을) 번복해서 파악하고 사량해봐라! 오래되면 자연히 (깨달아) 들어가는 길이 있을 것이다. 이 일은 그대를 대신해줄 곳이 없으니, 각기 당사자의 몫이 아닌 것이 없다.

361 『지장보살본원경』 제6, 「여래찬탄품」에 "남염부제 중생의 거지동념擧止動念은 업 아닌 것이 없고, 죄 아닌 것이 없다(南閻浮提衆生 擧止動念 無不是業 無不是罪)고 전한다. 또한 불도 수행에 장애가 되는 것으로는 대략 세 가지가 있는데, 첫째는 혹장(惑障, 무명번뇌無明煩惱) 둘째는 업장(業障, 십악오역十惡五逆) 셋째는 보장(報障, 삼도팔난三途八難)이다.

362 전구轉句: 삼세유전구三世流轉句 또는 제3구第三句.

보면 바로 현玄을 보고 묘妙를 보며, 부처를 보고 조사를 보며, 전도된 것을 보고 미친 것을 보게 될 것이다.

산은 산이고 물은 물이며, 호랑이는 호랑이고 경계는 경계다. (그러므로) 각기 본래의 자리로 돌아가면 각기 평실처(平實處, 평온하고 실다운 곳)가 드러나지만, 사람들이 얻지 못했기 때문에 이래도 안 되고 이러지 않아도 안 되는 것이다.

이런 것이 이러지 않은 것이고, 이러지 않은 것이 도리어 이런 것이라면 다시 짚신을 사서 30년을 행각行脚해야 할 것이다.

꺾어버릴 것이 있는가, 꺾어버릴 것이 없는가? 이것도 역시 아니다 (未在, 꺾어버릴 것이 있는 것도 아니고 없는 것도 아니다)고 한다면 자, 말해보라! 필경 어떻게 참구(해야) 할 것인가?

---

363 운문록 제2권에 다음과 같이 전한다.

師有時云 "直得乾坤大地無纖毫過患 猶是轉句. 不見一色 始是半提 直得如此 更須知有全提時節"

제38칙 동산삼돈洞山三頓[364]

【古則과 着語】

擧, 洞山初和尚到雲門 門問 "近離什麼處"〔常程途〕山云 "查渡"〔實頭人難得〕門云 "夏在什麼處"〔第二頭箭鋒也須着眼〕山云 "湖南報慈"〔可晒不瞞人〕門云 "幾時離彼中"〔三重公案〕山云 "去年八月"〔只爲脚不踏實地〕門云 "放汝三頓棒"〔天下衲僧只知有恁麼事 殊不知 有不恁麼事〕山至來日却上問訊 "昨日蒙和尚放三頓棒 不知過在什麼處"〔果然 摸擦不着〕門云 "飯袋子 江西湖南便恁麼商量去"〔可惜許〕山於此大悟〔還曾夢見也未〕

＊摸擦(모색)＝摸索: (해결할) 방법이나 실마리를 더듬어 찾음.

동산 초洞山初[365] 화상이 운문雲門에게 갔는데, 운문이 물었다. "어디서 오는가?"

---

364 SM 제27권(N.1229)에서도 전한다.
365 동산수초(洞山守初, 910~990): 운문문언의 법사法嗣.

〔늘 노정路程을 묻곤 한다.〕

동산이 말했다. "사도査渡에서 왔습니다."[366]

〔(이렇게) 착실한 사람은 얻기 어렵다.〕

운문이 말했다. "여름 안거는 어디서 보냈는가?"

〔두 번째 화살이다. 모름지기 착안(着眼, 눈여겨봄) 해야 한다.〕

동산이 말했다. "호남의 보자사報慈寺에서 보냈습니다."[367]

〔정말로 속일 줄 모르는 사람이다.〕

운문이 물었다. "언제 거기서 떠났는가?"

〔삼중공안三重公案이다.〕

동산이 말했다. "작년 팔월입니다."

〔다만 실제로 밟아보지 못했기 때문에 이럴 뿐이다.〕

운문이 말했다. "그대에게 삼돈방三頓棒을 친다."

〔천하납승은 다만 이런 일이 있다는 것을 알 뿐, 이렇지 않은 일이 있다는 것은 전혀 모른다.〕

동산이 다음날 (방장실에) 올라가 물었다. "어제 화상께서 삼돈방을 치셨는데, 허물이 어디에 있는지 모르겠습니다."

〔과연 (실마리를) 더듬어 찾지 못하는군.〕

운문이 말했다. "이런 밥통아! 강서와 호남으로 이렇게 상량(商量, 헤아림)하며 돌아다녔느냐!"

---

366 SM에서는 묘도杳渡로 전한다. (査: 조사할 사, 杳: 아득할 묘)

367 보자혜랑報慈慧郎을 가리킨다. 장경혜릉(長慶慧稜, 854~932)의 제자. 선어록에서는 낭 상좌郎上座로 통한다.

〔애석하다.〕

동산이 여기서 크게 깨달았다.

〔꿈에서라도 본 적이 있는가?〕

【拈古와 着語】

雪竇拈云 "雲門氣宇如王〔不妨孤危峭峻〕拶著便氷消瓦解.〔草裏輥〕當時若據令而行〔令人常憶龐居士〕子孫也未到斷絶"〔你也替他喫棒〕

설두가 염拈했다. "운문의 기개와 도량(氣宇)은 마치 왕과 같아서

〔대단히 홀로 높고 가파르다.〕

(살짝 한 번) 치기만 해도 바로 얼음이 녹고 기와가 깨지듯 했다.

〔풀 속에서 빠르게 구른다.〕

당시에 만약 법령에 의거해 행했더라면

〔사람들로 하여금 늘 방 거사龐居士를 기억하게 한다.〕[368]

자손도 끊어지지 않았을 것이다."

〔그대야말로 그를 대신해서 방망이를 맞아야 한다.〕

〔評唱〕

師云. 大潙眞如和尙 愛敎人看這因緣 拈人情解. 雲門道 "近離什處"

---

[368] 방 거사와 같은 기개로 이해했다.

山云“査渡”此放一頓棒. 又云“夏在什處”山云“湖南報慈”此是放一頓
棒.“幾時離彼中來”山云“去年八月”此是放一頓棒 只管情解道“分明
是三頓棒”且喜沒交涉. 又有一般道“洞山實頭所以放他三頓棒”又有
底道“當時便好一喝” 若論如何若何 更是狂見. 一時不恁麼 畢竟作麼
生. 所以 古人道“承言須會宗 勿自立規矩”雪竇要打他道“飯袋子
江西湖南 便恁麼商量”正好打. 雲門雖然 養子方知父慈 拈他情解便
會. 只爲雲門語好 便發得悟處.〔有本收削去商量二字 只云“江西湖南
便恁麼去”〕

＊첫 번째 밑줄 친 부분은 更說如何若何 總是狂解 總不恁麼으로도 전한다.
 (『지월록指月錄』)
＊두 번째 밑줄 친 부분은 역자가 괄호로 표기했다.

대위진여大潙眞如[369] 화상은 자주 사람들(＝학인들)로 하여금 이 인연
(因緣, 공안)을 보고 (보통) 사람들의 정식情識으로 헤아려서 염념해보
도록 시켰다.

　(어떤 이가 말하기를) 운문이 “어디서 왔는가?”라고 하자 동산이
“사도에서 왔습니다”고 했을 때, 여기서 일돈방一頓棒을 쳤고, 또 “여름
안거는 어디서 보냈는가?”라고 했을 때, 동산이 “호남의 보자에서
보냈습니다”고 한 여기서도 일돈방을 쳤으며, “언제 거기서 떠났는가?”
라고 하자 동산이 “작년 팔월입니다”고 했을 때, 여기서도 일돈방을

369 대위진여(大潙眞如, ?~1095): 취암가진의 법사法嗣. 위산철潙山喆・진여모철眞如
　慕喆 등으로 불림.

쳤다"고 하면서 오로지 정식으로 헤아려서(情解) 말하기를 "분명 이것
이 삼돈방三頓棒이다"고만 하는데, 전혀 관계가 없다.

또 "동산은 착실한 사람이다. 그래서 저 삼돈방을 맞았다"고 하고,
또 어떤 이는 "당시에 바로 일할(一喝)을 하는 것이 좋았다"고도 한다.
(하지만 이에 대해) 만약 어쩌고저쩌고 논한다면 보다 (더) 미친
견해일 뿐이다. 일시에 (모두) 그런 것이 아니라면, 필경 어떻게 해야
하겠는가? 그래서 고인이 말하기를 "말이 떨어지자마자 모름지기
종지를 알아야지, 제멋대로 법규를 세우지 말라"[370]고 한 것이다.

설두의 요지는 운문이 (먼저 동산을 한 대) 후려지고, 말하기를
"이런 밥통아! 강서와 호남으로 이렇게 상량商量하며 돌아다녔느냐!"
라고 했어야 정말로 잘 친 것이라는 것이다.

(하지만) 운문이 비록 그렇기는 하지만, 자식을 기름에 아버지의
자애로움을 알고,[371] 동산이 정해로 안 것을 (지적해서) 염(拈, 비평)을
했던 것이다. (설두는) 다만 운문의 말이 좋아서 바로 득오처得悟處를
들춰냈던 것이다.[372]

〔어떤 본본本本에서는 '상량商量'이라는 두 글자를 삭제하고, 다만 "강서
와 호남으로 이렇게 돌아다녔느냐!"고 수록하고 있다.〕

---

370 석두희천石頭希遷의 『참동계參同契』 일부분.
　　承言須會宗　말이 떨어지자마자 모름지기 종지를 알아야지
　　勿自立規矩　제멋대로 법규를 세우지 말라.
　　觸目不會道　눈으로 보고도 길을 알지 못하는데
　　運足焉知路　발을 옮기면서 어찌 길을 알겠는가.
371 위산이 앙산에게 한 말이다.
372 "설두의 요지는~ 들춰냈다"까지 생략된 것이 많아 역자가 의역했다.

❀

一悟後便道"我已後向十字街頭卓箇庵 不蓄一粒米 不種一莖菜 接待
十方知識 與他拈却炙脂帽子 脫却鶻臭布衫 令敎灑灑落落 箇箇做無
事道人去"一如臨濟當時去見大愚 只被大愚拈他情見 便會得徹. 且道
這箇是如何. 古人一言一句 轉凡成聖 點鐵成金 所謂 粉骨碎身未足酬
一句了然超百億. 後來僧問"如何是佛"便只道"麻三斤"看他那裏是安
排得來. 祖師門下 一覷便見 那裏有許多般. 千聖萬聖挨拶 敎人見到
這裏 雖然點破綱宗 要且意在未痾時 明眼漢 沒窠臼. 所以 巖頭道
"若論戰也箇箇立在轉處"向未痾時 一覷便見 廓天一路相似. 靈利漢
疑著處一點便會.

＊點破(점파) : 폭로하다. 들추어내다. 까발리다. 간파하다. 갈파하다.
＊痾(숙병 아) : 숙병宿病. 병이 더해지는 모양.

(동산이) 한 번 깨치고는 바로 말하기를 "나는 이후 십자가두에 암자를
세우고, 한 톨의 쌀도 비축하지 않고 한 줄기의 채소도 심지 않고
시방의 선지식을 접대해서 기름에 찌든 모자를 벗고 냄새나는 적삼을
벗게 해서 쇄쇄낙락토록 하겠습니다. 그리하여 한 사람 한 사람 무사도
인無事道人으로 만들겠습니다"[373]고 한 것은 마치 임제臨濟가 당시에

---

373 벽암록 제12칙의 평창에 다음과 같이 전한다.

　洞山初參雲門 門問"近離甚處"山云"渣渡"門云"夏在甚麼處"山云"湖南報慈"
　門云"幾時離彼中"山云"八月二十五"門云"放爾三頓棒 參堂去"師晩間入室
　親近問云"某甲過在什麼處"門云"飯袋子 江西湖南便恁麼去"(여기까지는 앞의

296

대우大愚를 만나러 갔다가, 단지 대우에게 그의 정견情見을 비평받고서 철저하게 알았던 것[374]과 같다. 자, 말해보라! 이 일은 어떤가(=무엇과 같은가)?

고인의 일언일구는 범부를 굴려서 성인을 만들고 쇳덩이를 다루어 황금으로 만들기 때문에 이른바 "분골쇄신해도 갚을 수 없지만, 한마디 분명히 깨달으면 백억 겁을 뛰어넘는다"[375]고 하는 것이다.

훗날, (동산은) 어떤 스님이 "어떤 것이 부처입니까?"라고 하면 "마삼근麻三斤"이라고만 했는데, 그가 어디에다 안배를 했는지 보라! 조사 문중에서는 한 번 엿보면 바로 보게 되는데, 어디에 많은 일들이 있겠는가?

천성만성千聖萬聖이 애찰挨拶하는 것(=학인을 툭툭 한 번 쳐 보는 것)은

본칙과 동일해서 번역을 생략한다.) 洞山於言下 豁然大悟. 遂云 "某甲他日向無人 煙處 卓箇庵子 不蓄一粒米 不種一莖菜 常接待往來 十方大善知識 盡與伊抽卻 釘拔卻楔 拈卻膩脂帽子 脫卻鶻臭布衫 各令灑灑落落地 作箇無事人去" 門云 "身如椰子大 開得許大口" 洞山便辭去.

동산수초가 말끝에 활연대오豁然大悟하고, 말했다.

"제가 후일 인적이 끊긴 곳에 암자를 짓고, 쌀 한 톨 비축해놓지 않고 한 줄기 채소도 심지 않고, 늘 시방에 왕래하는 대선지식을 맞이하여 (번뇌의) 못을 뽑고 (망상의) 쐐기를 뽑아내며 기름때에 절은 모자를 벗고 냄새나는 적삼을 벗게 하겠습니다. 그리하여 모두들 쇄쇄낙낙토록 하여 무사인(無事人, 일 없는 사람)이 되도록 하겠습니다."

운문이 말했다. "몸은 야자열매(椰子)만한 게 주둥이는 커다랗게 벌리는구나." 동산이 바로 하직 인사를 하고 갔다.

374 제24칙 임제호지화臨濟蒿枝話의 평창과 註263 참조.
375 증도가에 전한다.

사람들로 하여금 여기서 몸소 보게 하려는 것이다. 비록 강종綱宗을 점파(點破, 간파)했더라도 무엇보다 그 뜻은 오랫동안 가지고 있던 병이 없어진 때에 있는 것이니, 눈 밝은 사람이라면 과구(窠臼, 고정관념)가 없어야 한다. 그래서 암두巖頭가 말하기를 "만약 논전論戰을 한다면 각자 전처轉處에 입각하고 있다"고 한 것이다.

오랫동안 가지고 있던 병이 없어질 때, 한 번 엿보면 바로 툭 트인 하늘로 뻗친 길 하나를 보는 것과 같다. 영리한 사람은 의심하는 곳을 한 번 점검해주면 바로 알아차린다.

❀

雪竇拈云"雲門一似覇王相似"因什麼"拶著便冰消瓦解"雪竇嫌雲門老婆心如此 當時眞箇好打. 到這裏 拈則許你拈 會則不許你會. 若只恁麼會 又錯了也. 當時劈脊便打 赶出去 已放過了也. 敎他後來道 "如何是佛""麻三斤"前也不著村 後也不著店 天下人不奈何. 或若奈何時 如何鼻孔撩天.

＊鼻孔撩天(비공여천) : 고개를 쳐들고 콧구멍을 하늘로 향하다. 도도하고 거만함의 형용.

설두가 염拈하기를 "운문은 마치 패왕과 같다"[376]고 하면서, 어째서 (다시 또) "(살짝 한 번) 치기만 해도 바로 얼음이 녹고 기와가 깨지듯

---

376 설두가 염한 정확한 표현은 雲門氣宇如王인데, 원오는 다시 이를 패왕(覇王, 초패왕, 항우項羽)에 비유했다.

298

했다"고 한 것인가? 설두는 이와 같은 운문의 노파심이 싫어서 당시에 정말로 쳤어야 했다고 한 것이다. (하지만 그대들이) 여기에 이르러 염(拈)을 하겠다고 한다면 그대들이 염하는 것은 허락하겠지만, 알았다고 한다면 그대들이 안 것은 허락하지 않겠다. 만약 다만 이렇게 알았을 뿐이면 또한 잘못 안 것이니, 당시에 바로 등판때기를 후려갈겨서 내쫓았을 것인데, 이미 놓쳐버렸다.

그가 뒷날 "어떤 것이 부처입니까?"라는 물음에 "마삼근(麻三斤)"이라고 한 것은 앞에는 마을이 없고 뒤에는 여관이 없어[377] 천하의 사람들이 어찌 할 수 없는 것이다. (하지만) 혹시 만약 어찌 할 수 있을 때에는 어떻게 하늘을 향해 콧구멍을 쳐들겠는가?[378]

---

377 참고로 속담에 前不巴村 后不著店 (앞에는 마을이 없고, 뒤에도 여관이 없다. 마을에서 멀리 떨어져 있고 인적이 드물다)이 있다.

378 SM에서는 원오는 본칙에 대한 송을 다음과 같이 전한다.

見冤放鷹	토끼를 보고 매를 풀며,
因行掉臂	걸음에 팔을 흔든다.
赤骨歷窮	적골(赤骨, 空无所有)을 모두 겪고서야
方圖富貴	바야흐로 부귀를 도모하게 되었다.
放三頓棒尙遲疑	삼돈방을 쳤는데도 여전히 의심하고 주저하더니
再挨方識利頭錐	재차 밀치고 나서야 날카로운 송곳 끝을 알았다.
單提獨脚機關外	홀로 외발을 드는 기관 밖은
明眼衲僧猶不會	눈 밝은 납승도 알지 못한다.

제39칙 대자시중 大慈示衆[379]

[古則과 着語]

擧, 大慈示衆云 "山僧不解答話 只是識病" 〔自病敎阿誰識〕時有僧
出 〔須是放過〕大慈便歸方丈. 〔且道 這僧患什麼病〕

대자大慈[380]가 대중에게 말했다. "산승은 답을 할 줄은 모르고, 다만
병을 알 뿐이다."

〔자기의 병을 누구더러 알라는 것인가?〕

그때 한 스님이 (대중 가운데서) 나오자,

〔모름지기 그냥 지나쳐버려야 한다.〕

대자가 바로 방장실로 돌아가 버렸다.

〔자, 말해보라! 이 스님은 무슨 병을 앓고 있는 것인가?〕

---

379 SM 제10권(N.399)에서도 전한다.

380 대자환중(大慈寰中, 780~862): 백장회해의 법사法嗣.

300

〔拈古와 着語〕

雪竇拈云 "大凡扶竪宗乘 須是辨箇得失〔果然〕且大慈識病不答話
時有僧出便歸方.〔膏肓之病決不可醫〕雪竇識病不答話. 或有僧出
劈脊便棒.〔且道 這一服藥 醫得什麼病〕諸方識病不答話. 有僧出必
然別有長處.〔不可只守他途轍去〕敢有一箇動著 大唐天子只三人"
〔打云 "如麻似粟"〕

＊膏肓(고황): 심장과 횡격막의 사이. 병이 그 속에 생기면 낫기 어렵다는
    부분. 약효가 미치지 못하는 부분. (膏: 기름 고. / 황肓: 명치끝 황.)

설두가 염拈했다. "무릇 종승(宗乘, 종지宗旨)을 바로잡아 세우려면 모름
지기 득실을 가릴 줄 알아야 한다.
    〔과연!〕
    대자는 병을 알지만 답은 하지 않았는데, 그때 한 스님이 나오자
곧 방장실로 돌아가 버렸다.
    〔고황의 병은 결정코 치료할 수가 없다.〕
    (나) 설두도 병을 알지만 답은 하지 않겠다. (하지만) 어떤 스님이
나오면 방망이로 등판때기를 후려갈길 것이다.
    〔자, 말해보라! 이 약을 한 번 먹으면 무슨 병이 치료되는가?〕
    제방에서도 병을 알지만 답은 하지 않을 것이다. (하지만) 어떤
스님이 나오면 반드시 (또) 다른 장처(長處, 잘하는 것)가 있을 것이다.
    〔단지 저 길의 궤적이나 지켜서는 안 된다.〕

감히 한 놈이라도 (나오려고) 움직인다면 대당의 천자는 세 사람뿐일 것이다."

〔(선상을) 치고 말했다. "(아니) 삼대같이 많고 좁쌀처럼 많을 것이다."〕

〔**評唱**〕

師云. 杭州大慈 乃馬祖下尊宿. 蒲坂人 頂骨聳高 其聲如鐘. 一日示衆云 "大慈不解答話 只是識病" 且道 這僧病在什麼處. 法眼道 "衆中喚作病在目前不識" 玄覺云 "且道 大慈識病不識病" 此僧出來 是病不是病. 若言是病 逐日行住坐臥 不可總是病 若言不是病 出來圖箇什麼.

＊聳(솟을 용)： 솟다. 솟게 하다.

항주杭州 대자大慈는 마조馬祖 문하의 존숙尊宿이다. 포판蒲坂 사람으로 정수리가 높이 솟고, 음성은 마치 종소리와 같았다.

하루는 대중에게 말했다. "대자는 답을 할 줄은 모르고 다만 병을 알 뿐이다." 자, 말해보라! 이 스님의 병이 어디에 있는가?

(이에 대해) 법안法眼이 말했다. "대중들 사이에서는 '병이 눈앞에 있는 데도 알지 못한다'고 한다."

(또) 현각玄覺[381]이 말했다. "자, 말해보라! 대자는 병을 알았는가,

몰랐는가? 이 스님이 나온 것이 병인가, 병이 아닌가? 만약 병이라고
한다면 날마다 행주좌와行住坐臥 하는데 이것이 모두 병이라고 할
수 없을 것이고, 만약 병이 아니라고 한다면 나와서 무엇을 도모하고자
한 것인가?"

❁

大慈後來示衆云 "說得一丈 不如行取一尺 說得一尺 不如行取一寸"
洞山聞云 "我卽不恁麼" 僧云 "和尙作麼生" 山云 "說取行不得底 行取說
不得底" 雲居云 "行時無說路 說時無行路 不說不行時 合行什麼路"
洛浦云 "行說俱到 卽是本分事無 行說俱不到 卽本分事在"

대자가 뒷날 대중에게 말했다. "한 장(一丈)을 말하는 것은 한 자(一尺)
를 행하는 것만 못하고, 한 자를 말하는 것은 한 치(一寸)를 행하는
것만 못하다."

　(이를) 동산洞山이 듣고, 말했다. "나는 그렇게 하지 않겠다."
　(그때) 어떤 스님이 말했다. "화상은 어떻게 하시겠습니까?"
　동산이 말했다. "행하지 못하는 것을 말하고, 말하지 못하는 것을
행한다."

　(또) 운거雲居[382]가 말했다. "행할 때는 말할 길이 없고 말할 때는

381　보자현각(報慈玄覺, 생몰연대 미상): 법안문익의 법사法嗣.
382　운거도응(雲居道膺, ?~902): 동산양개의 법사法嗣.

행할 길이 없다. 말하지도 않고 행하지도 않을 때 어떤 길을 가는
것이 맞는가?"

　(또) 낙포洛浦[383]가 말했다. "행하고 설함에 둘 다 이르면 본분의
일(本分事)이 없을 것이요, 행하고 설함 둘 다 이르지 못하면 본분의
일이 있을 것이다."[384]

❀

不見趙州 小參示衆云 "今夜答話去也 有解問者試出來看" 時有僧出禮
拜 州云 "適來抛磚引玉 却引<u>得箇擊子</u>" 又資福云 "隔江見資福刹竿便
回去 脚跟下好與三十棒 何況過江來. 只如 大慈如此示衆 便有僧出
大慈見不堪與語 便歸方丈. 古人下鉤釣鯤鯨 豈與你撈蝦摝蜆來. 你
若是箇漢 纔上來却與你辨明. 且道 大慈意畢竟作麽生. 諸人試去子
細參詳. 看時作麽生.

＊밑줄 친 부분의 '擊(칠 격)'은 '墼(날벽돌 격)'으로 해석했다.
＊撈(건질 로): 건지다. 잡다.
＊摝(흔들 록/녹): 흔들다. 진동시키다. (물속에서) 건져내다.

보지 못했는가!

──────────────
383 낙포원안(洛浦元安=樂普元安, 834~898): 협산선회의 법사法嗣.
384 SM 제10권(N.401)에서는 대자의 시중示衆부터 낙포의 염拈까지를 하나의 공안
　　으로 전한다.

조주趙州가 소참小參 때 대중에게 말했다. "오늘 밤엔 답을 하겠다. 묻고자 하는 사람은 시험 삼아 나와 보라!"

그때 한 스님이 나와 절을 하자, 조주가 말했다. "좀 전에 벽돌을 던져 옥을 얻으려고 했는데, 도리어 날벽돌을 얻었다."[385]

또 자복資福[386]이 말했다. "강 건너 자복의 찰간을 보고는 곧장 돌아 갔다고 하더라도 발꿈치에 30방을 칠 터인데, 하물며 강을 건너왔다면 더 말할 나위도 없다."[387]

그건 그렇고, 대자가 이와 같이 대중에게 말하자(示衆), 바로 어떤 스님이 나왔는데, 대자가 보고는 차마 말도 하지 않고 곧장 방장실로 돌아가 버렸다. (이것은) 고인이 낚싯줄을 내린 것이 곤경(鯤鯨, 상상 속의 큰 고래)을 낚으려는 것이지, 어찌 그대에게 새우나 잡고 바지락이나 건져 주는 것이겠는가! 그대가 만약 장부라면 (법상에) 올라오자마자 그에게 분명하게 가려줄 것이다. 자, 말해보라! 대자의 뜻은 필경 어떤 것인가?

---

385 제86칙의 공안이다. SM 제12권(N.433)에서도 전한다.
386 자복정수(資福貞邃, 생몰연대 미상): 위앙종. 자복여보資福如寶의 법사法嗣.
387 SM 제28권(N.1271)에서는 다음과 같이 전한다.
　　吉州資福貞邃禪師上堂云 "隔江見資福刹竿 便迴去 脚跟下也好與三十棒 豈況 過江來時" 有僧纔出 師云 "不堪共語"
　　길주 자복정수 선사가 상당해서 말했다. "(상기 내용과 동일, 생략)"
　　(그러자) 어떤 스님이 (대중 가운데서) 나오자, 선사가 말했다. "함께 말할 수 없다."

모두들 시험 삼아 상세하게 참구해 보라! (또한) 봤을 때는 또
어떻게 할 것인가?

❀

雪竇拈云"大凡扶竪宗乘 須是辨箇得失"雪竇旣如此拈 且道 什麽處是
辨得失處. 雪竇自云"識病不答話 或有僧出劈脊便棒"且道 此意又作
麽生. 這箇與古人齊肩並駕 往往更加出古人 方可敢拈公案. 自家旣
參不透 向什麽處見古人 向什麽處下手拈掇. 雪竇拈得好"且到諸方
識病不答話 有僧出必然 別有長處"敢問諸人. 且道 作麽生是諸方長
處. 諸公拈一條挂杖到處行脚 他時或被人推向曲彔木床上坐 或有人
出來 且作周向識病."大唐天子只三人"這一句 乃周朴詩. 雪竇穿作一
串 拈大慈拈諸方 只這雪竇也有些子點胸. 且道 什麽處是他長處. 如
是不肯天下人 這箇老漢有衲僧挂杖子 又有金剛眼睛 也有七事隨身.
若是不得底人 布袋裏老鴉 雖活如死 得底人如虎揷翅戴角相似 自然
不受人羅籠. 周朴贈大潙詩云"禪是大潙詩是朴 大唐天子只三人"

＊鴉(갈까마귀 아): 갈까마귀. 큰부리까마귀. 검다.

설두가 염拈하기를 "무릇 종승(宗乘, 종지宗旨)을 세우려면 모름지기
득실을 가릴 줄 알아야 한다"고 했는데, 설두가 이렇게 염拈한 것은
자, 말해보라! 어디가 득실을 가린 곳인가?
　설두가 스스로 말하기를 "병을 알지만 답은 하지 않겠다. (하지만)
혹 어떤 스님이 나오면 등판때기를 후려갈기겠다"고 했다. 자, 말해보

라! 이 뜻은 또 무엇인가?

이것은 고인과 어깨를 나란히 하고 함께 (수레를 타고 말을) 몰면서
도 종종 훨씬 더 고인을 넘어서야 바야흐로 공안을 염拈한다고 할
수 있는 것이다. (그런데) 자기 자신은 아직 참구해서 꿰뚫지도 못했는
데 어디서 고인을 볼 것이며, 어디에다가 손을 대 염철拈掇을 하겠는가?

설두가 염拈을 잘했다. (그래서) "제방에서도 병을 알지만 답은
하지 않겠다. (하지만) 어떤 스님이 나오면 반드시 (또) 다른 장처(長
處, 잘하는 것)가 있을 것이다"고 한 것이다. 감히 여러분에게 묻겠다.
자, 말해보라! 어떤 것이 제방의 장처長處인가?

여러분이 주장자 하나를 들고 곳곳을 행각하다가 혹 다른 사람들에
게 추대를 받아 곡록목상(曲彔木床, 선상)에 앉을 때,[388] 혹 어떤 사람이
나오면, 그 병에 대해 두루 알고 있어야 할 것이다.

"대당의 천자는 오직 세 사람 뿐일 것이다"는 이 일구一句는 주박周朴
[389]의 시詩에 나온다. (이것으로) 설두가 한 꼬챙이로 꿰어 대자를
염拈하고 제방을 염拈했는데, 다만 이것은 설두에게도 자신만만해
하는 것(點胸)이 조금 있었(기 때문이)다. 자, 말해보라! 어디가 그(설
두)의 장처長處인가? 이와 같이 천하인을 긍정하지 않아야 이런 노장에
게 납승의 주장자가 있는 것이고, 또한 금강의 눈동자도 있고 칠사수신
七事隨身[390]도 있는 것이다.

---

388 행각을 멈추고 (누군가의 추천을 받아 영슈에 의해) 주지가 되는 것을 뜻한다.
389 주박(周朴, 생몰연대 미상): 당대의 시인. 황소의 난 때 항복을 거부해서 살해됨.
390 칠사七事는 삼의三衣·발우(鉢)·향합香合·불자拂子·니사단尼師檀·지피紙被·욕
구浴具를 말하는데, 여기서는 임제(종)의 칠사수신(七事隨身, 선승이 갖춘 일곱

만약 체득하지 못한 사람이라면 포대 속 까마귀는 비록 살아 있어도 죽은 것과 같지만,[391] 체득한 사람이라면 마치 호랑이가 날개를 달고

가지 자재력)을 뜻한다.

첫째, 살인도殺人刀이니, 학인이 갖고 있는 일체를 능히 베어버릴 수 있는 것이다.

둘째, 활인검活人劍이니, 학인으로 하여금 일체를 완연하게 드러내게 하는 작용을 갖추게 하는 것이다.

셋째, 각답실지脚踏實地이니, 일체의 행위가 불도에 계합하는 것이다.

넷째, 향상관려자向上關捩子이니, 향상의 종지를 모두 궁구한 것이다.

다섯째, 격외설화格外說話이니, 보통의 평범한 사람들 생각을 떠나서 불도를 설하는 것이다.

여섯째, 납승파비衲僧巴鼻이니, 학인을 끌어당기는 역량을 갖춘 것이다.

일곱째, 탐간영초探竿影草이니, 학인의 진위眞僞를 분쇄할 수 있는 것이다.

칠사수신七事隨身은 원래 장수가 출정을 할 때 몸에 반드시 지녀야 하는 무기로써 자기를 보호하고 적을 공격하는 것으로 활(弓), 화살(矢), 칼(刀), 검劍, 갑옷(甲), 투구(冑), 창(戈)을 말하는데, 여기서 파생하여 스승이 갖춰야 할 일곱 가지를 가리키게 되었다. (臨濟宗之優秀禪僧所具之七種自在力 卽一殺人刀 能斬斷學人所具有之一切. 二活人劍 使學人所具之一切活現之作用. 三脚踏實地 一切 行爲契合佛道. 四向上關捩子 究盡向上之宗旨. 五格外說話 離通常人之思量而說佛 道. 六 衲僧巴鼻 具有牽轉學人之力量. 七探竿影草 能分辨學人之眞僞. 七事隨身 原指 將領上陣 身上必須具備七種武器 以衛護自己 攻擊敵人 卽弓矢刀劍甲冑戈 此處引申 指師家所具備之七事, 불광대사전)

391 흠산문수欽山文邃가 한 말로, SM 제20권(N.834)에 다음과 같이 전한다.
  嵓頭雪峯欽山 同過江西行脚 到一店 喫茶次 山云 "不會轉身通氣者 今日不得喫 茶" 師云 "若伊麼 今日定不得喫茶" 峯云 "某甲亦然" 山云 "者兩个老漢 話頭也不 識" 師云 "什麼處去也" 山云 "布袋裏老鴉 雖活如死" 師退後云 "看看" 山云 "豁公且致 存公作麼生" 峯畫一圓相 山云 "不得不問" 師笑云 "大遠生" 山云 "有口不得喫茶者多"

뿔을 단 것과 같아서 자연 사람들의 그물에 걸리지 않을 것이다.

주박이 대위大潙에게 시를 증정하며 말했다.

"선禪은 대위大潙요,
시詩는 주박(朴, 周朴)이니,
대당에 천자는 오직 세 사람뿐이다."

암두와 설봉, 그리고 흠산이 함께 강서를 행각을 하다가 한 가게에 이르러 차를 마시는데, 흠산이 말했다.
"전신통기轉身通氣 못한 사람은 오늘 차를 마셔서는 안 된다."
암두가 말했다. "그렇다면 오늘은 반드시 차를 마셔서는 안 되겠군."
설봉이 말했다. "나 또한 그렇소."
흠산이 말했다. "두 늙은이들이 말귀도 못 알아듣는구먼."
암두가 말했다. "어디로 갔어?"
흠산이 말했다. "포대 속 까마귀가 비록 살아 있어도 죽은 것과 같다."
암두가 뒤로 물러나 말했다. "봐라, 봐!"
흠산이 말했다. "전활은 놔두고, 의존은 어떤가?"
설봉이 원상을 하나 그렸다.
흠산이 말했다. "묻지 않으면 안 된다."
암두가 말했다. "너무 멀다."
흠산이 말했다. "입이 있어도 차를 마시지 못하는 사람이 많다."

제40칙 황벽폐문黃蘗閉門[392]

【古則과 着語】

擧, 趙州<u>州</u>黃蘗. 〔兩箇老賊〕蘗見來 便閉却方丈門. 〔孟嘗門下〕州
云 "救火救火" 〔果然不謬爲朱履客〕蘗便出擒住云 "道道" 〔兩重公
案〕州云 "賊過後張弓" 〔遭這漢手脚〕

＊밑줄 친 부분의 州는 到의 誤字.

조주趙州가 황벽黃蘗에게 갔다.

〔두 명의 늙은 도적이다.〕

황벽이 (조주가) 오는 것을 보고, 바로 방장실 문을 닫아버렸다.

〔맹상(孟嘗＝마조)의 문하들이로다.〕[393]

조주가 말했다. "불이야, 불이야!"

〔과연, 틀림없는 주리객(朱履客, 지혜와 계략이 있는 문객)이다.〕[394]

---

392 SM 제12권(N.486)에서도 전한다.

393 전국시대 제나라 맹상군孟嘗君에게 삼천 명의 식객이 있었다는 데서 유래.

황벽이 바로 나와 멱살을 붙잡고 말했다. "말해, 말해!"

〔양중공안이다.〕

조주가 말했다. "도적이 지나간 다음에 활시위를 매는군요."

〔이런 사람의 솜씨를 만나는군.〕

〔拈古와 着語〕

雪竇拈云 "直是好笑. 〔旁人有眼〕 笑須三十年. 〔爲什麽如此〕 忽有人問雪竇 笑箇什麽 〔更問作什麽〕 笑賊過後張弓" 〔打云 "也未放過"〕

설두가 염拈했다. "정말로 우습구나!

〔방인(旁人, 제3자, 설두)에게 안목이 있다.〕

모름지기 30년은 웃어야 하겠다.

〔어째서 이와 같은가?〕

혹 어떤 사람이 설두에게 묻기를 '뭐가 우습냐?'고 한다면

〔다시 물어 뭘 하려고?〕

도적이 지나간 다음에 활시위를 매는 것이 우습다고 하리라."

〔(선상을) 치고 말했다. "(그래도) 놓치지 말라!"〕

---

394 사기史記에 전국시대 초나라 재상 춘신군春申君에게 식객이 삼천 명에 이르렀는데, 그들 모두 구슬을 밟고 다니듯 조심조심 걸었다고 한다. 후에 朱履客은 珠履客과 통하며 권세 있는 (또는 지모智謀 있는) 문객門客이라는 뜻이 되었다.

〔評唱〕

師云. 趙州到黃蘗 蘗便閉却方丈門 一似電光石火相似. 若是懵懂禪
和 見人纔閉却門 却必無奈何. 看他趙州與黃蘗. 二俱作家 神通游戲
妙用自在. 趙州却云“救火救火”這老賊 黃蘗當時便打兩掌 他也不奈
何. 什麽處是賊過後張弓處 惹得雪竇道“直是好笑 笑須三十年”雪竇
笑不是好心. 笑中有刀.

*懵懂(몽동) : 사리에 어둡다. 어리석다. 모호하다. 흐릿하다.

조주가 황벽에게 가자, 황벽이 바로 방장실 문을 닫아버린 것이 마치
전광석화와 같다. 만약 멍청한 선승이라면 사람을 보자마자 문을
닫아버리면 (뒤로) 물러나서 틀림없이 어쩌지 못할 것이다. (하지만)
저 조주와 황벽을 보라! 두 사람 모두 작가여서 신통을 유희하며
묘용이 자재했다.

　조주가 도리어 “불이야, 불이야!”라고 했는데, (이때 만약) 이 노적老
賊을 황벽이 당시에 바로 두 손바닥으로 후려갈겼더라면 조주도 어쩌지
못했을 것이다.

　어디가 도적이 지나간 후에 활시위를 맨 곳이기에 설두로 하여금
“정말로 우습구나! 모름지기 30년은 웃어야 하겠다”는 말을 불러일으
킨 것인가? 설두의 웃음은 좋은 심보(好心=호의好意)로 한 것이 아니다.
웃음 속에 칼이 있다.

제41칙 경청방편鏡淸方便³⁹⁵

【古則과 拈古, 着語】

擧, 僧問鏡淸 "學人未達其源 乞師方便" 〔放下著〕 淸云 "是什麼源"
〔拶〕 僧云 "其源" 〔著〕 淸云 "若是其源 爭受方便" 〔却將惡水驀頭澆〕
雪竇云 "死水裏浸却 有什麼用處" 〔作麼生是活水裏底〕 侍者問淸
"適來是成褫伊" 淸云 "無" 〔鐵彈子 好箇消息〕 者云 "是不成褫伊"
淸云 "無" 〔金剛圈子 也好消息〕 者云 "和尚尊意如何" 淸云 "一點水墨
兩處成龍" 〔終是打葛藤〕 雪竇云 "猶較些子. 〔同坑無異土〕 雪竇不是
減鏡淸威光 〔有什麼威光〕 要與這僧相見. 〔還識這僧麼〕 是什麼源
其源 三十年後 與你三十棒" 〔打云 "如今須喫"〕

어떤 스님이 경청鏡淸에게 물었다. "학인이 (아직) 근원을 통달하지
못해 스님께 방편을 청합니다."
　〔내려놓아라.〕
　경청이 말했다. "무슨 근원?"

〔(일)찰(拶)을 했다(=살짝 한 번 쳤다).〕

스님이 말했다. "근원이요!"

〔착(著, 드러났다)!〕

경청이 말했다. "만약 근원이라면 어찌 방편을 받아들이겠는가?"

〔도리어 더러운 물을 곧장 머리에 뿌린다.〕

설두가 말했다. "죽은 물에 빠졌는데 무슨 쓸모가 있겠는가?"

〔어떤 것이 살아 있는 물속에 있는 것인가?〕

시자가 경청에게 물었다. "좀 전에 그의 의문을 풀어 준 것입니까?"

경청이 말했다. "아니다."

〔철탄자(鐵彈子)다. 좋은 소식이다.〕

시자가 말했다. "(그럼) 풀어 주지 않은 것입니까?"

경청이 말했다. "아니다."

〔금강권이다. 역시 좋은 소식이다.〕

시자가 말했다. "화상의 뜻은 무엇입니까?"

경청이 말했다. "한 방울의 먹물로 두 곳에 용을 그린다."

〔끝까지 언어문자로구먼.〕

설두가 말했다.

"그런대로 조금은 봐줄 만하다.

〔같은 구덩이엔 다른 흙이 없다.〕

(나) 설두는 경청의 위광(威光, 위신)을 깎아내리려는 것이 아니라

〔무슨 위광이 있는가?〕

이 스님과 만나려고 한 것이다.

〔이 스님을 알겠는가?〕

**'무슨 근원?' 하자, '근원이요!'라고 했으니, 30년 뒤에 그대에게 30방
을 치리라."**

〔(선상을) 치고 말했다. "모름지기 지금 쳐야 한다."〕

〔評唱〕

師云. 鏡淸一十七歲行脚 參見雪峰. 峰問"什麽處人"淸云"溫州人"
峰云"却與一宿覺同鄕人"淸云"且道一宿覺是什麽處人"雪峰笑乃器
之. 只如 這僧問鏡淸"學人未達其源 乞師方便"淸云"是什麽源"僧云
"其源"淸云"若是其源 爭受方便"且道 鏡淸是有指示無指示. 還會他
道"一點水墨 兩處成龍麽"不可也教山僧和泥合水去也. 一日有僧請
益次 淸揖坐. 僧云"禮拜了後有少事"僧禮拜了. 淸問云"有甚麽事"
僧云"不落四威儀請師道"淸云"更禮三拜"僧至明日上問"某甲過在什
麽處"淸云"語不離窠臼 焉能出蓋纏 片雲生晩谷 迷却幾人源"雪竇云
"不是減鏡淸威光 要與這僧相見"雪竇尋常末後愛品弄. 所以道"三十
年後與你三十棒"諸人無事 也試去參詳看. 落著處如何.

경청은 열일곱 살에 행각을 하다가 설봉雪峰을 참례했다.

설봉이 물었다. "어디 사람인가?"

경청이 말했다. "온주溫州 사람입니다."

설봉이 말했다. "일숙각(一宿覺, 영가)과 같은 고향 사람이로구면."

경청이 말했다. "말씀해주십시오. 일숙각은 어디 사람입니까?"

설봉이 웃으면서 그가 그릇(법기)임을 알았다.

그건 그렇고, 이 스님이 경청에게 물었다. "학인이 (아직) 근원을 통달하지 못해 스님께 방편을 청합니다."

경청이 말했다. "무슨 근원?"

스님이 말했다. "근원이요!"

경청이 말했다. "만약 근원이라면 어찌 방편을 받아들이겠는가?"

자, 말해보라! 경청이 가리켜 보인 것이 있는가, 가리켜 보인 것이 없는가? 그가 "한 방울의 먹물로 두 곳에 용을 그린다"고 한 것을 알겠는가? 산승으로 하여금 진흙탕에 빠지게 해서는 안 된다.

하루는 어떤 스님이 청익請益을 하자, 경청이 읍揖하고 앉았다.

스님이 말했다. "절을 하고 난 뒤에도 일이 있습니까?"

스님이 절을 하자, 경청이 물었다. "무슨 일이 있겠는가?"

스님이 말했다. "4위의(四威儀, 행주좌와)에 떨어지지 않고, 청컨대 스님께서 말씀해주십시오."

경청이 말했다. "다시 세 번 절을 하라!"

스님이 다음 날 다시 와서 물었다. "저의 허물이 어디에 있습니까?"

경청이 말했다. "말이 과구(窠臼, 고정관념)를 떠나지 않는데, 어떻게 개전(蓋纏, 번뇌)³⁹⁶에서 벗어날 수 있겠는가? 한 조각 구름이 늦은 저녁 골짜기에서 일어나니 몇 사람이나 근원에 미혹했는가?"

설두가 말하기를 "경청의 위광(威光, 위신)을 깎아내리려는 것이 아니고, 이 스님과 만나려고 한 것이다"고 했다. (또한) 설두는 늘 끝에 가서 품평(品弄)을 하곤 했다. 그래서 말하기를 "30년 뒤에 그대에게 30방을 치리라"라고 하였다. 여러분은 일이 없으면 시험 삼아 참구해서 자세히 보라! 낙착처(落著處=落處, 핵심)가 무엇인가?³⁹⁷

---

396 오개五蓋: 탐욕개·진에개瞋恚蓋·수면개睡眠蓋·도회개悼悔蓋·의개疑蓋.
십전十纏: 무참無慚·무괴無愧·질투·간탐·회悔·수면睡眠·도거掉擧·혼침昏沈·분忿·복覆.

397 SM에서는 고칙에 대한 원오의 염을 다음과 같이 전한다.
鏡淸具本分鉗鎚 有作家爐鞴 正如明鏡當臺 擧無遺照. 雖則赴感應機 要且猶費葛藤. 若是山僧 忽有問 未達其源 對他是什麼源 待伊道其源 劈脊便棒. 更有問 是成褫伊否 無 是不成褫伊否 無 和尙尊意若何 劈脊便棒 非唯截斷衆流 亦乃光揚宗眼. 還辨得出麼.

경청은 본분의 집게와 망치를 갖추고 작가의 화로와 풀무가 있어 마치 밝은 거울이 대에 걸려 있는 것처럼 거울 앞에 서면 남김없이 비쳤다. 비록 근기에 응하여 감응하는 바에 나아갔지만, 결국에는 여전히 갈등(葛藤, 언어문자)을 썼다. 만약 산승이라면 홀연히 '(아직) 근원을 통달하지 못했는데~' 하고 물으면, '무슨 근원?'이라고 하고, 그가 '그 근원이요' 하고 말하면 등판때기를 후려갈겼을 것이다. (또) '의문을 풀어준 것입니까?'라고 물으면 '아니다'고 하고, '풀어주지 못한 것입니까?'라고 물으면 '아니다'고 하고, '화상의 뜻은 무엇입니까?'라고 물으면 등판때기를 방망이로 쳐서 뭇 번뇌의 흐름을 끊어버릴 뿐만 아니라 광명으로 종안宗眼을 드날렸을 것이다. 가려낼 수 있겠는가?"

제42칙 향림납의香林衲衣³⁹⁸

[古則과 着語]

擧, 僧問香林 "如何是衲衣下事"〔闍黎 還曾行脚麼〕 林云 "臘月火燒
山"〔千重百匝 滴水滴凍〕

어떤 스님이 향림香林³⁹⁹에게 물었다. "어떤 것이 납승 문하의 일입니까?"
〔스님! 행각을 해본 적이 있는가?〕
향림이 말했다. "납월(섣달)에 불이 산을 태운다."
〔천 번 겹치고 백 번 둘러쌌다. 한 방울의 물이 한 방울씩 언다.〕

[拈古와 着語]

雪竇拈云 "臘月燒山 萬種千般〔相隨來也〕翹松鶴冷〔左眼半斤〕
踏雪人寒〔右眼八兩〕達磨不會〔猶較些子〕大難大難"〔有什麼難〕

---

398 SM 제27권(N.1224)에서도 전한다.
399 향림징원(香林澄遠, 908~987): 운문문언雲門文偃의 법사法嗣.

＊(一)斤＝16兩.

설두가 염拈했다. "납월에 산을 태우니 천 가지 만 가지가 다 탄다.

〔뒤따라온다.〕

학이 소나무 위에서 발돋음 하니 차갑고,

〔왼쪽 눈은 반근이고,〕

사람이 눈을 밟으니 춥다.

〔오른쪽 눈은 여덟 량이다.〕

달마도 알지 못하나니,

〔그런대로 조금은 봐줄 만하다.〕

아주 어렵구나, 아주 어려워!"

〔무슨 어려움이 있는가?〕

〔評唱〕

師云 僧問"如何是衲衣下事"香林道"臘月火燒山"雲門道"臘月二十五"看看臘月盡. 香林子承父業 何故如此. 只爲他家有本分事在. 若是靈利漢 向擧處便會 多少直截. 所以道"大丈夫秉慧劒 般若鋒兮金剛焰"又道"譬如 擲劍揮空 莫論及與不及"若是箇本色衲僧 那裏取別人口頭辨來. 古人道"我愛韶陽新定機 一生與人拔釘楔"雪竇具眼便道"臘月燒山 萬種千般"雪竇向藕絲孔裏 包含大千沙界 故云"我爲法王 於法自在""翹松鶴冷 踏雪人寒"恐人便向言句裏作活計 轉生情解. 末後蓋覆將來 却云"達磨不會 大難大難"諸人還會麼. 且參三十年.

悟去也不定.

＊直截(직절): 시원시원하다. 단도직입적이다. 단순 명쾌하다. 정말. 그야말
로. 완전히.

어떤 스님이 물었다. "어떤 것이 납승문하의 일입니까?"
　향림이 말했다. "납월에 불이 산을 태운다."

　운문雲門이 말하기를 "납월 25이다"[400]라고 했는데, 납월도 다한

---

400 운문록 제1권에 다음과 같이 전한다.
　問 "如何是實學底事" 師云 "大好消息" 進云 "畢竟是誰家之子" 師云 "臘月二
　十五"
　물었다. "어떤 것이 실답게 배우는 일입니까?"
　운문이 말했다. "아주 좋은 소식이구나!"
　또 물었다. "필경 어느 집 자식입니까?"
　운문이 말했다. "납월 이십오일이다."

　問 "如何會得和尙一句" 師云 "臘月二十五"
　물었다. "어떻게 화상의 일구(한마디)를 알아야 합니까?"
　운문이 말했다. "납월 이십오일이다."

　問 "如何是雲門一曲" 師云 "臘月二十五" 進云 "唱者如何" 師云 "且緩緩"
　물었다. "어떤 것이 운문의 일곡(一曲, 한 곡조)입니까?"
　운문이 말했다. "납월 이십오일이다."
　또 말했다. "부르는 사람은 어떻습니까?"

것을 한 번 보라! 향림은 아비의 사업을 이은 자식인데, 무슨 까닭으로 이와 같이 말한 것인가? 다만 저 집안에 본분사本分事가 있었기 때문이다.

만약 영리한 사람이라면 거론한 곳에서 바로 알 것이니, 얼마나 명쾌하겠는가! 그래서 이르기를 "대장부가 지혜의 검을 잡으니, 반야의 칼끝이요, 금강의 불꽃이로다!"[401]고 하였고, 또 이르기를 "비유하자면 칼을 던져 허공에서 휘두르는 것과 같으니, 미치고 미치지 못함을 논하지 말라"[402]고 한 것이다.

만약 본색납승本色衲僧이라면 어디서 다른 사람의 입을 빌려 가려내겠는가? 고인이 말하기를 "나는 소양(韶陽, 운문)과 신정(新定, 목주)의 기(機, 機法, 지도방법)를 좋아하나니, (이로써) 평생 사람들에게 못과 쐐기를 뽑아주었다"[403]고 했다.

설두는 안목을 갖추었기 때문에 바로 "납월에 산을 태우니 천 가지 만 가지가 다 탄다"고 한 것이다. (또한) 설두는 연실(藕絲, 연뿌리에서 나는 실) 구멍 속에 대천세계를 넣었기 때문에 이르기를 "나는 법왕이니 법에 자재하다"[404]고 한 것이다.

운문이 말했다. "느릿느릿해진다."

[401] 증도가에 전하는 말이다.

[402] 반산보적의 말이다. (전등록 제7권에 나온다.)

[403] 벽암록 제6칙과 62칙 등에서는 설두의 말로 전한다.

신정新定은 목주睦州를 뜻하는 지명(현, 절강성 항주)으로 목주도명을 뜻한다.

[404] 법화경 제2권, 방편품에 전하는 게송의 일부분이다.

我爲法王　나는 법왕이니

於法自在　(모든) 법에 자재하여

"학이 소나무 위에서 발돋움하니 차갑고, 사람이 눈을 밟으니 춥다"고 했는데, 사람들이 언구 속에서 활발하게 계교부리면서 점점 더 정해情解를 낼까 염려스럽다.

끝에 가서 다 덮어 가리고는 말하기를 "달마도 알지 못하나니, 아주 어렵구나, 어려워!"라고 했다. 여러분은 알겠는가? 자, 30년을 (더) 참구하라! 깨닫는 것엔 역시 정해진 것이 없다.[405]

安隱衆生 중생을 안온케 하려고

故現於世 세상에 나왔다는 것이다.

참고로 조주종심 또한 이 말을 자주 썼다.

[405] SM에서는 본칙에 대한 원오의 염拈을 다음과 같이 전한다.

擧一明三 衲僧孔竅 千差一轍 本分鉗鎚 然雖如是 或有問道林 '如何是衲衣下事'祇對他道 '綮包特石' 又擧此話 連擧雪竇拈 師云 "大小雪竇隨摟撒 不能截斷諸訛 若是道林 卽不然 臘月燒山 特地無端 綮包特石 鐵棗泥團.

하나를 들면 셋을 밝히는 것은 납승의 구멍(孔竅, 핵심)이고, 천차만별을 하나의 궤칙으로 하는 것은 본분의 겸추鉗鎚이다. 하지만 비록 이와 같을지라도 혹 누군가 (나) 도림(道林, 원오를 칭함)에게 "어떤 것이 납승 문하의 일입니까?"라고 묻는다면, 그에게 "햇솜으로 큰 돌을 싼다"고 할 것이다.

또 이 공안(話)을 거론하고, 계속해서 설두의 염을 거론하고, 말했다.

"설두 정도 되는 양반이 끌어 모으면서 떨어버리는 것을 따랐기에 난해한 점을 끊어낼 수 없었다. 만약 (나) 도림이라면 그렇지 않으리니, 납월에 산을 태워도 특별하게 이유가 없다. 햇솜으로 큰 돌을 싸고, 무쇠로 진흙을 휘감는다."

제43칙 본인시중本仁示衆⁴⁰⁶

【古則과 着語】

擧, 本仁示衆云 "尋常不欲向聲前句後 鼓弄人家男女.〔也打葛藤不少〕 何故 且聲不是聲〔猶較些子〕色不是色"〔兩重公案〕時有僧問 "如何是聲不是聲"〔只恐跳不出〕仁云 "喚作色得麽"〔果然〕僧云 "如何是色不是色" 仁云 "喚作聲得麽"〔又恁麽去也〕僧禮拜.〔果然〕仁云 "且道. 爲汝說 答汝話. 若向這裡辨得 許汝有箇入處"〔什處得這一落索來〕

＊鼓弄(고농): 주무르다. 만지작거리다. 가지고 놀다.

본인本仁⁴⁰⁷이 대중에게 말했다. "평소에 소리 이전이나 말 뒤에서 세상 사람들을 희롱하고 싶지 않다.

〔역시 말(葛藤)이 적지 않군.〕

---

406 SM 제21권(N.911)에서도 전한다.

407 백수본인(白水本人, ?~901 또는 904): 동산양개의 법사法嗣.

왜냐하면 소리는 소리가 아니고,

〔그런대로 봐줄 만하다.〕

색은 색이 아니기 때문이다."

〔양중공안兩重公案이다.〕

그때 어떤 스님이 물었다. "어떤 것이 소리가 아닌 소리입니까?"

〔다만 뛰어나오지 못할까 염려스럽다.〕

본인이 말했다. "색이라고 불러도 되겠는가?"

〔과연.〕

스님이 말했다. "어떤 것이 색이 아닌 색입니까?"

본인이 말했다. "소리라고 불러도 되겠는가?"

〔또 이런 식이야!〕

스님이 절을 했다.

〔과연.〕

본인이 말했다. "자, 말해보라! 그대를 위해 말한 것인가, 그대의 말에 답을 한 것인가? 만약 여기서 가려낸다면 그대가 깨달아 들어간 곳이 있다고 인정해주겠다."

〔어디서 이런 이야기들(一落索)을 들었는가?〕

【拈古와 着語】

雪竇拈云 "本仁也甚奇怪. 〔見什麽〕 要且貪觀天上月 〔也是亂指注〕 旣非聲前句後 且作麽生入" 〔從這裏入〕

설두가 염拈했다. "본인本仁이야말로 아주 기괴하다.

〔뭘 봤는데?〕

정말로 하늘의 달을 보기를 탐했지만[408]

〔역시 어지럽게 주석하고 있다.〕

소리 이전도 말 뒤도 아니라면, 어떻게 (깨달아) 들어가야 하겠는가?"

〔여기서 들어가면 된다.〕

〔評唱〕

師云. 本仁高安人 嗣洞山价. 大潙秀拈云 "本仁 只知橫千 不知豎萬.
如何是聲不是聲 莫逐音響. 如何是色不是色 莫逐青黃. 且他問聲前
句後覓箇安身處 自然別有生涯" 雪竇意如此. 大凡垂示 不須這誵訛處
方釣得他. 這僧出來 爭奈本仁是作家宗師. 能據虎頭收虎尾 直得壁
立千仞. 這僧出來也不妨奇特 雖然如是 也須照顧始得.

본인本仁은 고안高安 사람으로 동산양개洞山良价의 법을 이었다.

대위 수大潙秀[409]가 염拈하기를 "본인은 단지 가로로 천千만 알았지,
세로로 만萬을 알지 못했다. 어떤 것이 소리가 아닌 소리인가? 음향(音

---

408 SM에서는 貪觀天上(하늘을 보기를 원했다)으로 전한다.
   벽암록 제28칙 평창에서는 "貪觀天上月 失卻掌中珠(하늘의 달을 탐내다 손안의
   구슬을 잃어버렸다)"라는 표현을 쓴다.
409 대위회수(大潙懷秀, 생몰연대 미상): 황룡혜남의 법사法嗣.

響, 소리)을 쫓지 말라! 어떤 것이 색이 아닌 색인가? 푸르고 누름(靑黃, 색)을 쫓지 말라! 그가 물은 소리 이전(聲前)이나 말 뒤(句後)에서 안신처安身處를 찾아라! (그러면) 자연히 다른 생애가 있을 것이다"[410] 고 했는데, 설두의 뜻도 이와 같다.

무릇 수시垂示라는 것은 이런 난해한 곳(誵訛處)도 필요 없이 바야흐로 낚을 수 있어야 한다. 이 스님이 (대중 가운데서) 나왔지만, 본인이 작가종사인 것을 어찌 하겠는가! 능히 호랑이 머리에 걸터앉고 호랑이 꼬리를 거두어 천 길 낭떠러지에 우뚝 섰다.

이 스님이 (대중 가운데서) 나온 것도 대단히 기특했지만, 비록 이와 같다 하더라도 모름지기 잘 비춰서 살펴야 한다.[411]

---

410 SM에서는 只知橫千 不知豎百으로, 또한 마지막 부분은 且從但向聲前句後覓箇 安身處 自然別有生涯로 전한다.

411 SM에서는 본칙에 대한 원오의 송頌을 다음과 같이 전한다.
聲出虛色生無　　소리는 텅 빔(虛)에서 나오고 색은 없음(無)에서 나오는데
聲前句後轉塗糊　소리 이전이나 말 뒤는 갈수록 모호하다.
間不容髮　　　　틈은 터럭도 용납하질 않는데
安可名摸　　　　어찌 더듬어 찾을 수 있겠는가.
堂堂圓應沒鎦銖　당당하게 두루 응해서 아주 작은 것(鎦銖)도 없는데
巧張爐鞴費分疎　화로와 풀무를 교묘하게 펼쳐 설명을 하니
爭如棒下無生忍　어찌 방(棒) 아래 무생법인(無生忍)과 같으랴.
聞見聲香滿道塗　듣고 보고 말하고 냄새 맡는 것이 길에 가득하다.

제44칙 국사삼환國師三喚⁴¹²

【古則과 拈古, 着語】

擧, 國師三喚侍者〔也是熱發〕雪竇著語云 “點卽不到”〔著〕侍者三
應〔也是草裏出頭來〕雪竇著語云 “到卽不點”〔過〕“將爲吾辜負汝
誰知汝辜負吾”〔這老漢作恁麼去就〕雪竇著語云 “瞞雪竇不得”〔也
被瞞了也〕雲門道 “作麼生是國師辜負侍者處〔老老大大 面皮厚三
寸〕會得也是無端”〔因什麼隨他脚跟轉〕雪竇云 “元來不會”〔咄〕
門又云 “作麼生是侍者辜負國師處〔承當得也未〕粉骨碎身未報得”
〔辜恩負德作什麼〕雪竇云 “無端無端”〔自領出頭〕

＊老老大大(노노대대)：나이가 많다. 연만年滿/年晩하다.
＊自領出頭＝自領出去.

(남양혜충) 국사國師가 시자를 세 번 부르자,

---

412 SM 제4권(N.130)에서도 전한다.
　　본칙은 평창이 없다. 제45칙과 함께 읽어야 한다.

〔열熱 나기 시작한다.〕

설두가 착어(著語, 촌평)를 했다. "점을 찍으면 출석하지 않은 것이다."
〔착(著, 드러났다)!〕

시자가 세 번 "예!" 하고 답했다.
〔역시 풀 속에서 나오는구먼.〕

설두가 착어를 했다. "출석하면 점을 찍지 않는다."
〔과(過, 지나갔다)!〕

(국사가 말했다.) "내가 너를 저버린 줄 알았는데, 네가 나를 저버린
줄 누가 알겠는가?"
〔이 노인네가 (또) 이런 식이로구먼.〕

설두가 착어를 했다. "설두를 속이지는 못한다."
〔역시 속았다.〕

운문雲門이 말했다. "어떤 것이 국사가 시자를 저버린 곳인가?
〔낫살 깨나 먹은 노인네가 낯가죽 두껍기가 3촌寸이나 된다.〕
알았다 하더라도 단적端的인 것(=이것이라고 할 만한 어떤 것)이 **없다.**"
〔어째서 그의 발뒤꿈치를 따라 방향을 바꾸는가?〕

설두가 말했다. "원래 알지 못했다."

〔돌(咄, 쯧쯧)!〕

운문이 또 말했다. "어떤 것이 시자가 국사를 저버린 곳인가?

〔알았는가?〕

분골쇄신해도 갚을 수 없다."⁴¹³

〔은덕을 저버려서 어쩌자는 것이냐?〕

설두가 말했다. "단적端的인 것이 없다, 단적인 것이 없어!"

〔(설두스님은) 스스로 죄를 인정하고 출두하시오.〕

---

413 증도가에 전한다.

제45칙 투자억핍投子抑逼[414]

【古則과 拈古, 着語】

復擧, 僧問投子 "國師三喚侍者意指如何" 投子云 "抑逼人作麼"〔亂
叫喚〕雪竇云 "踤跟漢"〔也是鬼窟裏作活計〕僧問興化 化云 "一盲引
衆盲"〔以己方人〕雪竇云 "端的瞎"〔兩箇也得〕僧問玄沙 沙云 "侍者
却會"〔爛泥裏有刺〕雪竇云 "停囚長智"〔捉賊〕僧問趙州 州云 "如人
暗中書字 字雖不成 文彩已彰"〔老賊〕雪竇便喝〔放過卽不可〕僧問
雪竇 雪竇便打〔也是賊過後張弓〕也要諸方點撿〔放你不得〕乃成
頌云 "師資會遇意非輕〔輥芥投針〕無事相將草裏行〔也是無端〕負
汝負吾人莫問〔天下人跳不出〕任從天下競頭爭"〔阿喇喇鬧聒聒〕

＊抑逼(억핍): 억지로 시키다. 강요하다. 핍박하다. 강압하다.
＊方人(방인): 인물을 비교 논평함.

---

414 SM 제4권(N.130)에서는 대혜종고의 보설普說에서 본칙의 내용들을 다루고
있다.

(먼저 앞의 공안을) 다시 거론하고, 말했다.

어떤 스님이 투자投子[415]에게 물었다.[416] "국사가 시자를 세 번 부른 뜻이 무엇입니까?"

투자가 말했다. "사람을 핍박해서 뭘 어쩌자는 것인가?"

〔어지럽게 부르짖고 있다(亂叫喚).〕

설두가 말했다. "타근한(踔跟漢, 발만 동동 구르는 놈이로구먼)!"[417]

〔역시 귀신 굴속에서 활발하게 계교를 부리고 있다.〕

어떤 스님이 흥화興化[418]에게 (국사가 시자를 세 번 부른 뜻을) 묻자, 흥화가 말했다. "맹인 하나가 여러 맹인을 이끈다."

〔자기에 비춰 남을 재고 있다.〕

---

415 투자의청(投子義靑, 1032~1083): 부산법원浮山法遠에게 참학하여 인가를 받았지만, 이후 대양경현大陽警玄의 제자가 되어 투자산에 머물면서 대양의 종풍(=조동종)을 널리 선양함.

416 참고로 SM에서는 국사삼환화에 대한 투자의청의 송頌을 다음과 같이 전한다.

國師喚侍子　국사가 시자를 불렀을 때

重言不當吃　거듭 말함에 머뭇거려서는 안 되나니

他耳又不聾　그는 귀도 먹지 않았고

自又無處雪　자신 또한 누명을 벗을 곳이 없었다.

417 SM에서는 撨跟漢으로 전한다. (撨, 헤아릴 타: 헤아리다, 재다, 흔들다)

418 흥화존장(興化存奬, 830~888): 삼성혜연의 법사法嗣. 임제록의 교감자校勘者.

설두가 말했다. "단적端的으로(=확실히) 눈이 멀었다."
〔(눈먼 놈이) 두 놈이나 된다.〕

어떤 스님이 현사玄沙에게 (국사가 시자를 세 번 부른 뜻을) 묻자, 현사가 말했다. "시자가 도리어 알았다."
〔진흙 속에 가시가 있다〕.

설두가 말했다. "죄수로 오래 있더니 꾀만 늘어났다."
〔도적을 잡았다.〕

어떤 스님이 조주趙州에게 (국사가 시자를 세 번 부른 뜻을) 묻자, 조주가 말했다. "마치 어떤 사람이 어둠 속에서 글자를 쓰면 글자는 비록 이루지 못했더라도 문채文彩가 이미 드러난 것과 같다."
〔늙은 도적이다.〕

설두가 바로 "할(喝)!" 했다.
〔놓쳐서는 안 된다.〕

어떤 스님이 설두에게 (국사가 시자를 세 번 부른 뜻을) 묻자, 설두가 바로 치고,
〔역시 도적이 지나간 후에 활시위를 매고 있다.〕
(말했다.) "역시 제방의 점검을 필요로 한다."
〔그대를 놓아주지 않겠다.〕

그리고는 송頌을 했다.

"스승과 제자가 만나는 뜻은 가볍지 않은데

〔겨자씨를 던져 바늘 끝에 맞춘다(輥芥投針).〕

일없이 서로 풀 속으로 (들어)가네.

〔역시 단적인 것은 없다.〕

그대를 저버리고 나를 저버린 뜻, 사람들이여! 묻지 말고,

〔천하의 사람들이 날뛰어봐야 벗어나지 못한다.〕

천하 사람들이 멋대로 다투어 싸우게 내버려두라."

〔아랄랄(阿喇喇)! 요괄괄(鬧聒聒)!〕[419]

〔評唱〕

師云. 諸人各各自有箇國師 各各自有箇侍者. 無事請辨看. 法眼云
"且去別時來" 雪竇云 "瞞我不得" 玄覺徵云 "什處是侍者會處" 僧云
"若不會爭解恁麼應" 覺云 "你欠會在" 又云 "於此見得 便見玄沙" 翠巖
芝云 "國師侍者總欠悟在" 而今作麼生會.

모두에게 각각 자신의 국사國師가 있고, 각각 자신의 시자侍者가 있다.

---

419 아랄랄(阿喇喇): (낮은 소리로) 재잘재잘 쉬지 않고 속삭인다는 뜻. 阿剌剌이라
고도 한다. (細語不休之意, 又作阿剌剌, 불학대사전)
喇喇(랄랄): 와르르, 물건이 넘어지는 소리.
聒聒(괄괄): 시끄러운 소리, 왁자지껄한 소리.

청컨대, 일이 없으면(無事) 가려내보라!

(국사가 시자를 세 번 부른 뜻을 묻자)
법안法眼이 말했다. "갔다가, 다른 때 오라!"

설두가 말했다. "나를 속이지는 못한다."

현각玄覺이 말했다. "어디가 시자가 안 곳인가?"
어떤 스님이 말했다. "만약 몰랐다면 어찌 이렇게 대답할 수 있었겠습니까?"
현각이 말했다. "그대는 알지 못했다."
또 말했다. "여기서 보았다면 곧 현사玄沙를 보게 될 것이다."

취암 지翠巖芝[420]가 말했다. "국사와 시자가 모두 깨닫지 못했다."[421]

(여러분은) 지금 어떻게 알고 있는가?

---

420 대우수지(大愚守芝, 생몰연대 미상): 분양선소(汾陽善昭, 946~1024)의 법사法嗣.
421 평창에서 소개하고 있는 법안, 설두, 현각, 취암지의 말들은 모두 SM에서는 대혜종고의 보설普說에서 다루고 있다.
　　여기서는 다른 말 없이 법안부터 취암지의 말(拈)만으로 본칙에 대한 결론으로 삼았다.

제46칙 운문시중雲門示衆[422]

【古則과 着語】

擧, 雲門示衆 "老胡生下時 一手指天 一手指地 目顧四方 周行七步
〔白浪滔天〕云 '天上天下 唯我獨尊'〔討什麼屎臭氣〕當時若見 一棒
打殺 與狗子喫〔也是賊過張弓〕貴圖天下太平"〔干戈競起〕

운문雲門이 대중에게 말했다. "늙은 오랑캐가 태어났을 때 사방을 둘러
보고 일곱 걸음을 걷고는, 한 손으로는 하늘을 가리키고 한 손으로는
땅을 가리키며,

　　〔흰 물결이 하늘을 뒤덮는다.〕[423]

　이르기를 '하늘 위 하늘 아래 나 홀로 존귀하도다!'고 했다.

　　〔무슨 똥냄새를 찾고 있는가?〕

422　SM 제1권(N.2)에서는 다음과 같이 전한다.

　　世尊初生下時 周行七步 目顧四方 一手指天 一手指地 云 "天上天下 唯我獨尊"
　　(雲門偃拈 "我當時若見 一棒打殺 與狗子喫却 媿圖天下太平") (번역은 상기 참조)

423　백랑도천白浪滔天은 백랑혼천(白浪掀天, 파도가 하늘 높이 솟구쳐 오른다)과 같은
　　뜻임.

당시에 (내가) 봤더라면 한 방망이로 때려 죽여 개나 먹으라고 주어

〔역시 도적이 지나간 다음에 활시위를 매고 있다.〕

천하태평을 도모했을 것이다."

〔창과 방패가 다투어 일어난다.〕

〔拈古와 着語〕

雪竇拈云 "便與掀倒禪床" 〔也是第二機〕

설두가 염拈했다. "곧장 선상을 엎어버렸어야 했다."

〔(그래도) 역시 제2기第二機이다.〕[424]

〔評唱〕

師云. 雲門大師 但發一言半句 驚天動地. 雪竇是他家屋裏兒孫 知有

---

[424] SM에서는 설두의 염拈을 다음과 같이 전한다.

雪竇顯擧法眼云 "雲門氣勢甚大 要且無佛法道理" 老宿代云 "將謂無人證明"
別云 "鉤在不疑之地" 又擧此話連擧雲門拈 師云 "便與掀倒禪狀"

설두현이 법안法眼이 이르기를 "운문의 기세가 몹시 대단해도 불법의 도리는
없다"고 하자, 어떤 노장이 대신 말하기를 "장차 어떤 사람도 증명하는 이가
없을 것이라고 여길 것이다"고 한 것을 거론하고, 따로 말했다(別云).
"갈고리는 의심 없는 곳에 있다."
또 이 공안을 거론하고, 이어서 운문이 염한 것을 거론하고 말했다.
"곧장 선상을 엎어버렸어야 했다."

恁麼事. 諸公合作箇什麼伎倆 見得雪竇去.

운문대사는 단지 일언반구만 말했을 뿐인데 하늘을 놀라게 하고 땅도 흔들렸다. (또한) 설두는 저 집안 자손이라서 이런 일이 있다는 것을 알았다. 대중들은 어떤 기량을 써야 설두를 볼 수 있겠는가?[425]

---

425 SM에서는 본칙에 대한 원오의 송頌과 염拈을 다음과 같이 전한다.

〔송頌〕

右脇誕金軀	오른쪽 옆구리로 금빛 몸 탄생하니
九龍噴香水	아홉 마리 용이 향수香水를 뿜고
巍巍步四方	성큼성큼 사방을 걸으니
周匝蓮花起	주위에 두루 연꽃이 피었다.
末上先施第一機	처음부터 제1기의 법 베푼 것은 아니니
古風亘古鎭巍巍	고풍이 뻗쳐 그 당당함을 눌러버렸기 때문이다.
當時有箇承當得	당시에 어떤 사람이 이 일을 알았더라면
等閑擒下白拈賊	무심히 (이) 날강도를 사로잡았을 것이다.
咦	이咦!

〔염拈〕

驚群之句 須向驚群處擧揚 奇特之事 須遇奇特人拈出. 釋迦老子 可謂驚群 雲門 大士 不妨奇特 直下以不可測度底機輪 向千聖頂顚上撥轉. 若能伊麼體會 始知 釋迦把斷要津 雲門知恩解報. 且道 雲門落在什麼處. 還會麼. 棒頭有眼明如日 要識眞金火裏看.

대중을 놀라게 하는 말은 모름지기 대중을 놀라게 할 만한 곳에서 거량해야 하고, 기특한 일은 모름지기 기특한 사람을 만나서 드러내야 한다.
석가노자는 대중을 놀라게 하고, 운문대사는 대단히 기특해서 바로 헤아릴 수 없는 법륜을 일천 성인의 정수리에서 굴렸다고 할 만하다.

만약 이렇게 체득해서 알았다면 비로소 석가는 중요한 길목을 꽉 잡고, 운문은
은혜를 알아 보답했다고 할 것이다.
자, 말해보라! 운문의 낙처가 어디에 있는가?
알겠는가?"

"방망이 끝에 눈이 있어 해와 같이 밝으니, 진금을 알고자 하면 불속에서
살펴라."

제47칙 지문초혜智門草鞋[426]

【古則과 着語】

擧, 僧問智門 "如何是佛" 〔却問著箇乾屎橛〕 門云 "踏破草鞋赤脚走"
〔一等是拖泥帶水〕 僧云 "如何是佛向上事" 〔元來有向上向下〕 門云
"拄杖頭上挑日月" 〔摩醯首羅〕

＊挑(돋울 도): 돋우다. 꾀다. 꼬드기다. 끄집어내다. 메다.

어떤 스님이 지문智門[427]에게 물었다. "어떤 것이 부처입니까?"
　〔차라리 마른 똥 막대기에게나 물어라.〕
　지문이 말했다. "짚신이 헤져서 맨발로 걷는다."[428]
　〔하나같이 (모두 다) 진흙탕에 들어간다.〕[429]

426　SM 제28권(N.1283)에서도 전한다.

427　智門光祚(지문광조, 생몰연대 미상): 설두중현의 스승. 향림징원(香林澄遠, 908~
　　987)의 법사法嗣.

428　입전수수入廛垂手의 뜻.

429　타니대수拖泥帶水는 직역하면 진흙탕을 걷는 모습을 묘사한 것이다. 일반적인

스님이 말했다. "어떤 것이 부처의 향상사(佛向上事)입니까?"

〔원래 향상向上과 향하向下란 것이 있다.〕

지문이 말했다. "주장자 끝에 해와 달을 매달았다."

〔마혜수라摩醯首羅다.〕[430]

〔拈古와 着語〕

雪竇拈云 "千兵易得 一將難求"〔子不談父德〕

설두가 염拈했다. "천 명의 병사를 얻기는 쉬워도, 한 명의 장수를 구하기는 어렵다."

〔자식은 아비의 덕을 말하지 않는 (법이)다.〕

〔評唱〕

師云. 雪竇拈古 著著有出身之路 縱橫自在 不向死水裏浸却. 是他有這般手段 不顧危亡 便恁麼拈弄. 何故. 爲是他識得智門根源. 所以

뜻으로는 (말이나 문장 등이) 간결하지 않거나 (일을) 시원시원하게 처리하지 못하는 것을 비유하지만, 세속으로 들어가 중생을 구제한다(和泥合水)는 뜻도 함유하고 있다.

430 마혜수라摩醯首羅: 대자재천大自在天. 산스크리트어 maheśvara. 색계의 맨 위에 있는 색구경천色究竟天에 사는 신. 눈은 세 개, 팔은 여덟 개로 흰 소를 타고 다닌다고 함. 힌두교에서는 우주의 창조·유지·파괴의 과정에서 파괴를 담당한다는 시바(śiva)를 말함.

恁麼拈出 教人不要作情解. 今之參學兄弟 只管去記持言句 有什麼交涉. 你不看這僧問處 智門答處如何 切須子細著些子工夫. 參來參去 決定見得.

＊切須(절수) : 반드시. 꼭. 필히.
＊子細＝仔細(자세) : 꼼꼼하다. 주의하다.

설두의 염고拈古에는 한 수 한 수 몸을 벗어나는 길이 있고 거침없이 종횡으로 자재해서 죽은 물(死水) 속에 빠지지 않았다. 그에게 이런 수단이 있었기에 위험도 돌보지 않고 곧바로 이렇게 염롱拈弄을 할 수 있었던 것이다. 무슨 까닭인가? 그는 지문智門의 근원을 알았기 때문이다. 그래서 이렇게 염출拈出해서 사람들로 하여금 정해情解하는 것을 원하지 않았던 것이다.

　(하지만) 요즘 참학參學하는 형제들은 그저 언구만 기억할 뿐이니, 무슨 관계가 있겠는가! 그대들은 이 스님이 물은 곳을 보지 말고, 지문이 답한 곳이 어떠한지 필히 자세하게 공부(工夫, 功夫)하라!
　참구하고 참구하다 보면 결정코 보게 될 것이다.

제48칙 설봉오방雪峰五棒[431]

【古則과 着語】

擧, 僧禮拜雪峰 峰打五棒〔是則是 不惜眉毛太晒〕僧云 "某甲有什麼
過"〔這漢皮下還有血麼〕峰又打五棒.〔前箭雖輕後箭深〕

＊晒(쬘 쇄): 햇볕이 내리쬐다. 햇볕에 말리다. (방언, 속어) 아랑곳하지
않다. 거들떠보지 않다.

어떤 스님이 설봉雪峰에게 절을 하자, 설봉이 다섯 방망이를 쳤다.
〔옳기는 옳지만, 눈썹도 아끼지 않고 거들떠보지도 않는다.〕
스님이 말했다. "제게 무슨 허물이 있습니까?"
〔이 친구는 살가죽 아래 피가 흐르고 있는가?〕
설봉이 또 다섯 방망이를 쳤다.
〔앞 화살은 가벼웠지만, 뒤 화살은 깊이 박혔다.〕

---

431 SM 제20권(N.807)에서도 전한다.

[拈古와 着語]

雪竇拈云 "雪竇不曾與人打葛藤.〔猶在〕前五棒日照天臨 後五棒雲騰致雨.〔定龍蛇 別緇素 不無雪竇拄杖子 還將得來也未〕你若辨得也好與五棒"〔打云 "果然"〕

설두가 염拈했다. "(나) 설두는 일찍이 사람들과 갈등葛藤을 한 적이 없다.

〔도리어 있다.〕

앞의 다섯 방망이는 하늘에서 해가 비춘 것이고, 뒤의 다섯 방망이는 수증기가 올라가서 구름이 되고 냉기를 만나 비가 된 것이다.

〔용과 뱀을 정하고 검은 것과 흰 것을 구별하는데 설두의 주장자가 없을 수는 없다. 가지고 왔는가?〕

그대들이 만약 가려냈다 하더라도 역시 다섯 방망이를 치겠다."

〔(선상을) 치고 말했다. "과연!"〕

〔評唱〕

師云. 你諸人還會麼. 因什麼不打四棒 不打六棒. 僧後參嚴頭 頭打五掌. 且道. 與五棒是同是別. 一等是放行 不妨奇特 用得好 如人善射 箭箭中的. "前五棒日照天臨"萬象不能逃影 "後五棒雲騰致雨"這僧覓過 雪峰又打. 且道. 是雲是雨. 雪竇要與人抽釘拔楔. 大潙秀云 "這僧腦門著地 過犯彌天 雪峰輕恕 猶自不知罪名 再犯不容"更道 "日照天臨

雲騰致雨 惑亂後學 可謂 '曾被雪霜苦 楊花落也驚'"

그대들 여러분은 알겠는가?

　어째서 네 번도 치지 않고, 여섯 번도 치지 않은 것인가?
　어떤 스님이 뒷날 암두巖頭를 참례하자, 손바닥으로 다섯 번을 쳤다.
자, 말해보라! (이는 앞에서 설봉이) 다섯 방망이를 친 것과 같은가,
다른가? 하나같이 (모두) 다 방행放行으로 대단히 기특하게 잘 썼으니,
(이는) 마치 활을 잘 쏘는 사람이 화살마다 과녁을 맞힌 것과 같다.
　"앞의 다섯 방망이는 하늘에서 해가 비춘 것이다"고 한 것은 삼라만상
이 그림자에서 도망갈 수 없다는 것이고, "뒤의 다섯 방망이는 수중기가
올라가서 구름이 되고 냉기를 만나 비가 된 것이다"고 한 것은 이
스님이 허물(＝잘못)을 찾았기 때문에 설봉이 또 쳤던 것이다. 자,
말해보라! 구름인가, 비인가? 설두는 사람들에게 못과 쐐기를 뽑아주
려고 하였다.

　대위 수大潙秀가 말했다.[432]
　"이 스님의 이마가 땅에 닿을 만큼 허물이 하늘에 이르렀지만, 설봉은
가볍게 용서를 했다. 비록 자신의 죄명을 알지는 못했지만, 다시 범하는
것은 용납해서는 안 된다."

---

432 SM에서는 대위 수大潙秀를 위산수潙山秀로 전한다. (참고로 대위산과 위산은
　같은 지명이다.)
　大潙懷秀(대위회수, 생몰연대 미상): 황룡혜남의 법사法嗣.

(그리고) 또 말했다.

"(설두가 말하기를) '하늘에서 해가 비추고 수증기가 올라가서 구름
이 되고 냉기를 만나 비가 된다'고 한 것이 후학들을 혼란케 하는데,
(이는) 참으로 '일찍이 눈과 서리에 고생을 하더니, 버들 꽃이 떨어지는
것에도 놀란다'고 할만하다."[433]

---

433 천복 회(薦福懷=천의의회天衣義懷, 989~1060)의 말씀으로 SM 제30권(N.1431)에
다음과 같이 전한다.

傅大士云 "夜夜抱佛眠 朝朝還共起 起坐鎭相隨 語默同居止 纖毫不相離 如身影
相似 欲識佛去處 祗這語聲是" (번역은 제1칙 덕산시중 편, 註28 참조)

薦福懷拈 "誰有單于調 換取假銀城" 良久云 "曾被雪霜苦 楊花落也驚 參"

천복 회(천의의회)가 염했다. "누구에게 선우(單于, 오랑캐)의 곡조가 있어 거짓
으로 은성銀城을 바꾸겠는가?"
양구良久하고, 말했다. "일찍이 눈과 서리에 고생을 하더니, 버들 꽃이 떨어지
는 것에도 놀란다. 참구하라!"

대위 수의 두 말로 본칙의 결언으로 삼았다.

제49칙 경산일점徑山一點[434]

〔古則과 着語〕

擧, 馬大師令智藏持書上徑山.〔書中不知有什消息〕山接書開 見一
圓相〔道什麼〕於中下一點.〔也把不住〕國師聞擧云 "欽師猶被馬師
惑"〔是精識精 是賊識賊〕

마 대사馬大師가 지장智藏을 시켜 경산徑山[435]에게 편지를 보냈다.
　〔편지 속에 무슨 소식이 있는지를 모른다.〕
　경산이 편지를 받아 펼쳐서 원상圓相이 하나 그려진 것을 보고,
　〔무슨 말을 하는 거야?〕
　한가운데다 점 하나를 찍었다.
　〔역시 파악 못했다.〕

434　SM 제16권(N.662)에서도 전한다. (다만 지장에게 시켰다는 말은 없다.)

435　경산도흠(徑山道欽, 714~792): 우두종牛頭宗. 처음에는 유교를 공부했지만 28세
　　에 우연히 학림현소鶴林玄素를 만나서 출가. 당 대종代宗이 도흠의 도풍을
　　흠모하여 귀의하고 제자가 됨. 시호는 국일國一, 대각大覺. 문하에 조과도림鳥窠
　　道林이 있다.

346

국사(國師, 慧忠)가 앞의 일을 듣고, 말했다. "흠欽 스님이 오히려
마조 스님에게 속았군."

〔귀신이라야 귀신을 알고, 도적이라야 도적을 아는 법이다.〕

〔拈古와 着語〕

雪竇云 "徑山被惑且置 若將呈似國師 別作箇什麼伎倆 免被惑去.
〔拄杖子未折在 盡大地人總須喫棒〕有老宿云 '當時坐却便休'〔也是
將南作北〕亦有道 '但與劃破'〔轉見勿交涉〕若與麼 只是不識羞.〔一
切人笑你〕敢謂天下老師 各具金剛眼睛 廣作神通變化 還免得麼.
〔也是後無老宿〕雪竇見處也要諸人共知〔看他雪竇敗闕〕只這馬師
當時畫出 早是自惑亂了也"〔只如 雪竇恁麼分踈 還免得惑也未〕

＊分踈＝分疏: 변명하다. 해명하다.

설두가 말했다. "경산徑山이 속은 것은 놔두고, 만약 국사에게 편지를
전했다면 (이것과) 달리 어떤 기량을 써야 (마조의) 속임을 면할 수
있겠는가?

〔주장자가 부러지지 않았으니, 온 대지 사람들 모두가 모름지기
방망이를 맞아야 한다.〕

어떤 노장은 말하기를 '당시에 (주장자를) 꺾어버리고[436] 곧장 쉬었어
야 했다'고 하고,

---

436 坐却은 挫却으로 이해, 번역하였다.

〔역시 남쪽을 북쪽이라고 하고 있다.〕

또 어떤 이는 말하기를 '다만 원상에 한 획을 쭉 그었어야 했다'고 하는데,

〔(보면) 볼수록 관계가 없다.〕

만약 이와 같다면 그저 부끄러운 줄도 모르는 것일 뿐이다.

〔모든 사람들이 그대를 (보고) 비웃는다.〕

감히 천하의 노장들에게 말하나니, 각기 금강의 눈동자를 갖추고 널리 신통변화를 쓴다고 (마조에게 속는 것을) 면할 수 있겠는가?

〔역시 (전무前無)후무後無한 노장이다.〕

(나) 설두의 견처見處야말로 모든 사람들이 함께 알고자 한 것이니,

〔설두의 낭패를 보라.〕

다만 저 마 대사가 당시 (원상을) 그렸을 때 이미 스스로를 혹란(惑亂, 미혹, 속임)하였을 뿐이다."

〔그렇다면 설두가 이렇게 말한 것은 속음을 면한 것인가?〕

〔評唱〕

師云. 釣鼇時下一桊圖. 保福云"什麼處是惑處 作麼生得不惑去"五祖戒云"兩彩一賽"又云"三人指路 擬何爲"大潙喆云"還識馬師徑山麼 一點水墨 兩處成龍"國師云"欽師猶被馬師惑 可謂千里同風"不見道"手執夜明符 幾箇知天曉"又有云"畫圓相本無事 不合下一點 不然作禪會 喚作大圓鏡智 人人盡是狂見不識羞"

＊桊(나무 그릇 권): 나무 그릇. 힘쓰는 모양. 쇠코뚜레.

＊圝(둥글 란): 둥글다.

＊賽(굿할 새): 굿하다. 내기하다. 굿. 주사위(놀이 도구의 하나).

"자라를 낚을 때 던지는 올가미로다."[437]

보복保福이 말했다. "어디가 속은 곳인가? 어떻게 해야 속지 않겠는가?"

오조 계五祖戒[438]가 말했다. "두 개의 주사위를 던져 같은 숫자가 나왔다."[439] 또 말했다. "세 사람이 길을 가리켜 무엇을 하려는 것인가?"

대위 철大潙喆이 말했다. "마조와 경산을 알고자 하는가? 한 방울의 먹물로 두 곳에서 용을 그렸다. 국사가 '홈 스님이 도리어 마조스님에게 속았다'고 한 것은 천리동풍(千里同風, 천 리나 서로 떨어져 있어도 그

---

437 원오가 설두의 말을 빌려 본칙에 염拈을 한 것으로 이해했다. 또한 아래 보복, 오조 계, 대위 철, 어떤 스님의 말 또한 염拈이다.

　　참고로 벽암록 제33칙에서는 설두의 송頌을 다음과 같이 전한다.

　　團團珠遶玉珊珊　둥글둥글한 구슬로 만든 패옥(佩玉, 허리에 차는 옥)의 소리여!

　　馬載驢駝上鐵船　말에다 싣고 나귀에 얹어 무쇠 배에 올라

　　分付海山無事客　해산海山의 무사객無事客들에게 주니,

　　釣鼇時下一圈攣　자라를 낚을 때 던지는 올가미(圈攣)로다.

438 오조사계(五祖師戒, 생몰연대 미상): 운문종, 명교사관明敎師寬의 법사法嗣.

439 양채일새兩彩一賽는 주사위 두 개를 던져서 높은 숫자가 나오는 것을 겨루는데 두 개가 같은 숫자(문양)가 나온 것을 뜻한다. 일채양새一彩兩賽라고도 한다.

마음은 같다)이라고 할 만하다. 보지 못했는가! 손에 야명부夜明符를 들고서 몇 사람이나 하늘이 밝아오는 것을 알았겠는가?"⁴⁴⁰

또 어떤 이가 말했다. "원상圓相은 본래 일이 없음(無事)을 그린 것인데, (거기에다) 점 하나를 찍은 것은 맞지 않다. (또한) 그렇지 않으면 선禪을 알았다고 하면서 대원경지大圓鏡智라고 부르는데, (이는) 사람마다 모두 미친 견해가 되니, 부끄러운 줄도 모르는 것이다."

❀

十四祖龍樹尊者 於法座上 隱身現圓相. 提婆云 "此是我師現圓相義" 昔日國師 有一百二十種圓相 傳與耽源. 源後與仰山 山燒却. 源云 "般若多羅讖云 小小沙彌有大機" 潙仰宗以境智 只這圓相 又過如擧拂子竪指 行棒行喝. 雪竇恁麼拈 可見古人意.

제14조 용수존자龍樹尊者가 법좌에 올라 몸을 숨기고 원상圓相을 드러내자, 제바提婆⁴⁴¹가 말하기를 "이것은 우리 스승이 원상의 뜻을 드러낸 것이다"고 하였다.

　지난 날 (혜충) 국사에게 125종의 원상圓相이 있었는데, (이를) 탐원耽源⁴⁴²에게 전해주었다. (그리고) 탐원은 다음에 앙산仰山에게

---

440 전등록 제20권에 불일본공이 협산선회와 문답한 내용의 일부분으로 전한다.
　　불일본공(佛日本空, 생몰연대 미상): 운거도응(雲居道膺, ?~902)의 법사法嗣.
441 제바提婆=가나제바迦那提婆: 선종 부법 서천 제15조.
442 탐원응진(耽源應眞, 생몰연대 미상): 탐원진응耽源眞應이라고도 하며, 남양혜충

(전해)주었는데, 앙산이 (모두) 태워버렸다. 탐원이 말하기를 "반야다라般若多羅[443]가 예언하기를 '어린 사미에게 대기(大機, 대근기)가 있다'고 했다."

　(이후에) 위앙종潙仰宗에서는 경지(境智, 경계와 지혜)[444]를 이 원상圓相으로 비유하고, 또한 불자를 들고(擧拂子), 손가락을 세우고(竪指), 방을 하고(行棒). 할을 하는 것(行喝)보다 뛰어난 것으로 여겼다. 설두가 이렇게 염拈한 것에서 고인의 뜻을 볼 수 있다.

　의 법사法嗣.

443 반야다라(般若多羅, ?~457): 서천 제27조. 불여밀다不如密多의 법사法嗣.

444 경계와 지혜를 아울러 칭한다. 관한 이치를 경계라고 하고, 관하는 마음을 지혜라고 한다. 경계와 지혜가 하나로 합한 것을 바로 경지명합境智冥合이라고 칭한다. (境與智之並稱 境卽所觀之境界 智卽能觀之智慧 境智合一卽稱境智冥合, 불광대사전)

제50칙 목주담판睦州擔板[445]

【古則과 着語】

擧, 睦州喚僧 "大德" 僧回首. 〔兩箇瞎漢〕 州云 "擔板漢" 〔汝與他同參〕

목주睦州가 어떤 스님에게 "대덕!" 하고 부르자, 스님이 고개를 돌렸다.
　〔두 명의 눈 먼 놈(瞎漢)이로다.〕
　목주가 말했다. "담판한擔板漢!"
　〔당신도 그와 동참(同參, 함께 참여)하고 있다.〕

【拈古와 着語】

雪竇拈云 "睦州只具一隻眼. 〔莫謗睦州好〕 何故 這僧喚 旣回首 因什
却成擔板漢" 〔正是擔板〕

설두가 염拈했다. "목주는 다만 일척안一隻眼을 갖추었을 뿐이다.

---

445 SM 제16권(N.639)에서도 전한다.

352

〔목주를 비방하지 말라.〕

무슨 까닭인가? 이 스님은 불러서 고개를 돌렸던 것인데, 어째서 도리어 담판한擔板漢이 된 것인가?"

〔바로 (스님이야말로) 담판擔板(한漢)이다.〕

〔評唱〕

師云. 且道. 睦州落在什麼處 這僧落在什麼處. 僧問"以字不成 八字不是 是何章句"州彈指 一聲云"會麼"僧云"不會"州云"上來講讚無限良因. 蝦蟆跳上梵天 蚯蚓驀過東海"有新到僧來方禮拜 州叱之"闍黎因何儗我常住果子"僧云"學人纔到 和尙因何却道儗常住果子"州云"贓物現在"且道. 作麼生是這僧擔板處. 直是難參. 雪竇分明與你拈了也.

＊蝦蟆(하마)：두꺼비. / 蚯蚓(구인)：지렁이.
＊叱(꾸짖을 질)：꾸짖다. 책망하다. 욕하다. 소리치다.

자, 말해보라! 목주가 떨어진 곳은 어디이고, 이 스님이 떨어진 곳은 어디인가?

어떤 스님이 물었다. "글자로도 안 되고 글자를 등져도 옳지 않다면 (以字不成 八字不是), 이것은 무슨 장구(章句, 말)입니까?"[446]

---

[446] 팔八이라는 글자에 나눈다는 뜻이 있다. 또한 『강희자전康熙字典』에서도 象分別 相背之形(코끼리가 떨어져서 서로 등진 모습)이라고 설명한다.

목주가 손가락을 튕겨 소리를 한 번 내고는 말했다. "알겠는가?"

스님이 말했다. "모르겠습니다."

목주가 말했다. "(예로부터) 지금까지 경전을 강의하고 찬탄하는 것(講讚)[447]은 한량없이 좋은 인연을 짓는 것이다. 두꺼비가 뛰어 올라 범천에 이르고, 지렁이가 맥연히 동해로 간다."[448]

어떤 스님이 처음 와서 절을 하자, 목주가 꾸짖었다.

"스님! 어째서 내 상주과(常住果, 常住果子=常住法)[449]를 훔쳤느냐?"

스님이 말했다. "학인이 (이제) 막 도착했는데, 화상께서는 어째서 상주과를 훔쳤다고 말씀하십니까?"

또한 이 물음과 관련해서 SM 제24권(N.1027)에 다음과 같이 전한다.

雲門因僧問 "如何是最初一句" 師云 "九九八十一" 又問 "如何是向上一路" 師云 "九九八十一" 又問 "以字不成 八字不是 未審是什麼字" 師云 "九九八十一"

운문에게 어떤 스님이 물었다. "어떤 것이 최초의 일구입니까?"

운문이 말했다. "구구 팔십일이다."

또 물었다. "어떤 것이 향상일로입니까?"

운문이 말했다. "구구 팔십일이다."

또 물었다. "글자로도 안 되고 글자를 등져도 옳지 않다면, 무슨 글자입니까?"

운문이 말했다. "구구 팔십일이다."

447 SM에서는 강찬講讚을 칭찬稱讚으로 전한다.

448 SM 제16권(N.651)에서도 전한다.

449 칠상주과七常住果: 보리·열반·진여·불성·암말라식·공여래장·대원경지. 이 법은 수행을 인으로 하고, 증득을 과로 한다. (七種之常住法 一菩提 二涅槃 三眞如 四佛性 五菴摩羅識 六空如來藏 七大圓鏡智也. 此法在修謂之因 在證謂之果, 불학대사전)

목주가 말했다. "장물이 앞에 드러났다."[450]

자, 말해보라! 어떤 것이 이 스님의 담판처擔板處인가?
정말로 참구하기 어렵다.
(하지만) 설두는 분명히 그대들에게 염拈을 했다.

---

450 SM 제16권(N.650)에서도 전한다.

제51칙 파릉시중巴陵示衆[451]

【古則과 着語】

擧, 巴陵示衆云 "祖師道 '不是風動 不是幡動'〔干戈競起〕旣不是風
幡 向什麼處著.〔眉毛眼睫上〕有人與祖師作主. 出來與巴陵相見"
〔者老賊寐語作麼〕

파릉巴陵이 대중에게 말했다. "조사(祖師, 육조)가 이르기를 '바람이
움직인 것도 아니고 깃발이 움직인 것도 아니다'고 했다.
　〔창과 방패가 서로 다투어 일어난다.〕
　바람도 아니고 깃발도 아니라면 어디에 있다는 것인가?
　〔눈썹과 속눈썹 사이에 있다.〕
　조사와 더불어 주인이 될 수 있는 사람이 있는가? 나와서 파릉과
한번 만나 보자."
　〔이 늙은 도적이 잠꼬대(같은 소리)는 해서 뭐하려는 거야!〕

---

451 SM 제4권(N.110)에서는 육조혜능의 풍번화風幡話에 대한 염拈으로 전한다.

【拈古와 着語】

雪竇道 "風動幡動. 〔也是干戈〕旣是風幡 向什麼處著. 〔已在言前〕
有人與巴陵作主. 亦出来與雪竇相見"〔這老賊亦寐語〕

설두가 말했다. "바람도 움직이고 깃발도 움직였다.
　〔역시 창과 방패다.〕
　바람도 움직이고 깃발도 움직였는데, 어디에 있다는 것인가?
　〔이미 언어 이전이다.〕
　파릉과 더불어 주인이 될 수 있는 사람이 있는가? 나와서 설두와
한번 만나보자."
　〔이 늙은 도적 역시 잠꼬대(같은 소리)를 하고 있다.〕[452]

---

452 참고로 SM에서는 풍번화에 대한 설두의 송頌을 두 편 전한다.
不是幡兮不是風　깃발도 아님이여! 바람도 아님이여!
衲僧於此作流通　납승이 여기서 거침없이 흘러 통하면
渡河用筏尋常事　강을 건너는 데 뗏목을 쓰듯 일상의 일일 뿐이다.
南山燒炭北山紅　남산에서 숯을 태우니 북산이 붉구나.
또 송을 했다.
不是風幡何處着　바람도 깃발도 아니라면 어디에 있다는 것인가?
新開作者曾拈却　신개(新開, 파릉) 작가가 일찍이 염한 적이 있는데,
如今懵懂癡禪和　지금 멍청하고 어리석은 선객들
護道玄玄爲獨脚　현현하다고 거짓으로 말하니, 절름발이가 되는구나.

〔評唱〕

師云. 這箇是拈古格則. 師復擧盧能初見五祖事 後到四會縣 被獵人
擒去 守網四箇月 又引二上座議風幡話 印宗問云 忽然大悟. 雪峰云
"大小祖師 龍頭蛇尾 好與三十棒" 太原孚侍立齘齒. 峰云 "老僧與麼道
合喫三十棒" 保福云 "作賊人心虛 蕭何致律" 五祖戒云 "著什來由" 又云
"不合道末後語 只爲箇心之一字 錯認光影"

＊齘(깨물 교)：깨물다. (이를) 악물다. 입술을 깨물다.
＊作賊心虛(작적심허)＝做賊心虛：도둑이 제 발 저리다.

(설두가 말한) 이것이 염고拈古의 격식(＝표준)이요, 법칙이다.

　선사가 또 노능(盧能, 혜능)이 처음 5조(五祖, 홍인)를 친견했던 일[453]

---

[453] 전등록 제5권에 다음과 같이 전한다.

　　一日負薪至市中 聞客讀金剛經 悚然問其客曰 "此何法也 得於何人" 客曰 "此名
金剛經 得於黃梅忍大師" 師遽告其母以爲法尋師之意 直抵韶州遇高行士劉志
略結爲交友 尼無盡藏者 卽志略之姑也 常讀涅槃經 師暫聽之卽爲解說其義 尼
遂執卷問字 師曰 "字卽不識 義卽請問" 尼曰 "字尙不識曷能會義" 師曰 "諸佛妙
理非關文字" 尼驚異之 告鄕里耆艾云 "能是有道之人宜請供養" 於是居人競來
瞻禮 近有寶林古寺舊地 衆議營緝俾師居之 四衆霧集俄成寶坊 師一日忽自念
曰 "我求大法豈可中道而止" 明日遂行至昌樂縣西山石室間 遇智遠禪師 師遂
請益 遠曰 "觀子神姿爽拔殆非常人 吾聞西域菩提達磨 傳心印于黃梅 汝當往彼
參決" 師辭去直造黃梅之東禪 卽唐咸亨二年也 忍大師一見默而識之 後傳衣法
令隱于懷集四會之間.

하루는 땔나무를 지고 저자에 이르렀는데, 어떤 나그네가 금강경을 독송하는 것을 듣고는, 전율을 느꼈다.

그 나그네에게 물었다. "이것은 무슨 법입니까, 그리고 누구에게 얻었습니까?"

나그네가 말했다. "금강경이라고 하는데, 황매의 홍인대사께 얻었습니다."

대사가 급히 어머니에게 법을 위해 스승을 찾겠다는 뜻을 전하고, 곧장 소주로 가다가 행실이 고매한 선비인 유지략을 만나 친구가 되었다. 비구니 무진장無盡藏이 바로 유지략의 고모였는데, 늘 열반경을 독송하고 있었다. 대사가 잠시 듣고 바로 그 뜻을 해설해주자, 비구니가 책을 들고 글자를 물었다.

대사가 말했다. "글자를 모르니 뜻만 물으시오."

비구니가 말했다. "글자도 모르면서 어찌 뜻을 알 수 있습니까?"

대사가 말했다. "제불의 오묘한 뜻은 문자와 관계가 없습니다."

비구니가 놀랍고 이상하게 여겨, 마을 노인(耆艾)에게 말했다. "혜능은 도가 있는 사람이니, 마땅히 청해서 공양을 해야 합니다."

이에 마을 사람들이 앞 다퉈 와서 보고는 절을 했다.

근처에 보림寶林이라는 옛 절터가 있어 마을 사람들이 의논해서 스님으로 하여금 살게 했는데, 사방에서 대중이 안개처럼 모여들어 금세 절(寶坊)이 만들어졌다.

대사가 하루는 홀연히 스스로 생각했다. '내가 대법을 구하려 하면서 어찌 중도에 멈출 수 있겠는가?'

다음 날, 마침내 길을 떠나 창락현 서산 석실에 이르러, 지원智遠 선사를 만났다. 대사가 청익請益을 하자, 지원이 말했다.

"그대의 신령스런 자태를 보니, 예사 사람보다 뛰어난 바가 있다. 내가 들으니, 서역에서 온 보리달마가 황매에서 심인을 전했다고 하니, 그대는 마땅히 그곳에 가서 참문하여 의심을 풀라."

대사가 하직인사를 하고, 곧바로 황매의 동선東禪에 이르니, 당唐 함형咸亨 2년이었다.

홍인 대사가 한 번 보고는, 말없이 (그가 근기임을) 알아보았다.

후에 옷과 법을 전하면서 회懷를 만나면 숨고, 사회四會 사이에 머물라고

과 후에 사회현四會縣에 이르러 사냥꾼에게 사로잡혀 그물을 지키면서
4개월을 보낸 일[454]과, 두 상좌가 풍번風幡을 논한 이야기를 인용해서
인종印宗[455]이 묻고 홀연히 크게 깨달은 일(忽然大悟)[456]을 거론하고,

했다.

454 사냥꾼들과 함께한 기간은 정확하지 않다.

455 인종(印宗, 생몰연대 미상): 열반경을 강의하다가 육조혜능을 만나 현리玄理를
깨우치고, 혜능을 전법사傳法師로 모심.

456 전등록 제5권에 다음과 같이 전한다.

師寓止廊廡間. 暮夜風颺刹幡 聞二僧對論. 一云 "幡動" 一云 "風動" 往復酬答未
曾契理. 師曰 "可容俗流輒預高論否 直以風幡非動 動自心耳" 印宗竊聆此語
竦然異之. 翌日邀師入室 徵風幡之義 師具以理告 印宗不覺起立云 "行者定非
常人 師爲是誰" 師更無所隱直敍得法因由 於是印宗執弟子之 禮請受禪要 乃告
四衆曰 "印宗具足凡夫 今遇肉身菩薩" 卽指坐下盧居士云 "卽此是也" 因請出所
傳信衣 悉令瞻禮.

대사가 낭무(廊廡, 바깥 복도)에 서 있었다. 늦은 밤, 바람에 절 깃발이 나부끼는
데(風颺刹幡) 두 스님이 대론對論하는 것을 들었다. 한 스님은 깃발이 움직인다
고 하고, 또 한 스님은 바람이 움직인다고 하는데, 주고받는 대답이 이치에
맞지 않았다.

대사가 말했다. "속인(俗流)이 고론(高論, 두 스님의 말씀)에 참여해도 되겠습니
까? 바람이나 깃발이 움직인 것이 아니고, 마음이 움직인 것일 뿐입니다."
(그때) 인종印宗이 이 말을 몰래 듣고는 오싹해지면서 이상하게 여겼다.
이튿날 인종이 대사를 방으로 불러 바람과 깃발의 뜻(風幡之義)을 캐묻자,
대사가 이치를 갖추어서 말했는데, 인종이 자기도 모르는 사이에 일어나
말했다. "행자는 분명 보통 사람이 아니오. (대체) 스승이 누구십니까?"
대사가 숨기는 것 없이 바로 법을 얻은 연유를 자세히 말하자, 인종이 제자의
예를 갖추고, 선의 요체(禪要)를 물었다. 그리고는 바로 사부대중에게 고했다.
"인종은 구족한 범부로서 이제 육신보살肉身菩薩을 만났다."

(풍번화에 대한 염拈을 다음과 같이 말했다.)

설봉雪峰이 말했다. "조사씩이나 되는 양반(大小祖師)이 용두사미가 되었으니 30방을 쳐야 한다."

(이때) 태원 부(상좌)가 모시고 서 있다가 어금니를 깨물었다.

(그러자) 설봉이 말했다. "노승이 이렇게 말한 것도 30방을 맞아야 한다."

보복保福이 말했다. "도둑이 제 발 저린다. (그래서) 소하蕭何[457]가 율령을 만들었다."

오조 계五祖戒가 말했다. "무슨 까닭인가?"

또 말했다. "말후어(末後語, 말후구)를 바르게 말하지 않고, 단지 이 마음 심心 자 하나일 뿐이라고 하는 것은 빛과 그림자를 잘못 안 것이다."[458]

그리고는 자리 아래의 노 거사(盧居士, 혜능)를 가리키면서 말했다. "바로 이 분이시다."

전해 받은 신의信衣를 보여 달라고 하자, 모두가 보고 절하도록 했다.

457 소하(蕭何, BC 257~BC 193): 유방劉邦을 도와 봉기를 일으키고, 후에 승상이 됨. 진秦의 율령律令, 도서圖書를 가장 먼저 수습하여 법규와 제도를 제정함.

458 설봉과 보복 오조계의 말 모두 풍번화에 대한 염拈이다. SM에서는 아래의 "또 말했다" 이하는 전하지 않는다. 원오의 결어로 이해해도 무방하다.

제52칙 칙천적다則川摘茶⁴⁵⁹

〔古則과 着語〕

擧, 則川與龐居士摘茶次 士云 "法界不容身 師還見我麼"〔漏逗漢
有什麼難見處〕川云 "若不是老僧 洎與龐公答話"〔是則是 忒煞不近
人情〕士云 "有問有答 蓋是尋常"〔劈口便掌〕川不管〔也是不近人
情〕士云 "適來莫怪相借問麼"〔好與一掌〕川亦不管.〔也是不近人
情〕士喝云 "這無禮儀漢 待我一一擧似 明眼人去在"〔引得狼來屋裏
痾〕川拈茶藍便歸.〔賴有末後句. 若無末後句 誰敢喚作則川〕

＊劈口(벽구): (갑자기) 입을 열다. 급작스레. 갑자기. 돌연.

칙천則川⁴⁶⁰이 방 거사와 함께 찻잎을 따고 있는데, 거사가 말했다.
"법계는 몸을 용납하지 않는데, 스님은 저를 볼 수 있습니까?"
　〔누두한(漏逗漢, 낭패를 끼치는 사람)아! 보기 어려울 것이 뭐가 있는

---

459 SM 제8권(N.286)에서도 전한다.
460 칙천(則川, 생몰연대 미상): 마조도일의 법사法嗣.

가?〕

칙천이 말했다. "만약 노승이 아니었더라면 (많은 이들이) 하마터면 방공龐公에게 대답할 뻔했을 것입니다."

〔옳기는 옳지만, 몹시 인정머리(人情, 이해심)가 없다.〕

거사가 말했다. "물어보면 대답하는 것이 통례지요."

〔주둥아리를 벌리도록 후려갈겨라.〕

칙천이 개의치 않자(＝들은 척도 하지 않자),

〔역시 인정머리가 없다.〕

거사가 말했다. "좀 전엔 별 생각 없이 그저 한번 물었던 것이니, 괴이하게 여기지 마십시오."

〔(손바닥으로) 후려갈겨라!〕

칙천이 또 개의치 않자,

〔역시 인정머리가 없다.〕

거사가 "할!" 하고, 말했다. "이 무례한아! 내가 눈 밝은 이를 만나면 낱낱이 다 말해버릴 거야."

〔이리를 방 안으로 끌어들이니 병만 더 심해졌다.〕

칙천이 차 바구니를 집어 들고, 돌아갔다.

〔다행히도 말후구가 있었다. 만약 말후구가 없었더라면 누가 칙천이라고 부를 수 있겠는가!〕[461]

---

[461] 방거사 어록에서는 본 고칙의 내용에 대한 표현이 조금 다르다. (졸역, 『방거사어록·시 역주』, pp.170~171, 2020, 운주사)

〔拈古와 着語〕

雪竇云 "則川只解把定疆封 不能同生同死〔雪竇也是據款結案〕當
時好與抒下幞頭 誰敢喚作龐居士"〔未免旁觀者哂〕

＊疆封(강봉): 영토. (지역 간) 경계(선). 국경(선). 변경.
＊款(항목 관): (법령의) 조항. 법령은 통상 조관항목條款項目 순을 따른다.

설두가 말했다. "칙천은 자기 영역을 지킬 줄 알았을 뿐이지, 함께
살고 함께 죽을 줄은 몰랐다.
　〔설두 역시 법령에 의거하여 판결을 내린 것이다.〕
　당시에 복두(幞頭, 두건)를 잡아 벗겨버렸다면 누가 감히 방 거사라고
부르겠는가?"
　〔곁에서 보는 이(旁觀者, 제3자)의 비웃음을 면치 못한다.〕

〔評唱〕

師云. 雖然 只是打淨潔毬子 也打得好. 末後爲什麽却不答他話. 作家
相見有始有終. 有者道 "泊與龐公答話 被公作亂一上" 識法者懼. 則川
所以如此. 雪竇道 "只解把定疆封" 且莫向雪竇句下錯會. 你且道 則川
是答他話 不答他話. 若會得去 拍拍都是令. 或有向你道 "作麽生是則
川把定疆封處" 作麽生對他. 雖然恁麽拈 不許恁麽會. 殊不知 當機覿
面提 覿面當機疾.

＊一上(일상): 단숨에. 단번에.

비록 그렇더라도 단지 이것은 공(毬子)만 깨끗하게 하는 것[462]일 뿐이니,[463] 역시 쳤어야 했다.

끝에 가서 어째서 그에게 대답을 하지 않았는가? 작가들이 상견相見할 때에는 시작이 있고 끝이 있는 법이다. (그런데) 어떤 사람은 "하마터면 방 거사에게 대답을 해서 단숨에 봉변(亂)을 당할 뻔했다"고 하니, 법을 아는 사람이 두렵다. 칙천이 그래서 이와 같았던 것이다.

설두는 말하기를 "칙천은 자기영역을 지킬 줄 알았을 뿐이다(함께 살고 함께 죽을 줄은 몰랐다)"고 했는데, 설두가 한 말을 잘못 알지 말라!

그대들이 말해보라! 칙천이 그의 말에 답을 한 것인가, 그의 말에 답을 하지 않은 것인가? 만약 알았다면 박拍을 칠 때마다 모두 박자(令)에 맞을 것이다.

---

462 자기 견해에서 벗어나지 못하고 한결같이 무사계無事界에 눌러앉아 밝히지 못하는 것을 정결구자淨潔毬子라고 한다.

463 SM 제11권(N.418)에서는 다음과 같이 전한다.

趙州因僧問 "初生孩子還具六識也無" 師云 "急水上打毬子" 僧復問投子 "急水上打毬子 意旨如何" 子云 "念念不停流"

조주에게 어떤 스님이 물었다. "갓 태어난 어린 아기에도 육식六識이 있습니까?"
조주가 말했다. "급히 흐르는 물에서 공을 친다."
스님이 또 조주에게 물었다. "급히 흐르는 물에서 공을 친다는 것은 뜻이 무엇입니까?"
투자가 말했다. "생각생각 멈추지 않고 흐른다."

또한 벽암록 제80칙 평창을 참조하기 바란다.

혹 어떤 이가 그대들에게 말하기를 "어떤 곳이 칙천이 자기 영역을 지킨 곳인가?"라고 하면, 어떻게 그에게 답할 것인가? 비록 이와 같이 염拈은 해도 이렇게 아는 것은 인정하지 않겠다. (왜냐하면) 기봉機鋒을 눈앞에 드러내고, 드러낸 기봉을 신속하게 썼다[464]는 것을 전혀 모르고 있기 때문이다.

---

[464] 조주의 게송 일부분이다.

當機覿面提　기봉機鋒을 눈앞에 드러내고

覿面當機疾　드러낸 기봉을 신속하게 썼다.

報你凌行婆　그대 능행 노파에게 알리노니,

哭聲何得失　곡하는 소리에 무슨 득실이 있는가?

본 게송과 관련한 공안은 SM 제8권(N.294)을 참조하기 바란다.

또한 벽암록 제56칙 평창에 다음과 같이 전한다.

這箇公案 一出一入 一擒一縱 當機覿面提 覿面當機疾 都不落有無得失. 謂之玄機. 稍虧些子力量 便有顚蹶.

이 공안은 한번 나가고 한번 들어가고, 한번 잡고 한번 놓아주며, 기봉을 눈앞에 드러내고 드러낸 기봉을 신속하게 썼으니 도무지 유무득실有無得失에 떨어지지 않는다. 이를 현기玄機라고 한다. 조금이라도 그 역량이 부족하면 즉시 낭패를 보게 된다.

제53칙 운문열파雲門裂破[465]

[古則과 着語]

擧, 僧問雲門 "一言道盡時如何"〔道什麼〕門云 "裂破"〔南瞻部洲
北俱盧洲〕

어떤 스님이 운문雲門에게 물었다. "한마디로 다 말해버렸을 때 어떻습
니까?"

〔뭐라고 하는 거야?〕

운문이 말했다. "열파(裂破, 찢어졌다)."

〔남섬부주와 북구로주(만큼이나 벌어졌다).〕[466]

---

[465] 제54칙과 함께 읽어야 한다. (아래 註467 참조)

SM 제25권(N.1069)에서는 다음과 같이 전한다.

<u>雲門因僧問"一言道盡時如何" 師云 "裂破"</u> 僧云 "和尙如何拈掇" 師云 "拈取糞
箕掃箒來"

(밑줄 친 부분은 상기와 동일, 번역 생략.)

스님이 말했다. "화상께선 어떻게 염철(拈掇, 말씀)하시겠습니까?"

운문이 말했다. "(똥 치우는) 삼태기와 빗자루를 집어 들어라."

【拈古와 着語】

雪竇彈指三下〔也是隨語生解〕

설두가 손가락을 세 번 튕겼다.[467]

〔그래도 역시 말에 따라 지해를 낸 것이다.〕

〔評唱〕

挑囊負鉢 撥草瞻風 到一方一所 見有本分正眼宗師 放下複子 便與他
老漢錐箚 看是如何 可住不可住. 這僧致箇問端 向一言道盡處 問他雲
門 這老漢不忙 向道"裂破"奇特雲門 有如此機鋒 亦要這僧不向情解
上見 故如此答. 後來雪竇恁麽 也不是好心.

---

466 사주四州: 동승신주東勝神洲·서우화주西牛賀洲·남섬부주(南瞻部洲, 인간주처人
間住處이고 또한 유일한 불현신처佛現身處)·북구로주(北俱蘆洲, 천년장수, 평등안
락처).

467 SM에서는 설두의 염拈을 다음과 같이 전한다.

擧 僧問雲門 '(至)裂破 師彈指三下 又擧僧問睦州 "一言道盡時如何" 州云 '老僧
在你鉢囊裏' 師 呵呵大笑.

어떤 스님이 운문에게 묻자, (운문이) "열파(裂破, 찢어졌다)"라고 답한 데까지를
거론하고는, (설두) 선사가 손가락을 세 번 튕겼다.

(그리고) 또 어떤 스님이 목주에게 "한마디로 말을 다 했을 때 어떻습니까?"라
고 하자, 목주가 말하기를 "노승이 그대의 바랑 속에 있다"고 한 것을 거론하고,
선사가 가가대소했다. (제54칙에서는 이 부분을 고칙으로 소개하고 있다.)

바랑을 짊어지고 풀을 헤치며 바람을 맞으며 행각을 하다가 어느 한 곳에 이르러 본분本分의 정안종사正眼宗師가 있는 것을 보거든, 보따리를 내려놓고 곧장 저 노장을 송곳으로 찔러보고 머물러도 되는지 머물러서는 안 되는지를 살펴야 한다.

이 스님이 한마디로 다 말해버린 곳을 저 운문에게 물었는데, 이 노장이 서두르지 않고 말하기를 "열파(裂破, 찢어졌다)"라고 했다. 기특(奇特, 기이하고 특이)한 운문에게 이와 같은 기봉機鋒이 있었고, 또한 이 스님이 정해(情解, 분별)를 통해서 보지 않기를 바랐기 때문에 이와 같이 답을 한 것이다.

뒤에 설두가 이렇게 한 것(彈指三下)도 좋은 심보(好心)로 한 것이 아니다.

제54칙 목주바랑睦州鉢囊⁴⁶⁸

【古則과 着語】

擧, 僧問睦州 "一言道盡時 如何" 〔兩重公案〕 州云 "老僧在你鉢囊裏"
〔放憨作麼〕

어떤 스님이 목주睦州에게 물었다. "한마디로 다 말해버렸을 때 어떻습
니까?"

　〔양중공안兩重公案이다.〕

　목주가 말했다. "노승이 그대의 바랑 속에 있다."

　〔어리석은 짓을 해서(放憨) 어쩌자는 것인가?〕

【拈古와 着語】

雪竇呵呵大笑. 〔猶較些子〕

설두가 가가대소했다.

〔그런대로 조금은 봐줄 만하다.〕

〔評唱〕

師云. 睦州尋常機如掣電 有衲僧巴鼻. 這僧如此問 睦州如此答. 且道
與雲門答處 是同是別. 若道是別 佛法有兩般 若道是同 爲什麼問處則
一 答處兩般. 須是透到無疑處方見徹 修心未到無心地 萬種千般逐水
流. 雪竇呵呵大笑 是什麼道理. 試辨看.

목주의 평소 기봉(機鋒, 機)은 전광석화(電光石火, 掣電)와 같았고, 납승
파비(衲僧巴鼻, 학인을 끌어당기는 역량을 갖춤)[469]도 있었다.

　이 스님이 이와 같이 묻자, 목주가 이와 같이 답을 했다. 자, 말해보
라! 운문이 답한 것(=찢어졌다고 한 것)과 같은가, 다른가? 만약 다르다
고 말한다면 불법에는 두 가지가 있다는 것이 되고, 만약 같다고
말한다면 어째서 물은 것은 하나인데 답한 것은 둘인가? 모름지기
꿰뚫어서 무의처(無疑處, 의심이 없는 곳)에 이르러야 바야흐로 철저하
게 볼 수 있지, 마음을 닦아 무심의 경지(無心地)에 이르지 못하면
천 가지 만 가지가 다 물을 따라 흘러버리게 될 것이다.

　설두가 가가대소呵呵大笑한 것, 이것은 무슨 도리인가? 시험 삼아
가려내 보라!

---

469 임제종의 칠사수신七事隨身 註390 참조.

제55칙 설봉삼하雪峰三下[470]

[古則과 着語]

舉 僧問雪峰 "聲聞人見性 如夜見月 菩薩人見性 如晝見日 未審和尙
見性如何"〔三段不同〕 峰打三下.〔斬釘截鐵〕 其僧復問巖頭 頭打三
掌.〔同途不同轍〕

＊斬釘截鐵(참정절철): 맺고 끊다. 언행이 단호하다. 과단성이 있다.

어떤 스님이 설봉雪峰에게 물었다. "성문인의 견성見性은 마치 밤에
달을 보는 것과 같고, 보살인의 견성은 낮에 해를 보는 것과 같다는데,
화상의 견성은 어떤지 잘 모르겠습니다."
　〔세 가지가 같지 않다.〕
　설봉이 세 번 쳤다.
　〔못을 끊고 쇠를 자른다(＝아주 단호하다).〕

372

그 스님이 다시 암두巖頭에게 묻자, 손바닥으로 세 번 후려갈겼다.
〔길은 같아도 수레바퀴 자국은 같지 않다.〕

〔拈古와 着語〕

雪竇云 "應病設藥 且打三下. 〔說得道理〕 若據令而行 合喫多少" 〔打
云 "只打一掌"〕

설두가 말했다. "병에 따라 약을 주어 세 번 쳤던 것이다.
〔도리를 말했다.〕
만약 법령에 의거해서 행했더라면 얼마를 쳐야 마땅하겠는가?"
〔(선상을) 치고 말했다. "다만 한 대 후려갈겨라.〕

〔評唱〕

師云. 尋常聞人說無迷無悟 只是建立無中唱有 且喜勿交涉. 據實見
處 晝見日夜見月 未必爲奇特. 三下三掌 若喚作棒 有什麽交涉. 爲什
麽 只打三下. 雪竇道 "據令而行 合打多少" 放過一著.

평소 사람들이 미혹도 없고 깨달음도 없다고 이야기하는 것을 듣곤
하는데, (이는) 단지 무無에서 유有를 주장하는 것을 건립하는 것일
뿐, 전혀 관계가 없다. 실견처實見處에 따르면 낮에 해를 보고 밤에
달을 보는 것이 반드시 기특할 필요는 없다.

　(설봉이) 세 번 치고, (암두가) 세 번 후려갈긴 것을 만약 방(棒)을 한 것이라고 부른다면, 무슨 관계가 있는가?

　어째서 (설봉과 암두는) 단지 세 번만 친 것인가? 설두가 말하기를 "법령에 의거해서 행했더라면 얼마나 쳐야 마땅하겠는가?"라고 했는데, 한 수 놓쳤다.

제56칙 남전출세南泉出世[471]

[古則과 着語]

擧, 南泉山下 有一庵主 行僧經過 謂庵主云 "近日南泉和尙出世 何不去禮拜" 〔與別人說卽得 與庵主說則禍生〕 主云 "非但南泉 直饒千佛出世 亦不能去" 〔果然〕 泉聞 令趙州去看. 〔也須是這老賊始得〕 州見便禮拜. 〔直得風行草偃〕 主不管 〔沒奈何〕 州從西過東 〔鳥飛毛落魚行水濁〕 主亦不管 〔雪上加霜〕 州又從東過西 〔只得恁麼〕 主亦不管 〔三重公案〕 州云 "草賊大敗" 拽下簾子便行. 〔只得恁麼〕 歸擧似南泉 泉云 "我從來疑著這漢" 〔兩箇一狀領過〕

남전산 아래 한 암주庵主가 있었는데, 행각하던 스님이 지나가다 들려서 암주에게 말했다. "근래에 남전南泉 화상께서 출세出世하셨는데, 어째서 인사드리러 가지 않습니까?"

〔다른 사람에게 말하는 것은 괜찮아도 이 암주에게 말하면 재앙이 된다.〕

---

471 SM 제7권(N.220)에서도 전한다.

암주가 말했다. "비단 남전뿐만 아니라, 설사 천불千佛이 출세해도 가지 않겠다."

〔과연!〕

남전이 듣고, 조주趙州에게 가보라고 했다.

〔역시 모름지기 이런 늙은 도적이어야 한다.〕

조주가 (암주를) 보고, 바로 절을 했다.

〔바람이 부니 풀이 쓰러진다.〕[472]

암주가 개의치 않자,

〔(더 이상) 어찌 해볼 방법이 없다.〕

조주가 서쪽에서 동쪽으로 갔다(從西過東).

〔새가 나니 깃이 떨어지고, 물고기가 가니 물이 탁해진다.〕

암주가 또 개의치 않자,

〔설상가상이다.〕

조주가 또 동쪽에서 서쪽으로 갔다(從東過西).

〔단지 이렇게만 하는 거야?〕

암주가 또 개의치 않자,

〔삼중공안이다.〕

조주가 말했다. "초적이 대패했다."

(그리고는) 발(簾子, 주렴)을 끌어내리고, 바로 가버렸다.

〔할 수 없이 이렇게 했을 뿐이다.〕

돌아와 이 일을 남전에게 전하자, 남전이 말했다. "내가 전부터 이

---

472 논어論語 안연顏淵 편 참조. 풍행초언風行草偃: 임금이 덕으로 백성을 교화함을 비유한 말.

친구를 의심했었다."

〔이 두 사람을 하나의 판결문으로 처리해 버려라.〕

【拈古와 着語】

雪竇拈云 "大小南泉趙州 被箇擔板漢勘破了也" 〔扶强不扶弱〕

설두가 염拈했다. "남전이나 조주 정도 되는 양반들이 일개 담판한에게 감파勘破당했다."

〔강자는 부축해도 약자는 부축하지 않는다.〕

〔評唱〕

師云. 庵主雖然恁麼 且只會打淨潔毬子 不如南泉趙州 有爲人底鉗鎚. 古人出一則語 須是頭尾相覆 他一向不管. 且道 得箇什麼道理便恁麼. 也須是脚踏實地 到那無事處 方始恁麼. 趙州見便禮拜. 末後云 "草賊大敗" 拽下簾子便行. 且道 勘得他麼. 若勘不得 南泉趙州 皆古佛間生 他眼在什麼處. 泉云 "從來疑著這漢" 恁麼道是許他 是不許他. 須是頂門具眼 肘後有符 方知落處. 雪竇拈云 "大小南泉趙州 被箇擔板漢勘破" 你且道他作麼生是擔板處. 試著眼看.

암주가 비록 이와 같아도 단지 공(毬子)을 깨끗하게 할 줄 알았을 뿐, 남전이나 조주처럼 사람을 위한 수단이 있었던 것은 아니다.

고인이 내놓는 일칙어一則語는 모름지기 머리와 꼬리를 덮어야 하는데, 그는 한결같이 개의치 않았다. 자, 말해보라! 무슨 도리를 얻었기에 이런 것인가? 모름지기 실제로 발로 땅을 밟아서 저 무사처(無事處, 일없는 곳=寂靜處)에 이르러야 비로소 이렇게 할 수 있는 것이다.

조주는 (암주를) 보고 바로 절을 했다. (그리고) 끝에 가서 "초적이 대패했다"고 하면서 발(簾子)을 끌어내리고 바로 가버렸다. 자, 말해보라! 그를 감파한 것인가? 만약 감파하지 못한 것이라면 남전이나 조주는 모두 500년에 한 번 세상에 나오는 고불(古佛間生)[473]이거늘, 그의 안목은 어디에 있는가?

남전이 말하기를 "전부터 이 친구를 의심했었다"고 했는데, 이 말이 그를 인정한 것인가, 인정하지 않은 것인가? 모름지기 정수리에 안목을 갖추고 팔꿈치 뒤에 부적이 있어야(肘後有符)[474] 바야흐로 낙처(落處, 핵심)를 알 수 있다.

설두가 염拈하기를 "남전이나 조주 정도 되는 양반들이 일개 담판한에게 감파당했다"고 했다. 그대들은 자, 말해보라! 어떤 것이 담판처(擔板處, 판때기를 짊어진 곳)인가? 시험 삼아 착안著眼해 보라!

---

473 間生古佛이라고도 한다. 성인은 500년에 한 번씩 출현한다는 말.
474 주하현부肘下懸符=주후부肘後符: 불조심인佛祖心印을 뜻한다.

제57칙 흠산임마欽山恁麼[475]

[古則과 着語]

擧, 巖頭雪峰欽山到德山. 欽山問 "天皇也恁麼道 龍潭也恁麼道〔渾
侖吞箇棗〕未審和尙作麼生道"〔險〕德山云 "你試擧天皇龍潭底看"
〔拶著這尿床鬼子〕欽山擬議〔駕與靑龍不解騎〕山便打.〔本合是德
山喫〕欽山被打 歸延壽堂〔也則令行一牛 直敎氣息一點也無始得)〕
云 "是則是 打我太煞"〔賊過後張弓〕巖頭云 "汝恁麼 他後不得道見
德山來"〔肘臂不向外〕

＊渾侖吞棗＝囫圇吞棗(홀륜탄조): 대추를 통째로 삼키다. 분석을 거치지
　않고 기계적으로 받아들이다. 무비판적으로 받아들이다.
＊肘臂(주비): 팔. (측근, 신하의 비유.)

암두와 설봉 그리고 흠산이 덕산德山에게 갔다.
　흠산이 물었다. "천황天皇[476]도 이렇게 말했고, 용담龍潭[477]도 이렇게

---

475 SM 제17권(N.670)에서도 전한다.

말했는데,

〔대추를 통째로 삼켜버렸다.〕[478]

화상께서는 어떻게 말씀하시겠습니까?"

〔험(險, 위험하다)!〕

덕산이 말했다. "그대가 시험 삼아 천황과 용담이 말한 것을 거론해 보라!"

〔이런 오줌싸개 같은 놈은 쳐야(挼著, 짓눌러버려야) 한다.〕

흠산이 머뭇거리자,

〔명마(名馬, 靑龍)에 태워줘도 몰 줄을 모른다.〕

덕산이 바로 쳤다.

〔본래 덕산이 맞아야 한다.〕

흠산이 (얻어) 맞고, 연수당으로 돌아가서

〔그렇다면 법령을 반절이라도 행해서 곧장 숨이 한 점도 없게 해야 한다.〕

말했다. "옳기는 옳으나, 나를 친 것은 너무 심했다."

〔도적이 지나간 다음에 활시위를 매고 있다.〕

---

476 천황도오(天皇道悟, 748~807): 석두희천의 법사法嗣.

477 용담숭신(龍潭崇信, 782~865): 천황도오의 법사法嗣. 덕산선감의 스승.

478 참고로 벽암록 제30칙 평창에 다음과 같이 전한다.

若是知有底人 細嚼來嚥 若是不知有底人 一似渾崙吞箇棗.

만약 지유인(知有人, 있음을 아는 사람)이라면 잘 씹어서 삼키겠지만, 만약 있음을 아는 사람이 아니라면 마치 통째로 대추를 삼키는 것과 같을 것이다.

암두가 말했다. "자네가 이런 식이면 이후에 덕산을 봤다고 말해서는 안 될 것이야!"

〔팔꿈치는 밖으로 굽지 못하는 법이다.〕

[拈古와 着語]

雪竇云 "諸禪德 欽山致箇問端不妨奇特 爭奈龍頭蛇尾.〔知他幾時向鬼窟裏作活計來〕你試擧天皇龍潭底看 坐具便摵〔停囚長智〕大丈夫漢 捋虎鬚也是本分〔不用說道理〕他旣不能 德山令行一半.〔果然〕令若盡行 雪峰巖頭 總是涅槃堂裏漢"〔打云"闍黎也須入涅槃堂始得"〕

＊摵(털어낼 색, 내던질 미): 털어내다. 빼앗다. 내던지다.

설두가 말했다. "여러 선덕들이여! 흠산이 물은 것이 대단히 기특했지만, 용두사미가 된 것을 어찌 하겠는가?

〔그가 언제 귀신굴 속에서 활발하게 계교 부린 것을 알겠는가?〕

'그대가 시험 삼아 천황과 용담이 말한 것을 거론해 보라!'고 했을 때, 곧장 좌구坐具를 털어냈어야(＝내던졌어야) 했다.

〔죄수로 오래 있더니 꾀만 늘어났다.〕[479]

대장부라면 호랑이 수염을 잡아당기는 것이야말로 본분(本分, 本分事)이거늘,

---

[479] 말을 잠시 멈추고 대책을 강구한다는 뜻으로 선문답에서 가장 꺼리는 행위이다.

〔도리를 말해 줄 필요는 없다.〕

그가 본분을 행할 줄 몰라 덕산이 법령을 절반만 행한 것이다.

〔과연!〕

**법령을 만약 다 행했더라면 설봉과 암두 모두 열반당 속의 사람이
되었을 것이다."**

〔(선상을) 치고 말했다. "스님이야말로 모름지기 열반당에 들어가야
한다."〕

〔評唱〕

師云. 巖頭擔鋤頭行脚 到處只做園頭. 雪峰擔笊籬木杓行脚 到處作
典座. 欽山將熨斗剪刀針線行脚 到處與人做衣. 到箇所住處 三人互
爲賓主作. 小參 擧公案 欽山承當不得. 後來却到洞山 契證 法嗣洞山.

＊園頭(원두): 선종에서 채원을 관리하는 소임.
＊典座(전좌): 선종에서 대중의 침구와 식사 따위를 맡은 사람.
＊熨斗(울두): 다리미.

암두는 호미를 짊어지고 행각을 하면서 가는 곳마다 원두園頭를 했고,
설봉은 조리와 국자를 들고 행각을 하면서 가는 곳마다 전좌典座를
했으며, 흠산은 인두와 가위, 바늘과 실을 가지고 행각을 하면서 가는
곳마다 사람들에게 옷을 만들어줬다. 머무는 곳마다 세 사람은 서로
손님이 되고 주인이 되었다.

382

(어느 날) 소참小參에 공안을 (하나) 들었는데, 흠산이 알아듣지 못했다. 뒤에 동산洞山에 이르러 계합해 깨닫고, 동산의 법을 이었다.

❀

擧 三人參德山話 欽山致箇問頭也好 被德山一拶 直得忘前失後. 德山便打 爲他未徹在 灼然是承當不得. 欽山旣是落節 後人已知德山大開門戶 去這裏胡答亂答 總被生機一拶. 諸人又作麽生. 欽山歸寮云"是卽是 打我大晒"巖頭云"汝恁麽 他後不得道見德山來"雪峰巖頭 欲識拽過敎乘 這漢依前擔板. 巖頭若不是蘊藉將來 爭解恁麽道. 大凡拈公案 須是見得破公案 識得縫罅. 雪竇解把定放行 回轉拈得 不妨有通變處. 翠巖芝云"欽山只顧其前 不顧其後 如今作麽生與欽山出一口氣"大潙喆云"德山門下草偃風行 大潙卽不然 待問未審和尙作麽生 拈棒劈脊便打 且道 德山是 潙山是. 會麽. 橫按鏌鎁全正令 太平寰宇斬癡頑"

* 落節＝拔本落節(발본낙절): 실패하여 밑천까지 잃어버리다.
* 밑줄 친 부분의 去這裏는 到這裏로 읽었다.
* 大晒(대쇄)＝ 十分(십분): 매우. 대단히. 충분히. (앞의 太煞과 같은 뜻.)
* 癡頑(치완): 어리석고 무지함. 어리석고 고집스러움.

세 사람이 덕산을 참례한 공안(話, 본칙)을 거론하고, (말했다.)
　흠산이 물은 것도 좋았지만, 덕산에게 일찰一拶을 당하고는 바로 앞도 잃고 뒤도 잃어버렸다. 덕산이 바로 친 것은 그가 아직 철저하지 못하고 뚜렷이 알지 못했기 때문이다.

흠산이 (논전에서) 실패(落節)를 했는데도 뒷사람들은 덕산이 (흠산에게) 문호(門戶, 관문)를 활짝 열어준 것으로 알고, 여기에다 엉터리로 어지럽게 답들을 해대는데, 모두 심기心機가 나게 일찰―拶을 해야 한다. 여러분은 또 어떻게 생각하는가?

흠산이 요사채(寮, 연수당)로 돌아가 말하기를 "옳기는 옳으나, 나를 친 것은 너무 심했다"고 하자, 암두가 "자네가 이런 식이면 이후에 덕산을 봤다고 말해서는 안 될 것이야!"라고 했다. (이는) 설봉과 암두가 허물을 끄집어내서 가르쳐주려는 것이었는데, 이 친구(흠산)는 여전히 판때기를 짊어지고 있었다. 암두가 만약 마음이 온화하고 너그럽지 않았더라면 어떻게 이런 말을 할 수 있었겠는가! 무릇 공안을 염拈할 때에는 모름지기 (그) 공안을 보고 타파해서 틈새(縫罅)를 알아볼 수 있어야 한다. (그래서) 설두는 파주(把住, 把定)와 방행放行을 알고 이리저리 돌려가며 염을 했던 것이니, (여기에는) 대단한 통변처(通變處, 變通處, 형편과 경우에 따라 막힘없이 처리하는 것)가 있었다.

취암 지(翠嚴芝, 大遇守芝)가 말했다.

"흠산은 단지 앞만 볼 줄 알고 뒤는 볼 줄 몰랐다. 지금 어떻게 흠산에게 일언지하에 숨통을 터 줄 것인가?"

대위 철(大潙喆, 大潙慕喆)이 말했다.

"덕산의 문하에서는 바람이 부는 대로 풀이 눕지만, (나) 대위는 그렇지 않다. '화상께서는 어떻게 말씀하시겠습니까?' 하고 물었을 때, 바로 방망이를 들어 등판때기를 후려갈겼을 것이다. 자, 말해보라! 덕산이 옳은가, (나) 위산이 옳은가? 알겠는가?

　막야검을 비껴 잡고 바른 법령을 모두 행해서

　어리석고 미련한 것들을 베어버리고 천하를 태평케 하라.”[480]

---

480 원오는 취암과 대위의 염拈을 본칙의 결론으로 삼았다.

제58칙 현사문승玄沙問僧[481]

【古則과 着語】

舉, 玄沙問僧 "近離什麼處"〔也要知他來處〕僧云 "瑞巖"〔這僧往往
舉瑞巖話去也〕沙云 "瑞巖有何言句"〔第二杓〕僧云 "長喚主人公
〔還識羞麼〕自云 '喏'〔弄泥團漢〕惺惺著 他後莫受人瞞"〔自瞞了也
不知〕沙云 "一等是弄精魂 也甚奇特"〔若不別識 爭辨眞僞〕却云
"何不且在彼中"〔事生也〕僧云 "瑞巖遷化了也"〔死而不弔〕沙云
"如今還喚得應麼"〔作什麼〕僧無對.〔打云 "由在"〕

현사玄沙가 어떤 스님에게 물었다. "어디서 왔는가?"

〔역시 그가 온 곳을 알아야 한다.〕

스님이 말했다. "서암瑞巖[482]에서 왔습니다."

〔이 스님이 왕왕 '서암화瑞巖話'[483]를 거론하곤 했다.〕

---

481 SM 제23권(N.988)에서도 전한다.

482 서암사언(瑞巖師彦, 생몰연대 미상): 암두전활의 법사法嗣.

483 서암화瑞巖話는 본칙의 내용으로 대신한다.

현사가 말했다. "서암이 무슨 말을 하던가?"

〔두 번째 (구정물) 바가지이다.〕

스님이 말했다. "늘 '주인공아!' 하고 부르고,

〔부끄러운 줄이나 아는가?〕

스스로 '예!' 하고 대답합니다.

〔진흙덩이나 가지고 노는 놈이로군!〕

(그리고) '정신차려라! 이후로는 다른 사람에게 속지 말라'고 합니다."

〔자신이 속은 줄도 모르고 있다.〕

현사가 말했다. "한결같은 귀신짓거리지만, 그래도 대단히 기특하다."

〔만약 (그것과 비교해서) 다른 것을 알지 못한다면 어찌 진위를
가려낼 수 있겠는가?〕

다시 말했다. "어째서 거기에 더 있지 않은 것이냐?"

〔일 났다.〕

스님이 말했다. "서암이 천화遷化하셨습니다."

〔죽었어도 조문하지 않는다.〕

현사가 말했다. "지금도 부르면 응할까?"

〔뭐 하는 거야?〕

스님이 대답이 없었다.

〔(선상을) 치고 말했다. "이유가 있다."〕

〔拈古와 着語〕

雪竇云 "蒼天蒼天" 〔好一坑埋却〕

설두가 말했다. "아이고, 아이고!"

〔한 구덩이에 묻어버려야 한다.〕

〔評唱〕

師云. 且道 古人三十四年喚作什麼. 無人識得他. 却喚作弄精魂 有云
"昭昭靈靈建立"且喜勿交涉. "會則途中受用 不會則世諦流布"唯有玄
沙風穴會得好. 穴云"自拈自弄有什麼難"玄沙云"甚奇特 旣是弄精魂"
爲什麼却有奇特. "如今還喚得應麼"這一句奇特. 這裏著得一隻眼 親
見瑞巖. 所以雪竇云"蒼天蒼天"

자, 말해보라! 고인이 30년, 40년 무엇을 부른 것인가? 아무도 그것을
알아보는 이가 없다.

　도리어 '귀신짓거리'라고 부르짖은 것에 어떤 이는 말하기를 "소소영
령하게 건립했다"고 하는데, 전혀 관계가 없다.

　(고인이 이르기를) "알면 도중에 받아쓰지만, 모르면 세속적인 진리
만 널리 퍼지게 된다"[484]고 하였다. (그런데) 오직 현사와 풍혈風穴만이
(이를) 잘 알았다. (그래서) 풍혈은 말하기를 "자신이 집어 들어서
(문제를 제기하고) 자신이 갖고 (답을 하며) 노는데, 무슨 어려움이
있겠는가?"라고 하고, 현사는 말하기를 "대단히 기특하지만, 귀신짓거
리일 뿐이다"고 한 것이다.

---

[484] 귀종지상歸宗智常의 말씀. 원오는 이 말씀을 좋아해서 벽암록 등에서 자주
　　인용한다.

 (그런데) 어째서 기특한 것이 있다고 한 것인가? "지금도 부르면 응할까?"라고 한 이 일구가 기특한데, 여기서 일척안一隻眼을 얻으면 서암瑞巖을 친견하게 될 것이다. 그래서 설두가 "아이고, 아이고!"[485] 한 것이다.

---

485 SM에서는 본칙에 대한 원오의 염拈을 다음과 같이 전한다.

　圜悟勤擧擧此話 連擧雪竇拈 師云 "萬丈寒潭徹底 月在當心 千尺嵓松倚天 風生幽谷 直得凜凜孤標 澄澄風彩 及至月離碧嶂 影落雲衢 遂乃當面蹉却 當時老僧若是个漢 待伊道卽今喚得應應 當下便喝 非唯把斷玄沙要津 亦與瑞嵓老子出氣"

원오극근(圜悟勤)이 이 공안을 거론하고, 이어서 설두의 염을 거론하고 말했다.

萬丈寒潭徹底	만 길 찬 못은 밑바닥까지 철저하고,
月在當心	달은 한복판에 있다.
千尺嵓松倚天	천 자 벼랑의 소나무는 하늘에 기대어 있고
風生幽谷	바람은 깊은 골짜기에서 일어난다.
直得凜凜孤標	늠름하게 홀로 빼어나니
澄澄風彩	맑고 맑은 풍채가 있고
及至月離碧嶂	달은 푸른 산봉우리를 떠나고
影落雲衢	그림자는 구름 가는 곳에 떨어지는구나!

결국에는 눈앞에서 어긋났다. 당시에 노승이 만약 이 사람이었다면 그가 '지금도 부르면 응할까?'라고 할 때, 바로 그 자리에서 "할!" 했을 것이다. (그러면) 현사의 중요한 나루터를 꽉 쥐었을 뿐만 아니라, 또한 서암 노인네의 숨통도 트이게 해줬을 것이다.

제59칙 장경영양長慶羚羊⁴⁸⁶

【古則과 着語】

擧, 僧問長慶 "羚羊未掛角時如何" 〔闍黎 亂走作什麼〕 慶云 "草裏漢"
〔果然〕 僧云 "掛角後如何" 〔你還識得渠麼〕 慶云 "亂叫喚" 〔草繩
自縛〕 僧云 "畢竟如何" 〔蒼天蒼天〕 慶云 "驢事未了 馬事到來" 〔拈一
放一〕

＊亂走(난주)＝호행난주胡行亂走: 함부로 날뛰며 어지러이 행동함.

어떤 스님이 장경長慶에게 물었다. "영양이 뿔을 걸지 않았을 때는
어떻습니까?"⁴⁸⁷

　〔스님! 어지럽게 날뛰어서 뭘 하려는 것인가?〕

　장경이 말했다. "초리한(草裏漢, 망상이나 떠는 놈)!"

---

486 SM 제25권(N.1115)에서도 전한다.
487 영양羚羊이 밤에 잘 때에는 나뭇가지에 뿔을 걸어서 위해를 막는다는 뜻으로,
　혼적을 찾을 수 없다는 뜻.

〔과연!〕

스님이 말했다. "뿔을 절고 난 다음에는 어떻습니까?"

〔그대는 그것을 알아볼 수 있겠는가?〕

장경이 말했다. "어지럽게(=마구) 을부짖는구나!"

〔새끼줄로 스스로를 묶는다.〕

스님이 말했다. "필경엔 어떻습니까?"

〔아이고, 아이고!〕

장경이 말했다. "나귀 일도 마치기 전에, 말의 일이 이르렀다."[488]

〔한 번 집어 들고 한 번 내려놓는다.〕

[拈古와 着語]

雪竇云 "寧可碎身如微塵 終不瞎箇衆生眼〔錯下名言〕長慶較些些
子〔未夢見在〕有般漢 設使羚羊未掛角也 似萬里望鄕關"〔正說著
闍黎〕

*些些(사사): 조금.

---

[488] 驢事未了 馬事到來와 관련하여 다음과 같은 게송이 있다.
　①송나라 장산법천葬山法泉의 게송
　驢事未了馬事到來　나귀 일도 마치기 전에 말의 일이 이르고
　鐘聲斷鼓聲催　　종소리 끊어지자 북소리 재촉하네.
　②양무위楊無爲의 게송
　驢事未了馬事到來　나귀 일도 마치기 전에 말의 일이 이르고
　一花欲謝一花開　꽃 한 송이 지려 하자 또 한 송이 피어나네.

＊鄕關(향관): 고향.

설두가 말했다. "차라리 몸을 부수어 티끌처럼 될지언정, 끝내 중생의 눈을 멀게 해서는 안 되는데,

〔문채가 나게 명언을 했다.〕

　장경은 그런대로 조금은 봐줄 만하다.

〔꿈에도 보질 못했다.〕

　어떤 사람에게는 설사 영양이 뿔을 걸지 않더라도 만리타향에서 고향을 바라보는 것과 같다."

〔바르게 말했소, 스님!〕

〔評唱〕

師云. 長慶自悔話後悟云 "苦哉苦哉 疑我十五年" 後因捲簾悟道 有言云 "我有一棒到你 你也須知來處始得" 擧雲居六六三十六 趙州九九八十一 長慶勝如趙州雲居底. 雪竇道 "寧可碎身如微塵 終不瞎箇衆生眼 長慶較些些子" 意在提向上事. 長慶是箇中人.

＊捲簾(권렴): 늘어뜨렸던 발을 말아 올림.

장경자회화(長慶自悔話, 장경 자신이 지금까지 잘못 공부해 왔던 것을 뉘우치는 이야기)가 있는데, 뒷날 깨닫고 말했다. "괴롭고 괴로웠다. 내가 15년이나 의심을 했었구나!"

(또) 후에 발을 말아 올림(捲簾)으로 말미암아 도를 깨치고 말했다. "나의 일 방一棒이 그대들에게 이르렀으니, 그대들 역시 모름지기 (방망이가) 온 곳을 알아야 한다."[489]

---

[489] 조당집 제10권에 전하는 아래 게송에 근거해서 원오가 의역한 것으로 이해했음을 밝혀둔다.

(중략) 年十三出家 初參見雪峯 學業辛苦 不多得靈利 雪峯見如是次第 斷他云 "我與你死馬醫法 你還甘也無" 師對云 "依師處分" 峯云 "不用一日三度五度上來 但知山裏燎火底樹橦子相似 息卻身心 遠則十年 中則七年 近則三年 必有來由" 師依雪峯處分 過得兩年半 有一日 心造坐不得 卻院外遶茶園三币了 樹下坐忽底睡著 覺了卻歸院 從東廊下上 纔入僧堂 見燈籠火 便有來由 便去和尙處 和尙未起 卻退步依法堂柱立 不覺失聲 大師聽聞 問 "是什摩人" 師自稱名 大師云 "你又三更半夜來者裏作什摩" 對云 "某甲別有見處" 大師自起來開門 執手問衷情 師說 衷情偈曰 "也大差也大差 卷上簾來滿天下 有人問我會何宗 拈起拂子驀口打"

(중략) 나이 열 셋에 출가해서 처음으로 설봉을 참견參見하고 학업에 힘을 썼는데, 쉽게 영리함(靈利, 깨달음)을 얻을 수 없었다.

설봉이 이와 같은 상황을 보고 단호하게 장경에게 말했다. "내가 너에게 사마의 법(死馬醫法, 죽은 말도 살려내는 의술)을 주면 너는 감당할 수 있겠느냐?"

장경이 말했다. "스님의 처분에 따르겠습니다."

설봉이 말했다. "(앞으로) 하루에 세 번 다섯 번 올라올 필요 없다. 다만 산속에 불에 탄 나무막대기처럼 몸과 마음을 쉬어라. 길면 10년, 보통은 (한)7년, 짧으면 3년 안에 반드시 이때까지 있어왔던 것과는 다른 어떤 것(來由)을 느낄 수 있을 것이다."

장경이 설봉의 처분에 따라 2년 반을 보냈다.

하루는 마음이 앉아 있지 못하게 되어 절 밖 다원을 세 바퀴 돌고 나무 아래 앉아 있다가 홀연히 졸았다. 깨고 나서 다시 절로 돌아와 동쪽 회랑에서 오르락내리락 하다가 승당으로 들어갔는데 등롱불을 보자마자 바로 이때까지 운거雲居[490]가 "육육은 삼십육"이라고 하고, 조주趙州가 "구구 팔십일"이라고 한 것[491]을 거론하고, (말했다.)

와는 다른 어떤 것을 느꼈다. (그래서) 곧장 화상의 처소로 갔다. 화상이 아직 일어나지 않아 뒤로 물러나서 법당 기둥에 몸을 기댔는데 자기도 모르게 소리를 냈다.

설봉이 소리를 듣고 물었다. "누구냐?"

장경이 자신의 이름을 말하자, 설봉이 말했다. "너는 대관절 삼경 야밤에 와서 뭘 하는 것이냐?"

장경이 말했다. "제게 따로 견처見處가 있습니다."

설봉이 일어나 문을 열고 (장경의) 손을 잡고는 충정으로 물었다. (그러자) 장경이 충정(衷情, 마음속에서 우러나오는 참된 정)으로 게송을 말했다.

"대단히 기이하고 대단히 기이하다. (差는 奇와 같은 뜻으로 번역했다.)

발을 걷어 올리니 천하가 다 보이는구나(=천하가 눈에 가득하구나)!

어떤 이가 내게 무슨 종지를 알았냐고 묻는다면

불자拂子를 들어 곧장 주둥이를 치리라."

490 운거도응(雲居道膺, ?~902): 동산양개의 법사法嗣.

491 SM 제21권(N.855)에 다음과 같이 전한다.

洪州雲居道膺禪師示衆云 "如人將三貫錢 買一隻獵狗 但尋得有蹤迹底 若遇羚羊挂角時 非但不見蹤迹 氣息也不識" 僧便問 "羚羊未挂角時如何" 師曰 "六六三十六" 僧云 "挂角後如何" 師云 "六六三十六" 僧便作禮 師云 "會麼" 僧曰 "不會" 師云 "不見道 無蹤迹" 後有僧擧似趙州 州云 "雲居師兄猶在" 僧便問 "羚羊挂角時如何" 州云 "九九八十一"

홍주 운거도응 선사가 대중에게 말했다. "어떤 사람이 세 관의 돈을 가지고 사냥개 한 마리를 사서 오직 흔적만 찾거늘, 만약 영양이 뿔을 걸 때는 흔적도 보지 못할 뿐만 아니라 숨소리조차도 알지 못할 것이다."

(그러자) 어떤 스님이 곧바로 물었다. "영양이 아직 뿔을 걸지 않았을 때는 어떻습니까?"

장경은 조주와 운거만큼이나 뛰어났다.

설두가 말하기를 "차라리 몸을 부수어 티끌처럼 될지언정 끝내 중생의 눈을 멀게 해서는 안 되는데, 장경은 그런대로 조금은 봐줄 만하다"고 한 뜻은 향상사向上事를 드는 것에 있다. 장경이 (바로) 그런 사람(箇中人)이다.

운거가 말했다. "육육은 삼십육이다."
(또) 스님이 물었다. "뿔을 걸었을 때는 어떻습니까?"
운거가 말했다. "육육은 삼십육이다."
스님이 바로 절을 하자, 운거가 말했다. "알겠는가?"
스님이 말했다. "모르겠습니다."
운거가 말했다. "보지 못했는가! 흔적이 없다고 한 것을."

뒤에 어떤 스님이 앞의 이야기를 조주에게 전했다.
조주가 말했다. "운거 사형이 있었구먼."
스님이 물었다. "영양이 뿔을 걸었을 때는 어떻습니까?"
조주가 말했다. "구구 팔십일이다."

제60칙 원명시중圓明示衆[492]

【古則과 着語】

擧, 德山圓明示衆云 "但有問 答只竪一指頭.〔依樣畵猫兒〕寒則普天
普地寒"〔蒼天蒼天〕

덕산원명德山圓明[493]이 대중에게 말했다. "(구지화상은) 누가 물으면
답으로 손가락 하나를 세웠을 뿐이다.

〔견본에 따라 고양이를 그리고 있다.〕

추우면 온 천지가 다 춥다."

〔아이고, 아이고!〕

---

492 SM 제14권(N.552)에서는 구지일지화俱胝一指話에 대한 설두의 염拈 속에서
   원명의 시중示衆을 전한다.

493 덕산원명(德山圓明=德山緣密, 생몰연대 미상): 운문문언의 법사法嗣.

[拈古와 着語]

雪竇云 "什麼處見俱胝老. 〔瞎〕 熱則普天普地熱" 〔更添怨苦〕 雪竇云 "莫錯認定盤星. 〔也有些子〕 森羅萬象徹下孤危 大地山河通上險絶. 〔無轉身處〕 什麼處得一指頭禪" 〔打云 "在這裏"〕

설두가 말했다. "어디서 구지 노인을 봤는가?
　〔눈이 멀었다.〕
더우면 온 천지가 다 덥다."
　〔다시 원망과 고통을 보태는구먼.〕

(또) 설두가 말했다. "정반성으로 잘못 알지 말라!
　〔그래도 (그렇게 아는 사람이) 조금은 있다.〕
　삼라만상을 아래로 꿰뚫어 홀로 높고, 산하대지를 위로 통해 깎아지를 듯 험준하다.
　〔전신처轉身處가 없다.〕
　어디서 일지두선을 얻었는가?"
　〔(선상을) 치고 말했다. "여기에 있다."〕494

---

494 참고로 구지일지화에 대한 설두의 송頌은 다음과 같다.
　　對揚深愛老俱胝 구지 노인의 대양(문답법)을 깊이 사랑하노니
　　宇宙空來更有誰 우주가 텅 빈 이래로 또 누가 있으리오.
　　曾向滄溟下浮木 일찍이 바다에 나무를 띄워
　　夜濤相共接盲龜 밤 파도에 눈 먼 거북을 거둬들이네.

〔評唱〕

師云. 德山第九代圓明禪師 有時上堂舉一則語 可謂驚羣. 一日上堂云 "三千里外 且喜勿交渉 以拄杖一時趁下" 諸公看他示衆 如金如玉相似. 此一則公案亦好. 雪竇見便要穿圓明鼻孔 末後句 可謂得大自在.

제9대[495] 덕산원명 선사가 어느 때 상당上堂해서 고칙 하나(一則語)를 거론했는데, 참으로 대중을 놀라게 할 만한 것이었다.

　하루는 상당上堂해서 말하기를 "삼천리 밖이니, 전혀 관계없다. 주장자로 한꺼번에 쫓아버려라"[496]라고 했는데, 여러분은 그가 대중에게 말한 것을 보라! 마치 금과 같고 옥과 같다.

　이 일칙一則 공안公案 역시 좋아서[497] 설두가 보고 바로 원명의 콧구멍(鼻孔, 핵심)을 꿰뚫고자 했는데, 말후구末後句가 참으로 대자재大自在를 얻었다고 할 만하다.[498]

---

495 제9대는 육조혜능으로부터 법등이 전수되었음을 상징. 대감 하 제8세(大鑑下第八世)와 같은 뜻.

496 원명의 상당법문 전문을 정확히 알 수 없다. 다만 三千里外 且喜勿交渉는 동산록에, 以拄杖一時趁下는 운문록에 자주 등장하는 말인데, 덕산연밀이 이를 하나로 묶어 사용한 것 같다.

497 설두가 원명의 염拈을 하나의 공안으로 제시한 것이다.

498 참고로 구지일지화一俱胝指話에 대한 원오의 염拈은 다음과 같다.

俱胝凡見僧來 及荅問 唯豎一指 蓋通上徹下 契證無疑 差病不假驢駝藥也 後代不諳來脈 隨例豎个指頭 謾人不分皁白 大似將醍醐 作毒藥 良可憐愍 若是眞的見透底 始知鄭重 終不將作等閑 所謂千鈞之弩 不爲鼷鼠而發機 是故須具頂顥

上眼 方可入作 後來曹山云 '俱胝承當處莽鹵' 只認得一機一境 有般拍盲底 隨
語生解 便抑屈俱胝 以謂實然 殊不知焦塼打著連底凍 到這裏 直須子細 切忌顢
頇 只如俱胝臨遷化去 自云 '得天龍一指頭禪 一生受用不盡' 豈徒然哉.

구지는 무릇 (어떤) 스님이 (찾아) 오면 물음에 답으로 보여주기를 오직 손가락
하나를 세웠을 뿐인데, 이는 위로 통하고 아래로 사무쳐 계증契證한 것으로
의심이 없는 것이었다.

병이 나았으면 약을 구할 필요가 없거늘, 후대 사람들은 연유를 알지 못하고
전례를 따라 손가락을 세워 사람들을 속이니, 검고 흰 것도 구분 못하는
것이 마치 제호를 가지고 독약을 만드는 것과 같아서 실로 가엾고 불쌍하다.
만약 진실로 꿰뚫어 본다면 비로소 정중鄭重함을 알게 되어서 끝내 등한하지
않게 될 것이니, (이는) 이른바 천균의 활은 들쥐를 잡기 위해 쏘지 않는다는
것이다. 이런 까닭에 모름지기 정수리에 안목을 갖춰야 바야흐로 작자의
반열에 들어갈 수 있는 것이다.

뒤에 조산본적이 말하기를 "구지가 안 곳이 거칠다"고 했는데, (이는) 단지
일기일경一機一境을 안 것이다. (그런데) 어떤 눈먼 이가 말을 따라 이해를
내서 곧바로 구지를 억눌러 굴욕을 당하게 한 것이라고 하는데, (이는) 마치
구운 벽돌이 밑바닥까지 얼어붙은 것을 전혀 모르는 것이다. 여기에 이르러서
는 모름지기 자세히 해야지, 절대로 흐리멍덩하게 하지 말라.

그건 그렇고, 구지가 천화할 때 스스로 말하기를 "천룡의 일지두선一指頭禪을
얻어 평생 다 쓰지 못했다"고 했는데, (이것이) 어찌 부질없는 것이겠는가?

제61칙 남원제성南院諸聖[499]

【古則과 着語】

擧, 僧問南院 "從上諸聖向什麼處去" 〔入地獄去〕 院云 "不上天堂
卽入地獄" 〔分得一半〕 僧云 "和尚作麼生" 〔好與三十棒〕 院云 "還知
實應老落處麼" 〔放過這漢〕 僧擬議 院以拂子驀口打. 〔向道 當斷不
斷 反招其亂〕 復喚僧近前云 "令合是汝行" 又打一拂子. 〔却不瞞人〕

＊驀口(맥구): 얼굴을 맞이하다(＝향하다). 정면에.

어떤 스님이 남원南院[500]에게 물었다. "옛 성인들은 어디로 갔습니까?
〔지옥으로 갔다.〕
남원이 말했다. "천당에 오르지 않았으면 지옥에 갔다."
〔절반씩 나눴다.〕

---

499 SM 제26권(N.1153)에서도 전한다.
500 남원혜옹(南院慧顒, 860~930) 흥화존장의 법사法嗣. 풍혈연소의 스승. 보응은
　　주석하던 절의 명칭.

400

스님이 말했다. "화상은 어떻습니까?"

〔30방을 쳐야 한다.〕

남원이 말했다. "이 보응實應 노인네의 낙처(落處, 핵심, 귀착점)를 알고자 하는가?"

〔이 노장을 놓쳤군.〕

스님이 머뭇거리자, 남원이 불자拂子로 곧장 머리를 쳤다.

〔말했잖은가, 길에서 끊어야 할 때 끊지 못하면 도리어 혼란을 초래한 다고.〕

다시 스님을 불러 가까이 오게 하고, 말했다. "법령은 그대가 행하는 것이 맞다."

(그리고) 또 불자로 한 대 쳤다.

〔그렇지만 (다른) 사람들을 속이지 마시오.〕

[拈古와 着語]

雪竇云 "令旣自行 且拂子不知來處〔莫道不知來處好〕雪竇道 箇瞎 且要雪上加霜"〔須然錦上鋪花 爭奈靈龜曳尾〕

＊須然＝雖然(수연): 비록 ～일지라도.

설두가 말했다. "법령을 스스로 행해 놓고도 불자拂子가 온 곳을 모르니,

〔온 곳을 모른다고 말하지 말라.〕

(나) 설두는 말하노라. 이 눈 먼 사람아! 또 눈 위에다 서리를 더하려고

하는구나."

〔비록 금상첨화(錦上鋪花, 錦上添花)라도 신령스런 거북이가 꼬리를 끄는 것과 같은데, 어찌 하겠는가!〕

〔評唱〕

師云. 還知寶應老落處麼. 古人向虎口裏橫身 爲人第一機裏 將金剛王寶劍斬斷了也 爭奈不會. 當時這裏著得一隻眼 不妨奇特. <u>雪竇</u>云 "令合是這僧行" 爭奈拂子在和尙手裏. 當時喚回打一拂子 隨手打云 "瞎"

＊밑줄 친 雪竇는 南院의 誤字.

보응(寶應, 남원) 노장의 낙처落處를 알겠는가? 고인은 호랑이 아가리에 몸을 가로로 누이고 사람을 위해 제1기第一機 속에서 금강왕보검으로 끊어버렸거늘, (그런데도) 알지 못하는 것을 어찌 하겠는가! 당시 여기서 일척안一隻眼을 분명히 얻었다면 대단히 기특했을 것이다.

남원이 말하기를 "법령은 이 스님이(=그대가) 행하는 것이 맞다"고 했지만, 불자拂子가 화상의 손 안에 있는 것을 어찌 하겠는가! 당시에 불러서 불자로 한 대 쳤지만, 손에 잡히는 대로 치면서 말했어야 한다.

"할(瞎, 눈이 멀었다)!"

제62칙 설봉상견雪峰相見⁵⁰¹

【古則과 着語】

擧, 雪峰示衆 "望州亭與你相見了也 〔隔〕烏石嶺與你相見了也 〔隔〕
僧堂前與你相見了也" 〔隔〕保福問鵝湖 "僧堂前相見且置 望州亭
烏石嶺 什麼處相見" 〔也要驗過〕鵝湖驟步歸方丈 保福便入僧堂.
〔紅霞穿碧海 白日遶須彌. 雖然如是 也是靈龜曳尾 何不與麼去〕

설봉雪峰이 대중에게 말했다. "망주정에서도 그대와 만났고,

　〔격(隔, 멀어졌다).〕

　오석령에서도 그대와 만났으며,

　〔멀어졌다.〕

　승당 앞에서도 그대와 만났다."

　〔멀어졌다.〕

　(뒤에) 보복保福이 아호鵝湖⁵⁰²에게 물었다. "승당 앞에서 만난 것은

---

501 SM 제19권(N.784)에서도 전한다. 벽암록 제5칙 평창 참조.

그렇다 치고, 망주정과 오석령 가운데 어디서 만난 것입니까?"[503]

〔역시 시험해 봐야 한다.〕

아호가 급히 뛰어서 방장실로 돌아가자, 보복이 바로 승당으로 들어 갔다.

〔붉은 노을이 푸른 바다를 꿰뚫고, 밝은 해가 수미산을 두른다.[504] 비록 이와 같아도 신령스런 거북이 꼬리를 끄는 것이거늘, 어째서 이렇게 하지 못하는가?〕

---

502 아호산소(鵝湖山韶, 생몰연대 미상): 암두전활의 법사法嗣.

503 SM에서는 "어떤 것이 망주정과 오석령에서 만난 것입니까?(作麼生是 望州亭烏石 嶺相見)"라고 전한다.

504 덕산연밀의 게송 일부분이다. SM 제25권(N.1081)에 다음과 같이 전한다.

雲門一日 顧視僧曰 "鑑" 僧擬對之 卽曰 "咦"

운문이 하루는 어떤 스님을 돌아보고 말했다. "감(鑑, 비춘다)"
스님이 대답하려고 하자, 바로 말했다. "이(咦, 아이구)!"

德山密禪師刪卻顧字 謂之抽顧頌. 德山密頌 "相見不揚眉 君東我亦西 紅霞穿 碧海 白日繞須彌"(亦謂之攄鷹商量)

덕산연밀 선사가 고顧 자를 뺐는데, 이를 추고송抽顧頌이라고 한다.
덕산연밀이 송頌을 했다.
"서로 보고 눈썹을 쳐들지 않으니
그대는 동쪽으로 가고 나는 서쪽으로 간다.
붉은 노을은 푸른 바다를 뚫고
밝은 해가 수미산을 두른다." (이를 대천상량攄鷹商量이라고도 한다.)

[拈古와 着語]

雪竇云 "二老宿是卽是 只知雪峰放行 不知雪峰把定.〔若是雪峰把
定 雪竇也無出氣處〕忽有箇衲僧出 未審雪竇作麼生〔竿頭有意〕豈
不是別機宜 識休咎底漢.〔爭奈淺水無魚〕還有望州亭烏石嶺 相見
底衲僧麼"〔徒勞下鉤〕良久云 "擔板禪和 如麻似粟〔持鉢不得 詐道
不饑〕

설두가 말했다. "두 노숙老宿이 옳기는 옳지만, 단지 설봉의 방행放行만
알았지, 설봉의 파주(把住＝把定)는 알지 못했다.

　〔만약 설봉이 파주했다면 설두 역시 숨도 내쉴 곳이 없었을 것이다.〕

　홀연히 납승 하나가 나와 '설두는 어떻게 할지 잘 모르겠다'고 한다면,

　〔장대 끝에 뜻이 있다.〕

　어찌 시기와 형편을 구별하고 길과 흉을 아는 놈이 아니겠는가?

　〔얕은 물에 고기가 없는 것을 어찌 하겠는가?〕

　망주정과 오석령에서 만난 납승이 있는가?"

　〔쓸데없이 낚시 바늘만 내리고 있다.〕

　양구良久하고 말했다. "판때기를 메고 가는 선승이 삼대처럼 많고
좁쌀처럼 많다."

　〔발우도 없으면서 배고프지 않다고 사기치고 있다.〕

〔評唱〕

師云. 且道 雪峰垂此一鉤 佇望多少事 却被無出頭. 所以 他只得恁麼
道. 也是喪車背後掉藥袋. 二人是他屋裏人 相見處也不妨奇特. 雖然
如是 也是靈龜曳尾 或有箇出來問"雪竇作麼生"不免德山令行一半.
當時雪峰會中 一時偎刀避箭.

＊佇望(저망)： 오랫동안 서서 멀리 바라보다. 기다리다. 간절히 바라다.
＊藥袋(약대)＝藥囊(약낭)： 약주머니.
＊偎(가까이할 외)： 가까이하다. 가까워지다.

자, 말해보라! 설봉이 이렇게 낚시 바늘 하나를 드리우고 다소나마
일이 있기를 기다렸거늘, 나오는 이가 없었다. 그래서 그는 다만 이렇게
말할 수밖에 없었던 것이다. (그러나 이것) 역시 상여 뒤에서 약
봉지를 흔드는 격이다.

　두 사람(보복과 아호)은 저 집안사람들이었고,[505] 서로 만난 곳 역시
대단히 기특했다. 비록 이와 같지만 역시 신령스런 거북이가 꼬리를
끄는 것이다.

　혹 어떤 이가 나와 "설두는 어떻게 하겠는가?"라고 묻는다면, 덕산의
법령을 반쯤 행하는 것을 면치 못할 것이다. 당시 설봉 회상에서는
한때 칼도 꺼리고 화살도 피했다(畏刀避箭).[506]

---

505 덕산의 문하라는 뜻. 보복은 설봉, 아호는 암두의 제자.
506 偎는 畏로 이해하고 직역했다.

외도피전畏刀避箭: 전쟁을 당했을 때 뒷걸음치며 앞으로 나아가지 못하는 것을
비유한다(比喩遇戰事退縮不前, 漢典). 또한 구도피검懼刀避劍이라고도 한다.
畏(두려워할 외), 隈(굽이 외), 偎(가까이할 외) 자 모두 발음이 'wēi'로 동일해서
혼용될 수도 있다. 이와 관련해 벽암록 제17칙에서는 피전외도避箭隈刀라는
표현을 쓴다.

참고로 본칙에 대한 원오의 송頌을 SM 제19권(N.784)에서는 다음과 같이
전한다.

藕絲引鯨鼇	연 실로 고래와 자라를 끌고
針鋒輥芥投	바늘 끝에 겨자씨를 던진다.
望州烏石嶺	망주정과 오석령이여!
未唱已先酬	노래하기 전에 이미 먼저 응수하고
大唐擊鼓新羅舞	대당에서 북을 치니 신라에서 춤을 추는데,
覿面相呈不相覿	얼굴 앞에 드러나는데도 보지를 못하는구나.

제63칙 국사정병國師淨瓶[507]

〔古則과 着語〕

擧, 僧問忠國師 "如何是本身盧舍那"〔頂上有圓光的不是〕忠云 "與
老僧過淨瓶來"〔光現也〕僧將淨瓶至 忠云 "却安舊處著"〔兩頭三面〕
僧復問 "如何是本身盧舍那"〔伶俐衲子〕忠云 "古佛過去久矣"〔不免
打葛藤〕雲門道 "無朕跡"〔猶較些子〕

어떤 스님[508]이 충국사忠國師에게 물었다. "어떤 것이 본신노사나本身盧
舍那[509]입니까?"

---

507 SM 제4권(N.131)에서도 전한다.
508 상기 서에서는 염관제안鹽官齊安에게 물은 것으로 전하는 판본도 있다고 한다.
509 비로자나불毘盧舍那佛로 이해했다.
　　노사나불盧舍那佛: 바이로차나의 음역인 비로자나불(毘盧舍那佛, 법신불)의 다
　　른 이름. 처음에는 법신불과 보신불의 구분이 없었으나 이후에 중생을 위해
　　서원을 세우고 거듭 수행한 결과, 깨달음을 성취하여 그 깨달음의 경지를
　　되새기면서 스스로 즐기는 연화장세계蓮華藏世界의 보신불報身佛을 뜻하게
　　되었다.

408

［정수리 위에 원광圓光이 있는 것이라고 하면 옳지 않다.〕

충 국사가 말했다. "노승에게 정병淨瓶을 건네줘라."

〔빛이 드러났다.〕

스님이 정병을 가져 오자, 충 국사가 말했다. "다시 본래 자리에다 (갖다)둬라."

〔머리가 둘인데, 얼굴은 셋이다.〕

스님이 다시 물었다. "어떤 것이 본신노사나입니까?"

〔영리한 납자로구면.〕

충 국사가 말했다. "고불古佛이 지나간 지 이미 오래되었다."

〔갈등(葛藤, 말)을 면치 못한다(=이렇게 말할 수밖에 없다).〕

운문雲門이 말했다. "어떤 조짐이나 흔적도 없다."

〔그런대로 조금은 봐줄 만하다.〕

【拈古와 着語】

雪竇云 "直得一手指天 一手指地 爭得無.〔爭奈拗折拄杖子〕還會麼. 雲在嶺頭閑不徹 水流澗下大忙生"〔賴有末後句 若無末後句 何處有 雪竇也〕

*大忙(대망)＝太忙(태망)：매우 바쁘다.

설두가 말했다. "곧바로 한 손으로는 하늘을 가리키고 한 손으로는 땅을 가리켰는데, 어찌 없다고 하는가?

〔주장자가 부러진 것을 어찌 하겠는가?〕

 알겠는가? 구름은 고갯마루에 한가로이 걸려 있는데, 산골짜기 물은 바삐 흘러가는구나.”

〔다행히도 말후구가 있었다. 만약 이 말후구가 없었더라면 어디에 설두가 있다고 하겠는가?〕

〔評唱〕

師云. 古人豈是辜負人. 若咬得破一切處都是 如人解射 箭不虛發 步步俯就爲人. 當時不過淨瓶 合作得箇什麼. 雲門云 “無朕跡” 我愛韶陽新定機 一生與人抽釘拔楔. 雪竇扶忠國師一半 直得一手指天 一手指地.

＊都是(도시): 완전히. 모두. 마침내. 결국. 필경.
＊俯就(부취): 자기를 굽혀 (남을) 따르다. 할 수 없이 따르다. 억지로 응하다.

고인이 어찌 사람들을 저버렸겠는가! 만약 일체처를 씹어서 완전히 부숴버릴 수 있으면 마치 활을 쏠 줄 아는 사람처럼 화살을 헛되이 쏘지 않고, 한 걸음 한 걸음 자신을 낮춰가며 사람을 위할 것이다.

 당시에 정병淨瓶을 건네주지 않았다면, 어떻게 하는 것이 맞겠는가? 운문은 말하기를 “어떤 조짐이나 흔적도 없다”고 했다.

 (설두는 평소) “나는 소양(韶陽, 운문)과 신정(新定, 목주)의 기機를

좋아하나니, (이로써) 일생동안 사람들에게 못을 뽑고 쐐기를 뽑아주었다"고 했다. (하지만 여기서는) 설두가 충 국사를 절반만 부축해 떠받쳤다. (그래서) "곧바로 한 손으로는 하늘을 가리키고 한 손으로는 땅을 가리켰다"고 한 것이다.

제64칙 수유간전茱萸看箭510

【古則과 着語】

擧, 趙州訪茱萸 〔兩箇老賊〕 繞上法堂 萸云 "看箭" 〔干戈相待〕 州云
"看箭" 〔兩箇無孔鐵鎚〕 萸云 "過" 〔可惜許〕 州云 "中" 〔死〕

조주趙州가 수유茱萸511를 방문했다.

　〔두 명의 늙은 도적이다.〕

　법당에 오르자마자 수유가 말했다. "화살을 보라."

　〔방패와 창으로 상대하고 있다.〕

　조주가 말했다. "화살을 보라."

　〔두 개의 구멍 없는 철추로다.〕

　수유가 말했다. "과(過＝蹉過, 빗나갔다)!"

　〔애석하다.〕

　조주가 말했다. "중(中, 맞았다)!"

510　SM 제11권(N.419)에서도 전한다.

511　악주수유(鄂州茱萸, 생몰연대 미상): 남전보원南泉普願의 법사法嗣.

412

〔죽었다.〕

【拈古와 着語】

雪竇拈云 "二俱作家. 蓋是茱萸趙州.〔隨毬512毬作什麽〕二俱不作家
箭鋒不相拄〔索性恁麽判斷〕直饒齊發齊中 也只是箇射垜漢"〔這箇
垜子不堪射. 是中是過. 僧云"是過"便打〕

＊毬(무늬 놓은 모직 수)＝毬(담요 수)：담요. 무늬 놓은 모직.
＊索性(색성)：차라리. 아예. 마음껏. 충분히. 부끄러움도 없이. 체면도 없이.
＊射垜(사타)：흙으로 쌓은 과녁.

설두가 염拈했다. "둘 다 작가다. 역시 수유요, 조주다.
　〔반질반질한 모직 털 같은 이들을 따라가서 뭐하려고?〕
　둘 다 작가가 아니었다면 화살 끝이 서로 맞닿지 않았을 것이고,
　〔차라리 이렇게 판단해야 한다〕.
　설사 똑같이 쏘고 똑같이 맞췄더라도 역시 그저 살받이나 쏘는 놈들뿐
이었을 것이다."
　〔이 살받이에는 감히 쏠 수가 없다. 맞춘 것인가? 빗나간 것인가?
어떤 스님이 말하기를 "빗나갔다"고 하자, 바로 쳤다.〕

---

512 전산본에서는 毬으로 표기하고 있는데, 역주는 선毬 자로 이해했다. 毬(털
　갈 선): 털을 갈다. (짐승이 털을 갈아) 함치르르하다(깨끗하고 반지르르 윤이
　나다).

〔評唱〕

師云. 趙州老漢行脚 到處繞鬧. 纔到雲居 居云"老老大大 何不討箇住
處"(云云) 及到茱萸 如前問 (云云) 又擧探水話. 雪竇拈云"只消箇二
俱作家" 末後太慈悲. 若道知是慈悲 不知是毒藥. 何故 聞道看箭是作
家. 一云過 一云中 是不作家. 直饒齊發齊中 也只是箇射垜漢 (云云)
不妨難射. 引三平見石鞏 頌云"解挈當胸箭 因何只半人 爲伊途路得
所以不全身" 法燈頌云"古有石鞏師 架弓箭而坐 (云云)" 引石鞏問西
堂"你還捉得虛空麽"堂以手撮虛空一下. 鞏云"你不會捉"堂云"師兄
作麽生捉"鞏云"你近前來"堂近前 鞏遂扭堂鼻孔云"恁麽捉虛空始得"

＊只消(지소)＝只要(지요)：~하기만 하면. 만약 ~라면.

조주 노장이 행각行脚을 하면 가는 곳마다 시끄러웠다.

　운거雲居[513]에 이르자, 운거가 말했다."낫살깨나 자신 양반이 어찌
머물 곳을 찾지 않습니까?"
　조주가 말했다."어디가 내가 머물 곳이오?"
　운거가 말했다."산 앞에 옛 절터가 있습니다."
　조주가 말했다."화상은 어째서 머물지 않소?"
　(그러자) 운거가 바로 쉬었다.

---

513 운거도응(雲居道膺, ?~902): 동산양개의 법사法嗣.

뒤에 수유茱萸에게 가서 앞에서 물은 것처럼 했다.

"낫살깨나 자신 분이 어찌 머물 곳을 찾지 않습니까?"

조주가 물었다. "어디가 내가 머물 곳인가?"

수유가 말했다. "낫살깨나 자신 양반이 머물 곳도 모릅니까?"

조주가 말했다. "30년 동안 말을 타다가 오늘 도리어 나귀에게 채였다."[514]

또 탐수화探水話를 (아래와 같이) 들었다.

조주가 수유에게 가서 법당에 올라 주장자를 짚고 걷자, 수유가 말했다. "뭐 하시는 것입니까?"

조주가 말했다. "물을 찾고 있네."

수유가 말했다. "여기엔 한 방울의 물도 없는데, 뭘 찾는 것입니까?"

조주가 주장자를 벽에 기대 두고는 바로 내려갔다.[515]

설두가 염拈하기를 "둘 다 작가다"라고만 했으면 끝내 대단히 자비로

---

514 두 운운云云을 SM 제11권(N.428)에서는 다음과 같이 전한다.
趙州到雲居 居云 "老老大大 何不覓箇住處" 師云 "什麼處是某住處" 居云 "山前有个古寺基" 師云 "和尚何不自住" 居便休. 後到茱萸 萸亦云 "老老大大 何不覓箇住處" 師云 "什麼處是某住處" 萸云 "老老大大 住處也不知" 師云 "三十年弄馬騎 今日却被驢撲"

515 SM제11권(N.424)에 전한다.
趙州到茱萸堂上 遂步策杖而行 萸云 "作麼" 師云 "探水" 萸云 "者裏一滴也無 探个什麼" 師以拄杖靠壁 便下去.

윘을 것이다. 만약 아는 것을 말하는 것이 자비라면 알지 못하는 것은 독약일 것이다.

무슨 까닭에 "화살을 보라!"고 했는데, 작가라는 소문이 났는가? 한 사람은 빗나갔다고 하고, 한 사람은 맞았다고 했는데, 작가인가, 작가가 아닌가?

(설두는) "설사 똑같이 쏘고 똑같이 맞췄더라도 역시 그저 살받이나 쏘는 놈들일 뿐이다"고 했는데, (살받이를 쏘는 것도) 대단히 쏘기가 어렵다.

삼평三平[516]이 석공石鞏[517]을 본 것[518]을 인용해서 (영암靈巖[519]이) 송頌

---

516 삼평의충(三平義忠, 781~872): 석공혜장에게 참구, 후에 대전보통(大顚寶通, 732~824)의 법사法嗣.

517 석공혜장(石鞏慧藏, 생몰연대 미상): 마조도일의 법사法嗣.

518 SM 제8권(N.278)에 다음과 같이 전한다.

石鞏凡上堂 拽開弓 喝云 "看箭" 如是三十年. 一日三平聞 直造座下 便發開胸 師便置弓 平云 "這个猶是殺人箭 如何是活人箭" 師彈弓絃三下 平便禮拜. 師云 "三十年一張弓兩下箭 今日射得半个聖人" (後擧似大顚顚云 "既是活人箭 爲什麼 向弓絃上辨" 平無對 顚云 "三十年後要人擧此話也難")

석공은 무릇 법당에 오르면 활을 당기고는 외쳤다. "화살을 보라!"
이와 같이 삼십 년을 했다.
하루는 삼평이 듣고, 바로 법좌 아래로 가서 가슴을 열어 제치자, 석공이 활을 내려놓았다.
(그러자) 삼평이 말했다. "이것은 사람을 죽이는 화살인데, 어떤 것이 사람을 살리는 화살입니까?"
석공이 활줄을 세 번 튕기자, 삼평이 절을 했다.

을 했다.[520]

"화살 앞에서 가슴을 열 줄 알았는데,
어째서 반쪽 사람인가.
길에서 얻었기에,
그래서 온전한 몸이 되지 못했네.

(또) 법등法燈[521]이 송頌을 했다.[522]

"옛날에 석공이라는 스님이 있어
활과 화살에 기대 앉아
이렇게 삼십 년을 지냈는데
지음인이 한 사람도 없었네.
삼평이 과녁을 맞추니,

석공이 말했다. "삼십 년 동안 한 개의 활로 두 개의 화살을 쏘았는데, 오늘에야
반쪽 성인을 쏘았다."

[뒤에 앞의 이야기를 전하자, 태전이 말했다. "사람을 살리는 화살인데, 어째서
활줄에서 헤아리는 것인가?" 삼평이 대답이 없자, 태전이 말했다. "삼십 년
뒤에 누군가 이 공안을 거론하고자 하면 역시 어려울 것이다."]

519 관주영암(灌州靈巖, 생몰연대 미상): 나산도한羅山道閑)의 법사法嗣.

520 SM에서는 "解劈當胸箭 因何只半人 爲從途路得 所以不全身"으로 전한다. 爲伊
途路得를 爲從途路曉(길에서 깨달았기 때문)으로 전하는 차이가 있다.

521 청량법등(淸凉法燈, ?~974): 법안문익(法眼文益, 885~958)의 법사法嗣.

522 SM에서는 "法燈頌 古有石鞏師 架弓箭而坐 如是三十年 知音無一箇 三平中的
來 父子相投和 子細反思量 元伊是射垛"으로 전한다.

부자가 서로 의기투합 했지만

자세히 돌이켜 생각해보니

원래 그는 살받이만 쏘았을 뿐이네."

(그리고, 또) 석공이 서당西堂에게 물은 것을 인용했다.

"그대는 허공을 잡을 수 있겠는가?"

서당이 손으로 허공을 한 번 잡자,

석공이 말했다. "그대는 잡을 줄 모르는군."

서당이 말했다. "사형께선 어떻게 잡으십니까?

석공이 말했다. "그대는 가까이 오라."

서당이 가까이 오자, 석공이 서당의 콧구멍을 비틀어 쥐고 말했다.

"허공은 이렇게 잡는 거야."[523]

---

523 SM에서는 전하지 않는다.

　　원오는 두 편의 게송과 한 편의 문답을 본칙에 대한 결론으로 삼았다.

제65칙 임제부재臨濟赴齋[524]

〔古則과 着語〕

擧, 臨濟與普化去施主家齋.〔又有兩箇老賊〕濟云 "毛吞大海 芥納須
彌〔不妨奇特〕爲復是神通妙用 爲復是法爾如然"〔更參三十年〕化
踢倒飯床〔手忙脚亂作什麼〕濟云 "大廳生"〔猶有這箇在〕化云 "這
裏是什麼所在 說麤說細"〔却好與一掌〕濟休去.〔可惜許〕至來日又
同赴一施主齋〔云廳刺只云一般〕濟復問 "今日供養何如昨日"〔又
恁麼去〕化又踢倒飯床〔孟八郎漢〕濟云 "大廳生"〔驗人端的處 下口
便知音〕化云 "瞎漢 佛法說什麼廳細"〔也須盡情始得〕濟吐舌.〔放
過卽不可〕

임제臨濟가 보화普化[525]와 함께 어느 시주 집에 공양을 하러 갔다.
〔또 늙은 도적이 둘이 있구먼.〕
임제가 말했다. "터럭 하나가 큰 바다를 삼키고, 겨자씨가 수미산을

---

524 SM 제13권(N.514)에서도 전한다.

525 진주보화(鎭州普化, ?~861): 마조 문하. 반산보적盤山寶積의 법사法嗣.

거둬들이는데,

　〔대단히 기특하다.〕

　(이는) 신통묘용인가, 법이 원래 그러한 것인가?"

　〔다시 30년 참구하라!〕

　보화가 밥상을 발로 차서 뒤엎어버렸다.

　〔손과 발을 어지럽게 써서 뭘 하겠다는 것인가?〕

　임제가 말했다. "너무 거칠다."

　〔아직도 이런 것이 있었구면.〕

　보화가 말했다. "여기에 뭐가 있다고 거칠고 가는 것을 말하는 건가?"

　〔손바닥으로 한 대 후려갈겨야 한다.〕

　임제가 쉬었다.

　〔애석하다.〕

　다음날 또 함께 어느 시주 집에 공양하러 갔다.

　〔거칠게 찌른다고 해도 그저 똑같은 말일 뿐이다.〕

　임제가 다시 물었다. "오늘 공양은 어제에 비해 어떤가?"

　〔또 이런 식이네.〕

　보화가 또 밥상을 발로 차서 뒤엎어버렸다.

　〔맹팔랑한(孟八郎漢, 맹팔랑 같은 놈, 난폭한 놈)!〕

　임제가 말했다. "너무 거칠다."

　〔사람을 시험해 보는 단적인 것은 말할 때 바로 지음(知音, 그의 사람됨을 알아버리는 것)이다.〕

　보화가 말했다. "눈 먼 놈아! 불법佛法에 무슨 거칠고 가는 것을 말하는 건가?"

〔그래도 모름지기 성의를 다해야 한다.〕

임제가 혀를 내밀었다(吐舌).[526]

〔놓쳐서는 안 된다.〕

〔拈古와 着語〕

雪竇拈云 “兩箇老賊 喫飯也未了〔也須是正賊 驗過始得〕好與三十棒.〔你替他喫棒〕令雖行. 且那箇是正賊”〔山僧不是〕

설두가 염拈했다. "두 늙은 도적이 밥 먹는 것도 끝내지 못했으니,

〔그래도 모름지기 진짜 도적인지 시험해봐야 한다.〕

30방을 줘야 한다.

〔그대(설두스님)가 대신 방망이를 맞아야 한다.〕

법령이 설사 행해졌다고 치자. (그런데) 자, 누가 진짜 도적인가?"

〔산승은 아니다.〕

〔評唱〕

師云. 引普化搖鈴因緣. “毛吞巨海 (云云)”出維摩經云 “住不可思議大解脫菩薩 爲復神通 (云云)”化踢倒飯床作麼生會. 須是大解脫人始得 若是粘皮著骨 決不奈何. 臨濟普化佛法 爭得如今盛行. 雪竇道 “兩箇

老賊 喫飯也不了"且道 什麼處是不了處. 三十棒賞罰分明. 且道 那箇
是正賊. 腦後見腮 莫與往來.

＊爭得(쟁득): 어떻게.

보화가 요령을 흔든 인연(搖鈴因緣, 공안)을 인용하고,[527] (말했다.)
"터럭 하나가 대해를 삼키고, 겨자씨가 수미산을 거두어들인다"고
한 것은 유마경維摩經에 이르기를 "보살이 불가사의 대해탈에 머물면서
신통을 발휘했다"고 한 것에 나온다.[528]

---

[527] SM 제13권(N.512)에 다음과 같이 전한다.

鎭州普化和尙 居常入市振鐸云 "明頭來明頭打 暗頭來暗頭打 四方八面來旋風
打 虛空裏來連架打" 一日臨濟令僧捉住云 "摠不伊麼來時如何" 師拓開云 "來日
大悲院裏有齋" 僧迴擧似臨濟 濟云 "我從來疑著這漢"

진주보화 화상은 늘 저자에 들어가 요령을 흔들며 말했다. "밝음이 오면 밝음으
로 치고, 어둠이 오면 어둠으로 치고, 사방팔면에서 오면 회오리바람으로
치고, 허공에서 오면 도리깨로 치리라."
하루는 임제가 한 스님더러 (보화의 먹살을) 잡고는 "전혀 이렇게 오지 않을
때에는 어떻습니까?" 하고 묻게 했다.
(그러자) 보화가 확 밀쳐버리고 말했다. "내일 대비원에 재가 있다."
스님이 돌아와 임제에게 앞의 일을 전하자, 임제가 말했다. "내가 전부터
이 친구를 의심했다."

[528] 유마경에 다음과 같이 전한다.

維摩詰言 "唯 舍利弗 諸佛菩薩 有解脫 名不可思議. 若菩薩住是解脫者 以須彌
之高廣內 芥子中無所增減 須彌山王本相如故. 而四天王 忉利諸天不覺不知己
之所入 唯應度者乃見須彌入芥子中 是名 住不思議解脫法門."

보화가 발로 차서 밥상을 엎어버린 것을 어떻게 알고 있는가? 모름지기 대해탈인大解脫人이어야지, 만약 단지 뼈에 살가죽이나 달라붙었을 뿐(가죽 아래 피가 흐르지 않음)이라면 결코 어찌 해보지 못할 것이다.

임제와 보화의 불법이 어떻게 지금 성행할 수 있었겠는가!

설두가 말하기를 "두 늙은 도적이 밥 먹는 것도 마치지 못했다"고 하였다. 자, 말해보라! 어디가 마치지 못한 곳인가?

30방의 상벌賞罰이 분명하다. 자, 말해보라! 누가 진짜 도적인가? 머리 뒤로 뺨이 보이는 사람(腦後見腮)[529]과는 왕래하지 말라!

❀

擧 三聖瞎驢話 大潙秀云 "古人忍死待來 因什麼正法眼藏 向這瞎驢邊 滅却 臨濟行計速速 三聖又却忽忽 由斯父子情忘 遂致後人失望 若不 得流水 還應過別山" 一僧參臨濟未人事 乃問 "禮拜卽是 不禮拜卽是" 濟便喝 僧禮拜 濟云 "這賊" 僧亦云 "這賊" 便出去. 濟云 "莫道無事好"

유마힐이 말했다. "예! 사리불이여! 제불보살에게는 해탈이 있으니, 이름이 불가사의입니다. 만약 보살이 이 해탈에 머물면 높고 넓은 수미산을 겨자씨 안에 넣어도 더하거나 줄어드는 것이 없으며, 수미산은 본래 모습이 예전과 같습니다. (하지만) 사천왕과 도리천과 제천은 자기들이 들어간 것을 느끼지도 알지도 못하고, 오직 제도 받을 만한 사람만이 수미산이 겨자 안에 들어간 것을 볼 수 있으니, 이를 일러 부사의 해탈법문에 머문다고 하는 것입니다."

529 뇌후견시腦後見腮는 아래턱뼈. 꼭뒤에서 볼이 보인다는 말. 성질이 너그럽지 않은 놈, 소홀히 볼 수 없는 놈이란 뜻. 골상학骨相學에서는 꼭뒤에서 볼이 보이도록 하악골下顎骨이 불쑥 나온 사람은 반드시 적심賊心이 있다는 데서 생긴 말. (운허 저, 불교사전)

首座在後侍立 師回問"還有過也無"座云"有"濟云"賓家有主家有"
座云"二俱有過"濟云"過在什麼處"座便出去 濟云"莫道無事好"南泉
云"官馬相踏"

＊行計(행계)：일을 꾸며 실행함.
＊忽忽(총총)：몹시 급하고 바쁜 모양.

삼성할려화三聖瞎驢話[530]를 들어 대위 수大潙秀[531]가 염념拈했다.

"고인이 죽음을 참아가며 기다렸거늘, 어째서 정법안장이 눈 먼
나귀에게서 멸각되었는가? 임제가 일을 꾸며 실행한 것이 너무 빨랐
고, 삼성 또한 몹시 다급했다. 이로 말미암아 부자의 정을 잊으니,
마침내 뒷사람들이 실망하기에 이르렀다. 만약 흐르는 물을 얻지
못했더라면 (산불이) 마땅히 다른 산으로 가버렸을 것이다."

---

[530] SM 제16권(N.635)에 다음과 같이 전한다.

臨濟遷化時 三聖爲院主 師上堂云"吾去世後 不得滅却吾正法眼藏"聖云"爭敢
滅却和尙正法眼藏"師云"忽有人問 你作麼生道"聖便喝 師云"誰知吾正法眼藏
向者瞎驢邊滅却"

임제가 천화할 때에 삼성이 원주를 하고 있었다. 스님이 법당에 올라 말했다.
"내가 세상을 떠난 후 나의 정법안장을 멸각하지 말라!"
삼성이 말했다. "어찌 감히 화상의 정법안장을 멸각할 수 있겠습니까?"
임제가 말했다. "홀연히 어떤 사람이 물으면 그대는 어떻게 말할 것인가?"
삼성이 "할(喝)!" 하자, 임제가 말했다.
"누가 알겠는가? 나의 정법안장이 저 눈 먼 나귀에게서 멸각하게 될 줄을."

[531] 대위회수(大潙懷秀, 생몰연대 미상)：황룡혜남의 법사法嗣.

어떤 스님이 임제를 참례하러 와서 인사도 하지 않고, 물었다. "절을 하는 것이 옳습니까, 절을 하지 않는 것이 옳습니까?"

임제가 "할(喝)!"하자, 스님이 절을 했다.

임제가 말했다. "이 도적놈아!"

(그러자) 스님도 "이 도적놈아!" 하고, 바로 나가버렸다.

임제가 말했다. "무사無事했다고 말하지 말라."

(그때) 수좌가 뒤에서 모시고 서 있었는데, 임제가 돌아보고 물었다. "허물이 있는가?"

수좌가 말했다. "있습니다."

임제가 말했다. "손님에게 있는가, 주인에게 있는가?"

수좌가 말했다. "둘 다 허물이 있습니다."

임제가 말했다. "허물이 어디에 있는가?"

수좌가 바로 나가버렸다.

임제가 말했다. "무사했다고 말하지 말라."[532]

(이에) 남전南泉이 말했다(=염했다). "관청의 말들(官馬, 잘 길들여진 훌륭한 말)이 서로 밟는구나!"[533]

---

532 SM 제16권(N.627)에서도 전한다.

남전노인(南泉老人, 생몰연대 미상): 당나라 때 승려. (남전보원이 아니다.)

533 참고로 SM에서는 본칙에 대한 원오의 염拈을 다음과 같이 전한다.

精金不百鍊 爭見光輝 至寶不酬價 爭辨眞假 不是臨際 不能驗他普化 不是普化 不能抗他臨際 所謂如水入水 如金博金 雖然如是 放過則彼此作家 點撿則二俱 失利 具擇法眼者 試請辨看

정금精金을 백 번 단련하지 않으면 어찌 빛이 나는 것을 보겠는가? 지극한 보배를 값을 치르지 않고 어찌 진짜인지 가짜인지를 가려낼 수 있겠는가? 임제가 아니었다면 저 보화를 시험할 수 없었을 것이고, 보화가 아니었더라면 저 임제에게 저항하지 못했을 것이니, 이른바 물이 물에 들어가고 금으로 금을 바꾸는 것과 같다. 비록 이와 같지만, 그대로 지나치면 피차 작가여도 점검해 보면 둘 다 이익을 잃었다. 법을 가려낼 줄 아는 안목을 갖춘 이는 시험 삼아 가려내보라.

제66칙 삼각시중三角示衆⁵³⁴

【古則과 着語】

擧, 三角示衆云〔不免打葛藤〕"若論此事 眨上眉毛 早是蹉過"〔瞎
漢〕麻谷出云"蹉過卽不問 如何是此事"〔無孔鐵鎚〕角云"蹉過"
〔也是當機不辨〕谷便掀倒禪床〔且道 明箇什麼邊事〕角便打.〔箭鋒
相拄. 猶較些子〕

＊眨(깜짝일 잡): (눈을) 깜빡거리다. 깜짝이다.
＊蹉過(차과): (시기, 기회 등을) 놓치다. 스치고 지나가다. 실수하다.

삼각三角⁵³⁵이 대중에게 말했다.

　〔말(葛藤)하는 것을 면하지 못하는구먼.〕

　"만약 이 일을 논한다면 눈썹을 치켜떠 봐도 이미 지나갔다."

　〔할한(瞎漢, 눈먼 놈)!〕

---

534 SM 제6권(N.192)에서도 전한다.

535 삼각총인(三角總印, 생몰연대 미상): 마조도일의 법사法嗣.

마곡麻谷[536]이 나와서 말했다. "지나간 것은 묻지 않겠습니다.[537] 어떤 것이 이 일입니까?"

〔구멍 없는 철추다.〕

삼각이 말했다. "차과(蹉過, 지나갔다)!"

〔역시 기봉(機鋒＝當機, 문제의 핵심)을 가려내지 못하는구면.〕

마곡이 바로 선상을 뒤집어버리자,

〔자, 말해보라! 어느 쪽 일을 밝힌 것인가?〕

삼각이 바로 쳤다.[538]

〔화살 끝이 서로 맞닿았다. 그런대로 조금은 봐줄 만하다.〕

〔拈古와 着語〕

雪竇拈云 "兩箇有頭無尾漢 眉毛未曾眨上〔什麼處是眉毛未曾眨上〕說什麼此事蹉過"〔拈向一邊 且道是蹉過 不是蹉過〕有僧問 "眉毛爲什麼不眨上"〔你與他同參〕雪竇便打.〔自領出去〕

설두가 염拈했다. "두 사람은 머리는 있는데 꼬리가 없는[539] 사람들이다. 눈썹을 치켜뜬 적이 없는데,

---

536 마곡보철(麻谷寶徹, 생몰연대 미상): 마조도일의 법사法嗣.
537 SM에서는 眨上眉毛卽不問으로 전한다.
538 SM에서는 삼각이 바로 치자, 마곡이 말이 없었다(無語)고 전한다.
539 사전적으로는 머리는 있어도 꼬리가 없다는 뜻으로, 일이 흐지부지 끝나버림을 비유하는 말이지만, 여기서는 알 수 없다, 또는 대단한 사람이라는 뜻이다.

〔어디가 눈썹을 치켜뜬 적이 없는 곳인가?〕

무슨 이 일이 지나갔다고 말하는 것인가?

〔한 쪽을 든 것이다. 자, 말해보라! 지나간 것인가, 지나가지 않은 것인가?〕

어떤 스님이 묻기를 "어째서 눈썹을 치켜뜨지 않습니까?"라고 하자,

〔너도 저들과 똑같은 놈이다.〕

설두가 바로 쳤다.

〔(설두스님, 당신이나) 자진해서 죄를 인정하고 출두하시오.〕

〔評唱〕

師云. 南泉云 "道非物外 物外非道" 趙州出云 "如何是物外道" 泉便打 (云云) 擧三角示衆云 (云云) 一出一入 一挨一拶 如人把手上高山 未 免旁觀者哂. 這裏若爭勝負 有得失 卒摸搙不著. 要辨不辨底機 要會 不會底事 須是頂門具眼. 肘後有符 始知得此公案 非雪竇拈 其餘人難 爲拈掇. 眉毛未曾眨上 正好參究.

남전南泉이 말했다. "도는 경계 밖(物外)에 있는 것이 아니며, 경계 밖에 있는 것은 도가 아니다."

조주趙州가 나와 말했다. "어떤 것이 경계 밖의 도(物外道)입니까?"

남전이 바로 치자, 조주가 말했다. "화상은 저를 치지 마십시오. 앞으로 사람을 잘못 치게 될 것입니다."

남전이 말했다. "용과 뱀을 가려내는 것은 쉬워도 납자를 속이긴 어렵구나."[540]

삼각三角이 대중에게 이르기를 "만약 이 일을 논한다면 눈썹을 치켜 떠도 이미 지나간 것이다"고 하자, 마곡이 대중 가운데서 나와 문답한 것(=앞의 고칙)을 거론하고, (말했다.)[541]

일출일입(一出一入, 한 번 나가고 한 번 들어옴)하고 일애일찰(一挨一拶, 한 번 밀치고 한 번 치는 것)하는 것이 마치 사람들이 손을 잡고 높은 산을 오르는 것과 같지만, 곁에서 보는 사람의 비웃음을 면치 못한다. 여기서 만약 승부를 다투고 득실을 따진다면 끝내 더듬어 찾을 수가 없을 것이다.

분별할 수 없는 것을 분별하고자 하거나 알 수 없는 일을 알고자 하면 모름지기 정문안頂門眼을 갖춰야 한다. 팔꿈치 뒤에 부적(肘後有符 =肘下懸符)이 있어야 비로소 이 공안을 알 수 있는데, 설두의 염拈이 아니었다면 다른 사람들이 염철拈掇하는 것도 어려웠을 것이다.

눈썹을 치켜뜬 적이 없는 곳을 올바르게 참구參究하라.[542]

---

540 운운 부분은 제19칙 남전시중南泉示衆을 따랐다.

541 원문의 "擧三角示衆云 (云云)" 부분을 역자가 본칙에서 편집한 것이다.

542 참고로 SM에서는 원오의 염을 다음과 같이 전한다.

"劍刃上 顯殺活 電光裏 分緇素 不妨眼辦手親 是致箭鋒相柱" 雪竇云 "兩个老漢 眉毛也 未曾眨上 說什麼此事蹉過" 師云 "慣調金鏃 久歷沙場 一箭落雙雕 人前 誇敏手 雖然 大似把手上高山 未免傍觀者哂 若據崇寧見處 喚作此事 早是好肉 上剜瘡了也 何況更論眨上眉毛早已蹉過 痲谷雪竇賊過後張弓則故是 更有一 个" 驀拈拄杖 下座.

"칼 날 위에서 죽이고 살리는 것을 드러냈고, 번갯불 속에서 검은 것과 흰 것을 가려냈으니, 안변수친(眼辦手親=手親眼便, 동작이 빠르고 눈치가 빠름)이 대단한 것이어서 화살 끝이 서로 맞닿는 데에 이르렀다."

(또) 설두가 말하기를 "두 노장은 머리는 있는데 꼬리가 없는 사람들이다. 눈썹을 내리뜨고 치켜떠본 적도 없는데, 무슨 이 일이 어긋났다고 말하는 것인가?"라고 한 것을 거론하고, 말했다.

"익숙하게 무쇠 활촉을 다듬고 오래도록 전쟁터(沙場)를 겪어 화살 하나로 독수리 한 쌍을 떨어뜨리며 사람들 앞에서 민첩한 솜씨를 자랑한다. 비록 그렇지만 손을 잡고 높은 산을 오르는 것 같으니 옆 사람의 비웃음을 면치 못한다. (나) 숭녕崇寧의 견처에 의할 것 같으면 이 일을 말하는 것은 이미 멀쩡한 살에 긁어 부스럼을 만드는 격이니, 하물며 어떻게 다시 눈썹을 치켜떠 도 이미 지나가버린 것을 따지겠는가. 마곡과 설두가 도적이 지나간 다음에 활시위를 매는 것이 옳다고 해도, 다시 또 하나가 있다."

(그리고는) 맥연히 주장자를 들고, 자리에서 내려왔다.

제67칙 암두과문巖頭跨門[543]

[古則과 着語]

擧, 巖頭參德山 纔跨門 便問 "是凡是聖"〔好箇消息〕山便喝〔可惜
許〕巖頭便禮拜.〔也未是好心〕洞山聞云 "若不是巖公 大難承當"
〔旁人具眼 爭奈只知其一 不知其二〕巖頭云 "洞山老漢 不識好惡
我當時一手擡 一手搦"〔也不得放過 爭奈已敗闕了也〕

＊跨(넘을 과, 걸터앉을 과): 넘다. 타고 넘다. 걸터앉다. 점거하다.

암두巖頭가 덕산德山을 참례하면서 문에 다리를 걸치자마자 바로 물었
다. "범부입니까, 성인입니까?"
　〔좋은 소식이다.〕
　덕산이 바로 "할(喝)!" 하자,
　〔애석하다.〕
　암두가 바로 절을 했다.

---

543 SM 제20권(N.826)에서도 전한다.

〔역시 좋은 심보(好心)가 아니다.〕

동산洞山이 듣고, 말했다. "만약 활공(巖公, 암두)이 아니었더라면 알아차리기가 몹시 어려웠을 것이다."

〔옆사람(旁人, 제3자)이 안목을 갖추었다. (그러나) 하나만 알고 둘은 모르는 것을 어찌 하겠는가!〕

암두가 말했다. "동산 노인네가 좋고 나쁜 것도 모른다. 내가 당시에 한 손으로는 들어올리고 한 손으로는 내리눌렀다."[544]

〔역시 놓쳐서는 안 된다. 하지만 이미 낭패를 본 것을 어쩌겠는가?〕

〔拈古와 着語〕

雪竇拈云 "然則 德山門下草偃風行 要且不能塞斷人口. 〔也有些子〕 當時繞禮拜 劈脊便打〔也是賊過後張弓〕非唯勦絕洞山 亦乃把定豁老. 〔而今爭奈闍黎何〕 還會麼. 李將軍有嘉聲在 不得封侯也是閑"〔不免說道理〕

＊勦絕(초절): 완전히 제거하다. 몰살시키다.

---

544 SM에서는 "洞山老漢不識好惡 錯下名言 我當時一手擡一手搦(동산 노인네가 좋고 나쁜 것도 모르면서 문채 나게 명언을 했다. 내가 당시에 한 손으로는 들어올리고 한 손으로는 내리눌렀다)으로 전한다. (여기서의 錯은 '둘 조' 자로 읽어서 시행하다 는 뜻이다.)

＊封侯(봉후): 천자에게 조공을 하는 작은 나라의 임금. 제후. 제후를 봉함.

설두가 염拈했다. "그런즉, 덕산 문하에서는 바람 부는 대로 풀은 누워도
(草偃風行＝風行草偃) 사람들의 입을 막지는 못했다.

　〔그래도 조금은 있다.〕

　당시 절을 하자마자 등판때기를 바로 후려갈겼더라면

　〔역시 도적이 지나간 다음에 활시위를 매고 있다.〕

　동산을 초죽음을 만들어 버렸을 뿐만 아니라, 활 노인네(豁老. 암두)도
꼼짝 못하게 틀어쥐었을 것이다.

　〔이제 와서 스님은 어쩌자는 것인가?〕

　알겠는가? "이 장군545은 훌륭한 명성이 있으니 제후에 봉해지지 않아
도 한가로울 뿐이다."

　〔도리道理를 말하는 것을 면치 못한다.〕

〔評唱〕

師云. 德山巖頭初相見 便以此問問他 (云云) 巖頭禮拜 有些子誵訛.
作麼生會德山休去. 又擧托鉢話 (云云) 又且道 這休去如何. 作麼生是
一手擡一手搦處. 他父子相投 時節若至 其理自彰. 且道 雪竇要勘絶
他 作麼生是衲僧門下各有一坐具地 縱橫自在. 所以道 "我爲法王 於

---

545 이광(李廣, ?~BC.119): 한漢나라 때 장수. 일곱 군데 변방 군의 태수를 지냈고,
　　전후 40여 년 동안 군대를 이끌고 흉노와 대치하면서 70여 차례의 크고 작은
　　전투를 치렀지만, 끝내 제후에 봉해지지는 못했다고 한다.

法自在"

덕산과 암두가 처음 만나 바로 이렇게 묻고 저렇게 물으면서 (암두가 문에 다리를 걸치고, "범부입니까, 성인입니까?"라고 하고, 이에 덕산이 바로 "할!" 하고)[546] 암두가 바로 절을 했는데, (여기에) 약간의 난해한 것(誵訛)[547]이 있다.

덕산휴거德山休去를 어떻게 알고 있는가? 또 (덕산) 탁발화托鉢話[548]를 거론하고, (말했다.) 자, 말해보라! 이 휴거休去는 어떠한가?

어떤 것이 (암두가 말한) 한 손으로 들어 올리고 한 손으로 내리누른 곳인가? 저 부자父子가 의기투합한 시절時節이 이른다면 그 이치가 스스로 드러날 것이다.

자, 말해보라! 설두는 그를 초죽음을 만들려고 했는데, 어떤 것이 납승 문하에서 각기 하나의 자리를 차지하고 앉아[549] 종횡무진 (자유)자

---

546 운운云云을 앞의 본칙에서 편집해 실었다.
547 암두가 덕산을 찾아간 다음 날의 대화이고, 암두가 절을 한 다음에 덕산이 휴거(休去, 쉬다. 그만두다)한 것이 빠졌다는 뜻으로 이해했다.
548 탁발화托鉢話는 본서 98칙에서 다루고 있으니 참조 바란다.
549 일좌구지一坐具地는 전등록 제14권에 다음과 전한다.
師上堂曰 "阿爾渾家切須保護一靈之物 不是爾造作名貌得 更說什麼薦與不薦 吾往日見石頭和尙 亦只敎切須自保護 此事不是爾話話得 阿爾渾家各有一坐具地 更疑什麼 禪可是爾解底物 豈有佛可成 佛之一字永不喜聞 阿爾自看"
(단하천연) 선사가 상당해서 말했다. "그대들 모두는 모름지기 간절히 하나의 신령스러운 것을 잘 보호해야 한다. 그대들이 이름이나 형상을 만들 수 있는 것이 아니니, 다시 무슨 깨달았느니 깨닫지 못했느니 말하겠는가?
나는 지난 날 석두 화상을 뵈었는데, 다만 가르치기를 '부디 모름지기 간절히

재했던 것인가? 그래서 이르기를 "나는 법왕이어서 법에 자재하다"고
한 것이다.[550]

스스로 보호하도록 하라' 했으니, 이 일은 그대들에게 말로 할 수 있는
것이 아니다. 그대들 모두에게는 각기 하나의 자리가 있거늘, 다시 무엇을
의심하겠는가? 선禪은 그대들이 이해할 수는 있어도, 그것으로 어찌 부처를
이룰 수 있겠는가? (나는) 불佛이라는 이 한 글자를 듣는 것을 아주 좋아하지
않는다. 그대들은 스스로 살펴보라."

[550] 참고로 SM에서는 본칙에 대한 원오의 염을 다음과 같이 전한다.

德山據令而行 只得一半 洞山通方有眼 千里同風 <u>若頭</u>既善據虎頭 又能收虎尾
大似作家戰將 臨陣扣敵 七事俱全 不妨奇特 敢問 那个是 一手擡一手搦處. 謂言
侵早起 更有夜行人. (밑줄 친 若頭는 巖頭의 誤字)

덕산은 법령에 근거해서 행했지만 단지 절반만 얻었을 뿐이고, 동산은 사방에
통하는 안목이 있어 천리동풍(千里同風, 서로 천 리를 떨어져 있어도 그 마음은
같다는 것)이며, 암두는 호랑이 머리를 잘 잡았고 또 호랑이 꼬리도 잘 거뒀다.
(이는) 마치 작가전장이 (전쟁에서) 진을 치고 적을 맞으면서 일곱 가지 일을
온존하게 갖춘 것과 같아서 대단히 기특하다. 묻겠다. "어떤 것이 한 손으로
들어올리고 한 손으로 내리누른 곳인가?"
이른 아침에 일어났다고 생각했는데, 또 밤에 다니는 사람이 있었다.

제68칙 태원고시太原顧視[551]

【古則과 拈古, 着語】

舉, 太原孚上座參雪峰 才到法堂 顧視雪峰 便下看知事.〔好與三萬六千棒〕雪竇云 "一千五百人作家宗師 被孚老一覷 便高竪降旗"〔也是將錯就錯〕孚來日入方丈云 "昨日觸忤和尙"〔第二回重納敗闕〕峰云 "知是般事" 便休.〔可惜放過〕雪竇云 "果然"〔遭他雪竇點撿〕僧問雲門 "作麽生是觸忤處" 門便打.〔更不消得〕雪竇云 "打得百千萬箇有什麽用處. 直須盡大地人喫棒 方可扶竪雪峰.〔山僧一時悚然〕且道. 太原孚具什麽眼"〔猫兒屎孔眼〕

＊悚然(송연): (오싹 소름이 끼치도록) 두려워서 몸을 옹송그림.
＊孔眼(공안): 작은 구멍. 구멍.

태원 부太原孚 상좌가 설봉雪峰을 참례하러 가서, 법당에 이르자마자

---

551 SM 제25권(N.1131)에서도 전한다. 다만 아래 운문에게 물은 내용은 설두의 염에서 다루는 차이가 있을 뿐이다.

설봉을 둘러보고, 바로 내려가 지사知事[552]를 보았다.

〔삼만 육천 방망이를 쳐야 한다.〕

설두가 말했다. "천오백 작가종사가 부孚 노인네에게 한 번 엿보임(觀, 경시)을 당하고는 바로 백기(白旗, 降旗)를 높이 세웠다."

〔역시 잘못에 잘못을 더하고 있다.〕

부 상좌가 다음날 방장실에 들어가 말했다. "어제는 화상의 비위를 거슬렀습니다."

〔두 번째 낭패가 거듭된다.〕

설봉이 말했다. "(그런 줄) 알고 있었다."

그리고는 바로 쉬었다.

〔애석하게도 놓쳤다.〕

설두가 말했다. "과연!"

〔설두에게 점검을 당했다.〕

어떤 스님이 운문雲門에게 물었다. "어떤 것이 촉오처(觸忤處, 비위를 거스른 곳)입니까?"

운문이 바로 쳤다.

〔다시 칠 필요는 없다.〕

---

[552] 선원에서 사무, 규율 등을 담당하는 직책.

438

설두가 말했다. "백천만 번 친들 무슨 소용이 있겠는가? 모름지기 온 대지 사람들이 방망이를 맞아야 설봉을 떠받쳐 세울 수 있을 것이다. 〔산승은 대번에 소름이 돋을 정도로 오싹했다.〕 자, 말해보라! 태원 부가 무슨 안목을 갖췄는가?" 〔고양이가 작은 구멍에다 똥을 싸고 있다.〕

〔評唱〕

師云. 世尊拈花 迦葉微笑 "吾有正法眼藏 付與摩訶大迦葉" 蓋爲黃河 從源頭濁了 所以如此. 且孚上座至看知事 若是向上人 擧著便知落 處. 太原孚一覷 有底道 "努眼光" 古人意不在與麼. 若無奇特處 雪峰 肯許他 尋常口似懸河 作麼生便休去. 不見道 "通方作者 相共證明" 又云 "是賊識賊" 呈眼光一下 似則似 猶隔一重在. 引去堂前 峰指日 他爲什麼却擺手. 有般人見指日 便道 "光明烜赫" 雪竇道 "果然 雪峰不 打" 僧問雲門 "作麼生是觸惧處" 雲門爲什麼却打這僧. 因風吹火 用力 不多.

*口似懸河＝口似懸河＝口似懸河: 입이 급히 흐르는 물과 같다는 뜻으로, 거침없이 말을 잘하는 것.
*擺手(파수): 손짓하다. 손짓하여 부르다. / 손을 (좌우로) 흔들다(거부, 부정의 뜻).
*烜赫(훤혁): (업적, 공로 따위가) 빛나고 밝음.

세존이 꽃을 들자, 가섭이 미소했고, (세존이 말했다.)

 "나의 정법안장을 마하대가섭에게 부촉하노라."

(이는) 황하黃河는 원래 그 근원부터 탁했기 때문에 그래서 이와 같았던 것이다.

 부 상좌가 내려가서 지사知事를 봤는데, 만약 향상인向上人이라면 (이 일을) 거론하자마자 바로 낙처落處를 알 것이다.

 태원 부가 한 번 엿본 것을 (가지고) 어떤 이들은 말하기를 "눈에 힘을 주고 보았다"고 하는데, 고인의 뜻은 그런 데에 있지 않다. 만약 기특한 곳(奇特處)이 없었다면 설봉이 그를 긍정했겠는가! 평소 도도하게 흐르는 물처럼 거침없이 말을 잘 했는데, 어찌 쉬었겠는가! 보지 못했는가! "통방작자는 서로 함께 증명한다"[553]고 했고, 또 "도적이 도적을 안다"고 한 것을.

 (태원 부가) 안광(眼光, 안목)을 한 번 드러낸 것이 비슷하기는 비슷해도 아직 한 겹 막힌 것이 있었다. (그래서 하루는) 법당 앞으로 데리고 가서 설봉이 해를 가리켰던 것이다.

 (그런데) 그는 어째서 손을 뿌리친 것인가?[554] 어떤 사람은 해를

---

553 설두의 말에 "其有知方作者 相共證明"이 있다. (설두어록 제1권)

554 『설봉진각대사어록(雪峰眞覺大師語錄』, 이하 설봉록) 하권에서는 다음과 같이 전한다.
  (앞의 본칙에 이어서) 師一日見孚上座 乃指日示之 孚搖手而出 師云 "汝不肯我" 孚云 "和尙搖頭 某甲擺尾 什麽處不肯和尙" 師云 "到處也須諱却"

가리킨 것을 보고 말하기를 "광명이 밝게 빛났다"고 하는데, 설두는 말하기를 "과연! 설봉은 치지 않았다"고 하였다.

어떤 스님이 운문에게 묻기를 "어떤 곳이 촉오처(觸忤處, 비위를 거스른 곳)입니까?"라고 했는데, 운문은 어째서 이 스님을 친 것인가?

"바람이 불 때를 맞춰 불을 붙이니,
힘을 많이 쓸 필요가 없다."

(설봉) 선사가 하루는 (태원) 부 상좌를 보고, 이내 해를 가리켜 보였는데, 부 상좌가 손을 (좌우로) 흔들며 나가버렸다.

선사가 말했다. "그대는 나를 긍정하지 않는 것이냐?"

부 상좌가 말했다. "화상께선 머리를 흔드셨고 저는 꼬리를 흔들었는데, 어디가 화상을 긍정하지 않은 것입니까?"

선사가 말했다. "가는 곳마다 (사람들이 모두) 모름지기 (그대를) 꺼릴 것이야!"

제69칙 운문삼병雲門三病[555]

【古則과 着語】

擧, 僧請益雲門 玄沙三種病人話. 門云 "你禮拜著" 僧禮拜起 門以拄
杖便捽. 〔合得多少麻滓趜末〕 僧退後 門云 "你不是患盲" 〔酌然患盲〕
復喚近前來 僧近前. 門云 "汝不是患聾" 〔酌然患聾〕 乃云 "還會麼"
僧云 "不會" 門云 "汝不是患瘂" 〔酌然患瘂〕 僧於此有省. 〔也須是鑽
破混沌始得〕

＊捽(찌를 질): 찌르다. 치다. 얽매이다.
＊麻滓(마제): 기름을 짜고 남은 지게미(깻묵)
＊趜(곤궁할 국)은 窮(다할 궁)으로 이해했다.

어떤 스님이 운문雲門에게 현사玄沙의 삼종병인화三種病人話[556]를 청익

---

555 SM 제23권(N.985)에서는 본 고칙을 운문의 염괄으로 전한다.
556 SM에서 전하는 공안은 다음과 같다.

玄沙示衆云 "諸方老宿盡道 '接物利生' 忽遇三種病人來作麽生接. 患盲者 拈槌
竪拂 伊又不見 患聾者 語言三昧 伊又不聞 患瘂者 敎伊說 又說不得 且作麽生接

請益했다.

若接此人不得 佛法無靈驗" 時有僧出問 "三種病人 還許學人商量也無" 師云 "許 汝作麼生商量" 其僧珍重 便出. 師云 "不是不是"

현사가 대중에게 말했다. "제방의 노숙이 모두 중생을 제접해 이롭게 하라고 하는데, 홀연히 세 종류의 병든 사람들이 오면 어떻게 제접할 것인가? 소경은 방망이를 들고 불자를 세워도 보지 못할 것이고, 귀머거리는 삼매를 말해도 듣지 못할 것이며, 벙어리는 말을 시켜도 말하지 못하는데, 어떻게 제접할 것인가? 만약 이런 사람들을 제접하지 못한다면 불법은 영험이 없다고 할 것이다."

그때 한 스님이 나와 물었다. "세 가지 병이 있는 사람에 대해 학인이 따져보는 것을 허락하시겠습니까?"

현사가 말했다. "허락한다. 그대는 어떻게 따져보겠는가?"

그 스님이 "안녕히 계십시오(珍重)!" 하고, 바로 나가버렸다.

현사가 말했다. "아니야, 아니야!"

참고로 삼종병인화에 대한 설두의 송頌을 다음과 같이 전한다.

患聾瘖瘂	소경과 귀머거리와 벙어리는
杳絶機宜	기의(機宜, 근에 따른 적절한 방법)가 아득히 끊어졌으니
天上天下	천상천하에
堪笑堪悲	우습기도 하고 슬프기도 하구나.
離朱不辨正色	이주가 바른 빛을 가려내지 못하는데
師曠 豈識玄絲	사광이 어찌 현묘한 음을 알리오.
爭如獨坐處窗下	어찌 창가에 홀로 앉아
葉落花開自有時	스스로 잎 지고 꽃 피는 것을 봄만 같겠는가.
復云	다시 말했다.
還會也無	알겠는가?
無孔鐵鎚	구멍 없는 철추로다.

〔이주離朱: 중국의 황제黃帝 시대의 전설적 인물. 시력이 매우 뛰어나 백 보

운문이 말했다. "그대는 절을 하라!"

스님이 절을 하고 일어나자, 운문이 주장자로 찔렀다.

〔찌꺼기가 조금이라도 있는지 끝까지 궁구해야 한다.〕

스님이 뒤로 물러서자, 운문이 말했다. "그대는 눈이 멀지 않았다."

〔눈먼 것이 분명하다.〕

(그리고는) 다시 가까이 오라고 불렀다.

스님이 가까이 오자, 운문이 말했다. "그대는 귀머거리가 아니다."

〔귀머거리가 분명하다.〕

그리고는 말했다. "알겠는가?"

스님이 말했다. "모르겠습니다."

운문이 말했다. "그대는 벙어리가 아니다."

〔벙어리가 분명하다.〕

스님이 여기서 살핌(省. 깨침)이 있었다.

〔모름지기 혼돈을 뚫어야 한다.〕

〔拈古와 着語〕

雪竇便喝云 "這盲聾瘂痙漢 若不是雲門驢年去. 〔因風吹火 用力不多〕 如今有底 或拈槌竪拂不管 敎近前又不來 〔只者便是譎訛處〕 還會麼不應 諸方還奈何得麼 〔打云 "有什麼難奈何處"〕 若不奈何 汝這

───────────────

떨어진 곳에서도 털끝을 볼 수 있었다고 전한다.

사광師曠: 춘추시대 진晉나라의 악사樂師. 음律을 잘 분별하기로 이름났고 거문고에도 뛰어났다.〕

一隊驢漢 又堪作箇什麼"〔也是第二機〕以拄杖一時打趁.〔放過一著〕

설두가 바로 "할!" 하고, 말했다. "이 눈멀고 귀먹고 벙어리인 놈이 만약 운문이 아니었더라면 나귀 해까지 이럴 것이다.

〔바람이 불 때를 맞춰 불을 붙이니 힘을 많이 쓸 필요가 없다.〕

지금 어떤 놈이 방망이를 들거나 불자를 세워도 개의치 않고, 가까이 오라고 해도 오질 않으며,

〔다만 이것이 바로 난해한 곳일 뿐이다.〕

'알겠는가?' 하고 물어도 응하지 않는다면, 제방에서는 (이런 놈을) 어찌 해야 하겠는가?

〔(선상을) 치고 말했다. "무슨 어려움이 어디에 있겠는가?"〕

만약 어찌 하지 못한다면 그대들은 이 한 무리의 나귀와 같은 놈들이니, 또 무엇을 할 수 있겠는가!"

〔역시 제2기第二機다.〕

그리고는 주장자로 쳐서 한꺼번에 쫓아버렸다.

〔한 수 놓쳤다.〕

〔評唱〕

師云. 地藏云"桂琛見有口眼耳 和尙作麼生接"沙云"你去"又僧問 "三種病人話 還許學人說道理也無"沙云"許"僧"珍重"便行. 擧 法眼云 "我聞先師擧三種病人話 我便會"如今人 只爲言語所隔不能會. 雪竇 末後道"若不奈何 汝這一隊驢漢 又堪作箇什麼"殊不知 雪竇已是盲

聾瘖癃了也.

지장地藏[557]이 말했다. "(저) 계침桂琛이 보기엔 입도 눈도 귀도 있는데, 화상께서는 어떻게 제접하시겠습니까?"

현사가 말했다. "그대는 가라!"[558]

또 어떤 스님이 물었다. "삼종병인화를 학인이 도리로 말하는 것을 허락하시겠습니까?"

현사가 말했다. "허락한다."

(그러자) 스님이 "안녕히 계십시오!" 하고, 바로 갔다.[559]

법안法眼이 말하기를 "나는 선사(先師, 지장계침)가 (현사의) 삼종병인화를 거론하는 것을 듣고, 바로 알았다"[560]고 한 것을 거론하고,

---

557 나한계침(羅漢桂琛, 867~928): 현사사비의 법사法嗣. 법안문익이 제자.

558 SM(註556 참조)에서는 말미에 아래와 같이 덧붙이고 있다.

一本 地藏出云 "某甲有眼耳 和尙作麽生接" 師呵呵大笑.

〔어떤 책에서는 ("아니야, 아니야" 하자) 지장이 나와 말하기를 "제게 눈과 귀가 있는데, 화상은 어떻게 제접하시겠습니까?"라고 하고, (이에) 현사가 가가대소呵呵大笑했다고 전한다.〕

559 이 대화는 SM(註556 참조)에서는 현사가 시중을 하고, 바로 이어서 어떤 스님이 나와서 물은 것으로 전한다.

560 SM에서는 법안의 염拈을 다음과 같이 전한다.

法眼拈 "我當時 見羅漢和尙 擧此僧語 我便會三種病人"

"내가 당시에 나한 화상이 이 스님의 말을 거론하는 것을 보고, (그때) 나는

(말했다.)

　요즘 사람들은 단지 언어에 막혀서 알지 못한다. (그래서) 설두가
마지막에 말하기를 "만약 어찌 하지 못한다면 그대들은 이 한 무리의
나귀와 같은 놈들이니, 또 무엇을 할 수 있겠는가!"라고 했지만, 설두가
이미 눈멀고 귀먹고 벙어리였다는 것을 전혀 모른다.

바로 삼종병인화를 알았다."

제70칙 고산시중鼓山示衆⁵⁶¹

[古則과 着語]

擧, 鼓山示衆 "若論此事 如一口劍"〔道什麽〕時有僧問 "承和尙有言
若論此事 如一口劍 和尙是死屍 學人是死屍.〔斬〕如何是劍"〔是則
是 無出身處〕山云 "拖出這死屍"〔兼身在內〕僧應喏 歸衣鉢下打疊
便行.〔左之右之 不妨是姦人細作 劍在什麽處〕山至晚問首座 "問話
僧在否"〔若在 朝打三千 暮打八百〕座云 "當時便去也"〔賴是靈利衲
僧〕山云 "好與三十棒"〔人人盡道賊過後張弓 爭奈現成公案〕

＊打疊(타첩): 정돈(정리)하다. 준비하다. 꾸리다.
＊細作(세작): 신분을 감추고 어떤 대상의 정보를 몰래 알아내어 자신의
　편에 넘겨주는 것을 전문으로 하는 사람. 간첩.

고산鼓山⁵⁶²이 대중에게 말했다. "만약 이 일을 논한다면 마치 한 자루

---

561 SM 제26권(N.1136)에서도 전한다.
562 고산신안(鼓山神晏, ?~943): 설봉의존의 법사法嗣.

칼과 같다."

〔무슨 말을 하는 거야?〕

그때 어떤 스님이 물었다. "화상께서 말씀하신 '만약 이 일을 논한다면 마치 한 자루의 칼과 같다'고 하신 것에 따르면, 화상도 송장이고 학인도 송장입니다.

〔베었다.〕

(그렇다면) 어떤 것이 칼입니까?"

〔옳기는 옳지만, 출신처가 없다.〕

고산이 말했다. "이 송장을 끌어내려."

〔(당신도) 한통속이다(兼身在內).〕

스님이 "예!" 하고 돌아가, 의발을 챙겨 바로 가버렸다.

〔(이리저리) 제 마음대로 한다. 대단한 간인세작(奸人細作, 적과 내통하는 간첩)이다. (그런데) 칼은 어디에 있지?〕

고산이 저녁이 되자, 수좌에게 물었다. "(아까 내게) 묻던 스님은 (어디에) 있는가?"

〔만약 있으면 아침에 삼천 대를 치고 저녁에 팔백 대를 쳐야 한다.〕

수좌가 말했다. "당시에 바로 가버렸습니다."

〔다행히도 영리한 납승이다.〕

고산이 말했다. "삼십 방을 쳤어야 했다."

〔사람들마다 모두 "도적이 지나간 다음에 활시위를 맨다"고 하지만, 현성공안現成公案인 것을 어찌 하겠는가!〕

【拈古와 着語】

雪竇云 "諸方老宿總道 鼓山失却一隻眼〔往往不能坐天下人舌頭〕
殊不知 重賞之下 必有勇夫〔且道 賞得箇什麼〕雖然如此 若子細點
撿將來 未免一坑埋却"〔打云 "已埋了也"〕

＊坐는 挫(꺾을 좌)로 해석했다.

설두가 말했다. "제방의 노장들 모두 '고산이 일척안一隻眼을 잃어버렸
다'고 하는데,

〔왕왕 천하인의 혀끝을 꺾어버리지 못하기도 한다.〕

(이는) 큰 상을 내걸면 반드시 용감한 사람이 나온다는 것[563]을 전혀
모르고 있는 것(＝하는 말)이다.

〔자, 말해보라! 상은 타서 뭐하려는가?〕

비록 이와 같지만, 만약 자세히 점검해 보면 한 구덩이에 묻어버리는
것을 면치 못할 것이다."

〔(선상을) 치고 말했다. "이미 묻어버렸다."〕

〔評唱〕

擧, 鼓山九重城裏聖箭話 (云云) 直下猶難會. 尋言轉更賒 若論佛與祖

───────────────
563 『후한서後漢書』耿純傳에 "重賞甘餌 可以聚人者也(달콤한 미끼로 상을 내걸면
사람을 모을 수 있다, 큰돈을 주면 그 일을 하려는 사람이 있다)"에서 유래한 속담.

特地隔天涯. 須知鼓山不跨石門底句. 擧 示衆云 "若論此事 如一口劍"
僧問得奇特 此喚作弄泥團漢. 且道 死屍在誰邊 劍在阿誰邊. 若這僧
有權有實 有殺有活 也大誵訛. 鼓山當時合打. 爲什麼不打 去了却問
首座方打. 雪竇怎麼拈 且得不錯會. 若有得有失 雪竇一時埋却則且
置 雪竇向什麼處安身立命.

＊賒(세낼 사): 세내다. (외상으로) 사다. 거래하다. 아득하다. 멀다. 느리다.
느릿하다. 더디다. 호사하다.

고산鼓山의 '구중성리성전화九重城裏聖箭話'[564]를 거론하고, (말했다.)

---

564 SM 제26권(N.1134)에 다음과 같이 전한다.

孚上座因與雪峰 送晏國師住鼓山 廻至法堂 峰乃云 "一隻聖箭直射入九重城裏
也" 孚云 "和尙是伊未在" 峰云 "渠是徹底人" 孚云 "若不信 待某甲去勘過" 遂往
中路把住云 "師兄向甚處去" 山云 "九重城裏去" 孚云 "忽遇三軍圍閉時如何"
山云 "他家自有通霄路" 孚云 "怎麼則離宮失展去也" 山云 "何處不稱尊" 孚便廻
謂雪峰曰 "好一隻聖箭折却也" 遂擧前話 峰云 "渠語在" 孚云 "遮老凍儱 畢竟有
鄕情在"

(태원) 부 상좌가 설봉과 함께 고산에 머물던 안국사安國師를 전송하고 돌아와
법당에 이르자, 설봉이 말했다. "한 개의 성스러운 화살이 바로 아홉 겹의
성속으로 들어가 버렸다."
부상좌가 말했다. "스님, 그는 아직 아닙니다."
설봉이 말했다. "그는 철저한 사람이다."
부상좌가 말했다. "믿지 못하시면 제가 가서 감파할 때까지 기다려주십시오."
그리고는 마침내 길 중간까지 가서 붙잡고, 말했다. "사형, 어디로 가십니까?"
고산이 말했다. "아홉 겹 성 안으로 간다."
부 상좌가 말했다. "홀연히 삼군三軍이 둘러싸 막을 때에는 어떻게 하겠습니까?"

(이 공안) 바로 그 자리에서 알기가 아주 어렵다. 말을 탐구할수록 점점 더 멀어지게 되는데, 만약 부처와 조사를 논한다면 곧바로 땅과 하늘만큼 아주 멀리 벌어지게 될 것이다. 모름지기 고산에(게)는 석문에 걸터앉지 않는 말(不跨石門底句)이 있다는 것을 알아야 한다.[565]

고산이 말했다. "그곳에는 본래 하늘로 통하는 길이 있다."

부 상좌가 말했다. "그렇다면 궁宮도 버리고 전(展, 殿 전각)도 잃겠습니다."

고산이 말했다. "어디에서든 존귀하게 여기지 못하겠는가?"

부상좌가 돌아가 설봉에게 말했다. "한 개의 성스러운 화살이 부러졌습니다."

이어서 앞의 이야기를 전하자, 설봉이 말했다. "그에게는 할 말이 있을 것이다."

부상좌가 말했다. "추위에 콧물이나 흘리는 이 노인네가 끝내 고향을 그리워하는 마음을 가지고 있구나."

[565] 전등록 제18권, 고산 홍성국사(=신안) 편에 다음과 같이 전한다.

師問僧 "鼓山有不跨石門句 汝作麼生道" 僧曰 "請" 師乃打之.

(고산 신안) 선사가 어떤 스님에게 물었다. "고산에(게)는 석문에 걸터앉지 않는 말이 있는데, 그대는 어떻게 말하겠는가?"

스님이 말했다. "청합니다."

선사가 이내 쳤다.

또한 상기 서 제18권, 장경혜릉 선사 편에 다음과 같이 전한다.

師問僧 "什麼處來" 曰 "鼓山來" 師曰 "鼓山有不跨石門底句 有人借問汝作麼生道" 曰 "昨夜報慈宿" 師曰 "拍脊棒汝又作麼生" 曰 "和向若行此棒不虛受人天供養" 師曰 "幾放過"

(장경 혜릉) 선사가 어떤 스님에게 물었다. "어디서 왔는가?"

스님이 말했다. "고산에서 왔습니다.

선사가 말했다. "고산에게는 석문에 걸터앉지 않는 말이 있다는데, 어떤 사람이 네게 물으면 어떻게 말하겠는가?"

스님이 말했다. "어젯밤에는 보자報慈에서 묵었습니다."

선사가 말했다. "등판때기를 치면 그대는 어떻게 하겠는가?"

(또) 고산이 대중에게 말하기를 "만약 이 일을 논한다면 마치 한 자루의 칼과 같다"고 한 것을 거론하고, (말했다.)

스님이 기특하게 물었지만, 이런 놈을 '진흙덩이나 가지고 노는 놈'이라고 부른다. 자, 말해보라! 송장은 어느 쪽에 있고, 칼은 어느 쪽에 있는가? 만약 이 스님에게 방편도 있고 진실도 있으며, 죽이기도 하고 살리기도 하는 것이 있었으면 대단히 난해했을 것이다.

고산이 당시에 마땅히 쳤어야 했는데, 어째서 치지 않고, (이 스님이) 떠나고 나서 도리어 수좌에게 몰으면서 "(삼십 방을) 쳤어야 했다"고 한 것인가?

설두가 이렇게 염한 것을 또 잘못 알지 말라! 만약 얻음도 있고 잃음도 있다고 한다면, 설두가 "한꺼번에 (한 구덩이에) 묻어버려야 한다"고 한 것은 놔두더라도, 설두는 어디서 안신입명安身立命[566]을 한 것인가?

스님이 말했다. "화상께서 만약 이 방망이로 치신다면 인천의 공양을 받는 것이 헛되지 않을 것입니다."

선사가 말했다. "하마터면 놓칠 뻔했다."

[566] 안신입명安身立命=안심입명安心立命: 달마선에서 좌선수행을 실천하는 경우에 몸과 마음을 온전히 기울여서 전력하는 것으로 몸을 천명에 맡기고 마음을 안정시켜서 어떤 번뇌에도 흔들리지 않는 경지를 확립하는 것을 의미한다. (『한국민족문화대백과』, 한국학중앙연구원)

제71칙 목주모단睦州毛端[567]

【古則과 着語】

擧, 睦州問武陵長老 "了卽毛端吞巨海 始知大地一微塵 作麽生"〔那
裏得這一落索來〕陵云 "和尚問誰"〔過〕州云 "問長老"〔中〕陵云
"何不領話"〔兩重三重舊公案〕州云 "我不領話 汝不領話"〔兩箇都盧
鐵面皮〕

＊都盧(도노)：모두. 하나도 빠짐없이.

목주睦州가 무릉武陵 장로에게 물었다. "깨달으면 털끝 하나로 큰 바다를
삼키고, 대지가 하나의 티끌임을 비로소 알게 된다[568]고 하는데, 어떻게
생각하는가?"

　〔어디서 이런 이야기를 들었는가?〕

　무릉이 말했다. "화상은 누구에게 물은 것입니까?"

---

567 SM 제16권(N.644)에서도 전한다.

568 註528 참조.

454

〔과(過, 틀렸다)!〕

목주가 말했다. "장로에게 물었다."

〔중(中, 맞다)!〕

무릉이 말했다. "어째서 말귀를 알아듣지 못하십니까?"

〔이중 삼중의 낡아빠진 공안이다.〕

목주가 말했다. "나도 말귀를 알아듣지 못했고, 그대도 말귀를 알아듣지 못했다."

〔둘 다 철면피다.〕

[拈古와 着語]

雪竇拈云 "墮也墮也" 〔放過即不可〕 復云 "這箇葛藤 老漢好與劃斷" 拈拄杖云 "什麼處去也" 〔打云 "也與劃斷了也"〕

설두가 염拈했다. "(말에) 떨어졌구나, 떨어졌어!"

〔놓치면 안 된다.〕

또 말했다. "이런 말(葛藤)들은 노장이 한 줄로 쭉 그어 지워버려야 한다."

(그리고 이어서) 주장자를 들고, 말했다. "어디로 갔는가?"

〔(선상을) 치고 말했다. "역시 한 줄로 쭉 그어 지워버려야 한다."〕

〔評唱〕

師云. "了卽毛端吞巨海 始知大地一微塵 作麽生" "和尙問誰" 也不妨奇
特. 作麽生摸搦他. 當時若不是睦州 難奈何 他云 "問長老" 且道 畢竟
勘得破 勘不破. 武陵畢竟辨得 辨不得. "和尙何不領話" 州云 "我不領
話 汝不領話" 太煞諳訛 如鏡淸問僧 "近離什麽處" 云 "石橋" (云云)
若人透得這一重 千人萬人羅籠不住. 睦州辨得他 一出一入 絲來線去
一等是打葛藤 不妨奇特. 雪竇拈云 "墮也墮也" 只消箇墮也一句 何故.
師子返躑 武陵功不浪施. 末後復云 "這葛藤 老漢好與割斷" 拈拄杖云
"什麽處去" 鈆刀一割.

＊絲來線去(사래선거): 일이 얽히고설키거나 더욱 번거로워짐. 섬세하고
　정밀한 장인의 재주를 형용.

"깨달으면 털끝 하나로 큰 바다를 삼키고 대지가 하나의 티끌임을
비로소 알게 된다고 하는데, 어떻게 생각하는가?"(라고 하자) "화상은
누구에게 물은 것입니까?"(라고 한 것), 역시 대단히 기특하다. 어떻게
그것을 더듬어 찾을 수 있겠는가?

　당시에 만약 목주가 아니었다면 어떻게 해야 할지 어려웠을 것인데,
그가 말하기를 "장로에게 물었다"고 했다. 자, 말해보라! (목주가)
필경 감파勘破한 것인가, 감파하지 못한 것인가? (또한) 무릉은 필경
알았는가, 알지 못했는가?

　"화상은 어째서 말귀를 알아듣지 못하십니까?"라고 하자, 목주가

"나도 말귀를 알아듣지 못했고, 그대도 말귀를 알아듣지 못했다"고 한 것이 대단히 난해(誵訛)한데, (이는) 경청鏡淸이 어떤 스님에게 묻기를 "어디서 왔는가?"라고 하자, "석교에서 왔습니다" 하고, 운운한 것[569]과 같다. 만약 사람들이 이 한 겹(의 공안)을 꿰뚫으면 천인만인의 그물에도 걸리지 않을 것이다. 목주가 그것을 가려내고, 한 번 나고 한 번 들며 실이 한 번 오면 줄이 한 번 가듯 했으니(=끊임없이 얽히고설킨 가운데 한결같이 말을 했으니) 대단히 기특하다.

(그런데 여기에) 설두는 염拈하기를 "떨어졌다, 떨어졌어!"라고 했으니, 단지 이 '떨어졌다'는 일구一句만을 쓴 것은 (과연) 무슨 까닭인가?

사자(師子=獅子, 목주)는 반척(返躑, 뛰어올라 몸을 되돌려 공격)을

---

569 SM 제25권(N.1124)에 다음과 같이 전한다.

鏡淸問僧 "近離什麽處" 云 "石橋" 師云 "本分事作麽生" 云 "某甲近離石橋" 師云 "我不管你石橋 本分事作麽生" 云 "和尙何不領話" 師便打僧云 "某甲話在" 師云 "你但喫棒 我要話行"

경청鏡淸이 어떤 스님에게 물었다. "어디서 왔는가?"
"석교石橋에서 왔습니다."
경청이 말했다. "본분사本分事는 어떤가?"
스님이 말했다. "저는 석교에서 왔습니다."
경청이 말했다. "나는 네가 석교에서 온 것은 상관하지 않는다. 본분사는 어떤가?"
스님이 말했다. "화상은 어째서 말귀를 알아듣지 못하십니까?"
경청이 바로 쳤다.
스님이 말했다. "저도 할 말이 있습니다."
경청이 말했다. "너는 그저 방망이나 맞아라. 내가 말하겠다."

하고, 무릉은 공(功, 기술 또는 솜씨)을 함부로 행하지 않았는데, (설두가) 끝에 가서 다시 말하기를 "이런 말(葛藤)들은 노장이 한 줄로 쪽 그어 지워버려야 한다"고 하고, (또) 주장자를 집어 들고 말하기를 "어디로 갔는가?"라고 했다. 무딘 칼이지만 단 칼에 베어버려라(鉛刀一割)![570]

---

570 鉛刀一割(연도일할): 『후한서後漢書』에 나오는 말. 납을 가지고 만든 칼, 곧 잘 안 드는 칼이라도 한 번 자를 힘이 있다는 뜻으로, 자기 힘이 미약하다고 겸손하게 하는 말. 두 번 다시 쓰지 못함. 우연히 한 일이 뜻밖의 좋은 결과를 가져옴. / 鈆(납 연)은 연鉛 자의 속자.

제72칙 앙산좌차仰山坐次⁵⁷¹

［古則과 拈古, 着語］

擧, 仰山坐次 大禪佛翹一足云 "西天二十八祖亦如是 唐土六祖亦如
是 天下老和尚亦如是 某甲亦如是"〔這弄泥團漢 通箇消息不妨奇特
只恐有頭無尾〕山下禪床打四藤條〔也須是截鐵斬釘始得〕雪竇云
"藤條未到打折 因什麼只與四下〔言猶在耳〕須是斬釘截鐵漢始得"
〔打云 "是幾下"〕大禪佛後到霍山 自云 "集雲峰下四藤條 天下大禪佛
參"〔少賣弄〕山云 "打鐘著"〔須是與他本分草料〕禪便走.〔三十六
計〕雪竇云 "這漢雖是見機而變 爭奈有頭無尾"〔也是據款結案〕

앙산仰山이 앉아 있는데, 대선불大禪佛⁵⁷²이 발돋음하고 말했다. "서천西
天의 28조사도 이와 같고, 당토唐土의 여섯 조사 또한 이와 같으며,

---

571 SM 제22권(N.923)에서도 전한다.

572 대선불大禪佛은 통상 오대지통(五臺智通, 귀종지상의 법사法嗣)을 지칭하는데,
여기서는 앙산혜적의 제자인 진주 곽산경통(霍山景通, 생몰연대 미상)이 자신을
지칭한 이름이다. (아래 평창 참조.)

천하의 노화상도 또한 이와 같고, 저 또한 이와 같습니다."

〔이런 진흙덩이나 가지고 노는 놈! (그래도) 소식을 통했다니 아주
기특하다. 다만 머리는 있는데 꼬리가 없을까 염려스러울 뿐이다.〕

(그러자) 앙산이 선상禪床에서 내려와 등나무 가지로 네 번 쳤다.

〔모름지기 쇠를 자르고 못을 끊어야 한다.〕

설두가 말했다. "등나무 가지가 부러지지도 않았는데, 어째서 네
번만 쳤는가?

〔(이) 말이 아직까지도 귓가에 쟁쟁하다.〕

모름지기 못을 끊고 쇠를 자르는 놈이어야 한다."

〔(선상을) 치고 말했다. "몇 번을 쳐야 하는가?〕

대선불이 뒤에 곽산霍山[573]에 가서 스스로 말했다. "집운봉 아래에서
네 번 등나무로 맞은 천하의 대선불이 참례합니다."

〔뽐내지 말라!〕

곽산이 말했다. "종을 쳐라!"[574]

〔모름지기 그에게 본분초료本分草料를 줘야 한다.〕

대선불이 바로 떠났다.

〔삼십육계로구먼.〕

설두가 말했다. "이 친구가 비록 상대방의 낌새를 보고 대처했지만(見

---

573 진주곽산(晉州霍山, 생몰연대 미상): 위산영우의 법사法嗣.
574 SM에서는 유나維那에게 시킨 것으로 전한다.

機而變),[575] 머리는 있는데 꼬리가 없는 것을 어찌 하겠는가?"

〔역시 법령에 의거해서 판결을 내리고 있다.〕

〔評唱〕

師云. 當時若不見機而變 何處尙有大禪佛 闍黎只管喚作什麼. 或有
人問"甚處是有頭無尾處 什麼是見機而變處"你若手忙脚亂 老僧在你
脚底下. 擧 歸宗下 亦有大禪佛云"我悟也 我悟也 師姑元是女人做"
翹一足云 且道 是什麼消息. 若不是脚踏實地 爭敢輕開大口. 拈仰山
著力處"藤條未到折 (云云)"後到霍山至走 入來要辨主人家 霍山若辨
他 作家相見 須是恁麼去."打鐘著"且道 見箇什麼道理便走. 蓋伊識得
主人家 所以便行. 雪竇道"須是斬釘截鐵漢始得""這漢見機而變處
是有頭無尾處"須是自點撿子細始得.

당시에 만약 상대방의 낌새를 보고 대처하지 않았더라면 어디서 잠시
나마 대선불大禪佛이 있었겠는가! (이) 스님을 뭐라 불러야겠는가?

혹 어떤 사람이 묻기를 "어떤 곳이 머리는 있는데 꼬리가 없는
곳이며, 어떤 것이 상대방의 낌새를 보고 대처한 곳이냐?"고 할 때
그대들이 만약 다급해서 갈피를 잡지 못하고 허둥댄다면 노승이 그대
들 다리 밑에 있을 것이다.

귀종歸宗 회상의 회상에도 대선불이 있었는데, (그가) 말하기를

---

575 『계사전繫辭傳』에 君子見機而作 不俟終日(군자는 낌새를 보고 대처하지 온종일
기다리지 않는다)이라고 전한다.

"나는 깨달았다, 나는 깨달았어! 비구니는 원래 여인이다"[576]고 한
것을 거론하고, (말했다.)

한 발을 발돋움하고 말한 것, 자, 말해보라! 이것은 무슨 소식인가?
만약 실제로 땅을 밟아 본 것이 아니라면 어찌 감히 가볍게 큰소리
칠 수 있었겠는가! (설두는) 앙산의 착력처(著力處, 힘을 쓴 곳=앙산이
선상에서 내려와 등나무로 네 번 친 것)를 염拈해서 "등나무 가지가 부러지
지도 않았는데, 어째서 네 번만 쳤는가? 모름지기 못을 끊고 쇠를
자르는 놈이어야 한다"고 하였다.

(대선불이) 뒤에 곽산에게 가서 떠난 것까지는 들어가서 주인을
가려내려는 것이었는데, 곽산이 만약 그를 가려냈다면 작가상견作家相
見은 모름지기 이렇게 해야 한다. (곽산이) "종을 쳐라"라고 했다.
자, 말해보라! (그런데 대선불이) 무슨 도리를 봤기에 바로 떠난
것인가? 그는 주인을 알아보았다. 그래서 바로 가버린 것이다.

---

576 SM 제13권(N.510)에서는 다음과 같이 전한다.

五臺山智通禪師(自稱大禪佛) 在歸宗會下 忽一夜巡堂叫云 "我已大悟也" 衆駭
之 明日宗上堂集衆問 "昨日大悟底僧出來" 師出云 "智通" 宗云 "汝見什麼道理
言大悟試說似看" 師對云 "師姑元是女人造"

오대산 지통선사(자칭 대선불大禪佛)가 귀종의 회하에 있었는데, 홀연히 어느
날 밤 법당을 돌면서 소리치며 "나는 이미 깨달았다"고 하자, 대중들이 놀랬다.
다음날 귀종이 법당에 올라 대중들을 모아놓고 물었다. "어제 대오한 스님은
나와라!"
스님이 나와 말했다. "지통입니다."
귀종이 말했다. "그대는 무슨 도리를 보았기에 대오했다고 말하는가? 시험
삼아 말해 보라."
스님이 대답했다. "비구니(師姑)는 원래 여인입니다."

설두가 말하기를 "모름지기 못을 자르고 쇠를 끊는 놈이어야 한다"고
하고, (또한) "이 친구가 상대방의 낌새를 보고 잘 대처한 곳이 바로
머리는 있는데 꼬리가 없는 곳이다"고 한 것을 모름지기 스스로 자세히
점검해야 한다.[577]

---

[577] 참고로 SM에서는 원오의 염拈을 다음과 같이 전한다.

圜悟勤擧此話 至四藤條云 師資會遇 輒芥投針 一期借路經過 不免互相鈍置.
雪竇道 藤條未到打折 因甚只打四下 師云 餬餠討什麼汁 雪竇云 須是斬釘截鐵
漢始得 師云 大似隨邪逐惡.

원오극근이 이 공안을 거론하고, 등나무 가지로 네 대 친 것까지에 대해
말했다. "스승과 제자가 만나는 것은 겨자씨를 바늘 끝에 던지는 것과 같아서
한 번은 다른 사람의 경우를 빌려 대처할 수 있지만, 서로 바보가 되는 것을
면치 못한다. 설두가 말하기를 '등나무 가지가 아직 부러지지 않았거늘
어째서 네 대만 쳤는가?'라고 했는데, 호떡에서 무슨 국물을 찾는가? (또)
설두가 말하기를 '못을 끊고 쇠를 자르는 근기라야 한다'고 했는데, 마치 악을
따르고 삿됨을 좇는 것 같다."

又擧後到霍山至禪便去 師云 "者漢擔仰山一个冬瓜印子 向人前賣弄 若不是霍
山 幾被塗糊 雖然可惜 臨行一半. 當時不用 喚維那 好與擒住 更打四藤條 且聽
這漢疑三十年"

또 뒤에 곽산에 가서 대선불이 바로 가버린 것까지를 거론하고, 말했다.
"이 친구가 앙산의 동과인冬瓜印을 짊어지고 사람들 앞에서 뽐냈는데, 만약
곽산이 아니었더라면 하마터면 거의 조롱을 당할 뻔했다.
비록 그렇지만, 애석하게도 갈 때 절반만 썼다. 당시에 (절반도) 쓰지 말고
유나를 불러서 잡아놓게 하고, 다시 네 번 등나무로 쳐서 이 친구가 30년을
(더) 의심하도록 했어야 했다."

제73칙 지문반야智門般若⁵⁷⁸

〔古則과 着語〕

擧, 僧問智門 "如何是般若體"〔硬䊷䊷地〕門云 "蚌含明月"〔通身是
眼覷不破〕僧云 "如何是般若用"〔爛泥相似〕門云 "冤子懷胎"〔通身
是口說不得〕

＊밑줄 친 부분의 䊷(고할 두) 자는 紏(얽힐 규: 휘감기다, 엉키다)의 誤字.
＊覷不破(처불파)＝看不破: 간파할 수 없다. 꿰뚫어 보지 못하다.
＊懷胎(화태)＝孕胎(잉태): 아이를 뱀.

어떤 스님이 지문智門⁵⁷⁹에게 물었다. "어떤 것이 반야의 체입니까?"
　〔돌돌 휘감겨 단단하다.〕
　지문이 말했다. "조개가 밝은 달을 머금었다."
　〔온몸이 눈이라서 볼 수가 없다.〕

---

578 SM 제28권(N.1282)에서도 전한다.

579 지문광조(智門光祚, 생몰연대 미상): 향림징원의 법사法嗣. 설두중현의 스승.

스님이 말했다. "어떤 것이 반야의 용입니까?"

〔문드러진 진흙과 같다.〕

지문이 말했다. "토끼가 새끼를 뱄다."

〔온몸이 입이라서 말을 하지 못한다.〕

【拈古와 着語】

雪竇云"非唯把定世界 亦乃安貼家邦.〔是卽是 德山門下卽得〕若善
能參詳 便請丹霄獨步"〔作麼生是丹霄獨步〕

*安貼(안첩) : 안정되다. 평온하다. 차분하다. 평정하다. 편안하다.
*丹霄(단소) : 붉게 노을 진 하늘. 눈부시게 아름다운 하늘. 푸른 하늘. 창공.

설두가 말했다. "세계를 꽉 쥐어 잡았을 뿐만 아니라, 또한 나라도
편안케 했다.

〔옳기는 옳지만, 덕산 문하에서나 옳다.〕

만약 자세히 잘 참구했다면 바로 붉게 노을 진 하늘을 홀로 걸으라
청하겠다."

〔어떤 것이 붉게 노을 진 하늘을 홀로 걷는 것인가?〕[580]

---

[580] 참고로 SM에서는 본칙에 대한 설두의 송을 다음과 같이 전한다.

一片虛凝絶謂情 한 조각 텅 비게 엉겨 말과 생각이 끊어지니

人天從此見空生 하늘과 인간이 이로부터 공생(수보리=해공제일)을 보네.

蚌蛤玄免深深意 조개와 토끼의 깊은 뜻

曾與禪家作戰爭 일찍이 선가禪家에서 전쟁(戰爭, 논전)이 일어나게 했네.

〔評唱〕

師云. 北塔因緣 欲知佛性義 當觀時節因緣. 據古人得箇妙處 一言一
句 爲人不妨奇特. 雲門下尊宿 一句是三句 北塔旣究到這裏. 後人只
管<u>粘皮差骨</u>. 昔日雲門北斗話 幷祚和尙般若體話 衆中浩浩地商量 今
時人或聞一句半句 不以爲事. "蚌含明月"乃中秋月夜 蚌含月光以生
珠. 盤山垂語云 "心月孤圓 光含萬象"盡十方世界 只是般若光 光未發
時 無佛無衆生. 雪竇云"非唯把定世界"(云云) "兔子懷胎"兔子無雄
中秋月夜 吞月光而孕 從口産子 答得安貼家邦. 擧 體露金風 鉢裏飯
桶裏水 銀椀裏盛雪 珊瑚枝枝撑著月 宗師眼目須至如此. 復擧玄沙示
衆云 "十方世界 不漏一絲毫"

＊밑줄 친 부분의 差는 着 자의 誤字.
＊점피착골粘皮着(＝著)骨: 집착 또는 판에 박힘, 깨끗하지 못함의 비유.

북탑의 인연(北塔因緣, 상기 공안)은 불성佛性의 뜻을 알게 하려고 한
것이니, 마땅히 시절인연을 관해야 한다. 고인이 얻은 묘처妙處에
의거하면 일언일구一言一句는 사람을 위한 대단히 기특한 것이다.
　운문 문하의 존숙들에게는 일구一句에 삼구三句가 있었으니,[581] 북탑
도 이를 살펴 여기에 이르렀다. (하지만) 뒷사람들은 그저 뼈에다
살가죽만 붙였을 뿐이다.
　지난날 운문의 북두화北斗話[582]와 아울러 지문광조 화상의 반야체화

581　함개건곤구涵蓋乾坤句·절단중류구截斷衆流句·수파축랑구隨波逐浪句.

(般若體話, 상기 본칙)'는 대중 속에서 널리 논해졌는데, 요즘 사람들은 혹 한 구절이나 반 구절을 들어도 이것을 일로 삼지 않는다.

"조개가 밝은 달을 머금었다"는 것은 중추월야(中秋月夜, 음력 8월 보름날 밤)에 조개가 달빛을 머금어 구슬이 생겼다는 것이다. 반산盤山 이 대중에게 말하기를 "마음 달이 홀로 원만해서 빛이 만상을 머금는다"[583]고 하였다. 온 시방세계가 다만 반야般若의 광명뿐이지만, 빛을 비추지 않았을 때는 부처도 없고 중생도 없다. (그래서) 설두가 말하기를 "세계를 꽉 쥐어 잡았을 뿐만 아니라"라고 운운한 것이다.

"토끼가 새끼를 뱄다"고 한 것은 토끼가 수컷도 없이 중추월야에 달빛을 삼켜 새끼를 배고 입으로 토해내기 때문에 "나라가 편안하게 되었다"고 답을 한 것이다.

체로금풍화體露金風話·발리반통리수화鉢裏飯桶裏水話·은완리성설화銀椀裏盛雪話·산호지지탱착월화珊瑚枝枝撑著月話[584]를 거론하고,

---

582 SM 제23권(N.1016)에서는 다음과 같이 전한다.

雲門因僧問 "如何是透法身句" 師云 "北斗裏藏身"

운문에게 어떤 스님이 물었다. "어떤 것이 법신을 꿰뚫는 말입니까?"
운문이 말했다. "북두 속에 몸을 숨긴다."

설두중현(雪竇顯)이 송頌을 했다.

潦倒雲門泛鐵船 시원찮은 운문이 철선을 띄우니
江南江北競頭看 강남과 강북에서 다투어 머리를 내밀며 보네.
可憐無限垂鉤者 가련하구나, 셀 수 없이 많은 낚시꾼들
隨例茫茫失釣竿 관례를 따르다가 아득히 망망해져 낚싯대를 잃는구나.

583 "心月孤圓 光含萬象"과 관련해서는 90칙 보복부리 평창 참조.

584 ① 체로금풍화體露金風話 (SM 제23권, N.1015)

雲門因僧問 "樹凋葉落是如何" 師云 "體露金風"

운문에게 어떤 스님이 물었다. "나무가 시들고 잎이 떨어질 때 어떻습니까?"
운문이 말했다. "몸이 가을바람에 드러난다."

설두중현이 송頌을 했다.

問旣有宗	물음에 종지가 있으니
答亦攸同	대답 역시 같네.
三句可辨	(운문의) 삼구를 가려낼 수 있으면
一鏃遼空	화살 하나가 멀리 허공을 날아가리라.
大野兮凉飇颯颯	넓은 들판이여, 서늘한 바람 삽삽하게 불고
長天兮疎雨濛濛	끝없는 하늘이여, 가랑비가 내려 침침한데
君不見	그대는 보지 못했는가!
小林久坐未歸客	소림에 오래 앉아 돌아가지 않는 객이
靜依熊耳一叢叢	고요히 웅이산에 기대 총총히 있는 것을.

② 발리반통리수화鉢裏飯桶裏水話 (전게서 제23권, N.1007)

雲門因僧問 "如何是塵塵三昧" 師云 "鉢裏飯 桶裏水"

운문에게 어떤 스님이 물었다. "어떤 것이 진진삼매塵塵三昧입니까?"
운문이 말했다. "발우 속 밥이요, 통 속 물이로다."

설두중현이 송頌을 했다.

鉢裏飯 桶裏水	발우 속 밥, 통 속 물이여!
多口阿師難下嘴	말 많은 스님들도 말하기 어렵네.
北斗南星位不殊	북두와 남십자성은 그 위치가 다르지 않은데
白浪滔天平地起	하늘을 덮는 흰 물결 평지에서 일어나네.
擬不擬止不止	하려고 하거나 하려고 하지 않거나, 멈추거나 멈추지 않거나
个个無裩長者子	하나하나 잠방이도 없는 장자의 자식이로다.

③ 은완리성설화銀椀裏盛雪話(전게서 제27권, N.1219)

(말했다.)

종사의 안목은 모름지기 이와 같은 경지에 이르러야 한다.

岳州巴陵新開顯鑒禪師因僧問 "如何是提婆宗" 師云 "銀椀裏盛雪"

악주 파릉 신개 호감 선사에게 어떤 스님이 물었다. "어떤 것이 제바종입니까?"
파릉이 말했다. "은 주발에 눈이 가득하다."

설두중현이 頌을 했다.

老新開端的別	신개 노인은 단적으로 달라
解道銀椀裏盛雪	은 주발에 눈이 가득하다고 말할 줄 알았네.
九十六个應自知	96종 외도들 마땅히 스스로 알아야 하는데
不知却問天邊月	알지 못하고 도리어 하늘 가 달에게 묻네.
提婆宗提婆宗	제바종이여, 제바종이여!
赤幡之下起淸風	붉은 깃발 아래 맑은 바람이 이네.

④ 산호지지탱착월화珊瑚枝枝撐著月話 (전게서 제27권, N.1220)

巴陵因僧問 "如何是吹毛劒" 師云 "珊瑚枝枝撐著月"

파릉에게 어떤 스님이 물었다. "어떤 것이 취모검입니까?"
파릉이 말했다. "산호 가지마다 달이 걸려 있다."

설두중현이 頌을 했다.

要平不平	공평하지 못한 것을 공평하게 하고자 하는데
大巧若拙	교묘한 재주가 오히려 서투르게 보인다.
或指或掌	손가락에 있기도 하고 손바닥에 있기도 하니
倚天照雪	하늘에 기댄 검에서 흰 눈과 같은 빛을 뿜어내네.
大冶兮磨礱不下	대야여! 검을 갈지 못하고
良工兮拂拭未歇	양공이여! 검을 닦느라 쉬지를 못하네.
別別	대단하고, 대단하다.
珊瑚枝枝撐著月	산호 가지마다 달이 걸려 있다.

또 현사玄沙가 대중에게 말한 것(示衆)[585]을 거론하고, 말했다.
"시방세계에 털끝 하나 새는 것이 없다."

---

[585] 참고로 현사의 시중 가운데 유명한 것으로 두 가지가 있는데, 하나는 69칙에서
소개한 삼종병인화이고, 또 하나는 SM 제23권(N.979)에서 전하는 것으로
다음과 같다.

玄沙示衆云 "亡僧面前 正是觸目菩提 萬里神光 頂後相"

현사가 대중에게 말했다.

"망승(亡僧, 죽은 스님)의 얼굴 앞에, 바로 눈에 닿는 대로 보리菩提이고, 만
리에 뻗치는 신령스런 광명이 정수리 뒤의 모습(後相=後光)이다."

역자는 원오가 현사의 이 시중을 거론하고, 이어서 "시방세계에 털끝 하나
새는 것이 없다"는 말로 결론을 내린 것으로 이해하였다.

제74칙 오구참당烏臼參堂⁵⁸⁶

【古則과 着語】

擧, 烏臼問玄紹二上座 "近離什處" 〔一口吞盡〕 僧云 "江西" 〔不妨好
箇消息〕 臼便打. 〔是則是 太麤生〕 僧云 "久聞和尚有此機要" 〔賴是
知落處〕 臼云 "汝旣不會 第二箇近前來" 〔還容得人 擬議也無〕 僧擬
議 〔果然恁麼去〕 臼亦打. 〔作家宗師 就中難得〕 云 "同坑無異土
參堂去"

＊就中(취중): 그중. 그 가운데. 가운데서. 중간에서 (어떤 일을 하다).
＊賴(의뢰할 뢰): 의뢰하다. 힘입다. 생떼를 쓰다. 덮어씌우다. 마침. 다행히.

오구烏臼⁵⁸⁷가 현玄과 소紹 두 상좌에게 물었다. "어디서 왔는가?"
  〔한 입에 다 삼켜버렸다.〕
  스님이 말했다. "강서江西에서 왔습니다."

---

586 SM 제8권(N.298)에서도 전한다.
587 오구(烏臼, 생몰연대 미상): 마조도일의 법사法嗣.

[대단히 좋은 소식이다.]

오구가 바로 쳤다.

[옳기는 옳지만, 몹시 거칠다.]

스님이 말했다. "오래전부터 화상에게 이런 기요(機要, 요지, 관건)가
있다는 것을 들었습니다."

[다행히도 확실히 낙처落處를 알고 있다.]

오구가 말했다. "너는 알지 못한다. 두 번째 사람은 앞으로 오라."

[머뭇거리는 사람을 용납할 리가 있겠는가.]

스님이 머뭇거리자,

[과연, 이런 식이로구먼.]

오구가 또 쳤다.

[(이런) 작가종사는 그 가운데서도 얻기 어렵다.]

그리고는 말했다. "같은 구덩이에 다른 흙은 없다. 승당으로 가라!"

[拈古와 着語]

雪竇云 "宗師眼目須至恁麼〔自達磨西來 唐土討一箇也難得〕如金
翅擘海直取龍吞.〔能取譬喩〕有般漢 眼目未辨東西 拄杖不知顚倒
〔故是杜撰長老〕只管說照用同時人境俱奪"〔便作座主見解〕

※杜撰(두찬): 출처가 확실하지 않은 문자를 쓰거나 오류가 많음.

설두가 말했다. "종사宗師의 안목은 모름지기 이래야 하니,

〔달마가 서쪽에서 온 이래로 당나라에서는 (이런) 한 놈을 찾는 것이야말로 어렵다.〕

금시조가 바다를 쪼개 곧바로 용을 잡아 삼키는 것처럼 해야 한다.

〔비유도 들 줄 아는구먼.〕

하지만 어떤 이는 안목이 동과 서도 가려내지 못하고, 주장자가 거꾸로 자기를 향한 줄도 모르면서

〔그렇기 때문에 두찬(杜撰, 오류가 많은) 장로인 것이다.〕

오로지 조용동시照用同時[588]와 인경구탈人境俱奪[589]을 말하려고만 한다."

〔바로 좌주座主의 견해를 내는구먼.〕

---

588 임제의현의 시중示衆에 다음과 같이 전한다.

我有時先照後用 有時先用後照 有時照用同時 有時照用不同時. 先照後用有人在 先用後照有法在. 照用同時 駈耕夫之牛 奪飢人之食 敲骨取髓 痛下鍼錐 照用不同時 有問有答 立賓立主 合水和泥 應機接物 若是過量人 向未擧已前 撩起便行 猶較些子

"나는 어떤 때는 먼저 비추고 뒤에 행하며, 어떤 때는 먼저 행하고 뒤에 비추며, 어떤 때는 비춤과 행함을 동시에 하며, 어떤 때는 비춤과 행함을 동시에 하지 않는다.

먼저 비추고 뒤에 행할 때는 사람이 있고, 먼저 행하고 뒤에 비출 때는 법이 있다. 비춤과 행함을 동시에 할 때는 밭가는 농부의 소를 빼앗고, 굶주린 사람의 밥을 빼앗으며, 뼈를 두드려 골수를 얻고, 아프게 침을 놓는다. 비춤과 행함을 동시에 하지 않을 때는 물음이 있으면 답이 있고, 손님이 있으면 주인이 있고, 물과 진흙을 화합하고, 근기에 따라 중생을 제접한다. 만약 과량인過量人이라면 들어 보이기 전에 바로 걸어 올리고 가버릴 것이니, (그래야) 그런대로 조금은 낫다."(졸역, 『임제어록 역주』, p.457~458, 2021, 운주사)

589 제24칙 임제호지의 평창 참조.

〔評唱〕

師云. 烏臼乃馬祖下名望尊宿 玄紹二公 亦是通方作者. 錄中有問答
因緣 (云云) 復擧公案 便打. 過在什麼處. 須是情盡見除無依倚 方見
他古人全機處. 玄紹二上座 也識破也. 便云"久聞和尙有此機要"作麼
生是他機要處 參堂去 有什麼共語處. 直須是情盡. 此是本分草料 難
爲咬嚼. 他通方作者 方知落處."汝旣不會 第二箇近前來"僧擬議"(云
云) 參堂去"若作無語會 <u>是錯此公案</u>. 是從上提綱者格則. 雪竇云"如
金翅鳥擘海直取龍呑 有一般漢 (云云)"雪竇破人情見. 有云"拈棒便
打處 是照用同時 人境俱奪"錯會了也.

＊밑줄 친 是錯此公案은 是錯會此公案으로 이해했다.
＊提綱(제강)＝提要(제요), 提唱(제창): 종지가 되는 중요한 문장을 들어
  뜻을 설명하는 것.

오구는 마조馬祖 문하의 명망 있는 존숙尊宿이고, 현과 소 두 스님
역시 통방작자通方作者이다. 등록(燈錄, 전등록)에 문답한 인연(因緣,
공안)이 (다음과 같이) 있다.

　석구石臼[590] 화상이 처음 마조를 참례하자,
　마조가 물었다. "어디서 왔는가?"
　석구가 말했다. "오구烏臼에서 왔습니다."

590 석구(石臼, 생몰연대 미상): 마조도일의 법사法嗣.

마조가 말했다. "오구가 요즘 어떤 말을 하던가?"

석구가 말했다. "'몇 사람이나 이것에 망연(茫然, 아득)했던가?'라고 합니다."

마조가 말했다. "망연은 그만두고, 초연일구悄然一句는 어떤가?"

석구가 이내 세 걸음 앞으로 다가가자,

마조가 말했다. "내가 일곱 방망이를 쳐야 하지만, 치는 것은 오구에게 맡길 터이니 너는 감당할 수 있겠는가?"

석구가 말했다. "화상께서 먼저 맞으면 제가 뒤를 감당하겠습니다."

그리고는 오구로 돌아갔다.[591]

다시 (본칙) 공안을 들고, (선상을) 쳤다.

허물이 어디에 있는가?

모름지기 생각이 다하고 견해가 없어져 의지하고 기댈 것이 없어야 바야흐로 저 고인의 전기처全機處를 보게 될 것이다.

현과 소 두 상좌도 알았다. (그래서) 곧바로 말하기를 "오래전부터 화상께 이런 기요(機要, 요지, 관건)가 있다는 것을 들었다"고 한 것이다. 어떤 것이 오구의 기요처機要處인가? (또) "승당으로 가라!"고 한

---

591 운운云云을 졸역, 『마조어록 역주』, pp.141~143에서 옮겨 수록했다. 전등록 제8권에서도 동일하게 전한다.

石臼和尙初參祖 祖問 "什麼處來" 臼云 "烏臼來" 祖云 "烏臼近日有何言句" 臼云 "幾人於此茫然在" 祖云 "茫然且置 悄然一句作麼生" 臼乃近前三步 祖云 "我有七棒 寄打烏臼 你還甘否" 臼云 "和尙先喫 某甲後甘" 却迴烏臼.

것에 무슨 공어처(共語處, 함께 이야기를 나눈 곳)가 있는가? 모름지기 생각(情)이 다해야 할 것이다. 이것은 본분초료本分草料여서 되씹어보기가 어렵다. 통방작자通方作者라야 비로소 낙처를 알 수 있는 것이다.

"그대는 모른다. 두 번째 사람은 가까이 오라!"고 했는데, 스님이 머뭇거렸다. (그러자) 선사가 바로 치고 말하기를 "같은 구덩이에 다른 흙은 없다. 승당으로 가라!"고 했는데, (여기서) 만약 이것을 무어(無語, 아무런 말이 없었던 것, 대답 못한 것)로 알면 이 공안을 잘못 안 것이다. 이것은 예로부터 제강자(提綱者, 종지가 되는 요지를 제기하는 사람)의 격칙(格則, 격식과 법칙)이다.

설두가 말하기를 "금시조가 바다를 쪼개 곧바로 용을 잡아 삼키는 것처럼 해야 한다. 하지만 어떤 이는 안목이 동과 서도 가려내지 못하고 주장자가 거꾸로 자기를 향한 것인 줄도 모르면서 오로지 조용동시와 인경구탈만 말하려고 한다"고 한 것은 설두가 (이 같은) 사람들의 정견情見을 부숴버린 것이다. (그런데도) 어떤 이는 말하기를 "방망이를 들어 바로 친 곳이 조용동시이고, 인경구탈이다"고 하는데, 이것은 잘못 안 것이다.[592]

---

592 참고로 SM에서는 원오의 염拈을 다음과 같이 전한다.

蔣山勤舉此話 連舉雪竇拈 師云 "雪竇明辨古今 分別邪正. 若不知有爭恁麼道. 雖然 只見烏白放行 未明烏白把住. 要知把住處麼. 直得釋迦彌勒 猶爲走使 不敢正眼覷著. 若使據令而行 盡大地人竝須喫棒"

장산근(蔣山勤, 원오극근)이 이 공안(話)을 거론하고 이어서 설두의 염을 거론하고 말했다. "설두가 고금을 분명하게 헤아리고 사邪와 정正을 분별했다. 만약 있다는 것을 알지 못했으면 어찌 이렇게 말할 수 있었겠는가?

비록 이와 같지만 다만 오구가 방행한 것만 봤을 뿐, 오구가 파주한 것은 밝히지 못했다.

파주처를 알고 싶은가?

석가와 미륵이라도 여전히 심부름꾼이어서 바른 눈으로 보지 못할 것이다.
만약 법령에 의거해서 보게 한다면 온 대지 사람들이 함께 모름지기 방망이를
맞아야 할 것이다."

제75칙 설봉천사雪峰天使⁵⁹³

[古則과 着語]

擧, 雪峰問僧 "見說大德曾爲天使來是否"〔和尙得恁麼耳目長〕僧云
"不敢"〔只管喫棒〕峰云 "爭解恁麼來"〔果然 拈起拄杖子〕僧云 "仰慕
道德 豈憚關山"〔已是放過了也〕峰云 "汝猶醉在 出去"〔放行此令〕
僧便出.〔果然〕峰乃召大德 僧回首 峰云 "是什麼"〔且道 是什麼〕
僧亦云 "是什麼"〔箭鋒相拄〕峰云 "這漆桶"〔天下衲僧跳不出〕僧無
語.〔可惜許〕峰却顧謂鏡淸云 "好簡師僧 向漆桶裏折倒"〔殺人不眨
眼漢 更賣弄好手〕淸云 "和尙豈不是據欵結案"〔撞着箇作家〕峰云
"也是我尋常用底. 忽若喚回道 '是什麼' 被他道 '這漆桶' 又作麼生"
〔奪却雪峰槍頭子〕淸云 "成何道理"〔扶强不扶弱〕峰云 "我恁麼及伊
汝又道據欵結案 他恁麼及我 汝又道成何道理 一等是恁麼時節 其間
何故有得有不得"〔雪峰拄杖子 被鏡淸奪了〕淸云 "不見道 醍醐上味
爲世所珍 遇此等人 翻成毒藥"〔智過於師 方堪傳授〕

---

593 SM 제20권(N.803)에서도 전한다.

478

*不敢(불감): 별말씀을 다 하십니다. 천만의 말씀입니다. 황송합니다.

*關山(관산): 고향의 산. 고향. / 관새와 산악.

*憚(꺼릴 탄): 꺼리다. 두려워하다. 수고롭다. 탐하다. 기뻐하다.

설봉雪峰이 어떤 스님에게 물었다. "듣자하니 대덕은 일찍이 천사(天使, 천자의 사신)였다고 하던데, 맞는가?"

　〔화상이 이런 귀와 눈을 얻은 지 오래다.〕

스님이 말했다. "송구합니다."

　〔그저 방망이나 맞아라.〕

설봉이 말했다. "어찌 알고 이렇게 왔는가?"

　〔과연! 주장자를 집어 드는구먼.〕

스님이 말했다. "(선사의) 도덕道德을 우러러 흠모했거늘, 어찌 관산 關山을 꺼려하겠습니까?"

　〔이미 지나쳐버렸다(＝놓쳐버렸다).〕

설봉이 말했다. "그대는 아직도 취해 있다. (썩) 나가라!"

　〔이런 법령도 행하는군.〕

스님이 곧바로 나가버렸다.

　〔과연 (그러면 그렇지)!〕

설봉이 "대덕!" 하고 부르자, 스님이 고개를 돌렸다.

설봉이 말했다. "이것이 무엇인가(是什麽)?"

　〔자, 말해보라! 이것이 무엇인가?〕

스님이 말했다. "이것이 무엇입니까?"

　〔화살 끝이 서로 맞닿았다.〕

설봉이 말했다. "이 칠통아!"

[천하의 납승들도 여기서 벗어나지 못한다.]

스님이 말이 없었다.

[애석하다.]

설봉이 도리어 경청鏡清을 뒤돌아보고, 말했다. "멀쩡한 스님을 칠통 속에 꺾어 넘어뜨렸다."

[사람을 죽이고도 눈 하나 깜짝하지 않는 사람이 또 훌륭한 솜씨를 뽐내고 있다.]

경청이 말했다. "어찌 화상께서 법령에 의거해서 판결을 내린 것이 아니겠습니까!"

[작가와 부딪쳤다.]

설봉이 말했다. "이것 역시 내가 평소에 쓰는 것이다. (그런데도) 만약 부르면 머리를 돌리고, '이것이 무엇인가?'라고 할 때, 그가 '이 칠통!'이라고 한다면, 또 (그대는) 어떻게 하겠는가?"

[설봉의 창끝을 빼앗아버려라.]

경청이 말했다. "'무슨 도리를 이뤘기에 이렇게 말하는가?'라고 할 것입니다."

[강자는 부축해도 약자는 부축하지 않는다.]

설봉이 말했다. "내가 이렇게 그에게 말했더니 그대는 법령에 의거해서 판결을 내린 것이라고 하고, 그가 내게 이렇게 말하면 그대는 '무슨 도리를 이뤘기에 이렇게 말하는가?'라고 할 것이라고 했다. 한결같이 이런 시절이면 그 사이에 무슨 까닭으로 얻음이 있고 얻지 못함이 있겠는가!"

480

〔설봉이 주장자를 경청에게 빼앗겼다.〕

경청이 말했다. "보지 못했습니까! '제호의 뛰어난 맛은 세상에서 귀하게 여기지만, 이와 같은 사람을 만나면 독약이 된다'고 합니다."

〔지혜가 스승보다 뛰어나야 전수해 줄 수 있다.〕594

〔拈古와 着語〕

雪竇云 "看他父子相投 言氣相合. 知者 謂粉骨碎身 此恩難報〔酌然〕不知者 謂扶高抑下 臨危悚人,〔大有人恁麼會〕毒藥醍醐 千載龜鑑〔何止千載 盡未來際 風行草偃〕還會麼. 這漆桶"〔咄 便打 還我話頭來〕

설두가 말했다. "저 부자가 서로 의기투합해서 말이 서로 맞아떨어지는 것을 보라! 아는 사람은 '분골쇄신해도 이 은혜는 갚기가 어렵다'고 하고,

〔분명하다.〕

모르는 사람은 '높은 것은 떠받치고 낮은 것은 억누르면서 위기에 임해서는 사람들을 두렵게 한다'고 한다.

〔이렇게 아는 사람들이 분명히 있다.〕

독약과 제호는 천년의 귀감이다.

〔어찌 천년에만 그치겠는가! 미래제(=세)가 다할 것이다. 바람이 부니 풀이 눕는다.〕

594 덕산선감과 암두전활의 대화 속에 나온다. (졸역, 원오심요 역주, p.37, p.733)

알겠는가? 이 칠통아!"

〔쯧쯧(咄)! (선상을) 쳤다. "나에게 화두를 돌려줘라."〕

〔**評唱**〕

師云. 這僧作貴官來 捨緣出家行脚. 峰云"汝猶醉在"尋常雪峰爲人 如金翅擘海直取龍吞. 故云"盡大地撮來如米粒大"豈不是如金翅擘 海直取龍吞. 雪峰恁麽道. 且道 這僧什麽處是搆雪峰處. 復擧二僧到 雪峰托庵門話 彼中末後無語却毒 這裏末後有語 却傷鋒犯手.

＊搆(얽을 구, 이해 못할 구): 얽어 짜다. (거짓을) 꾸며대다. 음해하다.
 이간하다. 이루다. 맺다. 이해 못하다. 사리를 깨닫지 못하다. 搆와 同字.

이 스님은 신분 높은 벼슬아치(貴官)였는데, (속세의 이) 인연을 버리
고 출가해서 행각을 했다.

  설봉이 말하기를 "그대는 아직도 취해 있다"고 했는데, 평소에 설봉
은 사람을 위하는 것이 마치 금시조가 바다를 쪼개 곧바로 용을 잡아
삼키는 것처럼 했다. 그런 까닭에 이르기를 "온 대지를 손가락으로
집어 드니 마치 쌀 한 톨만 하다"[595]고 한 것이니, (이것이) 어찌 금시조

---

[595] SM 제19권(N.788)에서는 다음과 같이 전한다.

  雪峯示衆云: "盡大地撮來 如粟水粒大 抛向面前 漆桶不會 打鼓普請看" (밑줄
  친 부분의 水는 米의 誤字.)

  설봉이 대중에게 말했다.

가 바다를 쪼개 곧바로 용을 잡아 삼키는 것과 같은 것이 아니겠는가!

　설봉이 이렇게 말했다. (그런데) 자, 말해보라! 이 스님의 어디가 설봉을 이해하지 못한 곳인가?

　다시 두 스님이 설봉에 이르자 암자의 문을 연 공안(二僧到雪峰托庵門話)[596]을 거론하고, (말했다.)

"온 대지를 손으로 집으니 마치 좁쌀만 하다. 눈앞에 던져도 칠통은 알지 못하니 북을 쳐서 울력을 해보라!"

[596] SM 제20권(N.810)에서는 다음과 같이 전한다.

雪峰住庵時 有兩僧來禮拜. 師見來 以手托庵門 放身出云 "是什麼" 僧亦云 "是什麼" 師低頭歸菴. 僧後到嵓頭 頭問 "什麼處來" 僧云 "嶺南來" 頭云 "曾到雪峰麼" 僧云 "曾到" 頭云 "有下言句" 僧舉前話 頭云 "他道什麼" 僧云 "他無語 師低頭歸菴" 頭云 "噫 我當初悔不向他道末後句 若向伊道 天下人不奈雪老何" 僧至夏末 再舉前話 請益 頭云 "何不早問" 僧云 "未敢容易" 頭云 "雪峰雖與我同條生 不與我同條死 要識末後句 只這是"

설봉이 암자에 머물고 있을 때, 두 스님이 예배(禮拜, 참례)하러 왔다.

설봉이 (두 스님이) 온 것을 보고, 손으로 암자의 문을 밀고 몸을 밖으로 내놓으면서 말했다. "이것이 무엇인가?"

스님이 또 말했다. "이것이 무엇입니까?"

설봉이 고개를 숙이고 암자로 돌아갔다.

그 스님이 후에 암두에 이르자, 암두가 물었다. "어디서 오는가?"

스님이 말했다. "영남에서 왔습니다."

암두가 말했다. "설봉에 이른 적이 있는가?"

스님이 말했다. "있었습니다."

암두가 말했다. "무슨 말이 있던가?"

스님이 앞의 일을 이야기하자, 암두가 말했다. "그(설봉)가 무엇을 말하던가?"

스님이 말했다. "그(설봉)는 말이 없이 고개를 숙이고 암자로 돌아갔습니다."

암두가 말했다. "아아(噫, 탄식하는 소리)! 내가 당초에 그에게 말후구를 말해주

거기서는 끝에 말이 없었던 것(無語)이 도리어 독(毒)이 되었고, 여기
서는 끝에 말이 있었던 것(有語)이 도리어 칼끝도 상하고 손도 다치게
했다.

❀

是時鏡淸作侍者 辨得他賓主相見處. 雪峰拈問鏡淸 一開一遮 一收一
放 峰折倒他不下. 豈不見道 "雖是死蛇 解弄也活" 淸云 "成何道理"
何故. 雪峰道卽有分 者僧道卽無分. 峰云 "我恁麼及伊 又道據款結案
他什麼及我 又道成何道理 一等是恁麼時節 其間何故有得有不得" 鏡
淸便與念呪一遍 "醍醐上味 爲世所珍 遇此等人 翻成毒藥" (云云) 千聖
傳來 不墮諸數 直須獨脫 一切處羅籠不得. 若謂得去天下衲僧 被你一
時穿却鼻孔. 又趙州道 "拈一莖草 作丈六金身用 將丈六金身 作一莖
草用" 又雪竇云 "看他父子相投 言氣相合 知者謂粉骨碎身 此恩難報
不知者謂扶高抑下 臨危悚人" "出去 這漆桶" 何處是抑下悚人. 擧龜鑑
事 末後撮作一束 敎人易會.

그때 경청이 시자로 있었는데, (그때 이미) 저 손님과 주인이 만난

지 않은 것이 후회스럽구나! 만약 그에게 말해줬더라면 천하의 사람들이
설봉 노인네를 어찌 하지 못했을 것인데."
스님이 여름 안거가 끝나는 날에 다시 앞의 이야기를 들어 청익을 했다.
암두가 말했다. "왜 일찍 묻지 않았는가?"
스님이 말했다. "감히 (여쭙기가) 쉽지가 않았습니다."
암두가 말했다. "설봉이 비록 나와 같은 가지에서 났지만, 나와 같이 죽지는
않는다. 말후구를 알고자 하는가? 다만 이것뿐이다."

곳을 가려낼 수 있었다. 설봉이 (고칙을) 들어서 물으면 경청은 한 번 열고 한 번 닫으며, 한 번 거두어들이고 한 번 놓아주었으니, 설봉도 그를 꺾어 넘어뜨리지 못했다. 어찌 보지 못했는가! "비록 죽은 뱀일지라도 잘 다루면 살아난다"⁵⁹⁷고 한 것을.

경청이 말하기를 "무슨 도리를 이뤘기에 이렇게 말하는가?라고 하겠다"고 한 것은 무슨 까닭인가? 설봉의 말에는 분수가 있고(有分, 그렇게 말할 만한 자격) 이 스님의 말에는 분수가 없었기(無分) 때문이다. (그래서) 설봉이 말하기를 "내가 이렇게 그에게 말했더니, 그대는 법령에 의거해서 판결을 내린 것이라고 하고, 그가 내게 이렇게 말을 하면 '무슨 도리를 이루었기에 이렇게 말하는가?'라고 할 것이라고 하니, 한결같이 이런 시절이면 그 사이 무슨 까닭으로 얻음이 있고 얻지 못함이 있겠는가!"라고 한 것이다. (또한) 경청이 바로 주문한 편을 암송하듯 말하기를 "제호의 뛰어난 맛은 세상에서 귀하게 여기지만, 이와 같은 사람을 만나면 독약이 된다"고 운운한 것이다.

일천 성인이 전한 것은 모든 수(諸數, 유위의 제법=차별)⁵⁹⁸에 떨어지지 않으니, 즉시 모름지기 홀로 벗어나야 일체처에 가두려 해도 가두지 못하게 되고, 만약 천하의 납승에게 가서 말하면 그대들은 일시에

<hr>

597 설두중현이 자주 쓰는 말이다.
598 유마경 「제자품弟子品」에 "부처님의 몸은 함이 없어 온갖 수에 떨어지지 않는다(佛身無爲 不墮諸數)"고 전한다.
    제수諸數: 수는 법수法數. 유위의 제법은 갖가지 차별의 수가 있기 때문에 제수諸數라고 한다. (數者法數也 有爲之諸法 有種種差別之數 故名諸數., 불학대사전)

(천하납승의) 콧구멍을 꿰뚫게 될 것이다. (그래서) 또한 조주趙州도 말하기를 "한 줄기 풀을 들어 장육금신으로 쓰고, 장육금신을 가지고 한 줄기 풀로 쓴다"[599]고 하고, 또한 설두는 말하기를 "저 부자가 서로 의기투합해서 말이 서로 맞아떨어지는 것을 보라! 아는 사람은 분골쇄 신해도 이 은혜는 갚기가 어렵다고 하고, 모르는 사람은 높은 것은 떠받치고 낮은 것은 억누르면서 위기에 임해서는 사람들을 두렵게 한다고 한다"고 한 것이다.

(설봉이) "(썩) 나가라, 이 칠통아!"[600]라고 했는데, 어디가 사람을 억누르면서 두렵게 한 곳인가? (설두는 경청이 말한) 귀감사(龜鑑事, 제호의 뛰어난 맛은 세상에서 귀하게 여겨지지만, 이와 같은 사람을 만나면 독약이 된다고 한 것)를 들어 끝에 한 묶음(=독약과 제호는 천년의 귀감이라 고 한 것)으로 취합해서 사람들로 하여금 알기 쉽게 하였다.

---

599 SM 제12권(N.431)에서는 다음과 같이 전한다.

趙州示衆云 "此事如明珠在掌 胡來胡現 漢來漢現 老僧把一枝草 爲丈六金身用 把丈六金身 爲一枝草用 佛是煩惱 煩惱是佛" 時有僧問 "未審佛是誰家煩惱" 師云 "與一切人煩惱" 僧云 "如何免得" 師云 "用免作麼"

조주가 대중에게 말했다. "이 일은 마치 밝은 구슬이 손바닥에 있는 것과 같아서 오랑캐가 오면 오랑캐가 드러나고 한인이 오면 한인이 드러난다. 노승은 한 줄기 풀을 쥐고 장육금신으로 쓰고 장육금신을 쥐고 한 줄기 풀로 쓴다. 부처가 곧 번뇌이고, 번뇌가 곧 부처다."
그때 어떤 스님이 물었다. "부처는 어느 집의 번뇌입니까?"
조주가 말했다. "일체인과 함께하는 번뇌이다."
스님이 말했다. "어떻게 하면 면할 수 있습니까?"
조주가 말했다. "면해서 뭐 하게?"

600 처음에 "(썩) 나가라!"와 두 번째 "이 칠통아!"를 합한 것이다.

제76칙 대수보현大隨普賢⁶⁰¹

【古則과 着語】

擧, 僧辭大隨 隨問 "什麼處去"〔不可不知去處〕僧云 "峨眉禮普賢去"
〔峩眉去卽便休 禮拜普賢作什麼〕隨竪起拂子云 "文殊普賢 總在這
裏"〔事生也〕僧畫一圓相 抛向背後.〔元來是屋裏人〕隨喚侍者 將一
貼茶與這僧.〔鈍滯殺人〕雲門別云 "西天斬頭截臂 這裏自領出去"
〔幽州猶自可 最苦是新羅〕

＊峨(높을 아)는 아峩 자와 同字.

어떤 스님이 대수大隨⁶⁰²에게 하직 인사를 하자, 대수가 물었다. "어디로
가는가?"

〔불가불 가는 곳을 알아야 한다.〕

---

601 SM 제20권(N.847)에서도 전한다.

602 대수법진(大隋法眞, 834~919): 위산영우의 법사法嗣. (복주 장경대안의 법을
이었다고도 함.) 참고로 隨 자와 隋 자는 발음이 〔Suí〕로 동일하다.

스님이 말했다. "아미산에 보현보살을 참배하러 갑니다."

〔아미산에 가면 그만이지, 보현보살에게 절은 해서 뭐하는가?〕

대수가 불자拂子를 세우고 말했다. "문수와 보현이 모두 여기에 있다."

〔일 났다.〕

(그러자) 스님이 일원상一圓相을 그리고는 등 뒤로 던져버렸다.[603]

〔원래 이 집안사람이었구먼.〕

대수가 시자를 불러 차 한 봉지를 가져다 이 스님에게 주라고 했다.

〔사람을 몹시 바보로 만들고 있다.〕

운문雲門이 따로 말했다. "(논전論戰에서 지면) 서천에서는 머리를 베고 팔을 자르지만, 여기서는 스스로 죄를 인정하고 출두한다."

〔유주에서는 오히려 괜찮다. 가장 괴로운 것은 신라.〕[604]

〔拈古와 着語〕

雪竇云 "殺人刀 活人劍. 具眼者辨取"〔也是衲僧茶飯〕

설두가 말했다. "사람을 죽이는 칼이요, 사람을 살리는 검이로다. 안목을 갖춘 자는 가려내보라."

〔이 역시 납승의 다반사다.〕

---

603 SM에서는 "僧作圓相 抛向背後 卻展兩手(스님이 일원상一圓相을 그리고는 등 뒤로 던지고, 두 손을 폈다)"라고 전한다.

604 동산록에는 "幽州猶似可 最苦是新羅"라는 표현이 있다.

〔評唱〕

師云. 大隨參六十餘員善知識 在福州安禪師會下 作板頭二十年. (云
云) 大隨竪起拂子 僧畫一圓相. 這僧是潙仰下禪客 畫圓相抛向背後.
且道 是奇特 不是奇特. 大隨喚侍者 將一貼茶與他 是賞 是罰. 是肯他
是不肯他. 雲門別云 "西天斬頭截臂 這裏自領出去" 擧外道論義負墮
卽斬. 若會雲門意 識得大隨雪竇.

대수大隨는 60여 명의 선지식을 참례하고, 복주福州 안 선사安禪師[605]의
회하에서 20년을 판두(板頭, 수좌)[606]로 있었다.

  (대수가 어디로 가는지를 묻자, 스님이 "아미산에 보현보살을 참배
하러 간다"고 한 것을) 운운하고, (말했다.)
  대수가 불자拂子를 세우자, 이 스님이 일원상一圓相을 그렸다. 이
스님은 위앙潙仰 문하의 선객禪客이어서 원상을 (하나) 그리고, 등
뒤로 던져버렸다. 자, 말해보라! 기특한가, 기특하지 않은가?

---

605 복주대안(福州大安, 793~883): 정경대안·연성淵聖대사·원지圓智대사라고도
   함. 백장회해의 법사法嗣.
606 판두板頭: 승당 안 각 판판의 맨 처음에 위치한 것을 가리킨다. 예를 들면
   동북·서북·서남·동남에 4개의 평상이 있고, 항상 평상에는 각기 5인이 앉는다.
   계납戒臘에 따라 앉게 되는데, 네 평상의 앞자리를 합해 4판두라고 한다.
   순서에 따라 수좌판두·후당판두·입승판두·서당판두라고 부른다. (指僧堂中
   各板單之初位. 如東北 西北 西南 東南四床 每床各有五人 依戒臘之次第居坐 四床之初
   位合稱四板頭. 依次稱爲首座板頭 後堂板頭 立僧板頭 西堂板頭, 불광대사전)

대수가 시자를 불러 차 한 봉지를 그 스님에게 주라고 했다. 이것은
상인가, 벌인가? 그를 긍정한 것인가, 그를 긍정하지 않은 것인가?

운문이 따로 말하기를 "(논전論戰에서 지면) 서천에서는 머리를
베고 팔을 자르지만, 여기서는 스스로 죄를 인정하고 출두한다"고
했는데, 이것은 "외도外道가 논의論義를 하는데 승부에서 지면 (자신의
머리를) 베겠다"[607]고 한 것을 거론한 것이다. 만약 운문의 (이 말)

---

607 SM 제1권(N.21)에 다음과 같이 전한다.

世尊因長爪梵志索論義 約曰 "我義若墮 我自斬首" 世尊曰 "汝義以何爲宗" 梵志
曰 "我義以一切不受爲宗" 世尊曰 "是見受不" 梵志拂袖而去 至中路乃省 謂弟子
曰 "我當廻去 斬首謝世尊" 弟子曰 "我師於人天衆前 幸當得勝 何以斬首" 梵志
曰 "我寧於有智人前斬首 不於無智人前得勝" 乃自嘆云 "我義有兩處負墮 是見
若受 負門處麤 是見不受 負門處細 一切人天二乘 皆不知我義墮 唯有大覺世尊
與諸菩薩 知我義墮" 廻至佛所云 "我義兩處負墮故 當斬首以謝世尊" 佛言 "我法
中 無如是事 汝當廻心向道出家" 於是 五百人 一時投佛出家 各得果證(有本大
同小異)

세존이 장조 범지와 논의하는데 범지가 약속하면서 말했다. "제가 논의에서
지면 제 스스로 머리를 자르겠습니다."
세존이 말했다. "그대의 논의는 무엇으로 종宗을 삼는가?"
범지가 말했다. "나의 논의는 일체를 받아들이지 않는 것으로 종을 삼습니다."
세존이 말했다. "이 견해(일체를 받아들이지 않는 것으로 종을 삼는다는 견해)를
받아들이고 있지 않는가?"
그러자 범지가 소매를 떨치고 물러갔다.
그가 길 가는 도중에 부처님의 말씀을 깨닫고 그의 제자들에게 말했다. "나는
마땅히 돌아가 머리를 베어 세존께 사과해야 되겠다."
제자들이 말했다. "저희 스승께서는 인간·하늘 무리들 앞에서 이기셨거늘
어째서 머리를 베겠다고 하십니까?"

뜻을 알면 대수와 설두를 알게 될 것이다.

범지가 말했다. "나는 차라리 지혜가 있는 사람 앞에서 목을 벨지언정, 지혜 없는 사람에게 이기기를 원치 않는다."

그리고는 스스로 탄식하며 말했다. "나의 논의는 두 곳에서 졌으니 이 견해를 받아들이면 진 곳이 거칠고, 이 견해를 받아들이지 않으면 진 곳이 세밀할 것이다. 일체의 인간·하늘 그리고 2승들은 모두 내가 논의에서 진 것을 모르지만, 오직 대각세존과 모든 보살들만 내가 논의에서 진 것을 안다."

부처님이 계신 곳으로 돌아가 말했다. "저의 논의는 두 곳에서 졌기 때문에 마땅히 머리를 베어 세존께 사과드리겠습니다."

세존이 말했다. "나의 법에는 그런 일이 없다. 그대는 마땅히 마음을 도道에 돌려 출가하라."

이에 500인과 함께 일시에 부처님께 귀의하여 출가해서 각기 과위를 증득했다.

(어떤 본에서는 대체로 같으나 조금은 다르게 전하기도 한다.)

제77칙 운문신라雲門新羅[608]

[古則과 着語]

擧, 雲門問新羅僧 "汝是什處人" 〔旣知更問作什麽〕 僧云 "新羅人"
〔實頭人難得〕 門云 "將什麽過海" 〔是他始得〕 僧云 "草賊大敗" 〔猶較
些子〕 門云 "爲什麽在我手裏" 〔第二杓來也〕 僧云 "恰是" 〔也較些子〕
門云 "一任踔跋跳" 〔可惜許〕

＊第二杓는 제2작악수第二杓惡水[609]로 읽었다.

운문雲門이 신라에서 온 스님에게 물었다. "그대는 어디 사람인가?"

---

608 SM 제24권(N.1064)에서도 전한다. 제78칙과 함께 읽어야 한다.
609 제2작악수第二杓惡水: 본래 제2차의 매서운 기법을 가리킨다. 학인을 제접해서
　　교화할 때 제2차로 사용하는 방식으로 말하는 어조가 제1차보다 격렬하고
　　악랄하기가 더 심하다. 그런 까닭에 선림에서 일찍이 "두 번째 구정물이 더
　　독하다"는 말이 있게 되었다. (第二杓惡水 本指第二次之嚴厲機法 卽接化學人時
　　第二次所用之方式 所說之語鋒 遠比第一次激烈毒辣 故禪林夙有 第二杓惡水更毒之
　　語, 불광대사전)

〔이미 알면서 다시 물어 뭘 하려는 것인가?〕

스님이 말했다. "신라 사람입니다."

〔진실한 사람은 얻기가 어렵다.〕

운문이 말했다. "무엇으로 바다를 건넜는가?"

〔바로 저것이어야 한다.〕

스님이 말했다. "초적이 대패했습니다."

〔오히려 (이 말은) 봐줄 만하다.〕

운문이 말했다. "어째서 내 손안에 있는가?"

〔두 번째 (구정물) 바가지다.〕

스님이 말했다. "그런 것 같군요."610

〔역시 조금은 봐줄 만하다.〕

운문이 말했다. "마음대로 날뛰어라."

〔애석하다.〕

〔拈古와 着語〕

雪竇云 "雲門老漢龍頭蛇尾 放過這僧. 爲什麼在我手裏〔也是停囚長智〕恰是 劈脊便打"〔打云 "也不移一時"〕

설두가 말했다. "운문 노장이 용두사미가 되어 이 스님을 놓쳤다. '어째서 내 손안에 있는가?'라고 하자,

〔역시 죄수로 오래 있더니 꾀만 늘었다.〕

---

610 SM에서는 "恰是"한 곳에 설두가 별어別語로 "噓噓!"한 것으로 전한다.

'그런 것 같군요'라고 했을 때, 등판때기를 후려갈겼어야 했다."

〔(선상을) 치고 말했다. "역시 한꺼번에 변하지는 않는구나."〕

〔評唱〕

師云. 且道 打他作麽. 若道是過 <u>眉鬚墮落</u> 這箇驗人. 這僧也是作家
將什麽過海. 落在第二頭.

＊밑줄 친 부분의 鬚(수염 수)는 須(모름지기 수)로 읽었다.

자, 말해보라! 그를 쳐서 뭘 하려는 것인가?

만약 이것으로 건넜다고 말했다면 눈썹이 빠졌을 것이다. (왜냐하
면) 이것(="무엇으로 바다를 건넜는가?"라고 한 것)은 사람을 시험해보기
위한 것이기 때문이다. 이 스님도 역시 작가인데, (자! 그렇다면)
무엇으로 바다를 건넜는가?

제2두第二頭에 떨어졌다.

제78칙 북선자복北禪資福⁶¹¹

[古則과 着語]

擧, 北禪問僧 "近離什處" 〔與前一般〕 僧云 "黃州" 〔不可不實頭〕
禪云 "夏在什麼處" 〔更饒一路〕 僧云 "資福" 〔有事相借問〕 禪云 "福將
何資" 〔入草也〕 僧云 "兩重公案" 〔也不得放過〕 禪云 "爭奈在我手裏"
〔却似雲門弟子相似〕 僧云 "在手裏卽收取" 〔與新羅僧同參〕 禪便打.
〔作家宗師 天然有在〕 這僧不甘 隨後趁出. 〔盡令而行 始是本分〕

북선北禪⁶¹²이 어떤 스님에게 물었다. "어디에서 왔는가?"

〔앞에 (운문이 물은) 것과 똑같다.〕

스님이 말했다. "황주黃州에서 왔습니다."

〔불가불 착실하다 할 수밖에 없다.〕

북선이 말했다. "여름 안거는 어디서 보냈는가?"

---

611 SM 제27권(N.1238)에서도 전한다.

612 북선(北禪, 생몰연대 미상): 운문문언의 법사法嗣. 오통대사悟通大師·북선적北禪
寂·적오공寂悟空 등으로 불림.

〔다시 한 길을 덧붙이는군.〕

스님이 말했다. "자복資福⁶¹³에 있었습니다."

〔일이 있으면 서로 시험 삼아 한번 물어봐야 한다.〕

북선이 말했다. "자복은 어떤 말로 제자들에게 보이는가?"

〔풀 속으로 들어갔다.〕

스님이 말했다. "양중공안兩重公案이로군요."

〔역시 놓쳐서는 안 된다.〕

북선이 말했다. "내 손안에 있는 것을 어찌 하겠는가?"

〔운문의 제자답다.〕

스님이 말했다. "손안에 있으면 거둬 주십시오."

〔신라에서 온 스님과 도반이로구먼.〕

북선이 바로 쳤다.

〔작가종사에게는 천연스러운 것이 있다.〕

이 스님이 달가워하지 않자, 바로 뒤이어 쫓아냈다.

〔법령을 다 행해야 비로소 본분(本分, 本分事)을 다했다고 할 수 있다.〕

〔拈古와 着語〕

雪竇云 "奇怪 宛有超師之作.〔也不消得 據款結案〕 還知這僧麼. 只 解貪前 不能顧後.〔直饒解顧前後 打了也是趁出〕 若在雪竇手裏 棒 折也未放在"〔打云 "未折在"〕

---

613 자복여보(資福如寶, 생몰연대 미상): 위앙종. 서탑광목西塔光穆의 법사法嗣.

설두가 말했다. "기괴하다! 완연히 스승을 뛰어넘는 작략이 있다.

〔그런 것(=작략)도 필요가 없다. 법령에 따라 판결을 내라.〕

이 스님을 알겠는가? 앞만 탐할 줄 알았지, 뒤를 돌아볼 줄 몰랐다.

〔설사 앞뒤를 돌아볼 줄 알았다 하더라도 (주장자로) 쳐서 역시 쫓아내야 한다.〕

만약 설두의 손 안에 있었으면 방망이가 부러져도 놓아주지 않을 것이다."

〔(선상을) 치고 말했다. "(아무리 쳐도) 부러지지 않는다."〕

〔評唱〕

師云. 北禪是雲門弟子. "福將何賚" 大凡勘辨 須是趯翻方勘得. "爭奈在我手裏" 所以道 "生擒活捉"

＊趯(뛸 적, 뛸 약): 뛰다. (발로) 차다. 치다. 놀라다.
＊翻(날 번): 날다. 나부끼다. 뒤집히다. 뒤집다. 번역하다. 변하다. 도리어.
＊生擒(생금)과 活捉(활착)은 모두 생포하다·사로잡다의 뜻이다.

북선은 운문의 제자다.

"자복은 무슨 말로 제자들에게 보이는가?"(라고 했는데,) 무릇 감변勘辨하려면 모름지기 발로 차고 뒤집어야 바야흐로 감파(勘, 점검)할 수 있는 것이다. "내 손 안에 있는 것을 어찌 하겠는가?"(라고 했는데,) 그래서 이르기를 "산 채로 잡는다"고 하는 것이다.

제79칙 목주시중睦州示衆⁶¹⁴

【古則과 着語】

擧, 睦州示衆云 "我見百丈不識好惡. 〔也有些子〕大衆方集 以拄杖一時打下. 〔正令當行〕復召大衆 衆回首〔龍頭蛇尾〕丈云 '是什麼' 有什麼共語處.⁶¹⁵〔是則是 忒煞不近人情〕黃蘗和尙 大衆方集 以拄杖一時打下. 〔也是正令當行〕復召大衆 衆回首. 〔兩重公案〕蘗云 '月似彎弓 少雨多風' 猶較些子"〔摸揉索不着〕

＊不近人情(불근인정): 성질이 괴팍하다. (행위가) 인지상정에 맞지 않다.
＊彎弓(만궁): 활시위를 잡아당기다.

목주睦州가 대중에게 말했다. "내가 보기엔 백장百丈은 좋고 나쁨도 모른다.

---

⁶¹⁴ SM 제16권(N.646)에서도 전한다.
⁶¹⁵ 전산본에서는 有什麼共語處를 원오의 착어로 표기하고 있다. 역자는 SM을 따라 목주의 시중 일부분으로 편집하고 번역했다.

498

〔그래도 조금은 있다.〕

대중이 모이자, 주장자를 쳐서 한꺼번에 쫓아냈다.

〔올바른 법령을 마땅히 행했다.〕

(그리고는) 다시 대중을 부르자, 대중이 고개를 돌렸는데,

〔용두사미이다〕

백장이 말하기를 '이것이 무엇인가?'라고 했다. (여기에) 무슨 함께 이야기를 나눈 곳(共語處)이 있는가?

〔옳기는 옳지만, 아주 인정머리가 없다.〕

황벽黃檗 화상은 대중이 모이자, 주장자를 쳐서 한꺼번에 쫓아냈다.

〔역시 올바른 법령을 마땅히 행했다.〕

(그리고는) 다시 대중을 불렀는데, 대중이 고개를 돌렸다.

〔양중공안이다.〕

(그러자) 황벽이 말하기를 '달이 마치 활시위를 잡아당긴 것과 같으니 비는 적게 오고 바람은 많이 불 것이다'고 했는데, 조금은 봐줄 만하다."

〔더듬어 찾을 수가 없다.〕

〔拈古와 着語〕

雪竇云 "說什麼猶較些子. 直是未在.〔也是山僧曾道來〕若據雪竇衆集一時打下便休.〔有什麼繾續 有什麼諑訛〕或有箇無孔鐵鎚爲衆竭力〔也未是闍黎分上事〕善能擔荷〔只恐承當不得〕可以籠罩古今 乾坤把斷"〔朝打三千 暮打八百〕雪竇驀拈拄杖云〔險〕"放過一著"〔龍頭蛇尾作什麼〕

＊籠罩(농조): 덮어씌우다. 뒤덮다. 휩싸이다. 자욱하다. 자욱이 끼다.

설두가 말했다. "무슨 '조금은 봐줄 만한 것이 있다'느니 하는 (그런)
말을 하는가? 조금도 없다.

〔역시 산승도 말한 적이 있다.〕

　만약 설두라면 대중이 모였을 때 주장자를 한 번 치고, 바로 쉬었을
것이다.

〔(여기에) 무슨 올가미가 있고, 무슨 난해한 것이 있겠는가?〕

　혹시 구멍 없는 철추 같은 사람이 대중을 위해 있는 힘을 다해

〔역시 스님의 분상에 있는 일은 아니다.〕

　(이 공안을) 잘 짊어질 수 있다면

〔다만 알지 못할까 염려스러울 따름이다.〕

　고금을 뒤덮고 하늘과 땅을 움켜쥘 수 있을 것이다."

〔(여기다 대고 무슨 말을 하면) 아침에 삼천 번 치고 저녁에 팔백
번 쳐야 한다.〕

　설두가 갑자기 주장자를 들고, 말했다.

〔험(險, 위험하다)!〕

　"한 수 놓쳤다."

〔용두사미다. 뭐하는 거야?〕

〔評唱〕

師云. 睦州嗣黃蘗 雲巖在百丈二十年爲侍者 後嗣藥山. 到藥山 山問

"百丈有何言句" 擧前話 至"是什麼" "有什麼共語處" 山云 "有此奇特事"
睦州會拈 先去頭邊道云 "我見百丈不識好惡 大衆方集 以拄杖一時打
下 復召大衆 衆回首 丈云 是什麼" 又拈 "猶較些子" 睦州意作麼生.
這些子全機. 提來硬糾糾地 雪竇善擔荷. 驀拈拄杖云 "放過一著" 且道
雪竇前頭爲人 後頭爲人. 無事試定當看.

＊定當(정당): 타당하다. 적당하다. 순조롭다. 반드시. 꼭.

목주睦州는 황벽의 법을 이었고, 운암雲巖[616]은 백장의 처소에서 20년
동안 시자를 했는데, 뒤에 약산藥山의 법을 이었다.

(운암이) 약산에게 갔는데, 약산이 묻기를 "백장에게 무슨 말이
있던가?"고 하였다.
(그런데 목주는 운암과 약산이 나눈) 앞의 이야기[617]를 거론하면서

---

616 운암담성(雲巖曇晟, 782~841): 백장회해를 참학, 그 후 약산유엄의 법사法嗣.
617 SM 제13권(N.520)에서는 다음과 같이 전한다.

潭州雲嵓曇晟禪師 初參藥山 山問 "甚麼處來" 師云 "百丈來" 山云 "百丈有何言
句" 師云 "有時云 '一句子百味具足'" 山云 "鹹卽鹹味 淡卽淡味 不鹹不淡 是常味
作麼生是 百味具足底句" 師無對 山云 "爭奈目前生死何" 師云 "目前無生死"
山云 "三十年在百丈 俗氣也不除" 又問 "海兄更說什麼法" 師云 "有時道 三句外
省去 六句外會取" 山云 "三千里外 且喜沒交涉" 山又問 "更說什麼法" 師云
"有時上堂了 大衆下堂次 復召大衆 大衆迴首 乃云 '是什麼'" 山云 "何不早恁麼
道" 師於言下有省.

담주 운암담성 선사가 처음 약산을 참례하자, 약산이 물었다. "어디서 오는가?"

(운암이) "이것이 무엇인가?"라고 한 데 이르러, (말하기를) "무슨 함께 이야기를 나눈 곳(共語處)이 있는가?"라고 하였다.

(또한 이 말은 바로) 약산이 "이런 기특한 일이 있었어!"[618]라고 한 것을 목주가 알고 염拈을 한 것인데, 먼저 앞의 부분을 빼고 말하기를 "내가 보기에 백장은 좋고 나쁨도 모른다. 대중이 모이자, 주장자로 한꺼번에 쳐서 쫓아냈다. (그리고는) 다시 대중을 부르자, 대중이 고개를 돌렸는데, 백장이 말하기를 '이것이 무엇인가?'라고 하였다"고

운암이 말했다. "백장에서 옵니다."

약산이 말했다. "백장에게 무슨 말이 있던가?"

운암이 말했다. "어떤 때는 '일구에 백 가지 맛이 갖춰져 있다'고 합니다."

약산이 말했다. "짜면 짠 맛이고, 싱거우면 싱거운 맛, 짜지도 싱겁지도 않은 것이 일상의 맛인데, 어떤 것이 백 가지 맛을 갖춘 언구인가?"

운암이 대답을 못하자, 약산이 말했다. "눈앞에 생사가 있는데 어찌 하겠는가?"

운암이 말했다. "눈앞엔 생사가 없습니다."

약산이 말했다. "30년이나 백장에 있었으면서 속기俗氣도 없애지 못했구나." 또 물었다. "해(백장) 형이 다시 무슨 법을 설했는가?"

운암이 말했다. "어느 때는 '3구 밖을 살펴라, 6구 밖에서 깨쳐라'라고 하였습니다."

약산이 말했다. "삼천리 밖이다. 전혀 관계가 없다."

또 물었다. "또 무슨 법을 설했는가?"

운암이 말했다. "어느 때는 법당에 올라 설법을 마치고 대중이 승당으로 내려갈 때, 다시 대중을 부르고는 합니다. (그런데 그때) 대중이 고개를 돌리면 '이것이 무엇인가?'라고 합니다."

운암이 말했다. "어째서 진작 이것을 말하지 않았는가?"

스님이 이 말에 살핌(깨침)이 있었다.

618 상기 註의 밑줄 친 부분을 원오가 의역한 것으로 이해했다.

한 것이다.

또한 (황벽이 말한 것에)⁶¹⁹ 염하기를 "그런대로 조금은 봐줄 만하다"고 했는데, 목주의 뜻이 무엇인가? 여기에 약간의 전기(全機,=현기묘용 玄機妙用)가 있는데, 단단하게 얽힌 것을 집어 들어 설두가 짐을 잘 졌다.

(그런데) 갑자기 주장자를 들고, 말하기를 "한 수 놓쳤다"고 했다. 자, 말해보라! 설두는 앞에서 사람을 위한 것인가, 뒤에서 사람을 위한 것인가? 일 없을 때(無事) 시험 삼아 판정해보라!⁶²⁰

---

619 황벽黃檗 화상은 대중이 모이자, 주장자를 쳐서 한꺼번에 쫓아냈다. (그리고는) 다시 대중을 불렀는데, 대중이 고개를 돌렸다. (그러자) 황벽이 말하기를 '달이 마치 활시위를 잡아당긴 것과 같으니 비는 적게 오고 바람은 많이 불 것이다'고 한 것을 말한다.

620 참고로 SM에서는 원오의 염拈을 다음과 같이 전한다.

圜悟勤擧此話 連擧雪竇拈 師云 "古人各出一隻手提振綱宗 誘掖後進 功不浪施 子細點檢將來 百丈將棒喚狗 未免相顧睢眦 黃檗香餌綴鉤吞著 喪身失命 睦州 當衆擧覺 與賊過梯 雪竇要人擔荷 無風起浪 今日摠不伊麼 各請歸堂"

원오극근이 이 공안을 거론하고, 이어서 설두의 염을 거론하고, 말했다. "고인이 각각 한 쪽 손을 내밀어 강종綱宗을 들어 후진을 이끌어 도와준 것은 그 공功을 함부로 행한 것이 아니니, 자세히 점검해보라.

백장은 방망이를 가지고 개를 불렀으나 서로 쳐다보면서 눈만 부릅뜨는 것을 면치 못했고, 황벽은 향기로운 미끼로 갈고리에 엮어 삼키게 했지만 목숨을 잃었고, 목주는 대중을 위해 공안을 제시해 일깨워줬지만 도적에게 사다리를 건네줬고, 설두는 사람들이 짐을 지기를 원했지만 바람도 없는데 물결을 일으켰다.

오늘 모두 이렇지 못하니, 각자 승당으로 돌아가라."

제80칙 현사원상玄沙圓相[621]

[古則과 着語]

擧, 玄沙見鼓山來 作一圓相.〔是卽是 太煞起模畫樣生〕山云 "人人
出這箇不得"〔撞見作家也 須分明擧似〕沙云 "情知汝向驢胎馬腹中
作活計"〔此猶是天下人摸搎不着處〕山云 "和尙又作麼生"〔渾無丈
夫氣息〕沙云 "人人出這箇不得"〔被他奪却槍頭了也〕山云 "和尙恁
麼道得 某甲恁麼道 爲什麼不得"〔只管喫棒〕沙云 "我得汝不得"〔識
什麼好惡〕

＊情知(정지): 확실하게 알다.
＊撞見(당견): (뜻밖에) 만나다(마주치다).

현사玄沙가 고산鼓山[622]이 온 것을 보고, 일원상을 그렸다.
　〔옳기는 옳지만, 너무 본(＝모형)을 떠 그림을 그리고 있다.〕

---

621 SM 제23권(N.986)에서도 전한다.

622 고산신안(鼓山神晏, ?~943): 설봉의존의 법사法嗣.

고산이 말했다. "사람들마다 이것을 벗어나지 못합니다."

〔작가와 마주쳤다(=작가의 견해와 부딪혔다). 모름지기 (있었던 사실 그대로를) 분명하게 전해야 한다.〕

현사가 말했다. "그대가 나귀의 태와 말 뱃속에서 활발하게 계교부리고 있다는 것을 확실하게 알겠다."

〔이것은 다만 천하 사람들이 더듬어 찾을 수 있는 곳이 아니다.〕

고산이 말했다. "화상은 또 어떻습니까?"

〔전혀 장부의 기백이 없다.〕

현사가 말했다. "사람들마다 이것을 벗어나지 못한다."

〔그에게 창끝을 빼앗겨버렸다.〕

고산이 말했다. "화상께서 이렇게 말한 것은 맞다고 하면서 제가 이렇게 말한 것은 어째서 맞지 않다고 하십니까?"

〔그저 방망이나 맞으면 된다!〕

현사가 말했다. "나는 맞지만, 그대는 맞지 않다."

〔무슨 좋고 나쁨을 알겠는가!〕

〔拈古와 着語〕

雪竇拈云 "只解貪觀白浪 不知失却手橈"〔只如雪竇又作麽生 打云 人人出這箇不得〕

＊橈(굽을 요, 노): 굽은 나무. (배의) 노. 굽히다. 구부리다.

설두가 염拈했다. "단지 흰 물결을 보는 것만 玩할 줄 알았지, 손에서
노를 잃어버린 줄은 몰랐다."

〔"그건 그렇고, 또 설두는 어떤가?"(선상을) 치고 말했다. "사람들마
다 이것을 벗어나지 못한다."〕

〔評唱〕

師云. 備頭陀作一圓相 直須子細參究. 直是奇特 只恐你錯會."情知汝
向驢胎馬腹裏作活計"若透得過 方知玄沙重重慈悲 粉骨碎身 此恩難
報. 擧 玄沙不見一法爲大過患(云云)相似我得汝不得 赤心片片. 擧
外道問佛 說不定法公案 正是這箇樣子 直是絶情塵意想 不拘是非得
失. 打得脫落洒洒地 然後可以與此相合無愧.

※打得脫落洒洒地는 쇄쇄낙락洒洒落落과 같은 뜻으로 읽었다.

비 두타(備頭陀, 현사사비)가 그린 일원상은 즉시 자세히 참구해야
한다. 그야말로 기특한데, 다만 그대들이 잘못 알까 염려스러울 따름
이다.

(현사가 말하기를) "그대가 나귀의 태와 말 뱃속에서 활발하게
계교부리고 있다는 것을 확실하게 알겠다"고 했는데, 만약 꿰뚫으면
바야흐로 현사의 두텁고 두터운 자비를 알게 되겠지만, 분골쇄신하더
라도 이 은혜는 갚기가 어려울 것이다.

현사가 '한 법도 보지 않으면 큰 허물이 된다'고 한 것을 들면서

운운한 것[623]은 (앞에서) "나는 맞지만, 그대는 맞지 않다"고 한 것과
비슷하며, (이는) 조각조각 거짓 없고 참된 마음(赤心)이다.

　외도가 부처에게 물은 것을 들어서 부정법不定法을 설한 공안[624]은
바로 이것의 본보기(樣子, 표본)이고, 바로 정진의상(情塵意想, 육근육경
으로 생각하는 것)을 끊고 시비是非와 득실得失에 구애되지 않은 것이니,

623　30칙 '현사과환'편, 고칙 참조.

624　SM 제1권(N.13)에 다음과 같이 전한다.

　世尊因外道問 "昨日說何法" 曰 "說定法" 外道云 "今日說何法" 曰 "不定法"
　外道云 "昨日說定 今日何說不定" 曰 "昨日定 今日不定"

　세존께 외도가 물었다. "어제는 무슨 법을 설하셨습니까?"
　세존께서 말씀하셨다. "정법定法을 설했다."
　외도가 또 물었다. "오늘은 무슨 법을 설하셨습니까?"
　세존께서 말씀하셨다. "부정법不定法을 설했다."
　외도가 말했다. "어제는 정법을 설하시고, 오늘은 어째서 부정법을 설하셨습
　니까?"
　세존께서 말씀하셨다. "어제는 정법이고, 오늘은 부정법이다."

　참고로 상기 부정법공안에 대한 원오의 염拈을 다음과 같이 전한다.
　大小世尊 龍頭蛇尾 若是天寧 卽不然 忽有問 早朝說什麼法 只對云 不定法
　卽今說什麼法 對云定法 或云 早朝不定 而今爲什麼定 卽向他道 一鉤便上
　세존 정도 되는 양반이 용두사미가 되었다. 만약 천녕(天寧, 원오 자신)이라면
　그렇지 않을 것이다. 홀연히 누군가 이른 아침 무슨 법을 설했냐고 물으면
　다만 부정법不定法이라 대답을 하고, 지금 무슨 법을 설했냐고 물으면 정법定法
　이라 대답해 줄 것이다. 혹 이른 아침엔 부정법을 설하더니 지금은 어째서
　정법을 설하는 것이냐고 하면 바로 그에게 하나의 낚시 바늘에 걸려들었다고
　할 것이다.

쇄쇄낙락洒洒落落해서 그런 다음 이것과 서로 합할 수 있어야 그릇됨이 없는 것이다.[625]

---

625 참고로 SM에서는 본칙에 대한 원오의 염拈을 다음과 같이 전한다.

酌然遮一條路 作者方知. 直得窮天地亘萬古而不移 消劫石空芥城而無盡 便是 透關底 也須急着眼始得 一等是與麽時節 爲什麽我得汝不得 切忌向驢胎馬腹 裏作活計.

분명 이 한 길은 작자라야 알 수가 있다. 천지가 다하고 만고에 뻗치도록 옮기지 않고, 겁석劫石이 닳고 개자성(芥城)이 텅 비어 다함이 없게 돼도, 관문을 꿰뚫은 사람이라면 모름지기 급히 착안해야 한다. 한결같이 이런 시절이 있는데, 어째서 나는 맞는데 그대는 맞지 않다는 것인가? 나귀 태와 말 뱃속에서 활발하게 계교를 부리지 말라.

제81칙 남전매신南泉賣身[626]

【古則과 着語】

擧. 南泉示衆云"王老師賣身去也. 還有人買麼"〔奇怪〕一僧出衆云
"某甲買"〔釣得一箇〕泉云"不作貴不作賤 作麼生買"〔太煞誵訛〕
僧無語.〔可惜許〕臥龍代云"和尙屬某甲"〔收〕禾山代云"是何道理"
〔不得翻款〕趙州云"明年與和尙作一領布衫"〔此語最毒〕

＊賣(팔 매): 팔다. / 買(살 매): 사다.

남전南泉이 대중에게 말했다. "왕 노사가 몸을 팔겠다. 살 사람이 있나?"
　　〔기괴하다(＝기이하고 괴상하다).〕
　　어떤 스님이 대중 가운데서 나와 말했다. "제가 사겠습니다."
　　〔한 놈을 낚았다.〕
　　남전이 말했다. "비싸지도 않고 싸지도 않은데, 어떻게 사겠는가?"

---

626 SM 제6권(N.204)에서도 전한다. 다만 조주의 대어代語 대신 명초明招의 대어를
　　전하는 차이가 있다.

〔몹시 난해(誦訛)하다.〕

스님이 말이 없었다.

〔애석하다.〕

와룡臥龍⁶²⁷이 대신 말했다. "화상은 제 것입니다."

〔수(收, 거두어라).〕

화산禾山⁶²⁸이 대신 말했다. "무슨 도리로 그렇게 말씀하신 것입니까?"

〔법 조목(款)을 뒤집지는 못했다.〕

조주趙州가 말했다. "내년에 화상께 적삼 한 벌을 지어 드리겠습니다."

〔이 말이 가장 독하다.〕

[拈古와 着語]

雪竇云 "雖然作家競買 要且不解輸機. 且道 南泉還肯麼.〔直饒肯也是堦下漢〕雪竇也擬酬箇價 直令南泉進且無門 退亦無地.〔少賣弄〕不作貴不作賤作麼生買〔看雪竇有什麼伎倆〕別處容和尚不得"
〔將爲多少奇特〕

＊堦下(계하): 낮은 곳에 있는 것을 비유함. / 堦=階(섬돌 계)

---

627 경조와룡(京兆臥龍, 생몰연대 미상): 낙포원안의 법사法嗣.
628 화산무은(禾山無殷, 884~960): 구봉도건의 법사法嗣.

510

설두가 말했다. "비록 작가가 경매競買를 했지만, 결국에는 수기輪機[629]
할 줄 몰랐다. 자, 말해보라! 남전이 긍정했겠는가?

〔설사 긍정했더라도 역시 계하한(墀下漢, 섬돌 아래 있는 놈, 남의
처분이나 받는 놈)이다.〕

(나) 설두도 값을 따져 응수해서 곧바로 남전으로 하여금 나아가려
해도 문이 없고, 물러나려 해도 역시 몸 들 곳이 없게 할 것이다.

〔잘난 체하지 말라!〕

비싸지도 않고 싸지도 않은데 어떻게 사겠냐고 물으면,

〔설두에게 어떤 기량이 있는가를 보라!〕

'(여기서는 그래도 괜찮지만) 다른 곳에서는 화상을 용납하지 않을
것입니다'고 말할 것이다."

〔다소 기특하다고 하려고 했는데….〕

〔評唱〕

師云. 著槽廠去 客作擔板漢. 臥龍道 "和尙屬某甲" 禾山云 "世間無比"
趙州驟步澗脚 拳踢手搦 難爲摸捺 機輪轉處 作者猶迷. 所以 古人道
"向上提綱 非情塵所測" 雪竇道 "別處容和尙不得" 輪機 慶藏主猶自貶
剝他.

---

629 수기輪機에는 (어떤) 일을 만나 결단하지 못하다·앉아서 기회를 놓치다 등의
사전적인 뜻이 있지만, 여기서는 그런 뜻이 아니다. 경매할 때 사려는 사람이
보내는 일종의 수신호手信號처럼 서로 의기투합하는 것으로 이해했다.

＊槽廠(조창)： 마구간(馬房). 방앗간.
＊客作(객작)： 임시로 고용되다. 타향에서 일을 하다. 품삯을 받고 일하다.
＊驟步(취보)： 뛰어감.

"방앗간으로 가라, 품팔이 담판한아!"[630]

와룡은 말하기를 "화상은 제 것입니다"고 하고, 화산은 말하기를
"세간에는 견줄 것이 없습니다"[631]고 했는데, 조주는 성큼성큼 빠르게
달려가 주먹질을 하고 발로 차며 손으로 눌렀으니, 기륜전처(機輪轉處
=法輪轉處)를 더듬어 찾기 어렵고 작자作者조차도 미혹해진다. 그래서
고인이 이르기를 "향상의 강요를 제시하는 것은 티끌 같은 정식으로
헤아릴 바가 아니다"[632]고 한 것이다.
　설두가 말하기를 "(여기서는 그래도 괜찮지만) 다른 곳에서는 화상
을 용납하지 않을 것입니다"고 한 것은 수기輪機인데, 경장주慶藏主[633]
는 여전히 그를 깎아내리고 있다.

---

630 원오가 앞의 세 선사들처럼 대어代語를 한 것으로 이해했다.
631 본칙에서는 "무슨 도리로 그렇게 말씀하신 것입니까?"라고 답을 했다.
632 向上提綱 非情塵所測은 정확히 누구의 말인지는 알 수 없다.
633 당시 원오가 많이 의지했던 스님으로 벽암록에 자주 등장한다.

제82칙 수유일궐茱萸一橛⁶³⁴

【古則과 着語】

擧, 茱萸把一橛竹上堂.〔兩箇三箇 成羣作隊 作什麽〕"還有虛空裏釘
得橛麽"〔這老漢熱發作麽〕時有靈虛上座出云 "虛空是橛"〔已是隨
語生解了也〕萸便打.〔好打〕靈云 "莫錯打某甲"〔猶自口喃喃〕萸便
休去.〔可惜許〕

수유茱萸⁶³⁵가 대나무 말뚝 하나를 쥐고, 상당上堂했다.

〔둘 셋 무리를 져서 뭐 하게?〕

"허공에 말뚝을 박을 사람이 있는가?"⁶³⁶

〔이 노장이 열을 내서 뭐 하려는 거야?〕

그때 영허靈虛 상좌⁶³⁷가 나와 말했다. "허공이 말뚝입니다."

---

634 SM 제13권(N.503)에서도 전한다.

635 악주수유(鄂州茱萸, 생몰연대 미상): 남전보원의 법사法嗣.

636 SM에서는 "허공에 말뚝을 박지 말라(莫向虛空裏釘橛)"로 전한다.

637 전등록에서는 금륜가관(金輪可觀, 설봉의존의 제자)으로 전한다.

〔이것도 이미 말을 따라 지혜를 낸 것이다.〕

수유가 쳤다.

〔잘 쳤다.〕

영허가 말했다. "저를 잘못 치지 마십시오."

〔여전히 중얼중얼(喃喃)거리는구먼.〕

수유가 쉬었다.[638]

〔애석하다.〕

[拈古와 着語]

雪竇云 "若要此話大行 直須打了趕出"〔堪作什麼 且道 意在什麼處〕

설두가 말했다. "만약 이 공안(話)이 널리 유행하기를 바란다면 모름지기 바로 쳐서 내쫓아야 한다."

〔(그래서) 무엇을 하려고? 자, 말해보라! 그 뜻이 어디에 있는가?〕

〔評唱〕

師云. 擧 香嚴上樹話 擧 潙山有句無句話 古人踏著上頭關板子 不慚爲人通箇消息 是奇特處. 靈云 "虛空是橛" 雖然爲衆竭力 爭奈禍出私門. "莫錯打某甲" 臨危不變始驚羣. 胡釘鉸見趙州 只這縫尙不奈何 是這般底正好打. 若明此意 千千萬萬人羅籠不住.

---

638 SM에서는 수유가 방장실로 돌아간 것(師便歸方丈)으로 전한다.

514

* 關捩는 관려(關捩, 빗장과 술대)가 맞다. (혼용하기도 한다.)

* 捩(채 려): 채 비틀다. / 捩(술대 려): 술대. 문빗장.

향엄 상수화香嚴上樹話[639]를 거론하고, 위산 유구무구화潙山有句無句
話[640]를 거론하고, (말했다.)

---

639 제7칙 향엄수어 편 참조.

640 SM 제9권(N.357)에서는 다음과 같이 전한다.

潙山示衆曰 "有句無句 如藤倚樹" 疎山問 "承師有言 有句無句如藤倚樹 忽然樹
倒藤枯 句歸何處" 師呵呵大笑 疎山云 "某甲四千里賣布單來 和尙何得相弄"
師喚侍者 取錢還者上座 遂囑云 "向後有獨眼龍 爲子點破去在" 後到明招 擧前
話 招云 "潙山可謂頭正尾正 只是不遇知音" 疎山復問 "樹倒藤枯 句歸何處"
招云 "更使潙山笑轉新" 疎山於言下有省 乃云 "潙山元來笑裏有刀"

위산이 대중에게 말했다. "유구有句와 무구無句는 마치 등나무가 나무에 기댄
것과 같다."

소산(疎山, 소산광인)이 물었다. "듣자하니 스님께서는 유구와 무구는 마치
등나무가 나무에 기댄 것과 같다고 하셨다는데, 홀연히 나무가 넘어지고
등나무가 마르면 언구(句)는 어디로 돌아갑니까?"

선사가 가가대소 했다.

소산이 말했다. "제가 사천 리 밖에서 베를 팔아 홀로 왔는데, 화상께서는
어째서 놀리십니까?"

선사가 시자를 불러 돈을 가져다가 스님에게 주라고 하고는 당부의 말을
했다. "향후 독안룡이라는 자가 그대를 위해 감파해 줄 것이다."

후에 명초(明招, 명초 독안룡)를 찾아가서 앞의 일을 말하자, 명초가 말했다.
위산은 가위 머리도 바르고 꼬리도 바르다고 할 만하지만, 다만 지음知音을
만나지 못했구나."

소산이 다시 물었다. "나무가 넘어지고 등나무가 마르면 언구는 어디로 돌아갑
니까?"

고인은 맨 꼭대기의 관려자(關捩子, 깨달음의 핵심)를 밟고 사람들에게 소식을 알리는 것을 부끄러워하지 않았으니, 이것이 (바로) 기특처奇特處다.

영허가 말하기를 "허공이 말뚝입니다"고 하면서 비록 대중을 위해 있는 힘을 다했지만, 화화禍가 자기에게서 나온 것을 어찌 하겠는가!

(영허가 또) "저를 잘못 치지 마십시오"라고 했는데, 위기에 처해서도 (일상적인 태도가 조금도) 변하지 않아야 비로소 무리를 놀라게 할 수 있는 것이다.

호정교胡釘鉸[641]가 조주를 만나 (조주가 호정교에게 말하기를) "단지 이 한 땀도 어쩌지 못하면서…"[642]라고 했는데, 바로 이런 것이 잘

명초가 말했다. "다시 위산의 웃음을 새롭게 하는구나."

소산이 이 말에 깨침(省)이 있어 말했다. "위산의 웃음에는 원래 칼이 있었구나."

참고로 이에 대한 원오의 염을 다음과 같이 전한다.

圜悟勤云 "我嘗問五祖演 有句無句如藤倚樹是如何 祖曰 描也描不成 畫也畫不就 又問 忽遇樹倒藤枯是如何 祖曰 相隨來也"

"내가 일찍이 오조 법연에게 묻기를 '유구와 무구가 마치 등나무가 나무에 기댄 것과 같을 때는 어떻습니까?'라고 하자, 오조께서 말씀하시기를 '그리려 해도 그리지 못한다'고 하셨다. 또 '홀연히 나무가 넘어지고 등나무가 마르면 어떻습니까?'라고 물었는데, 오조께서 '서로 따라왔다'고 하셨다."

[641] 호령능(胡令能, 생몰연대 미상): 젊었을 때는 수공업 노동자로 일했다. 그래서 시로 이름을 떨친 뒤에도 이웃에서는 그를 호정교胡釘鉸라고 부름. 열자列子를 좋아하고 선학禪學의 영향을 받았으며, 이후 고향으로 돌아가 은거함.

[642] SM 제18권(N.749)에서는 다음과 같이 전한다.

鎭州保壽沼禪師問胡釘鉸 "莫便是胡釘鉸否" 鉸云 "不敢" 師云 "還釘得虛空麼"

516

친 것이다. 만약 이 뜻을 밝히면 천천만만千千萬萬의 사람들이 그물을 쳐 잡아두려 해도 잡아둘 수 없게 될 것이다.

鉸云"請打破將來" 師便打 鉸云"莫錯打某甲" 師云"他後有多口阿師 與你點破 去在"鉸後到趙州 舉前話門 "不知某甲過在甚處" 州云"只這一縫 尚不奈何"鉸 於此有省.

진주 보수 소 선사가 호정교에게 물었다. "호정교가 아닌가?"
호정교가 말했다. "외람됩니다."
선사가 말했다. "허공에 못을 박을 수 있겠는가?"
호정교가 말했다. "청컨대, 먼저 허공을 부셔주십시오."
선사가 치자, 호정교가 말했다. "저를 잘못 치지 마십시오."
선사가 말했다. "훗날 말 많은 스님이 그대를 점검해 줄 것이다."
후에 호정교가 조주에게 가서 앞의 이야기를 전하고, 물었다. "저의 허물이 어디에 있습니까?"
조주가 말했다. "단지 이 한 땀(縫)도 어쩌지 못하면서…."
이에 호정교가 깨침이 있었다.

참고로 상기 고칙에 대한 설두의 염을 다음과 같이 전한다.
雪竇顯拈 "我要打者三箇漢. 第一打趙州 不合瞎却胡釘鉸眼 第二打保壽 不能 塞斷趙州口 第三打胡釘鉸 不合放過保壽" 驀拈拄杖云"更有一介" 大衆一時走 退. 乃擊禪床一下.

"나는 이 세 사람을 치고자 한다. 첫째는 조주를 쳐야 하는데, 호정교의 눈을 멀게 한 것이 마땅하지 않기 때문이고, 둘째는 보수를 쳐야 하는데, 조주의 입을 막지 못했기 때문이며, 셋째는 호정교를 쳐야 했는데, 보수를 놓친 것이 마땅하지 않기 때문이다."
(그리고는) 맥연히 주장자를 집어 들고, 말했다. "또 하나가 있다."
(그러자) 대중이 일시에 달아나서 물러가버렸다. 이에 선상을 한 번 쳤다.

제83칙 협산생사夾山生死⁶⁴³

【古則과 着語】

擧, 夾山與定山同行語話次 定山云 "生死中無佛 則無生死"〔只得一
邊〕夾山云 "生死中有佛 則不迷生死"〔也只得一邊〕互相不肯. 同上
大梅相見了 具說前事.〔這漢自家金剛王寶劒在什麼處〕夾山問云
"未審那箇親那箇疎" 梅云 "一親一疎"〔作家宗師〕夾山云 "那箇親"
〔猶自不惺惺〕梅云 "且去明日來"〔兩重三重〕夾山來日又問 (云云)
梅云 "親者不問 問者不親"〔直得雨淋頭〕夾山後住院云 "我當時在
大梅 失却一隻眼"〔貧兒思舊債〕

＊雨淋(우임): 비에 젖다.

협산夾山과 정산定山이 함께 걸으며 이야기를 나누다가, 정산이 말했다.
"생사 가운데 부처가 없으면 생사도 없다."
　〔단지 한 쪽을 얻었을 뿐이다.〕

SM 제8권(N.266)에서도 전한다.

518

협산이 말했다. "생사 가운데 부처가 있으면 생사에 미혹되지 않는다."

〔역시 단지 한 쪽을 얻었을 뿐이다.〕

서로 긍정하지 않았다.

(그래서) 함께 대매大梅를 뵙고, 앞의 일을 모두 말씀드렸다.

〔이 친구들은 자기(자신)의 금강왕보검을 어디에 두고 있는가?〕

협산이 물었다. "어떤 것이 가깝고 어떤 것이 먼지 잘 모르겠습니다."

대매가 말했다. "하나는 가깝고, 하나는 멀다."

〔작가종사다.〕

협산이 말했다. "어떤 것이 가깝습니까?"

〔여전히 성성(惺惺, 총명)하지 못하군.〕

대매가 말했다. "일단 갔다가 내일 오라."

〔두 겹 세 겹이다.〕

협산이 다음 날 또 물었다. "어떤 것이 가까운지 잘 모르겠습니다."[644]

대매가 말했다. "가까운 자는 묻지 않고, 묻는 자는 가깝지 않다."

〔곧장 비를 맞아 머리가 젖었다.〕

협산夾山[645]이 뒤에 절에 주석할(住院, 주지가 되었을) 때 말했다. "내가 당시 대매에 있을 때 일척안一隻眼을 잃었었다."

---

644 원문의 운운云云을 앞의 물음을 인용해 실었다.

645 누구를 칭하는 것인지 정확히 알 수 없다. 다만 잘 알려진 인물로는 선자덕성船子德誠의 법을 이은 협산선회(夾山善會, 805~881)가 있다. 또한 동행했던 정산定山은 위산영우의 제자 가운데 정산신영定山神英이 있다.

〔가난한 사람이 묵은 빚을 생각하고 있다.〕

〔拈古와 着語〕

雪竇云 "夾山畢竟不知換得一隻眼. 〔也須是八面受敵 不妨玲瓏〕大
梅老漢當時聞擧 若以棒一時打出〔且道 打他作什麼〕豈止劃斷兩人
葛藤. 亦乃爲天下宗匠"〔已在言前 不勞重擧〕

설두가 말했다. "협산이 필경 일척안―隻眼을 바꿀 줄을 몰랐다.

　〔모름지기 팔면으로 적을 받아들여야 영롱하다고 할 수 있다.〕

　대매 노인네가 당시 거론한 것을 듣고, 만약 방망이로 한꺼번에
쳐서 쫓아냈더라면

　〔자, 말해보라! 그를 쳐서 뭘 하려는가?〕

　어찌 두 사람의 말(葛藤, 시비)을 끊어버리는 것에만 그쳤겠는가!
나아가 천하 종장의 말도 끊어버렸을 것이다."

　〔이미 언어 이전이다. 거듭 거론하려고 애쓰지 말라.〕

〔評唱〕

師云. 且道 大梅打他作麼生. 二人同論生死爲大事 研窮要到極則處.
不見永嘉道 "不是山僧逞人我 修行恐落斷常坑" 夾山明日又上來問 有
多少譸訛. 梅云 "親者不問 問者不親" 似馬前相撲 却推在夾山身上.
辨龍蛇兮眼何正 擒虎兕兮機不全.

＊兕(외뿔소 시) : 외뿔소. 무소(코뿔소)의 암컷.

자, 말해보라! 대매가 그들을 쳤다면 어떠했을까? 두 사람은 함께 생사 대사를 의논하고 궁구해서 극칙처極則處에 이르고자 했다.

보지 못했는가! 영가永嘉가 말하기를 "산승이 인상과 아상을 드러내려는 것이 아니라, 수행하다가 단斷·상常의 구덩이에 떨어질까 염려한 것이다"[646]고 한 것을.

협산이 다음 날 또 올라와서 물었는데, (여기에) 난해한 것이 조금 있다. (왜냐하면) 대매가 말하기를 "가까운 자는 묻지 않고, 묻는 자는 가깝지 않다"고 했으니, (이는) 달리는 말 앞에서 서로 치고 박고 하다가 도리어 협산 쪽으로 밀어버린 것 같기 때문이다.

"용과 뱀을 가려냄이여!
어찌 눈이 바르지 않겠는가.
호랑이와 외뿔소를 사로잡음이여!
어찌 기(機. 솜씨)가 온전하지 않겠는가."[647]

---

646 증도가에 전한다.

647 설두록 가운데 조영집祖英集에 전하는 게송의 일부이다. 원오는 설두의 이
말로 결어를 했다.

참고로 벽암록 제11칙, 송頌에 대한 평창에서는 다음과 같이 전한다.

(중략) 雪竇道 "端居寶海定龍蛇 是龍是蛇 入門來便驗取 謂之定龍蛇眼擒虎兕
機. 雪竇又道 定龍蛇兮眼何正 擒虎兕兮機不全.

설두가 말했다. "이 세계의 가운데 앉아 용과 뱀을 구분한다"고 했는데, 용인가,
뱀인가? 문으로 들어오면 곧 시험하니, 이를 일러 용과 뱀을 구분하는 안목이요,

호랑이와 무소를 사로잡는 기(機, 솜씨)라 한다."

설두가 또 말했다. "용과 뱀을 정함이여! 어찌 눈이 바르지 않겠는가. 호랑이와 외뿔소를 잡음이여! 어찌 기기機가 온전하지 않겠는가."

원오는 정定 자를 변辨 자로 바꿨을 뿐이다. 참고로 SM에서는 본칙에 대한 또 다른 원오의 송頌과 염拈을 다음과 같이 전한다.

〔송頌〕

有佛不迷	부처가 있으면 미혹하지 않고
無佛則無	부처가 없으면 (미혹도) 없다.
大梅頂門眼正	대매의 정문안은 바르니
劃時已驗親疎	획을 그을 때 이미 멀고 가까움을 시험했네.
家抱荊山璞	집은 형산의 옥을 안았고
人握靈蛇珠	사람은 신령스런 뱀의 구슬을 쥐었네.
失卻與換得	(한쪽 눈을) 잃어버린 자와 바꾼 자가
同歸故殊途	같이 돌아가지만 길이 다르기 때문에
作家金鎚當面擲	작가가 금방망이를 눈앞에 던져버리니
臨機俊鶻趁不及	기에 임해서는 매가 쫓아도 미치질 못하네.
將謂赤鬚胡	붉은 수염의 오랑캐가 있다고 말하려 했는데
更有胡鬚赤	다시 수염이 붉은 오랑캐가 있구나.

〔염拈〕

"是卽是 兩口金剛寶劍 要且拂掠虛空. 金山卽不然. 生死爲諸佛根基 諸佛乃生死爐鞴. 若解嶮絶承當 卽證六通八解"

"옳기는 옳지만, 두 자루 금강보검으로 허공을 베어야 한다. (나) 금산(金山, 원오)은 그렇지 않다. 생사는 모든 부처의 근본이 되는 기반이요, 모든 부처는 생사의 화로와 풀무이다. 만약 험준한 것을 끊어 알아차리면 곧 6신통과 8해탈을 증득할 것이다."

제84칙 보복영양保福羚羊[648]

[古則과 着語]

擧, 僧問保福 "雪峰平生有何言句 得似羚羊掛角時"〔險〕福云 "我不
可作雪峰弟子不得"〔三千里外 望風啓告〕

＊望風(망풍): 동정을 살피다. 망을 보다. 소문을 듣다. 멀리서 흠모하다.

어떤 스님이 보복保福에게 물었다. "설봉雪峰에게 평생 어떤 언구言句가
있었기에 영양이 뿔을 거는 것과 같은 시절을 얻은 것입니까?"
　〔험(險, 위험하다)!〕
　보복이 말했다. "내가 설봉의 제자가 아니라고 해서는 안 된다."
　〔삼천 리 밖에서 우러러 사모하여 말하는 것이다.〕

---

648 SM 제22권(N.976)에서도 전한다.

【拈古와 着語】

雪竇云 "一千五百箇布衲 保福較些子" 〔隨邪逐惡 作麼 直下未夢
見在〕

설두가 말했다. "천오백 포납(布衲, 납자) 가운데 보복이 조금 낫다."
〔삿된 것을 따르고 나쁜 것을 따라서[649] 뭐 하겠는가? (보복 같은
이런 사람은) 바로 꿈속에도 보지 못했다.〕

〔評唱〕

師云. 明眼漢沒窠臼 不將實法繫綴人家男女. 直得似羚羊掛角相似
方爲得人 無聲色 無蹤跡 亦摸索揉不著. "我不可作雪峰弟子不得"有
咬猪狗底手脚 明剝剝地. 所以 雪竇恁麼拈.

＊實法(실법) : 인연에 의하여 생긴 영원불변의 실체적 존재. 불교에서는
   모든 현상적 존재는 가법假法이며, 실법이라 여기는 것은 중생의 미집迷執이
   라 규정함.
＊剝=剝(벗길 박). (가죽을) 벗기다. 깎다. 벗다. 드러내다. 쪼개다. / 剝剝
   (박박) : 나무를 쪼는 소리. 문을 똑똑 두드리는 소리. 산지박山地剝 괘
   참조.

---

649 隨邪逐惡(수사추악)은 수군수대(隨羣逐隊, 무리를 따라 행동하는 것으로 독립성이
   없고 주관이 없는 것의 비유)처럼 쓸데없는 것을 따른다는 뜻으로 읽었다.

눈 밝은 사람은 과구(고정관념, 窠臼)도 없고, 실법實法으로 세상 사람들을 묶으려고 하지도 않는다. 곧바로 영양이 뿔을 거는 것과 같은 시절을 얻어야 바야흐로 사람을 얻었다고 할 것이니, (이런 사람은) 성색聲色도 없고 자취도 없으며, 또한 더듬어 찾을 수도 없다.

"내가 설봉의 제자가 아니라고 해서는 안 된다"고 한 것에는 돼지를 무는 개의 솜씨[650]로 벗겨내고 벗겨내서 분명하게 한 (어떤) 것이 있었다. 그래서 설두가 이렇게 (천오백 포납 가운데 보복이 조금 낫다고) 염拈한 것이다.[651]

---

650 운문록 제1권에 다음과 같이 전한다.

若未有箇入頭處 遇著本色咬猪狗手脚 (이하 생략)

만약 들어갈 곳(入頭處)이 있지 않으면 돼지를 물어뜯는 개와 같은 솜씨를 가진 본색本色을 만나서 …

651 참고로 SM에서는 본칙에 대한 원오의 염拈을 다음과 같이 전한다.

孔翠羽毛 麒麟頭角 重重光彩 的的相承 要明陷虎之機 須施嶮崖之句. 雖然如是 只知與麽來 不知與麽去. 或有問山僧 '五祖平生 有何言句 得似羚羊挂角時' 只對他道 '不敢辜負先師' 委悉麽. 山高豈导白雲飛.

孔翠羽毛　공작의 푸른 깃털이고

麒麟頭角　기린의 뿔이니,

重重光彩　겹겹의 광채이고,

的的相承　분명한 계승이다.

호랑이를 함정에 빠뜨리는 기략을 밝히려면 모름지기 벼랑 같은 험준한 말을 시설해야 한다. 비록 이와 같지만, 단지 이렇게 오는 것만 알았을 뿐 이렇게 가는 것을 알지 못했다.

혹 어떤 이가 산승에게 오조五祖는 평생 어떤 언구가 있었기에 마치 영양이 뿔을 거는 것과 같은 시절을 얻으셨습니까? 라고 묻는다면, 다만 그에게 선사를

저버리지 못한다고 할 것이다. 알겠는가?

산이 높다고 어찌 흰 구름이 넘어가는 것을 막겠는가!

제85칙 파릉조의巴陵祖意[652]

【古則과 着語】

擧, 僧問巴陵 "祖意敎意是同是別" 〔同則總同 別則總別〕 陵云 "鷄寒
上樹 鴨寒下水" 〔也是說道理〕 僧問睦州 "祖意敎意是同是別" 〔不同
不別〕 州云 "靑山自靑山 白雲自白雲" 〔也是說道理〕

어떤 스님이 파릉巴陵에게 물었다. "조사의 뜻과 경전의 뜻이 같습니까,
다릅니까?"

〔같으면 모두 같고, 다르면 모두 다르다.〕

파릉이 말했다. "닭은 추우면 나무 위로 올라가고, 오리는 추우면
물에 들어간다."

〔(이것) 역시 도리道理[653]를 말한 것이다.〕

---

652 SM 제27권(N.1221)에서도 전한다. (다만 목주와의 문답은 설두의 염에서 소개하는
차이가 있다.)

653 사물을 꿰뚫는 본래 참 뜻을 도리라고 한다. 도리라는 것은 통달해서 걸림이
없다는 것을 말한다. (通貫事物本眞之義曰道理. 道理者通達無礙之謂, 불학대사전)

어떤 스님이 목주睦州에게 물었다. "조사의 뜻과 경전의 뜻이 같습니까, 다릅니까?

〔같지도 않고 다르지도 않다.〕

목주가 말했다. "청산은 스스로 청산이고, 백운은 스스로 백운이다."

〔(이것) 역시 도리道理를 말한 것이다.〕

〔拈古와 着語〕

雪竇云 "問旣一般 答亦相似.〔爭奈水乳不分〕其中有利他自利 瞞人自瞞.〔自利利他卽得 瞞人自瞞未得〕若點撿分明 管取解空第一"〔已點撿了也 還有解空底麼〕

*管取(관취): 틀림없이. 반드시. 꼭.

설두가 말했다. "물음이 똑같으니, 답 또한 서로 비슷하다.

〔물과 우유를 나눌 수 없는 것을 어찌 하겠는가?〕

그 가운데 이타利他도 있고 자리自利도 있어 남을 속이기도 하고 자기를 속이기도 한다.

〔자리이타를 얻으면 남을 속이지도 자신을 속이지도 못한다.〕

만약 분명하게 점검하면 틀림없이 해공제일解空第一일 것이다."

〔이미 점검했다. 공空을 아는 자가 있는가?〕

528

〔評唱〕

師云. 擧 座主問白馬夾山事 此箇公案 須是具眼底人 方解見透. 巴陵
睦州 宗旣不同 爲什麽答處皆顯. 英靈衲子 試請辨看.

좌주가 백마白馬[654]와 협산夾山에게 물었던 일[655]을 거론하고, (말했다.)

---

654 백마담조(白馬曇照, 생몰연대 미상): 남전보원의 법사法嗣.

655 전등록 제15권, 예주 협산 선회 선사 편에 다음과 같이 전한다. (참고로 SM에서는
전하지 않는다.)

西川首座遊方至白馬 擧華嚴敎語問曰 "一塵含法界無邊時如何" 白馬曰 "如鳥
二翼 如車二輪" 首座曰 "將謂禪門別有奇特事 元來不出敎乘" 乃迴本地 尋嚮夾
山盛化 遣小師持前語而問師 師曰 "雕沙無鏤玉之譚 結草乖道人之思" 小師迴
擧似首座 首座乃讚 "將謂禪門與敎意不殊 元來有奇特之事" 問 "如何是夾山境"
師曰 "猿抱子歸靑嶂裏 鳥銜華落碧巖前"

서천의 수좌가 제방을 다니다가 백마에 이르러 화엄경의 말씀을 거론하고,
물었다. "한 티끌이 끝없는 법계를 머금었을 때는 어떻습니까?"
백마가 말했다. "새의 두 날개와 같고, 수레의 두 바퀴와 같다."
수좌가 말했다. "선문禪門에는 특별히 기특한 일이 있을 것이라고 여겼는데,
원래 교승敎乘에서 벗어나질 못하는군요."
그리고는 바로 고향(本地, 본래 머물던 곳)으로 돌아갔다. 이윽고(尋, 얼마 지나지
않아) 협산의 교화가 성대하다는 것을 듣고, 제자(小師)를 보내 앞의 이야기를
(협산) 선사에게 묻게 했다.
선사가 말했다. "모래에 새겼다고 해서 옥을 새길 수 있다고 말할 수 없고,
띳집을 지었다고 해도 도인의 생각과는 어긋난다."
제자가 돌아가 수좌에게 앞의 이야기를 전하자, 수좌가 찬탄하며 말했다.
"선문과 교의가 다르지 않다고 여겼는데 원래 기특한 일이 있구나."

　이 공안은 모름지기 안목을 갖춘 사람이라야 꿰뚫어 볼 수 있다. 파릉과 목주는 종파(宗)도 같지 않은데, 어째서 답처答處가 모두 뚜렷한(＝명확한) 것인가?

　영리한 납자(英靈衲子)는 시험 삼아 한번 가려내보라!

　물었다. "어떤 것이 협산의 경계입니까?"

　선사가 말했다. "원숭이가 새끼를 안고 푸른 산봉우리 뒤로 돌아가고, 새가 꽃을 입에 물고 푸른 바위 앞에 내려앉는다."

제86칙 조주답화趙州答話[656]

【古則과 着語】

擧, 趙州示衆云 "今夜答話去也 有解問者出來"〔慣開飯店子 不怕大
肚漢〕時有僧出作禮.〔也是作家〕州云 "比來抛塼引玉 引得箇墼子"
〔若不得這老漢 爭辨得他眞僞〕法眼擧問覺鐵觜 "先師意作麼生"
〔這老漢出世也 爲人眼在什麼處〕覺云 "如國家拜將" 乃問 "甚人去
得"〔打葛藤去也〕時有人出云 "某甲去得"〔與這僧同參〕云 "汝去不
得"〔趙州再生〕法眼云 "我會也"〔你道眞箇會 只是詐明頭知〕

＊比來(비래): 근래. 요새. 최근.
＊墼(날벽돌 격): 날벽돌. 아직 굽지 않은 벽돌.
＊拜將(배장): 장수의 벼슬을 제수함.

조주趙州가 대중에게 말했다. "오늘 밤엔 답을 하겠다. 물을 것이 있는
사람은 나와라."

---

656 SM 제12권(N.433)에서도 전한다.

〔관례대로 음식점을 열었으니 배불뚝이라도 두렵지 않다.〕

그때 어떤 스님이 나와 절을 하자,

〔역시 작가다.〕

조주가 말했다. "좀 전엔 벽돌을 던져 옥을 얻으려 했는데,[657] **날벽돌을 얻었구나."**

〔만약 이 노장이 아니었더라면 어찌 저 스님의 진위를 가려낼 수 있었겠는가.〕

법안法眼이 앞의 일을 들어 각철취覺鐵觜[658]**에게 물었다. "선사(先師, 조주)의 뜻은 어떻습니까?"**

〔이 노장이 세상에 나온 것이야말로 사람을 위한 것인데, 그 안목이 어디에 있는가?〕

각철취가 말했다. "국가에서 장수에게 벼슬을 주는 것과 같습니다."

그리고는 이내 물었다. "누가 가면 되겠는가?"

〔갈등 속으로 들어가는군.〕

그때 어떤 사람이 나와 말했다. "제가 가겠습니다."

〔이 스님과 동참(同參, 도반)이군(=똑같은 놈이군).〕

말했다. "그대는 가지 못한다."

〔조주가 다시 태어났다.〕

법안이 말했다. "나는 알았다."

---

[657] 포전인옥抛塼引玉: 손자병법의 제17계. 돌을 던져서 구슬을 얻는 것으로, 아주 유사한 것으로 적을 미혹시킨 다음 공격한다는 뜻.

[658] 광효혜각(光孝慧覺, 생몰연대 미상): 각철취覺鐵觜로 불림. 조주종심의 법사法嗣.

532

〔그대가 진실로 알았다고 말하지만, 단지 알았다고 속이고 있는 것이 분명하다.〕

〔拈古와 着語〕

雪竇云 "靈利漢聞擧便落處.〔兩箇俱詐明頭〕雖然如此 放過覺鐵觜.〔若不放過 向他道什麼〕大宗師語不虛發. 出來 必是作家 因什麼抛塼引鑿.〔若是雪竇 抛塼引得箇什麼〕諸禪德 要識趙州麼.〔看雪竇 分踈不下〕從前汗馬無人見 只要重論蓋代功"〔爭奈杓柄在他手裏〕

＊汗馬(한마): 줄곧 달려서 등에 땀이 밴 말. 하루에 천 리를 달린다는 말.
＊蓋代(개대)＝盖世(개세): 세상을 압도하다. 세상에서 으뜸가다.

설두가 말했다. "영리한 사람은 거론하는 것을 들으면 바로 낙처落處를 안다.

〔둘 다 속이고 있는 것이 분명하다.〕

비록 이와 같지만 각철취를 놓쳤다.

〔만약 놓치지 않았다면 그에게 무슨 말을 할 것인가?〕

대종사는 말을 헛되게 하지 않는다. (물을 것이 있어서) 나왔다면 반드시 작가일 것인데, 어째서 벽돌을 던져 날벽돌을 얻었다고 하는 것인가?

〔만약 설두라면 벽돌을 던져 어떤 것을 얻으려 하겠는가?〕

여러 선덕들이여! 조주를 알고자 하는가?

〔설두가 해명하지 못하는 것을 보라!〕

지금껏 한마(汗馬, 땀 흘려 공을 이룬 말)를 알아봐주는 사람이 없으니,
다시 한 시대를 뒤덮는 공을 논해보고자 한다.”

〔구기 자루(杓柄)가 그의 손 안에 있는 것을 어찌 하겠는가!〕

〔評唱〕

師云. 德山小參不答話 與趙州小參答話 是同是別. 又法眼問覺鐵觜
(云云) 又法眼是會來. 故問 要驗覺鐵觜. 舉 庭前栢樹子話. 有者錯會
無庭前栢樹子話. 舉喩“是什麼人去得”云“某甲去得”云“汝去不得”
更隔不得. 若稍遲鈍卽不是 法眼云“我會也”飲氣吞聲.“因什麼引得
箇鑿子”雪竇弄險 末後忒煞老婆心切. 從前汗馬無人見 只要重論蓋
代功.

*弄險(농험): 위험을 무릅쓰다. 위험한 짓을 하다.

덕산의 소참부답화小參不答話[659]와 (본칙) 조주의 소참답화小參答話가
같은가, 다른가?

또한 (조주의 소참답화를) 법안이 각철취에게 묻고 운운(云云, 앞의
본칙 뒷부분 참조)한 것 역시 법안이 알았다. 그런 까닭에 물어서 각철취
를 시험하고자 한 것이다.

---

659 제1칙 덕산시중 참조.

534

정전백수자庭前栢樹子 공안⁶⁶⁰을 거론하고, (말했다.)

어떤 사람은 (정전백수자화에 대해 각철취가 조주는) "정전백수자를 말한 적이 없다"고 한 것을 잘못 알고 있다. (이는 앞에서 각철취가) "누가 가면 되겠느냐?"고 하자, (어느 스님이) "제가 갈 수 있습니다"고 하고, "그대는 가지 못한다"고 한 것을 비유해서 들었던 것과 결코 차이 나는 것이 아니다.

만약 조금이라도 더디거나 둔하면 옳지 않은데, 법안이 말하기를

---

660 SM 제11권(N.421)에서 인용, 번역한 것이다.

趙州因僧問 "如何是祖師西來意" 師云 "庭前栢樹子" 僧云 "和尙莫將境示人"
師云 "我不將境示人" 僧云 "如何是祖師西來意" 師云 "庭前栢樹子"

(法眼問覺鐵嘴 "承聞趙州有栢樹子話是否" 覺云 "先師無此語" 眼云 "而今天下盡傳
僧問如何是祖師西來意 州云 庭前栢樹子 如何言無" 覺云 "莫謗先師好 先師無此語")

어떤 스님이 조주에게 물었다. "어떤 것이 조사가 서쪽에서 온 뜻입니까?"
조주가 말했다. "뜰 앞의 잣나무니라."
그 스님이 말했다. "화상께선 경계를 가지고 사람들에게 보이지 마십시오."
조주가 말했다. "나는 경계를 가지고 사람들에게 보이지 않는다."
스님이 말했다. "어떤 것이 조사가 서쪽에서 온 뜻입니까?"
조주가 말했다. "뜰 앞의 잣나무니라."
〔법안이 각철취에게 물었다. "조주에게 정전백수자화庭前栢樹子話가 있다고
들었는데, 맞습니까?"
각철취가 말했다. "선사에게 이런 말이 없습니다."
법안이 말했다. "지금까지 온 천하에 어떤 스님이 '어떤 것이 조사가 서쪽에서
온 뜻입니까?'라고 묻자, 조주가 뜰 앞의 잣나무라고 한 것이 전해지고 있는데,
어째서 말이 없다는 것입니까?"
각철취가 말했다. "선사를 비방하지 마십시오. 선사에겐 이런 말이 없습니다.")

"나는 알았다"고 한 것은 숨을 먹고 소리를 삼키게 한 것이었다(飲氣吞
聲, 끽소리도 못하게 한 것이었다).

"어째서 (벽돌을 던져) 날벽돌을 얻은 것인가?"라고 하면서 설두가
위험을 무릅쓴 것은 끝에 가서 몹시 노파심이 간절했기 때문이다.
(그래서) "지금껏 한마를 알아봐주는 사람이 없으니, 다시 한 시대를
뒤덮는 공을 논해보고자 한다"고 한 것이다.[661]

---

661 참고로 SM에서는 본칙에 대한 원오의 송頌과 염拈을 다음과 같이 전한다.

〔송頌〕

千年田八百主	천 년이나 된 밭에 800의 주인이여!
誰當機辨來處	누가 마땅히 그 사람을 가려내겠는가.
趙州要答話	조주는 답하고자
抛塼引礜子	벽돌을 던져 날벽돌만 얻었고
覺老話端倪	각覺 노인네 말의 실마리는
如拜將相似	장수를 임명하는 것과 같다는데,
去得去不得	가겠다 가지 못한다는
言下分緇素	말에서 검은 것과 흰 것을 나누네.
个裏高於萬仞峰	이 속은 높기가 만 길 봉우리인데
不動纖毫擒佛祖	털끝만큼도 움직이지 않고 불조를 사로잡으니
崇寧斅古所作	나(숭녕)는 고인이 한 것을 본받아
答話去也	답을 하겠다. (하지만)
或有个出來	혹 누가 나오면
只向伊道了	다만 그에게 알았다고(了)만 말하리라.

〔염拈〕

諸方盡道 "趙州得逸群之用 一期閒施設 不妨自在" 遮僧要擊節扣關 閃電光中
卒著手脚不辦. 覺鐵觜能近取譬 不墜家聲 法眼有通方鑑 便知落處 敢問旣是宗

536

師 爲什麽 抛塼只引得箇擊子. 試參詳看.

제방에서 모두 말하기를 "조주는 출중한 용(逸群之用)을 얻어 한평생 (방편을) 시설한 것이 대단히 자재했다"고 한다. (그런데) 이 스님은 핵심을 찔러 관문을 두드리려고 했지만, 전광석화 속에서 전혀 손발을 써보지도 못했다. (하지만) 각철취는 자기 주위의 사실로 미루어 남의 입장을 잘 고려해서(能近取譬, 논어 옹야雍也 편 참조) 집안의 명성을 떨어뜨리지 않았고, 법안은 사통팔달의 거울이 있어 바로 낙처落處를 알았다.

외람되지만 묻노니, (이미) 종사宗師인데, 어째서 벽돌을 던져 단지 날벽돌을 얻은 것인가?

시험 삼아 자세히 보라!

제87칙 탐원사사耽源辭師[662]

〔古則과 着語〕

擧, 耽源辭國師 歸省覲馬祖. 於地上作一圓相 展坐具禮拜 〔已喫三十棒了也〕 祖云 "子欲作佛去" 〔是何心行〕 源云 "某甲不解捏目" 〔賓主俱失〕 祖云 "吾不如汝" 〔前箭猶輕後箭深〕

*捏=捏(모을 열, 꾸밀 날). 모으다. 꾸미다. 반죽하다. 이기다. 꿰어 맞추다.
  붙잡다. 억누르다. / 捏目生花: 눈을 비벼 꽃을 만들다.

탐원耽源[663]이 (혜충慧忠) 국사에게 하직인사를 하고 고향으로 돌아가다가 마조馬祖를 뵈었다. 땅에 원상圓相을 하나 그리고, 좌구坐具를 펴고 절을 하자,

  〔이미 30방을 맞았다.〕

  마조가 말했다. "그대는 부처가 되려고 하는구나.(=그대는 부처가

---

662 SM 제5권(N.175)에서도 전한다.

663 탐원응진(耽源應眞, 생몰연대 미상): 남양혜충의 법사法嗣.

되고 싶은가?)"

〔이 무슨 심보냐?〕

탐원이 말했다. "저는 눈을 비빌 줄 모릅니다. (그래서 그런 헛된 것을 보지 못합니다.)"

〔손님과 주인 모두 잃었다.〕

마조가 말했다. "나는 너만 못하다."[664]

〔앞 화살은 가볍지만, 뒤의 화살은 깊이 박혔다.〕

[拈古와 着語]

雪竇云 "然猛虎不食其子 爭奈來言不豊.〔若不是雪竇也 辨他不出〕諸人要識訛源麼. 只是箇藏身露影漢"〔朝打三千 暮打八百 未爲分外〕

＊來言(내언): (상대방으로 하여금 말을 하게 유도하면서) 말하는 것.
＊未爲(미위): 이지 ～이지는 않다. ～라고 할 수 없다.

설두가 말했다. "아무리 사나운 호랑이라도 그 새끼를 잡아먹지 않거늘, 오는 말이 풍성하지 못한 것을 어찌 하겠는가!

〔만약 설두가 아니었다면 저것을 가려내지 못했을 것이다.〕

여러분은 탐원을 알고자 하는가? 단지 몸을 숨겼지만 그림자가 드러난 사람 (또는 친구)일 뿐이다."

〔아침에 삼천 대를 치고 저녁에 팔백 대를 쳐도 분수를 넘는 것이

---

664 졸역, 마조어록 역주, p.167 참조

아니다.〕

〔評唱〕

師云. 這漢 禮拜了便休 更畫圓相作什麼. 有云 建立 且喜勿交涉.
"吾不如汝" 此語最毒 寧可喫劎 "某甲不解捏目" 是來言不豐.

＊劎(칼 검)＝劍.

이 친구가 절을 하고 바로 쉬었어야 했는데, 다시 원상은 그려 뭘
하겠다는 것인가? 어떤 이는 말하기를 "건립했다"고 하는데, 전혀
관계가 없다.

"나는 너만 못하다"고 한 이 말이 가장 독하다. 차라리 칼을 씹어
먹는 것이 오히려 낫겠다.

"저는 눈을 비빌 줄 모릅니다"고 한 것은 오는 말이 풍성하지 못한
것이다.

제88칙 위앙전중潙仰田中⁶⁶⁵

【古則과 着語】

擧, 潙山問仰山 "什處來" 〔箭鋒洎險不可挂〕 仰云 "田中來" 〔有話在〕
潙云 "田中多少人" 〔不問爭知〕 仰揷鍬子 叉手而立. 〔撞壁磕墻 好劈
耳掌〕 潙云 "南山大有人刈茅" 〔左轉右轉〕 仰拈鍬子便行. 〔雖然見機
而變 已與三十棒了也〕 玄沙云 "我當時若見 便與踏倒鍬子" 〔已是第
二頭〕 鏡淸云 "不奈船何 打破戽斗" 〔果然〕 僧問明招 "古人意在揷鍬
處 叉手處" 〔大有人恁麼卜度〕 招喚某甲 〔瞌睡漢〕 僧 "應喏" 〔寐語作
麼〕 招云 "還曾夢見仰山麼" 〔三生六十劫 也未夢見在〕

위산潙山이 앙산仰山에게 물었다. "어디서 오는가?"
　〔화살 끝이 위험해서 하마터면 버틸 수 없을 뻔했다.〕
　앙산이 말했다. "밭에서 옵니다."
　〔(이 안에) 이야깃거리가 있다.〕

---

665 SM 제10권(N.369)에서도 전한다. (다만 여기서는 현사, 경청, 명초가 말한 것을
　설두의 염拈에서 전한다.)

위산이 말했다. "밭에 사람들이 얼마나 많던가?"

〔묻지 않으면 어찌 알겠는가?〕

앙산이 괭이를 꽂고, 차수叉手하고 섰다.

〔벽에 부딪치고 담장에 부딪쳤다. 귀싸대기를 후려갈겨라.〕

위산이 말했다. "남산에 풀 베는 사람이 분명히 있다."

〔좌로 돌고 우로 돈다(左轉右轉, 자유자재하다).〕

앙산이 괭이를 집어 들고, 바로 갔다.

〔비록 상대방의 낌새를 보고 대처했지만, 이미 30방을 맞았다.〕

현사玄沙가 말했다. "내가 당시에 봤더라면 괭이를 발로 밟아 거꾸러 뜨렸을 것이다."

〔이미 제2두다.〕

경청鏡淸이 말했다. "(물 새는) 배는 어쩌지 못하고, (물 퍼내는) 바가지만 부수고 있다."

〔과연.〕

어떤 스님이 명초明招⁶⁶⁶에게 물었다. "고인의 뜻이 괭이를 꽂은 곳에 있습니까, 차수한 곳에 있습니까?"

〔이렇게 점치고 헤아리는 사람들이 분명히 있다.〕

명초가 그 스님을 부르자,

---

666 명초덕겸(明招德謙, 생몰연대 미상): 청원 문하. 나산도한羅山道閑의 법사法嗣. 왼쪽 눈을 실명해서 독안 용獨眼龍이라 불림.

〔말뚝잠이나 자는 놈!〕

스님이 "예" 하고 답했다.

〔잠꼬대 같은 소리를 해서 뭐 하게.〕

명초가 말했다. "꿈속에서라도 앙산을 본 적이 있느냐?"

〔3생 60겁이 지나도 역시 꿈속에서 보지 못한다.〕

〔拈古와 着語〕

雪竇云 "諸方老宿咸謂 揷鍬話奇特也 大似隨邪逐惡. 若據雪竇見處 仰山被潙山一問 直得無繩自縛 去死十分" 〔也分踈不下 還有跳得出 底麼 也不消踏倒鍬子便行〕

설두가 말했다. "제방의 노숙들 모두 삽초화揷鍬話가 기특하다고 말하는데, 마치 삿된 것을 따르고 악한 것을 따르는 것 같다. (하지만) 만약 (나) 설두의 견처見處에 따를 것 같으면, 앙산은 위산의 질문 하나를 받고는 곧바로 줄도 없이 스스로를 묶어[667] 거의 죽을 지경이 되었던 것이다."

〔그래도 설명하지 못하고 있다. 여기서 벗어날 수 있는 자가 있는가? 괭이를 발로 밟아 거꾸러뜨릴 필요도 없이 바로 가버려야 한다.〕

---

667 SM에서는 無繩自縛을 草繩自縛으로 전한다.

〔評唱〕

師云. 仰山插鍬叉手 潙山當時 好與劈胸一踏. 養子之緣 只道得箇南
山大有人刈茆. 玄沙道"我當時若見 便與踏倒鍬子" 鏡淸道"不奈船何
打破戽斗" 擧德山四家錄 淸八路事會 八面受敵. 明招云"還曾夢見仰
山麼"這箇爲之向上轉. 若論戰也 箇箇立在轉處 亦不走向兩頭 亦不
坐斷兩頭 道得有出身處. 又明得出古人意 活鱍鱍地 如虎戴角相似.
雪竇一時拈却了也 仰山被潙山 (云云) 還有救得仰山底麼. 打云"過"

＊劈胸(벽흉): 가슴을 향하다.

앙산이 괭이를 꽂고 차수했을 때, 위산이 당시에 가슴을 발로 한
번 밟아버렸어야 했다. (하지만) 자식을 기르는 인연으로 다만 말하기
를 "남산에 풀을 베는 사람이 분명히 있다"고 하였을 뿐이다.

  (이에) 현사는 말하기를 "내가 당시에 만약 봤더라면 바로 괭이를
발로 밟아 거꾸러뜨렸을 것이다"고 하고, 경청은 말하기를 "(물이
새는) 배는 어찌 하지 못하고, (물 퍼내는) 바가지만 부수고 있다"고
하였다. (참고로)『덕산사가록德山四家錄』[668]에서는 경청이 "팔로의
일(八路事)을 알고 팔면으로 오는 적을 맞았다"고 전한다. (또한) 명초
는 "꿈에서라도 앙산을 본 적이 있는가?"라고 했는데, 이것은 향상向上
을 말한 것이다.

---

668 덕산사가록德山四家錄에 대해서는 구체적으로 알 수 없다.

　(그러므로) 만약 논전(論戰, 선문답)을 한다면 사람마다 전처轉處가 있으니,[669] 다만 양쪽에 치달리지도 않고 또한 양쪽을 꺾어버리지도 않아야 출신처出身處가 있다고 할 수 있는 것이다. 또한 고인의 뜻을 분명하게 얻어내야 그 활발발한 경지가 마치 호랑이가 머리에 뿔을 단 것과 같을 수 있는 것이다.

　설두가 일시에 염拈을 해서 "앙산은 위산의 질문 하나를 받고는 곧바로 줄도 없이 스스로를 묶어 거의 죽을 지경이 되었다"고 했는데, (여기에) 앙산을 구해 줄 수 있는 것이 있는가?

　(선상을) 치고 말했다.
"과(過, 지나갔다)!"

---

669 若論戰也 箇箇立在轉處는 암두전활의 말로서, 원오가 평소 애용하는 말이다.

제89칙 설봉복선雪峰覆船[670]

〔古則과 拈古, 着語〕

擧, 雪峰問僧 "近離什麼處" 僧云 "覆船"〔可惜許〕峰云 "生死海未渡
爲什麼覆船"〔這老漢持聾作瘂作什麼〕雪竇代云 "久響雪峰 待者老
漢擬議 拂袖便打"〔好與三十棒〕其僧當時 無語 歸擧似覆船. 船云
"何不道渠無生死"〔打葛藤〕僧再至雪峰擧此語〔傳言送語漢〕峰云
"此不是你語"〔驗破了也 一場懡㦬〕僧云 "是覆船恁麼道"〔果然〕
峰云 "我有二十棒 寄與覆船 二十棒老僧自喫 不干闍黎事"〔閻羅王
不呑鐵丸 諸鬼不怕 從自己胸襟流出 不妨奇特〕雪竇云 "能區能別
能殺能活. 若也辨得 天下橫行"〔鬧市裏有一箇半箇 還辨得麼〕

설봉雪峰이 어떤 스님에게 물었다. "어디서 왔는가?"
　스님이 말했다. "복선覆船[671]에서 왔습니다."

670　SM 제19권(N.792)에서도 전한다.
671　복선이라는 이름으로는 석상경저(石霜慶諸, 807~888)의 제자인 복선홍천覆船洪
　　荐과 법안문익(法眼文益, 885~958)의 제자인 무주복선撫州覆船이 있는데, 설봉

〔애석하다.〕

설봉이 말했다. "생사의 바다를 건너지도 못했는데, 어째서 배를 엎었는가?"

〔이 노장이 귀머거리를 데려다 벙어리까지 만들어서 뭘 하겠다는 거야!〕

설두가 대신 말했다. "'오랫동안 설봉을 흠모해 왔습니다'고 하고, (만약 이때) 이 늙은이가 머뭇거리면, (곧바로) 소매를 떨치고 바로 쳐라."⁶⁷²

〔30방을 줘야 한다.〕

그 스님이 당시에 말없이 돌아가, 앞의 일을 복선에게 전하자, 복선이 말했다. "어째서 그에게 생사가 없다고 말하지 않았느냐?"

〔언어문자일 뿐이다.〕

스님이 다시 설봉에 이르러 이 말을 거론하자,

〔(남의) 말만 전하는 놈이다.〕

설봉이 말했다. "이것은 그대의 말이 아니다."

〔그를 시험해 간파해버렸지만, 한바탕 부끄러웠다.〕

스님이 말했다. "복선이 이렇게 말한 것입니다."

〔과연(=아니나 다를까)!〕

설봉이 말했다. "내게 있는 20방은 복선에게 주고, 20방은 노승이

(822~908)의 생몰연대로 미뤄볼 때 복선홍천이 가깝다.

672 SM에서는 便打를 便行으로 전한다.

스스로 맞을 것이다. 스님의 일과는 상관이 없다."

〔염라대왕이 철환(鐵丸, 철탄자)을 삼키지 않으면 모든 귀신들이
두려워하지 않는다. 자기 가슴에서 흘러나와야 대단히 기특하다.〕

설두가 말했다.[673] "구분할 수도 있고 나눌 수도 있으며, 살릴 수도
있고 죽일 수도 있다. 만약 이것을 가려낸다면 천하를 거리낌 없이
제멋대로 돌아다닐 수 있을 것이다."

〔시끄러운 시장바닥에서 한 명이나 반 명이라도 이것을 가려낼 수
있겠는가?〕

〔評唱〕

師云. 藥山化主到甘贄行者 (云云) 灌溪到末山 (云云) 古人持聾作瘂
驗人. 雪竇云 "久響雪峰 (云云)" 有雙關意 有擒雪峰底鉗鎚 又有出覆
船底活路. 雪峰作麽生便知是覆船語 "我有二十棒 (云云) 二十棒自
喫" 爲人底宗匠 不惜眉毛 能區能別 能殺能活.

약산의 화주(化主, 화주승)가 감지甘贄 행자(行者, 신도)에게 간 것을
운운하고,[674] (또) 관계灌溪[675]가 말산末山[676]에게 건 것을 운운하고,[677]

---

673 SM에서는 이하 설두의 말을 擧至不干闍梨事(스님의 일과는 상관없다고 한 데까지
를 거론하고, 말했다)로 전한다.
674 SM 제9권(N.334)에 다음과 같이 전한다.
　　藥山曰請一人化主 出外緣化 其僧才出門首 至甘贄行者家 行者便問 "上人是甚

處火主" 僧云 "藥山" 行者云 "還將得藥來麽" 僧云 "行者有甚病" 行者乃將銀子二十兩 與這僧 其僧得銀 便歸藥山 行者乃謂妻曰 "藥山若有奇特之人 銀子却更送來 若無奇特之人 銀子則不送來" 其僧果至藥山 師便問 "何處大速" 僧云 "佛法相當" 師云 "有何事" 僧遂擧前因緣 師云 "汝急送銀子去還伊" 其僧又送銀子至行者家 行者乃謂妻曰 "藥山却有奇特之人" 便添銀子二十兩與藥山. (밑줄 친 부분은 본서 원문을 따라 번역했다.)

행자가 바로 물었다. "스님께선 어느 (절의) 화주십니까?"

스님이 말했다. "약산(의 화주)입니다."

행자가 말했다. "약은 얻으셨습니까?"

스님이 말했다. "행자는 무슨 병이 있습니까?"

행자가 곧 은자 이십 냥을 이 스님에게 주자, 그 스님이 은자를 얻어 바로 약산으로 돌아갔다.

행자가 아내에게 말했다. "약산에 만약 기특한 사람이 있다면 은자를 다시 돌려보낼 것이고, 만약 기특한 사람이 없다면 은자를 돌려보내지 않을 것이오."

그 스님이 약산에 이르자, 약산이 물었다. "어디를 급히 다녀오는가?"

스님이 말했다. "불법이 대단합니다."

약산이 말했다. "무슨 일이 있었는가?"

스님이 앞의 인연을 전하자, 약산이 말했다. "너는 빨리 은자를 그에게 돌려줘라."

그 스님이 다시 은자를 돌려주려고 행자의 집에 가자, 행자가 아내에게 말했다. "약산에 역시 기특한 사람이 있었네요."

그리고는 다시 은자 이십 냥을 더해서 약산에게 주었다.

675 관계지한(灌溪志閑, ?~895): 임제의현의 법사法嗣.

676 말산요연(末山了然, 생몰연대 미상): 비구니. 고안대우의 법사法嗣. 균주요연筠州 了然이라고도 함.

677 SM 제14권(N.553)에 다음과 같이 전한다.

末山尼了然因灌溪閑和尙問 "如何是末山" 然云 "不露頂" 閑云 "如何是末山主" 然云 "非男女相" 閑乃喝云 "何不變去" 然云 "不是神 不是鬼 變个什麽" 閑於是伏

(말했다.)

(바로 이것이) 고인이 귀머거리를 데려다 벙어리까지 만들어 사람을 시험한 것이다.

설두가 말하기를 "'오랫동안 설봉을 흠모해 왔습니다'고 하고, (만약 이때) 이 늙은이가 머뭇거리면, 소매를 떨치고 바로 쳐라"라고 했는데, (여기에는) 쌍관(雙關, 하나의 말에 두 가지 관문)의 뜻이 있었으니, (그 뜻은) 설봉을 사로잡는 겸추(鉗鎚, 수단)가 있고, 또한 복선을 뛰어넘는 활로活路가 있었다.

설봉은 어떻게 바로 이것이 복선의 말이라는 것을 알고서 "내게 있는 20방은 복선에게 줄 것이고, 20방은 스스로 맞겠다"고 한 것인가? 사람을 위하는 종장宗匠은 눈썹도 아끼지 않고 구별할 수도 있고 나눌 수도 있으며, 살릴 수도 있고 죽일 수도 있는 것이다.[678]

膊 作園頭三載.

"어떤 것이 말산입니까?"

요연了然이 말했다. "산 정상을 드러내지 않는 것입니다."

지한이 물었다. "어떤 것이 말산의 주인입니까?"

요연이 말했다. "남녀의 모습이 아닙니다."

지한이 "할!" 하고, 말했다. "어째서 변하지 않는 것이오?"

요연이 말했다. "신神도 아니고 귀鬼도 아닌데, 변해서 뭘 하겠소?"

지한이 이를 가슴에 새기고, 3년을 원두園頭로 살았다.

678 참고로 본칙에 대한 원오의 송頌과 염拈을 다음과 같이 전한다.

〔송頌〕

未渡生死海　　생사의 바다를 건너지도 않았으니

不應覆却船　　마땅히 배를 엎지 말아야 하는데
渠本無生死　　거기엔 본래 생사가 없어
超然離二邊　　초연히 양쪽을 여의었네.
長如杲日麗中天　마치 밝은 해가 늘 맑은 하늘 가운데 있어
舒光照到雪峰前　햇빛을 비춰 설봉 앞에 이르네.

〔염拈〕

擧 雪峯問僧 至雪竇代云 久響雪峯 師代云 "便與撴倒禪床" 乃云 "雪峯有驗人句 覆船有透開眼 雪竇有陷虎之機 且道 崇寧成得个什麼變事"

설봉이 어떤 스님에게 물은 것을 거론하고, 설두가 대신 "오랫동안 설봉을 사모했습니다"고 한 것에 이르러, 선사가 대신 말했다. "바로 선상을 엎어버려라."

그리고 이어서 말했다. "설봉에게는 사람을 시험하는 언구가 있고, 복선에게는 꿰뚫어 여는 안목이 있으며, 설두에게는 호랑이를 함정에 빠뜨리는 기가 있다. 자, 말해보라! 내가 이룬 일은 어느 쪽 일인가?"

제90칙 보복부리保福扶犁[679]

【古則과 着語】

擧, 保福問長慶 "盤山道 '光境俱亡 復是何物'〔面前背後〕洞山云 '光境未亡 復是何物'〔面前背後〕據二老宿 總未得勦絶〔二老宿且置 闍黎又作麼生得勦絶〕作麼生道得勦絶去"〔畢竟由阿誰〕慶良久〔蒼天蒼天〕福云 "情知汝向鬼窟裏作活計"〔這些子 天下衲僧若知 便請丹霄獨步〕慶云 "你作麼生"〔理長卽就〕福云 "兩手扶犁水過膝"〔當時也好與一拶〕

* 勦絶(초절)＝減絶(멸절): 소멸하다. 없애다. 멸하다. 완전히 제거하다.
* 理長(이장): 조리가 바르다. 이치에 맞다.
* 犁(밭갈 이/여, 떨 유): 밭을 갈다. 검다. 얼룩얼룩하다. 때려 부수다. 뒤엎다. 밝게 살피다. 쟁기. 얼룩소. 분명하게 분별하는 모양.

보복保福이 장경長慶에게 물었다. "반산盤山은 말하기를 '빛과 경계가

---

679 SM 제22권(N.970)에서도 전한다.

552

모두 없어지면 이것은 어떤 물건인가?'⁶⁸⁰라고 하고,

〔얼굴 앞이요, 등 뒤다.〕

동산洞山은 말하기를 '빛과 경계가 없어지지 않으면 이것은 어떤 물건인가?'⁶⁸¹라고 하였다.

〔얼굴 앞이요, 등 뒤다.〕

두 노숙老宿의 말에 따르면, 모두 철저히 끝맺지 못했으니,

〔두 노숙은 놔두고, 스님은 또 어떻게 해야 철저히 끝맺을 수 있겠는가?〕

어떻게 말해야 철저히 끝맺을 수 있겠는가?"

〔필경 누구로 인한 것인가?〕

장경이 양구良久했다.

〔아이고, 아이고!〕

(그러자) 보복이 말했다. "그대가 귀신굴 속에서 활발하게 재교부리는 것을 분명히 알겠다."

〔이것을 천하납승들이 만약 알았다면 노을 진 저녁 하늘을 홀로 걸으라고 청할 것이다.〕

장경이 말했다. "그대는 어떤가?"

---

680 아래 평창과 註683 참조.

681 SM 제7권(N.250)에서는 반산의 시중과 동산의 말을 하나의 고칙으로 전한다.
盤山示衆云 "心月孤圓 光吞萬象 光非照境 境亦非存 光境俱亡 復是何物" 洞山云 "光境未亡 復是何物"
반산이 대중에게 말했다. "(번역은 아래 평창 참조)"
(그러자) 동산이 말했다. "빛과 경계가 없어지지 않으면 이것은 어떤 물건인가?"

〔이치(=도리)에 맞으면 바로 취한다.〕

보복이 말했다. "두 손으로 쟁기를 잡으니, 물이 무릎 사이로 지나간다."

〔당시에 한 대 쳤어야 했다.〕

【拈古와 着語】

雪寶云 "俱亡未亡總由我 保福因什麼道 未得勦絶. 酌然能有幾箇.
〔拄杖在什麼處〕 諸人又作麼生道 免得長慶在鬼窟裏 〔用免作什麼〕
柳絮隨風 自西自東" 〔泥裏洗土塊 尖上更加尖〕

설두가 말했다. "모두 없어지거나 없어지지 않거나 모두가 나(我)로
말미암은 것인데, 보복은 어째서 철저히 끝맺지 못했다고 말한 것인가?
분명 몇 사람이나 가능할까?

〔주장자는 어디에 있는가?〕

여러분은 또 어떻게 말해야 장경이 귀신굴 속에 있는 것을 면하게
할 수 있겠는가?

〔면해서 뭘 하게?〕

버들개지는 서쪽에서도 동쪽에서도[682] 바람을 따른다."[683]

---

682 『시경詩經』에 다음과 같이 전한다.

  詩云 "自西自東 自南自北 無思不服"

  "서쪽에서도 동쪽에서도 남쪽에서도 북쪽에서도 복종하지 않음을 생각함이
  없도다."

〔진흙 속에서 흙덩이를 씻고, 뾰족한 것에 또 뾰족한 것을 더하는군.〕

〔評唱〕

師云. 盤山垂語 (云云) 釋迦老子常光一尋 諸人有多少. 福云 “情知你向鬼窟裏作活計” 這些子不妨難會. “兩手扶犂水過膝” 長慶當時也好向他道 “也是鬼窟裏作活計” 若參得出 親見保福. 雪竇拈云 “酌然能有幾箇” 這裏有箇好處. 末後著箇理論 “柳絮隨風 自西自東” 你且道 是爲諸人拈, 且道 是明長慶 且道 是明保福 且道 是明盤山 且道 是明洞山. 若知得落處 放行也由你 把定也由你.

※理論(이론): 의론하다. 시비를 논하다. 논쟁하다. (조기백화문)

반산盤山이 수어垂語 한 것을 운운하며,[684] (말했다.)

---

683 SM에서는 이 말을 설두가 양구良久한 뒤에 말한 것으로 전한다.
684 전등록 제7권에 다음과 같이 전한다.

師上堂示衆曰 “心若無事 萬象不生 意絶玄機 纖塵何立 道本無體 因道而立名 道本無名 因名而得號. 若言卽心卽佛 今時未入玄微 若言非心非佛 猶是指蹤之極則. 向上一路千聖不傳 學者勞形 如猿捉影 夫大道無中 復誰先後 長空絶際 何用稱量 空旣如斯 道復何說 夫心月孤圓 光吞萬象 光非照境 境亦非存 光境俱亡 復是何物. 禪德 譬如 擲劍揮空 莫論及之不及. 斯乃空輪無迹 劍刃無虧. 若能如是 心心無知 全心卽佛 全佛卽人 人佛無異 始爲道矣. 禪德 可中學道 似地擎山不知山之孤峻 如石含玉 不知玉之無瑕 若如此者 是名出家. 故導師云 ‘法本不相礙 三際亦復然 無爲無事人 猶是金鎖難’ 所以 靈源獨耀 道絶無生 大智非明 眞空無迹 眞如凡聖 皆是夢言 佛及涅槃 並爲增語. 禪德 且須自看

無人替代 三界無法 何處求心 四大本空 佛依何住 璿機不動 寂爾無言 覿面相呈
更無餘事. 珍重"

"마음에 만약 일이 없으면 만 가지 모습도 일어나는 것이 없을 것이다. 뜻이
현기玄機를 끊으면 가는 티끌(번뇌)이 어떻게 이루어지겠는가.

도는 본래 체가 없지만 도를 인하여 이름이 성립되는 것이고, 도는 본래
이름이 없지만 이름으로 인하여 호칭을 얻는다. 만약 '바로 마음이 곧 부처'다'고
말한다면 지금 현미(도리의 미묘함)에 들지 못한 것이고, 만약 '마음도 아니고,
부처도 아니다'고 말한다면 다만 자취를 가리켜 극칙으로 삼는 것이 된다.
향상일로는 일천 성인도 전하지 못하는데, 배우는 이들이 애쓰는 모습이
마치 원숭이가 달그림자를 잡으려는 것 같구나.

무릇 대도는 중간이 없거늘 다시 무슨 앞과 뒤가 있겠는가. 높고 먼 하늘은
경계를 끊었거늘 무슨 헤아림이 있겠는가. 허공이 이와 같거늘 도를 다시
어떻게 설하겠는가.

心月孤圓	마음 달이 홀로 원만하여
光吞萬象	빛이 만상을 삼키니,
光非照境	빛은 경계를 비추는 것도 아니고
境亦非存	경계 또한 존재하는 것도 아니다.
光境俱亡	빛과 경계가 모두 없어지면
復是何物	다시 이 무슨 물건인가.

선덕들이여! 비유하면 칼을 던져 허공에 휘두르는 것과 같으니, 미치고 미치지
못함을 논하지 말라! 이는 공륜(허공)에는 자취가 없고 칼날에는 이지러짐이
없는 것이니, 만약 이와 같을 수 있다면 마음 마음에 앎이 없게 될 것이다.
온 마음이 바로 부처이고, 온 부처가 곧 사람이다. 사람과 부처가 다름이
없어야 비로소 도라고 할 수 있다.

선덕들이여! 이 가운데서 도를 배우면 땅이 산을 떠받치되 산의 고준함을
모르는 것과 같고, 마치 돌이 옥을 머금고 있지만 옥에 흠이 없음을 알지

석가 노인네의 상광일심(常光一尋. 항상 광명이 한 길이나 솟음)[685]을 여러분은 얼마나 가지고 있는가?

보복이 말하기를 "그대가 귀신굴 속에서 활발하게 계교부리고 있다는 것을 분명히 알겠다"고 했는데, 여기에 대단히 이해하기 어려운 것이 조금 있다.

"두 손으로 쟁기를 잡으니 물이 무릎 사이로 지나간다"고 했는데, 장경이 당시 그에게 "그대야말로 귀신굴 속에서 활발하게 계교부리고 있다"고 했어야 했다. 만약 참구해서 이것을 집어낼 수 있으면 보복을 친견하게 될 것이다. (그래서) 설두가 염拈하기를 "분명 몇 사람이나 가능할까?"라고 한 것이니, 여기에 훌륭한 곳이 있다.

끝에 논쟁거리(理論) 하나를 붙여 (설두는) "버들개지는 동에서도

못하는 것과 같으니, 만약 이와 같다면 출가라고 이름할 수 있을 것이다. 그렇기 때문에 도사가 이르기를 '법은 본래 걸림이 없고 삼제(=삼세) 또한 다시 그러하지만, 함도 없고 일도 없는 사람에게는 오히려 황금 쇠사슬의 재앙일 뿐이다'고 했다. 그래서 신령스런 근원은 홀로 빛나는 것이고, 도는 남이 없음을 끊은 것이며, 큰 지혜는 밝음도 아니고, 참된 공은 자취도 없는 것이다. 진여와 범부와 성인이 모두 잠꼬대이고, 부처와 열반도 모두 덧붙인 말이다.

선덕들이여! 모름지기 스스로 살펴라. 대신해 줄 사람은 아무도 없다. 삼계에 법이 없는데 어디서 마음을 구하고, 사대가 본래 공한데 부처가 무엇을 의지해 머물겠는가. 선기는 움직이지 않고 적멸할 뿐 말이 없으며, 눈앞에 그대로 드러내주고 있으니, 그 외에 다시 결코 다른 일이 없다. 진중(珍重, 수고들 했다)!"

685 삼십이상 가운데 제15번째 상광일장상常光一丈相 또는 상광일심상常光一尋相.

서에서도 바람을 따른다"고 하였다. 그대들은 자, 말해보라! 이것이 여러분을 위해 염한 것인가? 자, 말해보라! 장경을 밝힌 것인가? 자, 말해보라! 보복을 밝힌 것인가? 자, 말해보라! 반산을 밝힌 것인가? 자, 말해보라! 동산을 밝힌 것인가?

만약 낙처落處를 안다면 방행放行도 그대에게 있고, 파주(把定)도 그대에게 있다.

제91칙 대매오서大梅鼯鼠[686]

【古則과 着語】

擧, 大梅聞鼯鼠鳥聲 謂衆云 "卽此物非他物〔自領出去〕汝善護持.
吾當逝矣"〔自帶累猶可 累他作什麼〕

* 鼯鼠(오서): 하늘다람쥐. 날다람쥐.
* 帶累(대누): 연루되다. 말려들다.
* 猶可(유가)＝尙可(상가): 그런대로 괜찮다. ～해도 좋다.

대매大梅가 날다람쥐가 새소리를 내는 것을 듣고, 대중에게 말했다.
"바로 이것이지 다른 것이 아니니,

　〔(대매스님 당신이나) 스스로 죄를 인정하고 출두하시오.〕

　그대들은 잘 보호하고 지녀라. 나는 이제 가겠다."

　〔자신이 연루되는 것이야 그런대로 괜찮지만, 다른 사람까지 누를
끼쳐 뭐 하자는 것인가?〕

---

686 SM 제8권(N.269)에서도 전한다.

【拈古와 着語】

雪竇云 "這漢生前莽鹵 死後顢頇. 〔也有些子〕卽此物 非他物 是何物. 〔打破漆桶 與你相見〕還有分付處也無. <u>了</u>有般漢 不解截斷大梅脚跟 只管道貪程太速" 〔正在萬里崖州〕

＊莽鹵(망노)는 노망(魯莽: 경솔하다. 거칠다. 덤벙대다. 서두르다). ＝鹵莽.
＊顢頇(만한): 멍청하다. 어리숙하다. 사리에 밝지 못하다. 얼굴이 큰 모양.
＊밑줄 친 부분의 '了'자는 번역하지 않았다. (SM과 설두어록에는 없다.)

설두가 말했다. "이 사람은 살아서도 엉성하더니, 죽어서까지도 멍청하다.
　〔그래도 조금은 있다.〕
　바로 이것이지 다른 것이 아니라면, (이것은) 어떤 것인가?
　〔칠통을 때려 부수면 그대와 만날 것이다.〕
　(후학들에게) 분부한 곳(分付處, 지시한 곳)이 있는가? 어떤 사람은 대매의 발꿈치를 끊어버릴 줄도 모르면서 제멋대로 말하기를 '길을 탐하는(＝재촉하는) 것이 너무 빨랐다'[687]고 한다."
　〔바로 만 리 애주崖州에 있다.〕

---

[687] 의역하면, 생사를 마치는 것에 대한 욕심이 너무 많았을 뿐이라는 뜻이다.

560

〔評唱〕

師云. 大梅初參大寂問"如何是佛"大寂云"卽心是佛"師卽大悟. 唐貞
元中 居於天台山 餘姚南七十里 梅子眞舊隱. 時鹽官會下一僧 入山採
拄杖 迷路至庵所. 問曰"和尙在此山多少時也"師曰"只見四山靑又黃"
師忽一日上堂云"來莫可抑 去莫可追"從容間 復聞鼯鼠鳥聲 師云"卽
此物非他物 汝善護持 吾當逝矣"言訖示滅. 智覺禪師延壽讚曰"師初
得道 卽心卽佛 最後示徒 物非他物 窮萬法源 徹千聖骨 眞化不移 何方
出沒"鼯鼠乃生死鳥也. 什麼處是莽鹵處 是何物. 雪竇與你提開.

＊從容(종용): 침착하고 덤비지 않음. 조용의 원말.
＊밑줄 친 부분의 何方은 何妨의 誤字.

대매가 처음에 대적(大寂, 馬祖)을 참례하자,
　물었다. "어떤 것이 부처입니까?"
　대적이 말했다. "바로 마음이 부처다(卽心是佛)."
　대매가 바로 대오大悟했다.

　당 정원貞元[688]에 천태산 여요 남쪽 70리에 있는 매자진에서 오랫동안
은거했다.
　그때 염관鹽官 회하에 한 스님이 산에 들어와 주장자로 쓸 만한
것을 고르다가 길을 잃고 암자에 이르렀다.

────────────
[688] 덕종 재위 기간의 연호. 785~805년 21년간 사용.

물었다. "화상께서는 이 산에 계신 지 얼마나 되십니까?"

대매가 말했다. "다만 사방의 산이 푸르렀다가 다시 또 누렇게 되는 것을 보았을 뿐이다."[689]

대매 선사가 홀연히 하루는 상당上堂해서 말했다.

"오는 것을 막지 말고, 가는 것을 좇지 말라!"[690]

---

[689] 전등록 제7권에 다음과 같이 전한다.

唐貞元中居於天台山餘姚南七十里 梅子眞舊隱. 時鹽官會下一僧入山采. 采拄杖 迷路至庵所 問曰 "和尙在此山來多少時也" 師曰 "只見四山靑又黃" 又問 "出山路向什麼處去" 師曰 "隨流去" 僧歸說似鹽官 鹽官曰 "我在江西時曾見一僧 自後不知消息 莫是此僧否" 遂令僧去請出師 師有偈曰 "摧殘枯木倚寒林 幾度逢春不變心 樵客遇之猶不顧 郢人那得苦追尋"

(앞부분은 동일, 번역 생략)

또 스님이 물었다. "산을 벗어나는 길은 어느 쪽에 있습니까?"

대매가 말했다. "냇물을 따라가라."

그 스님이 돌아와 염관에게 앞의 이야기를 전하자, 염관이 말했다. "내가 강서에 있을 때 한 스님을 본 적이 있었다. 이후 소식을 알지 못했는데, (바로) 이 스님이 아니겠는가?"

마침내 스님을 보내 선사를 (세상에) 나오게 청했는데, 선사가 게송으로 말했다.

摧殘枯木倚寒林 부러진 죽은 고목 찬 숲을 의지해

幾度逢春不變心 몇 번이나 봄을 만나도 마음이 변치 않았던가.

樵客遇之猶不顧 나무꾼이 보고 오히려 돌아보지 않았는데

郢人那得苦追尋 영인이 무엇 하러 힘들게 찾는가.

[690] 『맹자孟子』「진심장구盡心章句」 하편에 "往者不追 來者不拒"라고 전한다.

(그리고는 잠시) 조용한 사이, 다시 날다람쥐가 새소리를 내는 것을 듣고, 말했다. "바로 이것이지, 다른 것이 아니니, 그대들은 잘 보호해 지녀라. 나는 이제 가겠다."

말을 마치고, (바로) 입멸했다.

(이에) 지각선사智覺禪師 연수延壽[691]가 찬탄해서 말했다.

"선사께서 처음 득도해
즉심즉불(卽心卽佛, 마음이 바로 부처다)을 듣고,
마지막에 대중에게
물비타물(物非他物, 이것이지 다른 것이 아니다)을 보이셨네.

만법의 근원을 궁구하고
일 천 성인의 골수까지 꿰뚫으셨네.
참된 교화는 옮김이 없으니
어찌 나고 없어짐에 방해가 되겠는가."

날다람쥐는 생사의 새(生死鳥)이다.
어디가 엉성한 곳(莽鹵處)이고, (또) 이것은 어떤 것인가?
설두가 그대들에게 문제를 제기했다.

---

691 영명연수(永明延壽, 905~976): 천태덕소(天台德韶, 891~972)의 법사法嗣. 저서로 『종경록宗鏡錄』·『만선동귀집萬善同歸集』 등이 있다.

제92칙 조주반야趙州般若[692]

〔古則과 着語〕

擧, 趙州問大慈 "般若以何爲體" 〔道什麼〕 慈云 "般若以何爲體" 〔蹉
過也不知〕 州呵呵大笑. 〔天下衲僧跳不出〕 至來日州掃地次 大慈却
問 "般若以何爲體" 〔穿過了也〕 州放下掃箒 呵呵大笑. 〔天下衲僧跳
不出〕

조주趙州가 대자大慈[693]에게 물었다. "반야는 무엇으로 체를 삼습니까?"
  〔무슨 말을 하는 거야?〕
  대자가 말했다. "반야는 무엇으로 체를 삼는가?"
  〔(이미) 지나갔는데도(=빗나갔는데도) 모른다.〕
  조주가 가가대소했다.
  〔천하 납승들이 뛰어봐야 (여기서) 벗어나지 못한다.〕

---

692 SM 제10권(N.400)에서도 전한다.

693 대자환중(大慈寰中, 780~862): 백장회해의 법사法嗣.

564

다음날 조주가 마당을 쓸고 있는데, 대자가 도리어 물었다. "반야는 무엇으로 체를 삼는가?"

〔꿰뚫었다.〕

조주가 빗자루를 내려놓고, 가가대소했다.

〔천하 납승들이 뛰어봐야 여기서 벗어나지 못한다.〕[694]

[拈古와 着語]

雪竇云 "前來也笑 後來也笑. 笑中有刀〔殺得人 活得人〕大慈還識 麼.〔莫管大慈 只諸人識麼〕直饒識得 未免喪身失命"〔闍黎性命在 什麼處〕

설두가 말했다. "앞에서도 웃고 뒤에서도 웃었다. 웃음 속에 칼이 있는데,

　〔사람을 살리기도 하고 사람을 죽이기도 한다.〕

　대자는 알았는가?

　〔대자는 관계치 말고, 여러분은 알았는가?〕

　비록 알았더라도 목숨을 잃는 것을 면치 못할 것이다."

　〔스님(설두) 목숨은 어디에 있는가?〕

---

694 SM에서는 마지막 단락에 조주가 가가대소한 것을 부장대소(拊掌大笑, 박장대소)
　　로, 그리고 이에 대자가 방장실로 돌아간 것(便歸方丈)으로 전한다.

〔評唱〕

師云. 杭州大慈和尙嗣馬祖. 一日趙州問"般若以何爲體"慈云"般若以何爲體"趙州笑 大慈不是好心. 至來日大慈要拔本 問趙州"般若以何爲體"州放下掃箒笑. 用攙旗奪鼓手脚 用得滑頭.

＊滑頭(활두): 교활하다. 반드럽다. 간질거리다. 반들거리다.
＊攙(찌를 참): 찌르다. 날카롭다. 篡(빼앗을 찬) 자로 읽어도 된다(예. 篡奪).

항주杭州 대자 화상은 마조馬祖의 법을 이었다.[695]

　하루는 조주가 물었다. "반야는 무엇으로 체를 삼습니까?"
　대자가 말했다. "반야는 무엇으로 체를 삼는가?"
　조주가 웃자, (이에) 대자가 마음이 좋지를 못했다.
　(그래서) 다음 날 뿌리를 뽑으려고 조주에게 물었다. "반야는 무엇으로 체를 삼는가?"
　조주가 빗자루를 내려놓고 웃었다.

　(이는) 적의 깃발을 낚아채고 북을 빼앗는 솜씨로 능글맞게 쓴 것이다.

---

695 마조의 법손法孫이라는 뜻. 대매의 스승은 백장, 조주의 스승은 남전.

제93칙 덕산탁발德山托鉢[696]

[古則과 着語]

舉, 德山一日飯遲 自掌鉢至法堂前. 雪峰見云 "這老漢 鐘未鳴 鼓未響 托鉢向什麼處去"〔只知事逐眼前過 不覺老從頭上來〕山便回.〔且道是什麼心行〕峰舉似巖頭〔是箇漢始得〕頭云 "大小德山 不會末後句"〔一箇太慈悲 一箇太落草〕山聞令侍者喚巖頭至方丈問 "<u>你不肯老僧那</u>"〔也是這兩箇老賊始得〕巖頭密啟其意.〔你且道當時說什麼〕山至來日上堂與尋常不同〔王三許與李八商量〕巖頭到僧堂前撫掌笑云 "且喜 老漢會末後句. 他後天下人不奈何.〔也是火裏人作伴〕雖然如是 只得三年"〔靈山授記未到如此〕明招代德山云 "咄咄 沒處去 沒處去〔只見錐頭利 不見鑿頭方〕

＊밑줄 친 부분의 那는 耶의 誤字.

덕산德山이 하루는 공양이 늦자, 스스로 발우를 들고 법당 앞에 이르

렀다.

설봉雪峰이 보고, 말했다. "이 노장이 종도 치지 않고 북소리도 나지 않았는데, 발우를 들고 어디를 가는 거야?"

〔다만 일(事)이 눈앞에서 지나간 것만 알았을 뿐, 노장이 처음부터 (법당에) 오른 것을 몰랐다.〕

덕산이 바로 돌아갔다.

〔자, 말해보라! 이것이 무슨 심보인가?〕

설봉이 앞의 일을 암두巖頭에게 전하자,

〔역시 이런 사람이라야 된다.〕

암두가 말했다. "덕산 정도 되는 양반이 말후구末後句도 모르는구먼."

〔한 사람은 큰 자비를 베풀었고, 한 사람은 아주 풀밭[697]에 떨어졌다.〕

덕산이 듣고, 시자에게 암두를 불러 방장실로 오게 하고, 물었다. "그대는 노승을 긍정하지 않는 것이냐?"

---

[697] 선림용어. 신분 지위를 낮추는 것을 말한다. 선림의 교화방법으로 교화하는 이가 어리석은 범부중생 속에서 자기 신분을 낮추고 오염된 어리석은 범부의 현실을 따라 교화하고 인도하는 것을 낙초落草라고 하고, 향하문向下門이라고도 칭한다. 또한 비천한 경지에 떨어진 사람을 낙초한落草漢이라 부르는데, 이는 경멸의 말이다. (禪林用語 謂降低身分地位 禪林中之敎化方法 敎化者在凡愚衆生中降低自己身分 隨凡愚汚濁之現實而行化導 稱爲落草 又稱向下門. 又墮落於卑下境地之人 則稱落草漢 乃輕蔑之語, 불광대사전)
참고로 낙초落草의 사전적인 의미는 양민이 산속으로 들어가 산적패가 되다, 천민이 되어 유랑하다, 마음대로(좋을 대로, 형편대로) 하다, 경솔하다, 거칠다 등의 뜻이 있다.

[역시 이 두 명의 늙은 도적이라야 된다.]

암두가 그 뜻을 은밀히 말씀드렸다.

[자, 말해보라! 당시에 무슨 말을 했는가?]

덕산이 다음날 상당上堂했는데, 평상시와 달랐다.

[왕 씨 세 사람이 이 씨 여덟 명과 상량하는 것을 허락한다.]

암두가 승당 앞에 이르러 손뼉을 치고 크게 웃으며 말했다. "기쁘다, 노장이 말후구를 알았다. 이후 천하의 사람들이 (이 노장을) 어쩌지 못할 것이다.

[역시 같은 솥에 밥을 해 먹는 도반들이다.]

비록 이와 같지만, 다만 3년뿐이다."

[영산의 수기授記가 아직 이곳에 이르지 않았다.]

명초明招[698]가 덕산을 대신해서 말했다. "돌돌(咄咄, 쯧쯧)! 갈 곳이 없네, 갈 곳이 없어."

[단지 송곳 끝이 날카로운 것만 보았지, 끌 끝이 모난 것은 보지 못했다.]

[拈古와 着語]

雪竇云 "曾聞說箇獨眼龍 元來只具一隻眼 〔過在什麼處〕 殊不知 德

---

698 명초덕겸(明招德謙, 생몰연대 미상): 나산도한羅山道閑의 법사法嗣. 왼쪽 눈을 잃어 독안룡獨眼龍이라 불림.

山是箇無齒大蟲. 若不是巖頭識破 爭得明日與昨日不同.〔雪竇眼更親〕諸人要識末後句麼.〔雪竇錯下名言〕只許老胡知 不許老胡會"〔頭出頭沒 還我金剛王寶劒來〕

설두가 말했다. "일찍이 듣자하니, '저 독안룡獨眼龍이 원래 일척안(一隻眼, 한쪽 눈)을 갖췄다는데,

〔허물이 어디에 있는가?〕

덕산이 이빨 없는 호랑이라는 것을 전혀 모르고 있다. 만약 암두가 알아보지 못했다면 어찌 내일과 어제가 같지 않다[699]는 것을 알았겠는가!

〔설두의 안목이 한층 더 친절하다.〕

여러분은 말후구를 알고자 하는가?

〔설두가 문채가 나게 명언을 했다.〕

아무리 노호(老胡, 달마)라도 깨달아 안 것은 인정해주겠지만, 이치로 따져 안 것은 인정해주지 않겠다."

〔머리가 떠올랐다 잠겼다 한다. 내게 금강왕보검을 돌려주라.〕

〔評唱〕

師云. 張無盡頌 "鼓寂鐘停托鉢回 巖頭一揶語如雷 果然只得三年活 莫是遭他授記來" 德山無語最毒. 擧 巖上座來參 問 "或若心境一如底人來時如何" (云云) 擧 三聖參云 "不用展炊巾 (云云) 設有 (云云)"

---

699 앞에 고칙에서 평상시와 달랐다(與尋常不同)고 했다.

休去舉公案了. 巖頭云 "大小德山下 (云云)" 當時若作雪峰 向他道什
麼 免得巖頭此語. 且道 是德山會不會. 巖頭密啓其意 此語好參. 明招
恁麼道 要免巖頭話 又却遭雪竇點撿. 雪竇道 "明招則具一隻眼也明
在" 何故. 不合平地上起骨堆. 什麼處是只具一隻眼處 什麼處是巖頭
識破處. 有底只管去今日明日處作活計 諸人要會末後句麼. "只許老
胡知 不許老胡會" 也是靈龜曳尾.

(본 고칙에) 장무진張無盡[700]이 송頌을 했다.

"북소리 적적하고 종소리는 그쳤는데 발우를 들고 돌아가니
암두의 일찰어一拶語가 우레와 같다.
과연 단지 3년을 살았을 뿐이니,
그에게 수기한 것 아닐까."

덕산의 말없음(德山無語)[701]이 가장 독하다.

활 상좌(암두전활)가 덕산을 참례했는데, 덕산이 보자마자 좌구를
잡아당기는 자세를 취하자, 활 상좌가 묻기를 "(이것은 놔두고,) 홀연
히 마음과 경계가 한결같은 사람이 오면 어떻게 해야 합니까?"라고

---

700 장상영(張商英, 1043~1122): 북송 촉주(蜀州, 四川 崇慶) 신진新津 사람. 자는
　　천각天覺, 호는 무진 거사無盡居士. 선종의 황룡파 선승들과 주로 교유하였으며,
　　특히 원오극근과 밀접한 관계를 맺음.
701 바로 아래 이어지는 덕산과 암두의 이야기를 말하는 것으로 이해했다.

하며 운운한 것을 들었다.[702]

　(그리고 또) 삼성三聖이 덕산을 참례하려고 좌구를 펼치자, 덕산이 말하기를 "취건(炊巾, 밥을 지을 때 머리에 쓰는 두건)을 펼 필요도 없다"고 하고, (이에) 삼성이 말하기를 "설령 있더라도 어디에 두겠습니까?"라고 하며 운운한 것을 거론하고,[703] 휴거(休去=德山無語)와 관련한 공안

---

[702] SM 제19권(N.778)에 다음과 같이 전한다.

巖上座參德山 山才見便作抽坐具勢 師云 "這个且置 忽遇心境一如底人來 向他說个甚麼 卽得不被諸方檢責" 山云 "猶較昔日三步在 別作个主人翁來" 師便喝. 山不語. 師云 "塞却者老漢咽喉"

활 상좌(암두)가 덕산을 참례했는데, 덕산이 보자마자 좌구를 잡아당기는 자세를 취했다.

활 상좌(師)가 말했다. "(이것은 놔두고,) 홀연히 마음과 경계가 한결같은 사람이 오면 그에게 무엇을 말해야 바로 제방의 점검과 책망을 면할 수 있겠습니까?"

덕산이 말했다. "아직은 옛날의 세 걸음이 남아 있다. 따로 주인공이 되어라."
활 상좌가 바로 "할!" 했다.

덕산이 말이 없자, 활 상좌가 말했다. "이 늙은이의 목구멍을 막아버렸다."

[703] SM 제18권(N.752)에 다음과 같이 전한다.

三聖參德山 纔展坐具 山云 "住住 不用展炊單 這裡無殘 羹餿飯與汝" 師曰 "賴遇無 設有向什麼處着" 山便打師 師接住推倒向床上 山大笑 師哭蒼天而去.

삼성三聖이 덕산을 참례하려고 좌구를 펼치자, 덕산이 말했다. "그만둬라, 그만둬! 취건(炊巾, 밥을 지을 때 머리에 쓰는 두건)을 펼 필요도 없다. 여기에는 (그대에게 줄) 남은 국도 쉰밥도 없다."

삼성이 말했다. "없어서 다행입니다. 설령 있더라도 어디에 두겠습니까?"
덕산이 치자, 삼성이 잡고 선상 위로 밀어 넘어뜨렸다.

덕산이 크게 웃자, 삼성이 "아이고!" 곡을 하며 나가버렸다.

드는 것을 마쳤다.

암두가 이르기를 "덕산 정도 되는 양반이 말후구도 모르는구먼"이라
고 했는데, 당시에 만약 설봉이 그에게 무슨 말을 했어야 암두의
이런 말을 면할 수 있었겠는가?

자, 말해보라! 덕산이 알았는가, 알지 못했는가? 암두가 말하기를
"그 뜻을 은밀히 말씀드렸다"고 한 이 말을 잘 참구해 보라!

명초가 이렇게 ("쯧쯧! 갈 곳이 없네, 갈 곳이 없어"라고) 말한
것은 암두의 말에서 벗어나고자 한 것이었지만, 도리어 설두에게
점검을 당했다.

설두가 말하기를 "명초는 일척안一隻眼을 갖춘 것이 분명하다"[704]고
했다. 무슨 까닭인가? 평지에다가 뼈 무더기를 쌓는 것(平地上起骨堆,
터무니없이 뜻밖의 일이나 화근을 불러일으키는 것)은 맞지 않기 때문이다.

어느 곳이 일척안만 갖춘 곳이고, 어느 곳이 암두가 알아본 곳인가?
어떤 사람들은 그저 금일과 명일처(今日明日處)에서 활발하게 계교를
부릴 뿐이다.

(설두가 또) "여러분은 말후구를 알고자 하는가?[705] 아무리 노호(老

---

704 염拈에서 설두가 "저 독안룡獨眼龍이 원래 일척안(一隻眼, 한쪽 눈)만 갖춰
   덕산이 이빨 없는 호랑이라는 것을 전혀 모르고 있다"고 한 것에 대한 원오의
   해석으로 이해했다.

705 염拈에서는 諸人要識末後句麽라고 하고, 여기서는 諸人要會末後句麽라고 했
   는데, 識과 會는 같은 뜻으로 사량분별을 뜻한다.

胡, 달마)라도 깨달아 안 것은 인정해주겠지만, 이치로 따져 안 것은 인정해주지 않겠다"고 한 것 역시 신령스런 거북이가 꼬리를 끄는 것이다.[706]

---

706 참고로 SM에서는 본칙에 대한 원오의 염拈을 아래와 같이 전하는데, 이는 『원오심요圜悟心要』의 '1. 화장 명 수좌에게'의 내용과도 일치한다.

此箇公案 叢林解會極多 然少有的確透得者. 有以謂 眞有此句 有以謂 父子唱和 實無此句 有以謂 此句須密傳授. 不免只是話會 增長機路 去本分甚遠. 所以道 "醍醐上味 爲世所珍 遇此等人 飜成毒藥"

이 공안을 총림에서 아주 많이들 풀이해서 알고 있지만, 정확하게 꿰뚫은 자는 거의 없다. 어떤 사람은 이 구句는 진실한 것이 있다고 말하고, 어떤 사람은 아비와 자식이 서로 부르고 화답하는 것이 실로 이 구에는 없다고 말하며, 어떤 사람은 이 구는 모름지기 비밀로 전해주어야 한다고 한다. 하지만 단지 말로만 이해해서 기로機路를 증장한 것일 뿐, 본분도리와는 아주 멀어지게 되는 것을 면치 못하는 것이다. 그래서 이르기를 "제호의 참 맛이 세상에서는 진미가 되지만, 이런 사람들을 만나면 도리어 독약이 된다"고 하였던 것이다. (졸역, 원오심요 역주, p.57, 2018, 운주사)

제94칙 설봉고경雪峰古鏡⁷⁰⁷

[古則과 着語]

擧, 雪峰一日見獼猴 乃云 "這獼猴各各佩一面古鏡"〔這老漢平地上
起骨堆作什麽〕三聖便問 "歷劫無名 何以彰爲古鏡"〔已落他綣繢了
也〕峰云 "瑕生也"〔是兩箇草裏漢〕聖云 "一千五百人善知識 話頭也
不識"〔猶較些子〕峰云 "老僧住持事繁"〔又恁麽去〕

＊獼猴(미후): 원숭이.

설봉雪峰이 하루는 원숭이들을 보고, 말했다. "이 원숭이들은 각각
고경古鏡을 하나씩 차고 있다."

〔이 노장이 평지 위에다가 뼈 무더기를 쌓아서 뭘 하려는 거야?〕

삼성三聖이 물었다. "역겁토록 이름이 없거늘, 어째서 고경이라 하십
니까?"

〔이미 그의 올가미에 걸렸다.〕

SM 제20권(N.812)에서도 전한다.

설봉이 말했다. "흠(瑕. 옥의 티)이 생겼다."

〔두 명의 초리한草裏漢이다.〕

삼성이 말했다. "천오백 선지식이 말귀(話頭)도 못 알아먹는군요."

〔그런대로 조금은 봐줄 만하다.〕

설봉이 말했다. "노승은 주지 일이 바빠서…."

〔또 이런 식이로구먼.〕

〔拈古와 着語〕

雪竇云 "好與三十棒. 〔過在什麼處〕 這棒放過也好 〔元來識進退〕
免得將錯就錯" 〔也是將錯就錯了也〕

설두가 말했다. "30방을 쳐라.

〔허물이 어디 있는가?〕

(하지만) 이 방망이를 용서해 주더라도

〔원래 나아가고 물러남을 알고 있다.〕

잘못에 잘못을 더하는 것을 면할 수 있다."

〔역시 잘못에 잘못을 더하고 있다.〕

〔評唱〕

師云. 古鏡濶一丈 (云云) 人人有一面古鏡 聖云 "歷劫無名 何以彰爲古
鏡" 入理深談. 峰云 "瑕生也" 雪峰爲人在什麼處. 看他三聖作家 云

"一千五百人善知識 話頭也不識"他頂門具眼 用本分作略. 大丈夫漢
須至恁麼. 不入虎穴爭奈虎子. 雪竇拈出來要人共知. 云"好與三十
棒" 又云"放過也好"且道 是什麼道理.

＊濶(넓을 활): 넓다. 트이다. 멀다. 간략하다. 근고하다. 너그럽다. 거칠다.
＊不入虎穴爭奈虎子＝不入虎穴不得虎子.

"세계가 한 자라면 고경도 한 자이고, 세계가 한 장이면 고경도 한
장이다"[708]고 한 것은 사람들마다 하나의 고경이 있다는 뜻이고, 삼성이

---

[708] SM 제19권(N.786)에 다음과 같이 전한다.

雪峰曰"世界濶一尺 古鏡濶一尺 世界濶一丈 古鏡濶一丈"玄沙指火爐曰"濶多
少"師曰"如古鏡濶"沙曰"老和尙脚跟未點地"

설봉이 말했다. "세계의 넓이가 한 자이면 고경의 넓이도 한 자이고, 세계의
넓이가 한 장이면 고경의 넓이도 한 장이다."
(그러자) 현사玄沙가 화로火爐를 가리키며 말했다. "얼마나 큽니까?"
선사가 말했다. "옛 거울의 넓이와 같다."
현사가 말했다. "노화상은 아직 발꿈치가 땅에 닿지도 않았습니다."

참고로 이에 대한 원오의 염拈은 다음과 같이 전한다.

圜悟勤拈"見成公案. 古鏡本非火爐 打破籠羅 火爐卽是古鏡. 若非父子投機
爭見赤心片片. 諸人作麼生會. 佗道 這老漢脚跟未點地在 如來實杖親蹤迹"

"현성공안見成公案이다. 고경은 본래 화로가 아니지만 새장과 그물을 쳐서
깨뜨리면 화로가 곧 고경이다. 만약 부자가 기연에 투합하지 않았더라면
어찌 조각조각 정성스런 마음을 볼 수 있었겠는가? 여러분은 어떻게 아는가?
그(=현사玄沙가 말하기를 '이 노장은 아직 발꿈치도 땅에 닿지 않았다'고 했으
니, 여래의 보배 지팡이를 몸소 본받음이다."

말하기를 "역겁토록 이름이 없거늘, 어째서 고경이라 하십니까?"라고
한 것은 이理에 들어간 깊은 말이다.

설봉이 말하기를 "흠이 생겼다"고 했는데, 설봉이 사람을 위한 곳이
어디인가?

저 삼성이 작가인 것을 보라! "천오백 선지식이 말귀도 못 알아먹는
다"고 한 것은 그가 정수리 위에 안목을 갖추고 본분本分의 작략作略을
쓴 것이다. (그러므로) 대장부는 모름지기 (여기에) 이렇게 이르러야
한다. 호랑이 굴에 들어가지 않고 어찌 호랑이를 얻겠는가!

설두가 염출拈出한 것은 사람들과 함께 알려고 한 것이다. (그런데
앞에서는) "30방을 쳐라"고 하고, 또 (이어서) "(이 방망이를) 용서해주
더라도(＝방망이를 치지 않아도 된다)"라고 했다. 자, 말해보라! 이것은
무슨 도리인가?

제95칙 동산의 발 洞山衣鉢[709]

【古則과 着語】

擧, 僧問洞山 "時時勤拂拭 莫使惹塵埃 爲什麼不得他衣鉢"〔鈍滯祖師〕山云 "直饒道本來無一物 也未合得他衣鉢〔自救卽得〕且道 什麼人合得"〔他不曾作這般去就〕僧下九十六轉語 皆不相契〔力盡神疲〕末後云 "設使將來 他亦不要"〔且道 他具箇什麼眼〕洞山深肯.〔好與三十棒〕

어떤 스님이 동산洞山에게 물었다. "때때로 부지런히 털고 닦아서 티끌이 일어나지 않게 하라고 했는데, 어째서 저 의발을 얻지 못했습니까?"

〔조사를 바보로 만들고 있다.〕

동산이 말했다. "설사 본래무일물(本來無一物, 본래 한 물건도 없다)이라고 했어도 저 의발을 얻는 것은 합당치 못하다.

〔스스로 구제하면 된다.〕

자, 말해보라! 어떤 사람이 (얻는 것이) 합당한가?"

---

709 SM 제17권(N.689)에서도 전한다.

〔(그러나) 그는 일찍이 이렇게 하지를 못했다.〕

스님이 96가지로 전어(轉語, 대답)를 했지만 모두 계합하지 못하다가

〔힘을 다 썼으니 정신이 피곤하겠구먼.〕

끝에 가서야 말했다. "설사 가져오더라도 그것은 필요치 않습니다."

〔자, 말해보라! 그가 무슨 안목을 갖췄는가?〕

동산이 깊이 긍정했다.

〔30방을 쳐야 한다.〕⁷¹⁰

【拈古와 着語】

雪竇云 "他旣不受是眼 將来底必應是瞎. 〔酌然是瞎〕 還見祖師衣鉢麼. 〔用祖師衣鉢作什麼〕 若於此入門 便乃兩手分付. 〔用入門作什麼〕 非但大庾嶺頭 一箇提不起 設使闔國人来 且欵欵地將去" 〔只如

---

710 참고로 오조홍인에게 올린 신수와 혜능의 게송은 다음과 같다.

신수	혜능
身是菩提樹 心如明鏡臺 時時勤拂拭 莫使有塵埃	菩提本無樹 明鏡亦無臺 佛性常清淨 何處有塵埃
몸은 보리의 나무요 마음은 밝은 거울과 같나니, 때때로 부지런히 털고 닦아서 티끌이 생기지 않게 하라.	보리엔 본래 나무가 없고 밝은 거울 또한 받침대 없네. 부처의 성품은 항상 깨끗하니 어느 곳에 티끌과 먼지 있으리오.

혜능의 佛性常清淨을 본래무일물本来無一物로도 전하는데, 동산은 이 말로 공안을 이루고 있다.

闍黎還見祖師衣鉢麼〕

*闔國(합국)：전국. 온 나라.

*欵欵(관관)＝款款：느릿느릿. 천천히. 성실하다. 충성스럽다. 欵은 款의
 속자俗子.

설두가 말했다. "그가 받지 않은 것이 안목이면 가지고 온 자는 반드시
눈이 멀 것이다.

　〔분명 눈이 멀었다.〕

　조사의 의발을 보았는가?

　〔조사의 의발로 뭘 하려고?〕

　만약 여기서 문에 들어 오면 바로 두 손으로 주겠다.

　〔문에 들어와 뭘 하게?〕

　비단 대유령 꼭대기에서 한 사람만 들어 올리지 못했을 뿐만 아니라,
설사 온 나라 사람들이 오더라도 느긋느긋 가지고 갈 것이다."

　〔그건 그렇고, (설두) 스님은 조사의 의발을 봤는가?〕

〔評唱〕

師云. 五祖當時也是將錯就錯 權且分付 等他道本來無一物 好劈脊便
打. 作麼生合得他衣鉢. 雪竇向頭上道"他旣不受是眼 將來底必應是
瞎"設使將來 他亦不要"皆下語 (云云) 善取不如惡取. 今時人越道奇
特語 展轉不是 (云云) 雪竇云"將來底必應是瞎"山僧道"眞箇瞎"意作

麼生. 若向這裏得脫去 相次得他衣鉢也.

＊展轉(전전)：(되)돌아가다. 되풀이하다. / 展轉＝輾轉: 엎치락뒤치락하다.
 뒤척이다. 전전하다. 여러 사람의 손이나 혹은 여러 장소를 거치다.
＊得脫(득탈)：불법의 참된 이치를 깨달아서 번뇌·고뇌의 지경에서 벗어나
 불과佛果를 얻음.
＊相次(상차)：차례로. 순서대로. 머지않아. 곧

오조五祖가 당시에 잘못에(＝잘못인 줄 알면서도) 잘못을 더해서 계속
밀고 나가 방편(權)으로 준 것이었지만, 본래 한 물건도 없다고 할
때 등판때기를 후려갈겼어야 했다. (그렇다면) 어떻게 해야 저 의발을
얻는 것이 맞겠는가? 설두는 앞에서 말하기를 "그가 받지 않은 것이
안목이면 가지고 온 자는 반드시 눈이 멀 것이다"고 하였다.

"설사 가지고 온다고 해도 그것은 필요치 않습니다"고 한 것은 (할
수 있는) 모든 말(＝96전어)을 하고도 계합하지 못하다가 마지막에
일전어一轉語를 한 것이고, (이는 이 이야기를 듣던 어떤 스님이 마지막
의 일전어를 듣지 못해)[711] "선한 마음으로 취하려고 하는 것이 악한
마음으로 취하는 것만 못하다"고 한 것이기도 하다(＝하면서 듣고자
한 것이기도 하다).[712] (그런데) 요즘 사람들은 한층 더 기특한 말을
해줘도 옳지 못한 것만 되풀이 한다. (그리고 여기다 대고 다시 의론이
분분하기만 하다.)[713]

---

711 첫 번째 云云을 동산록을 따라 역자가 편집했다.
712 동산록에서는 善取不如惡取를 善取不得惡取去로 전하는데, 이를 따라 번역한
 것임을 밝혀둔다. 아래 註714 참조.

설두가 말하기를 "가지고 온 자는 반드시 눈이 멀 것이다"고 했는데,
(이에 대해 앞에서) 산승이 말하기를 "정말로 눈이 멀었다!"고 했다.
(이) 뜻이 무엇인가?" 만약 여기서 알 수 있으면 즉시 저 의발을
얻게 될 것이다.[714]

---

713 두 번째 云云을 역자가 의역했다.

714 참고로 동산록에서 전하는 본칙의 내용은 다음과 같다.

僧問 "時時勤拂拭 爲甚麼不得他衣鉢 未審甚麼人合得" 師云 "不入門者" 僧云
"祇如不入門者 還得也無" 師云 "雖然如此 不得不與他" 師又云 "直道本來無一
物 猶未合得他衣鉢. 汝道 甚麼人合得. 這裏合下得一轉語. 且道 下得甚麼語"
時有一僧 下九十六轉語 並不契 末後一轉 始愜師意. 師云 "闍黎何不早恁麼道"
別有一僧密聽 祇不聞末一轉 遂請益 其僧 僧不肯說 如是三年相從 終不爲擧
一日因疾 其僧云 "某三年請擧前話 不蒙慈悲. 善取不得惡取去" 遂持刀白云
"若不爲某擧 卽殺上座去也" 其僧悚然云 "闍黎且待 我爲爾擧" 乃云 "直饒將來
亦無處著" 其僧禮謝.

어떤 스님이 물었다. "때때로 부지런히 털고 닦는다고 했는데, 어째서 의발을
얻지 못한 것입니까? 어떤 사람이 얻어야 하는 것인지 잘 모르겠습니다."
선사가 말했다. "문에 들어오지 않은 사람이다."
그 스님이 물었다. "단지 문에 들어오지 않은 사람이면 얻을 수 있는 것입니까?"
선사가 말했다. "비록 그렇기는 하지만, 그에게 주지 않을 수 없다."
(이어서) 선사가 또 말했다. "바로 본래무일물이라고 해도 저 의발을 얻는
것은 맞지 않다. 그대는 말해보라! 어떤 사람이 얻는 것이 맞겠는가? 여기에
맞는 일전어—轉語를 해봐라. 자, 말해보라! 무슨 말을 해야 하는가?"
그때 어떤 한 스님이 96전어를 했지만 모두 계합하지 못하다가, 마지막에
일전어를 하고서야 비로소 스님의 뜻에 합당하게 되었다.
선사가 말했다. "스님은 어째서 일찍 이렇게 말하지 않았는가?"
(그때) 따로 어떤 한 스님이 몰래 듣다가 마지막 일전어를 듣지 못해 그
스님에게 청익請益을 했는데, 그 스님이 말을 하지 않았다. 이와 같이 3년을

쫓아다녔지만 끝내 말해주지 않았다.

하루는 병이 들었는데, 그 스님이 말했다. "제가 3년이나 앞의 이야기를 말해달라고 청했지만, 자비를 입지 못했습니다. 선의로는 얻지를 못했으니, 나쁜 방법으로라도 얻어야겠습니다."

그리고는 칼을 들고 말했다. "만약 저를 위해 말해주지 않으면 바로 상좌를 죽이겠습니다."

그 스님이 두려워하면서 말했다. "스님! 잠시 기다리시오. 내가 그대를 위해 말해주겠소."

그리고는 이내 말했다. "설사 가지고 오더라도 둘 곳이 없다(直饒將來 亦無處著)."

그 스님이 절을 하고 물러났다.

584

제96칙 투자삼성投子三星[715]

〔古則과 着語〕

擧, 僧問投子 "依俙似半月 髣髴若三星〔也是鹽鐵判官〕乾坤收不得
師於何處明"〔自屎不覺臭〕子云 "道什麼"〔可惜許〕僧云 "想師只有
湛水之波 且無滔天之浪"〔招得他什麼道〕子云 "閑言語"〔洎合放過〕

* 依稀(의희): 모호하다. 희미하다. 어렴풋하다. 어슴푸레하다. 아련하다.
* 髣髴(방불): 거의 비슷함. 흐릿하거나 어렴풋함. 무엇과 같다고 느끼게
  함. 마치 ~인 듯하다.
* 鹽鐵判官(염철판관)＝鹽鐵別監(염철별감)＝염철사鹽鐵使: 소금을 굽고
  철을 제련하는 일을 살피며 감독하기 위하여 지방에 파견하는 임시 벼슬.
* 洎合(계합)＝几乎(기호): 거의. 하마터면.

어떤 스님이 투자投子에게 물었다. "희미하기로는 반달과 같고, 비슷하
기로는 세 개의 별과 같습니다.

　〔역시 염철판관鹽鐵判官이다.〕

---

715 SM 제18권(N.741)에서도 전한다.

하늘과 땅도 거둬들이지 못하는데, 스님은 어디서 밝히시겠습니까?"

〔자기가 똥을 싸놓고 냄새 나는 줄도 모른다.〕

투자가 말했다. "무슨 말을 하는 거야?"

〔아깝다.〕

스님이 말했다. "생각건대 스님에겐 맑은 물결만 있을 뿐, 하늘을 뒤덮는 파도는 없는 것 같습니다."

〔그가 이렇게 말하도록 끌어들였다.〕

투자가 말했다. "쓸 데 없는 소리(閑言語, 입 닥쳐라)!"

〔하마터면 놓칠 뻔했다.〕

[拈古와 着語]

雪竇云 "投子古佛 不可道不知.〔酌然〕若點撿將來 直是天地懸隔〔只爲他不用本分草料〕纔問和聲便打"〔也是第二頭〕

설두가 말했다. "투자고불投子古佛이 알지 못했다고 말해서는 안 된다.

〔분명하다.〕

만약 점검해 보면 바로 하늘과 땅 만큼 벌어지게 되니,

〔다만 그를 위해 본분초료를 쓰지 않았을 뿐이다.〕

묻는 소리가 나자마자 바로 쳐라."

〔그래도 역시 제2두第二頭다.〕

〔評唱〕

師云. 橫鋪三點 應天上之星辰 偃臥一鉤 表海中之明月. 擧 僧問龍牙
"如何是本來心" 牙云 "道者 老僧二十年也無" 擧 僧問大覺 "龍牙道老僧
二十年也無意旨如何" 覺云 "罷拈三尺劍 休弄一張弓" 仁宗皇帝問大
覺 "有節非干竹 三星遶月宮 一人居日下 弗與衆人同" 詔陽云 "大哉大
哉" 投子云 "閑言語" 這語勝如行棒. 雪竇云 "投子是古佛" 須知有行棒
底正令. 爲什麼却道 "直是天地懸隔" 宗師眼目 要處辨箇緇素 事須得
恁麼.

＊偃臥(언와)：(거만하게) 벌떡 누워 있음.
＊月宮(월궁)：달 속에 항아(姮娥, 전설 속의 선녀)가 있다는 궁전.

"세 점을 가로로 늘어놓은 것은
하늘의 별에 응한 것이고,
하나의 갈고리가 누워 있는 것은
바다에 비친 밝은 달을 표시한 것이다."[716]

어떤 스님이 용아龍牙[717]에게 묻기를 "어떤 것이 본래의 마음(本來心)
입니까?"라고 하자, 용아가 말하기를 "도자(道者, 스님)! 노승은 20년
동안 그런 것은 없었다"고 한 것을 거론했다.

---

716 원오가 먼저 게송으로 고칙에 송頌을 한 것으로 이해했다.
717 용아거둔(龍牙居遁, 835~923): 동산양개의 법사法嗣.

(그리고 또) 어떤 스님이 대각大覺[718]에게 묻기를 "용아가 말하기를 '노승은 20년 동안 그런 것은 없었다'고 한 것이 무슨 뜻입니까?"라고 하자, 대각이 말하기를 "석 자 검을 내려놓고 활 하나를 쉰다"고 한 것을 거론했다.

(이어서) 인종황제仁宗皇帝의 물음에 대각이 (송頌으로) 회답한 것을 (다음과 같이) 말했다.

"마디가 있다고 (다) 대나무가 아닌 것처럼,
세 개의 별이 월궁(月宮, 달)을 에워싸도
태양 아래 있는 한 사람은
뭇 사람들과 같지 않다."[719]

---

718 대각회련(大覺懷璉, 1007~1090): 늑담회징의 법사法嗣.

719 인종仁宗 황제皇帝를 대신해 중사中使가 물은 것에 회답한 것으로 『운와기담雲臥紀談』에 다음과 같이 전한다.

仁宗皇帝 以皇祐四年十二月九日 遣中使降御問於淨因大覺禪師懷璉曰 "才去
豎拂 人立難當" 璉方與衆晨粥 遂起謝恩 延中使粥 粥罷 卽以頌回進曰 "有節非
干竹 三星繞月宮 一人居日下 弗與衆人同" 於是皇情大悅 旣而復賜頌曰 "最好
坐禪僧 忘機念不生 無心焰已息 珍重往來今" 璉和而進之曰 "最好坐禪僧 無念
亦無生 空潭明月現 誰說古兼今"

인종 황제가 황우皇祐 4년(1052) 12월 9일에 중사中使를 정인사淨因寺 대각회련
大覺懷璉 선사에게 보내 물었다. "가자마자 불자를 세우니 사람들이 (다만)
서서 감당하기 어렵습니다."
때마침 회련이 대중과 함께 죽을 먹으려고 하던 참이었는데 일어나 (황제의)
은혜에 감사하고, 중사를 맞아들여 죽을 먹은 후 곧바로 송으로 회답해 올렸다.
有節非干竹 마디가 있다고 (다) 대나무가 아닌 것처럼

소양(詔陽, 운문문언)은 "대단하다, 대단해(大哉大哉)!"라고 했고,[720] 투자는 "쓸 데 없는 소리(閑言語)!"라고 했는데, 이 말들이 방망이를 치는 것만큼이나 뛰어나다.

설두가 말하기를 "투자는 고불이다"고 했는데, (여기에는) 모름지기 방망이를 쳐야 하는 바른 법령이 있다는 것을 알아야 한다. (그런데 설두는) 어째서 다시 "바로 하늘과 땅만큼 벌어지게 된다"고 한 것인가? 종사의 안목은 중요한 곳에서 검은 것인지 흰 것인지를 가려내야 하는 것이니, 일이란 모름지기 이렇게 해야 하는 것이다.

三星遼月宮　세 개의 별이 월궁(月宮, 달)을 에워싸도
一人居日下　한 사람이 태양 아래 있는 것은
弗與衆人同　뭇 사람들과 같지 않습니다.

황제가 몹시 기뻐하고 다시 송頌을 내렸다.
最好坐禪僧　가장 뛰어난 좌선하는 스님은
忘機念不生　마음(機)도 잊고 생각도 내지 않으며
無心焰已息　무심히 불꽃을 이미 쉬었으니
珍重往來今　예나 지금이나 소중히 여기십시오.

회련 선사가 화답의 송을 지었다.
最好坐禪僧　가장 뛰어난 좌선하는 중은
無念亦無生　무념 또한 내지 않나니,
空潭明月現　텅 빈 못에 밝은 달이 드러났는데
誰說古兼今　누가 예와 지금을 말하리오.

720 소양(운문)의 말은 그 출처를 알 수 없다.

제97칙 낙포복응洛浦伏膺[721]

〔古則과 着語〕

擧, 洛浦久爲臨濟侍者 到夾山問 "自遠趨風 乞師一接" 〔已入他烟熖
裏了也〕 山云 "目前無闍黎 此間無老僧" 〔抓鉤搭揉〕 浦便喝. 〔猶較
些子〕 山云 "住住 闍黎 且莫草草忽忽 雲月是同 溪山各異 〔閃眼便
着〕 截斷天下人舌頭卽不無 爭敎無舌人解語" 〔那裏得這一落索來〕
浦無對 〔可惜龍頭蛇尾〕 山便打. 〔打得不濟事〕

＊趨風(추풍) : 풍모를 우러름. 소문을 듣고 옴. 바람처럼 빨리 감.

＊抓(긁을 조) : 긁다. 집다. 움켜쥐다. 따다. 집어 따다.

＊草草(초초) : 바빠서 거친 모양.

＊忽忽(총총) : 몹시 급하고 바쁜 모양.

＊不濟事(부제사) : 쓸모없다. 소용없다. 도움이 되지 않는다.

낙포洛浦[722]가 오랫동안 임제臨濟의 시자를 하다가, 협산夾山에게 와서

---

721 SM 제22권(N.946)에서도 전한다.

722 낙보원안(樂普元安＝낙포원안洛浦元安, 834~898) : 협산선회의 법사法嗣.

물었다. "멀리서 소문 듣고 달려왔습니다. 청컨대, 스님께서 한 번 제접해 주십시오."

〔이미 저 연기 나는 불꽃 속으로 들어왔다.〕

협산이 말했다. "눈앞엔 스님이 없고, 여기엔 노승도 없다."

〔동아줄을 매단 갈고리를 쥐고 있다.〕

낙포가 "할!" 했다.

〔그런대로 조금은 봐줄 만하다.〕

협산이 말했다. "그만 해라, 그만 해! 스님, 경솔하게 굴지 말라! 같은 구름과 달이라도 계곡과 산에 따라 각각 다르다.

〔번개 같은 안목으로 착안했다.〕

천하 사람들의 혀를 끊어버리는 것이 없지 않지만, 어찌 혀 없는 사람으로 하여금 말을 하게 할 수 있겠는가?"

〔어디서 이런 소식(一落索)을 얻었는가?〕

낙포가 대답이 없자,

〔애석하게도 용두사미가 되었다.〕

협산이 바로 쳤다.

〔친다고 이 일이 해결되는 것은 아니다.〕

[拈古와 着語]

雪竇云 "這漢可悲可痛 鈍滯他臨濟.〔也有些子〕他旣雲月是同 我亦溪山各異.〔爭奈賊過後張弓〕說什麼無舌人不解語. 坐具劈口便摵.〔雪竇爲旁人按劒〕夾山若是箇知方漢 必然明窓下安排"〔總若便截

却舌頭 又作麼生〕

설두가 말했다. "이 친구가 비통하게도 저 임제를 바보로 만들어버렸다.

〔그래도 조금은 있다.〕

그가 이미 구름과 달이 같다고 했으니, 나는 계곡과 산은 각각 다르다고 하겠다.

〔도적이 지나간 다음 활시위를 매는 격이니, 어찌 하겠는가?〕

무슨 혀 없는 사람이 말을 할 줄 모른다는 그런 말을 하는가? 좌구로 주둥이를 바로 쳐버려라!

〔설두가 옆 사람을 위해 칼을 매만지고 있다.〕

협산이 만약 지방한(知方漢, 처방할 줄 아는 사람)이라면 반드시 햇빛이 잘 드는 창 아래 자리를 마련해 줄 것이다."

〔모두 혀를 끊어버리면 대관절 어떻게 할 것인가?〕

〔評唱〕

師云. 洛浦是趙州欒城人. 初參臨濟 濟問 "近離甚處" 云 "欒城" 濟云 "有事相借問得否" 云 "元安不會" 濟云 "打破大唐國裏 覓箇不會底人難得" 興化爲侍者 乃云 "和尙恁麼勘僧 如將彈弓就地上彈死雀兒 有什麼用處" 濟云 "你又作麼生" 化云 "何不道老僧罪過" 後浦爲侍者 濟勘一座主 有一人於三乘十二分敎明得 有一人於三乘十二分敎明不得 且道是同是別 主云 "明得卽同 明不得卽別" 浦云 "這裏是什麼所在 說同說別" 濟休去. 座主去後 濟回却問 "適來是你什麼祇對" 浦便喝 濟便

打. (云云) 傳明初承嗣石樓 住京口擧公案 爭奈無舌人能解語. 興化聞
云 "但知作佛 愁什麼衆生" 有云 "臨濟爲他致見洛浦如此" 殊不知神方
秘訣 父子不傳. 自是洛浦承當處莽鹵 雪竇忍俊不禁 爲他臨濟雪屈.

＊鑾(방울 란, 보습 거): 방울. 천자天子가 타는 수레. 보습.

＊彈弓(탄궁): 활. 새총. 솜을 타는 데 쓰는 활. 무명활. 탄환을 쏘는 활.

＊自是(자시): 당연히. 자기가 옳다고 여기다. 제멋대로 하다. 이로부터.

＊承當＝承受擔當(승수담당): 이어받아서 짊어진 것, 안 것.

＊忍俊不禁(인준불금): 웃음을 참을 수 없다. 웃지 않을 수 없다.

낙포는 조주趙州 난성鑾城 사람이다.

처음에 임제를 참례하자, 임제가 물었다. "어디서 왔는가?"

낙포가 말했다. "난성에서 왔습니다."

임제가 말했다. "물어볼 일이 있는데, 물어도 되겠는가?"

낙포가 말했다. "(저) 원안元安은 모릅니다."

임제가 말했다. "대당국大唐國을 쳐부숴 찾아봐도 모른다는 사람을
얻기는 어렵다."

(그때) 홍화興化[723]가 시자를 하고 있었는데, 이내 말했다. "화상께서
이렇게 스님을 감변하는 것은 마치 탄궁(彈弓, 활)을 가지고 땅에
있는 죽은 참새를 쏘는 것과 같은데, 무슨 소용이 있겠습니까?"

---

[723] 홍화존장(興化存獎, 830~888): 임제의현의 법사法嗣. 임제록의 교감자校勘者로
알려짐. 그의 문하에 남원혜옹이 있음.

임제가 말했다. "너는 어떻게 하겠는가?"

홍화가 말했다. "어째서 노승의 허물이라고 말하지 않으십니까?"

뒤에 낙포가 시자를 했는데, (하루는) 임제가 좌주座主 한 사람을 감변했다. "한 사람은 3승12분교를 분명히 얻었고, 한 사람은 3승12분교를 분명히 얻지 못했다. 자, 말해보라! 같은가, 다른가?"

좌주가 말했다. "분명하게 얻었으면 같고, 분명하게 얻지 못했으면 다릅니다."

낙포가 말했다. "여기에 뭐가 있다고 같다느니 다르다느니 말하는 것이오?"

임제가 쉬었다.

좌주가 간 뒤에 임제가 돌아와 물었다. "좀 전에 너는 누구에게 대답한 것이냐?"

낙포가 "할!" 하자, 임제가 쳤다.[724]

전명(傳明, 협산)은 처음에 석루石樓의 법을 잇고,[725] 경구京口에 머물면서 이 공안(公案, 이야기)을 거론했는데,[726] 어찌 혀 없는 사람이 말을 할 수 있겠는가![727]

---

724 졸역, 임제어록 역주, pp.336~338 참조.

725 선자덕성을 만나기 전, 석두희천의 제자 가운데 한 스님(분주석루汾州石樓, 생몰연대 미상)을 뜻한다.

726 협산이 선자덕성을 만나기 전에 이미 낙포를 만났다는 뜻이다.

홍화興化가 (이를) 전해 듣고 말하기를 "다만 부처가 되는 것만 알면 되지, 무슨 중생을 근심하리오"라고 했다. (그런데) 어떤 이는 말하기를 "임제가 낙포가 이와 같은 견해에 이르도록 했다"고 하니, (이는) "신비한 처방의 비결은 부자지간에도 전하지 못한다"[728]는 것을 전혀 모르는 것이다.

이로부터 (당연히) 낙포의 승당처(承當處, 안 것)가 거친 것을 알 수 있는데, 설두가 웃음을 참지 못하고 저 임제를 위해 억울함을 씻어줬다.

이와 관련된 내용은 종용록 제35칙에서 자세하게 다루고 있으니 참조 바란다. 또한 이 문장은 앞의 본칙에 근거, "이 이야기를 거론한 것인데, (끝에 가서 협산이) '어찌 혀 없는 사람으로 하여금 말을 하게 할 수 있겠는가?'라고 하였다. 홍화가 이 이야기를 전해 듣고~"로 이해해도 무방할 듯하다.

神方祕訣 父子不傳은 神仙祕訣 父子不傳이라고도 하는데, 이는 원오심요에서 는 백운수단의 말로 전한다. (졸역, 원오심요 역주, p.162)

제98칙 향엄선타香嚴仙陀⁷²⁹

[古則과 着語, 拈古와 着語]

舉 僧問香嚴 "如何是王索仙陀婆" 〔山僧不曾要人點茶〕 嚴云 "過這邊來" 〔未解應在〕 雪竇云 "鈍滯殺人" 〔也有些子〕 僧又問趙州 "王索仙陀婆時如何" 〔應嗒〕 州乃曲躬叉手. 〔也是兩重公案〕 雪竇云 "索鹽奉馬" 〔從古判到如今〕

*點茶(점다): 차를 끓이다. 차를 우리다.

어떤 스님이 향엄香嚴에게 물었다. "어떤 것이 왕이 선타바⁷³⁰를 찾는 것입니까?"

　〔산승은 일찍이 사람들에게 차를 우리라고 요구한 적이 없다.〕

---

729 SM 제15권(N.602)에서도 전한다.

730 선타바(仙陀婆): 지시하는 본래의 뜻을 상황에 따라 잘 알아맞히는 사람. 부처님의 말씀에 담긴 본질을 잘 파악하는 지혜로운 사람을 비유한다. 선타바라는 말에 네 가지 실물이 있는데, 소금·그릇·물·말이다. 『대반열반경大般涅槃經』 제9권 참조.

향엄이 말했다. "이리 오너라."
〔대응할 줄 모른다.〕

설두가 말했다. "사람을 몹시 바보로 만드는군."
〔그래도 조금은 있다.〕

스님이 또 조주趙州에게 물었다. "왕이 선타바를 찾을 때는 어떻습니까?"
〔"예!"라고 대답하라.〕
조주가 몸을 굽혀 차수했다.
〔역시 양중공안이다.〕

설두가 말했다. "소금을 찾는데, 말을 대령했다."
〔예로부터 지금까지 이렇게 판단해왔다.〕

〔評唱〕

師云. 此語在敲磕轉處些子. 如何是王索仙陀婆. 且道 在賓家處 在主家處. 若辨得出 方具參學眼.

*敲(두드릴 고/교): 두드리다 후려치다. (쳐서) 죽이다.
*磕(돌 부딪치는 소리 개): 돌이 부딪치는 소리. 북소리. 부딪치다. (머리를) 조아리다.

이 말에는 고개전처(敲磕[731]轉處, 두드리고 부딪쳐서 전환해야 할 곳)가 조금 있다.

어떤 것이 왕이 선타바를 찾는 것인가? 자, 말해보라! 손님 쪽에 있는가, 주인 쪽에 있는가? 만약 가려낼 수 있다면 바야흐로 참학의 안목(參學眼)을 갖추게 될 것이다.

---

[731] 고개敲磕와 관련해서 임제록에 다음과 같은 표현이 있다.

(중략) 從臍輪氣海中鼓激 牙齒敲磕 成其句義 明知是幻化. (중략)

제륜기해(臍輪氣海, 배꼽 아래 단전) 속 세찬 맥박으로부터 어금니와 이빨들이 부딪쳐 저 글귀의 뜻이 만들어지는 것이다. (졸역, 임제어록 역주, p.253)

제99칙 풍혈이미 風穴離微[732]

【古則과 着語】

擧, 僧問風穴 "語默涉離微 如何通不犯"〔斬〕穴云 "長憶江南三月裏
鷓鴣啼處百花鮮"〔隔〕

어떤 스님이 풍혈風穴에게 물었다. "말을 하거나 침묵하면 이離와 미微[733]
에 걸린다고 하는데, 어떻게 해야 범하지 않고 통하겠습니까?"

〔참(斬, 베어버려라)!〕

풍혈이 말했다. "늘 강남의 3월을 생각하나니, 자고새 우는 곳에
백화가 새롭다."[734]

---

732 SM 제27권(N.1248)에서도 전한다.

733 법성의 체는 모든 상을 떠나 적멸하여 남음이 없는데, 이를 이離라고 한다.
법성의 용은 미묘해서 사의할 수 없는데, 이를 미微라고 한다. 이離는 열반이고,
미微는 반야이다. (法性之體 離諸相而寂滅無餘 是云離 法性之用 微妙不可思議 是云
微 離者涅槃也 微者般若也, 불학대사전) 아래 평창과 註739 참조.

734 상기서에서는 鷓鴣啼處百花香(자고새 우는 곳에 백화가 향기롭구나)으로 전한다.
한편 이 문장은 풍혈과 남원혜옹이 사료간에 대한 문답 가운데 "사람과 경계를

〔격(隔, 벌어졌다).〕

[拈古와 着語]

曾有僧問雪竇 雪竇對他道 "劈腹剜心 又且如何"〔着〕復云 "因風吹
火別是一家.〔少賣弄〕傷鱉恕龜 必應有主"〔須還古人始得〕

일찍이 어떤 스님이 (나) 설두에게 묻기에, 설두가 그에게 말했다.
"배를 갈라 심장을 도려내는 것은 또 어떤가?"

〔착(着, 맞다)!〕

또 말했다. "바람이 불 때 불을 피우니[735] 따로 일가를 이루었다.

〔뽐내지 말라!〕

자라는 죽이고 거북이를 용서해주니 반드시 주인이 있다."

〔(그런 일이 있으면) 모름지기 고인에게 돌려야 한다.〕

〔評唱〕

師云. 寶藏論 "語默涉離微" "路逢達道人 不將語默對" 意雖一般 言有
巧拙 語默涉離微. 穴云 "長憶江南三月裏 鷓鴣啼處百花鮮" 且道 是答

모두 빼앗지 않는 것이 어떤 것이냐?'는 물음의 답이기도 하다. (졸역, 임제어록
역주, p.125 참조)

735 참고로 "바람을 끌어다 불을 붙이니 힘을 많이 쓰지 않아도 된다(因風吹火
用力不多)"는 풍혈연소의 말이 있다.

他不答他. 若道是答他話 有什麼交涉. 若道信口答他去 又作麼生得
應機去. 但於事上覓 莫向句中求. 雪竇云"劈腹剜心 又且如何"與趯
倒茶爐話同. 復拈"因風吹火 別是一家"風穴答話 他隨後答一轉語
"傷鼈恕龜 必應有主"臨濟下有四賓主句 全主到來放行 却答他有全主
卽放行.

『보장론寶藏論』[736]에 "말을 하거나 침묵을 하면 이離와 미微에 걸린
다"[737]고 한 것과 "길에서 도를 통달한 사람을 만나면 말이나 침묵으로

---

736 승조(僧肇, 374~414)의 저작으로 알려짐. 광조공유품廣照空有品·이미체정 품離
微體淨品·본제허현품本際虛玄品의 3품으로 이루어졌다.

737 전등록 제13권에 다음과 같이 전한다.

問 "語默涉離微(肇法師 寶藏論 離微體淨品云 "其入離其出微 知入離外塵無所
依 知出微內心無所爲 內心無所爲 諸見不能移 外塵無所依 萬有不能機 萬有不
能機 想慮不乘馳 諸見不能移 寂滅不思議 可謂本淨體離微也 據入故名離 約用
故名微 混而爲一無離無微 體淨不可染 無染故無淨 體微不可有 無有故無無")
如何通不犯"師曰 "常憶江南三月裏 鷓鴣啼處野華香"

물었다. "말하고 침묵하는 것은 이離와 미微에 걸리는데, 〔조肇 법사의 보장론
이미체정품에 이르기를 "들어가면 이離요, 나오면 미微다. 입리入離를 알면
바깥 경계가 의지할 것이 없고, 출미出微를 알면 안의 마음이 할 것이 없다.
안의 마음이 할 것이 없으면 모든 견해가 옮기지 않고, 바깥 경계가 의지할
것이 없으면 만유萬有가 비롯될 수 없다. 만유가 비롯될 수 없으면 생각이
치달림에 편승하지 않고, 모든 견해가 옮기지 않으면 적멸해서 부사의하니,
본래의 청정한 체는 이미하다고 할 수 있을 것이다. 들어감을 근거로 하기
때문에 이離라 하고, 작용을 근거로 하기 때문에 미微라고 하는 것이니, 혼합하
면 하나가 되어서 이도 없고 미도 없는 것이다. 체가 청정하면 물들 수가
없고 물듦이 없기 때문에 청정도 없다. 체가 미해서 있다고 할 수 없고 있음이

상대하지 말라"⁷³⁸고 한 것은 (그) 뜻이 비록 한가지이지만, 말에는 정교함(巧)과 서투름(拙)이 있어서 말을 하거나 침묵하면 이離와 미微에 걸리게 된다는 것이다.

풍혈이 말하기를 "늘 강남의 3월을 생각하나니, 자고새 우는 곳에 백화가 새롭다"고 했다. 자, 말해보라! (이것이) 그에게 답을 한 것인가, 답을 하지 않은 것인가? 만약 그에게 답을 한 것이라면 어떤 관계가 있으며, 만약 입에서 나오는 대로 그에게 답을 한 것이라면 또 어떻게 근기(機)에 응해준 것인가? 다만 일에서 찾아야지 언구에서 찾지 말라!

설두가 말하기를 "배를 갈라 심장을 도려내는 것은 또 어떤가?"라고 한 것은 적도차로화趯倒茶爐話⁷³⁹와 같다.

없기 때문에 없음도 없는 것이다."고 했다.) 어떻게 해야 범하지 않고 통하겠습니까?"

선사가 말했다. "일찍이 강남의 3월을 생각하니, 자고새 우는 곳에 들꽃이 향기롭다."

738 『무문관無門關』 제36칙에서는 오조법연의 말로 전한다.

또한 임제록에서는 "고인이 이르기를 '길에서 도를 통달한 사람을 만나면 무엇보다 그에게 말을 하지 말라고 했다(古人云 路逢達道人 第一莫向道)"고 전한다. (졸역, 임제어록 역주, p.205 참조)

739 SM 제27권(N.1217)에서 다음과 같이 전한다.

泉州大傅王延彬入招慶院 煎茶次 朗上座與明招把銚 忽飜卻茶銚 大傅見 乃問上座 "茶爐下是什麼" 朗云 "捧爐神" 大傅云 "旣是捧爐神 爲什麼 飜卻茶" 朗云 "仕官千日 失在一朝" 大傅拂袖便去 明招云 "朗上座喫卻招慶飯了 卻向江外打野榸" 朗云 "上座作麼生" 招云 "非人得其便" (雪竇顯云 "當時但踏倒茶爐")

천주泉州 대부(大傅=太傅) 왕연빈이 초경원招慶院에 찾아와서 낭 상좌가 (대접

602

또 염拈하기를 "바람이 불 때 불을 피우니 따로 일가를 이루었다"고 한 것은 풍혈의 답에 그가 뒤이어 일전어一轉語로 답을 한 것이다.

또 염拈하기를 "자라는 죽이고 거북이를 용서해주니 반드시 주인이 있다"고 하였다. 임제 문하의 4빈주구四賓主句[740]에는 전적으로 주인이 방행放行한 것이 있는데, 그에게 답을 한 것도 전적으로 주인이 방행한 것이다.

하려고) 차를 다리는데, 낭 상좌가 명초에게 주려고 주전자를 잡다가 홀연히 차 주전자를 뒤집어엎어버렸다.

대부가 보고, 이내 상좌에게 물었다. "다로茶爐 아래 있는 것은 무엇입니까?"

낭 상좌가 말했다. "봉로신捧爐神입니다."

대부가 말했다. "봉로신인데 어째서 차 주전자를 뒤집어엎습니까?"

낭 상좌가 말했다. "벼슬살이 천 일을 해도 하루아침에 잃을 수 있습니다."

대부가 소매를 떨치고 가버렸다.

명초明招가 말했다. "낭 상좌는 왜 초경招慶 밥을 먹고 강외江外에서 거칠게 마른 나무 뿌리를 치는가?"

낭 상좌가 말했다. "상좌는 어떻습니까?"

명초가 말했다. "비인(非人, 봉로신)이 그 틈을 엿봤다."

〔설두현이 말했다. "그때 다만 다로를 발로 밟아 엎어버렸어야 했다."〕

740 졸역, 임제어록 역주, pp.222~240 참조.

사빈주四賓主	뜻	풍혈연소
주간객主看客	스승이 학인의 기량을 간파함.	주중빈主中賓
주간주主看主	스승과 학인 모두 기량이 뛰어남.	주중주主中主
객간주客看主	학인이 스승의 기량을 간파함.	빈중주賓中主
객간객客看客	스승과 학인이 모두 기량이 열등.	빈중빈賓中賓

제100칙 고덕사수古德沙水⁷⁴¹

[拈古와 着語]

擧古云 "眼裏著沙不得 耳裏著水不得"〔打淨潔毬子〕"忽若有箇漢
信得及 把得住 不受人瞞〔雖然不是本色衲子 放過一着 只恐不恁麽〕
佛祖言敎 是什麽熱椀鳴聲.〔却有箇奇特處〕便請高掛鉢囊 拗折拄
杖.〔也是做得去始得〕管取一員無事道人"〔是則是 猶有這箇在〕
又云 "眼裏著得須彌山 耳裏著得大海水.〔却是箇作家漢〕一般受人
商量〔和光順物 有什麽難〕佛祖言敎 如龍得水 似虎靠山.〔謾得你千
箇萬箇〕却須挑起鉢囊 橫擔拄杖〔走殺闍黎〕亦是一員無事道人"
〔脚跟下已與三十棒了也〕復云 "恁麽也不得 不恁麽也不得〔雪竇方
始尋得屋裏路〕然後沒交涉〔自知較一牛〕三員無事道人中 要選一
人爲師"〔一時赶向無生國裏 闍黎也不要打〕

＊밑줄 친 부분의 一般은 SM과 설두어록, 벽암록(25칙) 등에서는 모두 일반한

---

741 SM 제21권(N.912)에서도 전한다. 다만 여기서는 아래 註744의 고칙 전반에
　　대한 것은 아니다.

(一般漢, 세상사람)으로 전한다. 역자도 이를 따랐다.

＊和光(화광): 스스로의 재지를 싸서 감추고 세속을 따름. 부처, 보살이 중생을 깨우치기 위하여 본색本色을 감추고 사람의 몸으로 나타나는 일.

(설두가) 고인의 말을 거론하고,[742] (염해서) 말했다. "눈에는 모래를 뿌리지 말고, 귀에는 물을 붓지 말라.

　〔정결한 공을 친다.〕

　홀연히 만약 어떤 사람이 (이 말을) 믿어 의심치 않고 꽉 쥐어 다른 사람에게 속임을 받지 않는다면

　〔비록 그렇더라도 본색납자本色衲子는 아니다. 한 수 놓쳤다. 다만 이렇게 하지 못할까 염려스러울 뿐이다.〕

　불조언교佛祖言敎가 무슨 뜨거운 주발의 물 끓는 소리이겠는가?

　〔도리어 기특한 곳이 있다.〕

　바라건대, 바랑을 높이 걸고 주장자를 꺾어버려라.

　〔역시 그렇게 되어야 한다.〕

---

742 SM에서는 전하는 고칙은 다음과 같다.

　本仁上堂云"眼裏著沙不得 耳裏著水不得" 僧便問"如何是眼裏著沙不得" 師云 "應眞無比" 僧云"如何是耳裏著水不得" 師云"白淨無垢"

　본인本仁이 상당上堂하여 말했다.
　"눈에는 모래가 붙지 못하고, 귀에는 물이 묻지 못한다."
　어떤 스님이 물었다. "어떤 것이 눈에는 모래가 붙지 못하는 것입니까?"
　선사가 말했다. "응진應眞은 견줄 것이 없다."
　스님이 말했다. "어떤 것이 귀에는 물이 묻지 못하는 것입니까?"
　선사가 말했다. "백정白淨은 때가 없다."

(그러면) 틀림없는 한 사람의 무사도인無事道人이다."

〔옳기는 옳지만, 아직 이것이 (남아) 있다.〕

또 말했다. "눈 속에 수미산을 넣고, 귓속에 바닷물을 부어라.

〔도리어 한 명의 작가이다.〕

만약 세상 사람들이 이 사람을 받아들여 상량商量을 하면

〔중생을 따라 몸을 낮추는데, 무슨 어려움이 있겠는가!〕

불조언교가 마치 용이 물을 만난 것과 같고 호랑이가 산에 기댄

것 같을 것이다.

〔그대가 천인만인을 속이는군.〕

모름지기 바랑을 메고 주장자를 가로로 져라.

〔(가지 못하게) 이 스님에게 빨리 달려가라.〕

(이) 또한 한 사람의 무사도인無事道人이다."

〔발뒤꿈치를 이미 30방 쳤다.〕

또 말했다. "이래도 안 되고 이러지 않아도 안 된다.

〔설두가 비로소 집으로 가는 길을 찾았다.〕

그런 뒤에야 전혀 관계가 없게 된다.

〔스스로 대략 절반쯤 아는군.〕

(이런) 세 무사도인 가운데 한 사람을 골라 스승으로 삼아야 한다."

〔한꺼번에 무생국無生國으로 쫓아버려라. 스님은 칠 필요도 없다.〕

606

〔評唱〕

師云. 說禪說道 是什麼熱椀鳴聲. 若恁麼說話 無事禪底却有出氣處.
畢竟是那箇不堪爲師. 打疊前後 教成一片 方見雪竇拈古. 你若隨這
三箇不唧𠺕漢 賺殺一生人去 却作麼生. 汝等諸人 各各討一條活路
始得.

＊打疊(타첩)：정돈(＝정리)하다. 준비하다. 꾸리다.

선禪을 말하고 도道를 말하다니, 이 무슨 주발에 물 끓는 소리인가?
만약 이렇게 이야기한다면 무사선(無事禪, 하는 일 없이 가만히 앉아
있기만 하는 것)을 하는 사람에게 도리어 출기처(出氣處, 기염을 내뿜는
곳)가 있을 것이다. (그렇다면) 필경 (어느) 누가 스승이 되지 못하겠
는가! 앞뒤를 수습(收拾, 打疊)해서 한 덩어리가 되도록 해야[743] 바야흐
로 설두의 염고拈古를 볼 수 있게 될 것이다.
　그대들이 만약 이 세 명의 부즉유한(不唧𠺕漢, 멍청한 사람)을 따르면
서 평생 다른 사람을 몹시 속이게 된다면 어떠하겠는가?
　그대들 모두는 제각기 한 가닥 활로活路를 찾아야 할 것이다.

---

743 선가에서 주로 쓰는 타성일편打成一片이란 말은 打疊前後 教成一片의 줄임말로
　볼 수도 있다.

참고문헌

『선문염송 염송설화』, 김월운 옮김, 2012, 동국역경원
『전등록』, 김월운 옮김, 2008, 동국역경원
『조당집』, 김월운 옮김, 2008, 동국역경원
『마조록 백장록』, 백련선서 간행회, 1989, 장경각
『설봉록』, 백련선서 간행회, 1991, 장경각
『운문록』, 백련선서 간행회, 1990, 장경각
『조주록』, 백련선서 간행회, 1991, 장경각
『고경』, 퇴옹 성철 편역, 1933, 장경각
『무문관 강의』, 이기영 저, 2000, 한국불교연구원

『유마경 강의』, 이기영 저, 2010, 한국불교연구원
『화엄경』, 무비 역, 1995, 민족사
『열반경』, 이운허 옮김, 2017, 동국역경원
『법화경』, 이운허 옮김, 1998, 동국역경원

『논어강의』, 남회근 저, 송찬문 역, 2012, 마하연
『노자타설』, 남회근 저, 설순남 역, 2013, 부키
『선시와 함께 엮은 장자』, 김달진 역, 1987, 고려원
『장자』, 안동림 역, 2020, 현암사

『선학사전』, 이철교 외, 1995, 불지사

역자 후기

언어문자言語文字란 말 그대로 언어와 문자라는 뜻이다. 입을 통해 생각이나 느낌 등을 나타내는 수단이 언어이고, 그 말들을 기록하기 위한 일종의 기호記號가 바로 문자다.

　선가禪家에 언어도단言語道斷이란 말이 있다. 이는 일반에서 사용하고 있는 뜻과는 달리, 본래 말이나 글로 드러낼 수 없는 최상의 진리를 가리키는 말이다. 또한 이 말은 언어문자로 드러낼 수 없는 그 어떤 세계를 결국에는 언어문자로 드러내는 자기모순自己矛盾을 갖는 것이기도 하다.

　불립문자不立文字를 권고하고 교외별전教外別傳을 주장하며 직지인심直指人心·견성성불見性成佛을 천명하는 선종禪宗에서 언어도단을 언어문자로, 그것도 그 누구보다 자유자재自由自在로 드러낸 것이 바로 선어록禪語錄이다. 그 가운데 가장 대표적인 것이 바로 격절록擊節錄이다.

　오늘날 선원禪院에서 선사의 상당법어上堂法語나 시중示衆이 적은 것이 만약 언어도단의 뜻을 실천하는 진정한 방법의 하나로 행해지는 것이라면 이 또한 어마어마한 무사법문無事法門이 되겠지만, 만약 겉으로는 이심전심以心傳心을 내세우면서 결국에는 지월指月하지 못하는 것이 감춰진 진실이라면 이것은 분명 전등傳燈에 어둠을 드러내는 방증傍證일 것이다.

610

격절록은 설두염고雪竇拈古, 즉 설두가 엄선한 100칙 공안(公案,
古則)에 염(拈, 법문)한 것을 원오가 보고 격절탄상擊節嘆賞해서 촌철살
인寸鐵殺人으로 제자들에게 안거 기간 매일매일 법문한 것을 모은
책이다. 훗날 이것이 책으로 엮여 세상에 나오게 된 것이 원오 자신의
뜻은 분명 아니겠지만, 각 칙마다 마지막에 던진 한마디 말들, 가령
"여러분은 어떻게 알고 있는가?" 또는 "안목을 갖춘 납승(具眼衲僧)은
시험 삼아 변별해 보라"는 등의 말 속에는 지월指月의 노파심, 전등傳燈
의 간절함이 진심으로 묻어 있는 것 또한 분명하다.

지금까지 공안(公案, 古則, 話頭)이라고 하는 것은 간절한 마음과
대단한 의심으로 단박에 사무쳐서 꿰뚫어야 하는 것으로 각인되어
왔다. 역자 또한 이 뜻에 반대를 하거나 또 다른 주장을 하고 싶은
마음은 조금도 없다. 다만 모르면 물어가고 힘들면 도움을 청하는
것이 인지상정人之常情인지라, 교과서에 참고서가 있듯 그렇게 격절록
을 화두 공부에 적용하고 싶은 마음일 뿐이다. 하지만 그 도움으로
택한 이 설두의 염拈과 그리고 원오의 착어着語와 평창評唱은 더더욱
미로迷路 속으로 빠져들게 하니, 이 또한 난센스(nonsense) 중의 난센스
가 아닐 수가 없다. 다만 그럼에도 불구하고 조금은 알 것 같은 자만自慢
과 더불어서, 본서를 반드시 알려야겠다는 확신確信에 1,000년의 먼지
를 털어내고 세상에 드러내어 눈 밝은 이의 경책을 바랄 뿐이다.

원오와 설두는 두 사람 모두 사천성泗川省 출신의 선종 승려라는
공통점(사천성 사람들이 남달리 뛰어났다. 마조도일 또한 동향이며, 그 밖에
중국 전반에 걸쳐 뛰어난 인물이 많이 배출된 것은 역사가 입증한다.) 외에

그 어떤 유사한 것을 찾아보기가 쉽지 않다. 흔히 말하는 선종의 종파도 다르고, 시대적 배경 또한 같지 않다.

다만 임제종을 대표하는 원오와 운문종을 대표하는 설두가 만약 한 시대를 조금이라도 같이 하고, 그래서 서로 주고받은 - 가령 원오가 행각을 하다가 설두를 만나 문답을 하거나, 혹은 서로 가게를 열고 서로 자웅을 겨룬 - 것이 기록으로 남아 있다고 한다면, 역사에 가설이란 있을 수 없는 것이기는 하지만, 적어도 "우리 이제 임제종이니 운문종이니 하는 이런 분별, 이제 더는 하지 말자"고 했을 것이 분명하다. 왜냐하면 이 또한 격절록을 자세히 살펴서 읽다보면 두 사람은 이미 만났고, 고봉정상과 십자가두에서 자유자재하였음을 머릿속 그림으로 볼 수 있기 때문이다.

지금까지 대략 8년이라는 시간을 격절록과 씨름하였다. 처음에는 하루에 고칙 하나씩을 선문염송집과 대조해 보고, 부족한 부분이 있으면, 선사 각각의 어록들을 참고하며 읽어 내려갔다.

1년에 세 번, 3년이라는 시간이 지날 무렵 운주사 사장으로부터 현대불교신문 관계자를 소개받게 되었다. 당시 이 정도 봤으면 하는 오만함과 함께 2019년에 연재를 시작했다.

지면 관계 상 1년 동안 17칙까지 밖에는 연재하지 못했는데, 당시 역자의 역량의 미흡과 선어록의 난해함 등이 복합적으로 작용하여 중도에 마칠 수밖에 없었던 것 또한 사실이다. 이후 5년의 시간이 지나서야 이제 당시의 오역誤譯을 바로잡아 독자들에게 약속했던 본서를 출간하게 되었다.

지난 해 5월 한 번만 더 읽어봐야겠다는 마음으로 하루하루를 보내던 중, 현대불교신문 김주일 편집국장이 인연을 다했다는 소식이 전해졌다. 개인적으로는 본서의 연재를 기획해주었던 고마움에 빚을 다 갚지 못한 아쉬움과 더 이상 본 역서를 공유하지 못하는 안타까움이 남는다. 무엇보다 불교계를 위해 해야 할 일이 많음에도 불구하고 젊은 나이에 운명을 달리 한 것에 비통함을 금할 길이 없다.

또 한 달이 조금 지나 100칙을 모두 마칠 즈음 막내로부터 둘째가 위중하다는 연락을 받았다. 급한 마음에 달려갔지만 더 이상 대화를 할 수가 없었다. 뭐가 그렇게도 급하다고 앞서 간 것인지, 순간 금생의 부모님으로부터 시작된 인연들이 주마등走馬燈처럼 지나갔다. 올 때 순서가 있어 부모와 자식, 형과 동생의 인연이 있는 것이라면 갈 때도 순서를 지켜주는 것이 좋겠건만, 그러지 못하고 먼저 간 것이 혹 급히 가야 할 곳이 있었던 것은 아닌지, 만약 그런 것이라면 그곳이 서방정토西方淨土 극락세계極樂世界였으면 좋겠다.

다음에 다시 또 만날 인연에는 좀 더 잘해주어야지 하는 다짐과 함께 다시금 이 지면을 통해 아우 강승수, 그리고 후배 김주일과 함께했던 금생의 모든 인연에 감사와 아쉬움을 전하며, 대자유인大自由人의 모습으로 다시 만날 것을 소원한다.

코로나-19에서 벗어나 일상을 회복하고 있는 요즘, 세상 곳곳은 이상기후로 몸살을 앓고, 지구촌 여기저기는 한 치의 양보도 없는 전쟁의 화염에 휩싸이니, 혼돈 그 자체다. 나라는 나라마다 자국의 이익만을 위하고, 그 나라 안의 사람은 각기 서로 그들끼리 또 자기의 이익에만 혈안이 되어 양보니 타협이니 대화니 하는 말들은 이제 사전에나 있는 단어로만 전락시키고 있는 듯하다. 동과 서, 남과 북, 어른과 아이, 남자와 여자, 부자와 빈자 이런 말들은 둘 이상이어야 가능한 말들인데, 지금은 그저 '나' 밖에는 없으니, 길 잃은 배가 망망대해를 떠돌 듯 나침반의 부재는 '우리'라는 단어를 잃어간다. 산에 호랑이가 없으면 여우가 판을 치는 법이니, 집안에는 어른이 없고 나라에는 지도자가 없다. 오탁악세五濁惡世를 밝혀 줄 등불이 간절하고, 천둥 번개와 같은 사자후師子吼가 그 어느 때보다 절실한 지금이다. 미래를 내다보는 밝음에 과거의 지남指南이 그 역할을 담당해 줄 있을 것이라는 믿음과 확신을 본서에 담는다.

8년 전 본 역서의 초고礎稿를 보고 감탄하며 오랜 시간 필담筆談과 차담茶談으로 격절擊節해준 귀원 류내우 법사님께 깊은 감사의 말씀을 드린다. 또한 늘 옆에서 지켜봐주는 아내 손혜원에게 고마움을 전하며, 40년 넘게 기쁨과 슬픔을 함께 해 준 젊은 시절의 친구들 박병천·김동욱·김영대에게도 감사의 마음을 전한다.

무엇보다 선어록총서라는 이름 아래 제6권 격절록 역주를 출간해 준 도반道伴이자 도서출판 운주사 김시열 사장에게 감사의 뜻을 전하며, 앞으로도 계속해서 문서 포교의 영원한 등불이 되어 줄 것을 간절히 소원한다.

삼각산 아래에서 덕우 강승욱 합장

찾아보기

인명人名 가운데 원오(극근), 설두(중현), 마조(도일), 백장(회해), 황벽(희운), 남전(보원), 조주(종심), 덕산(선감), 임제(의현), 설봉(의존), 운문(문언), 영가(현각), 장경(혜릉) 등은 생략한다.

또한 방(棒), 할(喝, 또는 一喝), 기봉機鋒, 기연機緣, 화두話頭, 공안公案, 갈등(葛藤, 언어문자), 종지宗旨, 착안着眼, 고인古人, 고불古佛, 휴거休去 등은 생략한다.

덕우 강승욱德雨 康勝旭

남산정일南山正日 선사禪師를 은사로 불법에 귀의하였다.

동국대학교 불교학과를 졸업하고, 동 대학 인도철학과 대학원을 수료하였다.

육군종합행정학교 교관, 5사단 군종참모를 역임하였고, 육군대학, 육군사관학교 등에서 불법을 홍포하였다.

2010년 수도방위사령부에서 전역 후, 지인들과 경전 및 선어록 강독을 하고 있다.

펴낸 책으로 『원오심요 역주』, 『마조어록 역주』, 『방거사어록·시 역주』, 『임제어록 역주』, 『조론 역주』가 있다.

E-mail : skrvh@hanmail.net

격절록 역주

초판 1쇄 인쇄 2024년 6월 14일 | 초판 1쇄 발행 2024년 6월 24일
지은이 원오극근 | 역주 덕우 강승욱 | 펴낸이 김시열
펴낸곳 도서출판 운주사

　　　(02832) 서울 성북구 동소문로 67-1 성심빌딩 3층

　　　전화 (02) 926-8361 | 팩스 0505-115-8361

ISBN 978-89-5746-782-4 94220
ISBN 978-89-5746-508-0 (세트)　　값 35,000원
http://cafe.daum.net/unjubooks 〈다음카페: 도서출판 운주사〉